Acord

Esta nova edição do dicioná...
Na parte *Inglês-Português*,
e, no caso de palavras que se p...
grafia preferível, isto é, a forma r...

action *n.* 1 ...
de ação **2** at... ...you are re-
sponsible for your actions: tu és
responsável pelos teus atos **3** ativi-
dade; funcionamento; **out of action:**
fora de serviço

characteristic *n.* característica;
traço distintivo ◆ *adj.* característico

Na parte *Português-Inglês* registam-se as novas grafias, mas também as
grafias anteriores, que enviam para as novas.

directo *a nova grafia é* **direto**

direto *adj.* **1** direct; **ação direta:** di-
rect action; (televisão) **transmissão em
direto:** live transmission **2** direct; non-
stop; **comboio direto:** through train;
um voo direto: a nonstop flight ◆
adv. directly; straight; **ir direto ao as-
sunto:** to get straight to the point

Nos casos em que o Acordo Ortográfico admite duas formas de escrever
uma palavra, o dicionário regista ambas, mas é na forma preferível que
encontras o tratamento da entrada.

característica *n.f.* characteristic;
feature

caraterística *a grafia preferível é*
característica

Guia de Utilização

cell *n.* **1** célula **2** cela

cellar *n.* cave (para vinho)

cello *n.* [*pl.* cellos] violoncelo

cellphone *n.* telemóvel

center *n. e v. (EUA)* → **centre**

centimetre *n.* centímetro

centipede *n.* centopeia

central *adj.* central

centre *n.* centro ◆ *v.* centrar

century *n.* [*pl.* centuries] século; **in the 21st century:** no século XXI

core *n.* **1** caroço (de frutos) **2** *(figurado)* parte essencial; âmago

cork *n.* **1** rolha **2** cortiça

corkscrew *n.* saca-rolhas

corn *n.* **1** trigo **2** *(EUA)* milho

corner *n.* **1** canto; esquina; **it's just around the corner:** é mesmo ali ao virar da esquina **2** *(futebol)* canto; **corner kick:** pontapé de canto

correct *adj.* correto; certo ◆ *v.* corrigir

costume *n.* **1** traje; **swimming costume:** fato de banho **2** máscara; fantasia; **costume ball:** baile de máscaras

> Repara que **costume** não significa o mesmo que **costume** em português. **Costume**, em inglês, quer dizer *traje*.

cracker *n.* **1** bolacha de água e sal **2** petardo; 👁 **Christmas cracker:** tubo de cartão embrulhado em papel colorido que contém uma surpresa e que faz um barulho explosivo ao abrir

Balões explicativos (margem direita):
- palavra a traduzir
- classificação gramatical
- remissão
- tradução
- formação do plural
- sentido figurado
- expressão
- diferentes classificações gramaticais
- diferentes sentidos da palavra
- símbolo de ilustração

alteração do Dicionário Terminológico

cinco *num.card.>quant.num.*[DT] e *n.m.* five; **ele tem cinco anos:** he is five; **há cinco anos:** five years ago

Cinderela *n.f.* Cinderella

coche *n.m.* 👁 coach; carriage

ilustração

contextos de uso

coco *n.m.* **1** (fruto) coconut **2** (chapéu) bowler

tradução da expressão

código *n.m.* code; **código de barras:** bar code; **código postal:** postcode

coelho *n.m.* [f. coelha] rabbit

indicação geográfica

colégio *n.m.* (GB) public school; (EUA) private school; **colégio interno:** boarding school

nota explicativa

Para dizermos **colégio** em inglês usamos a expressão **public school**. Também existe a palavra **college** em inglês, mas quer dizer *universidade*.

símbolo de quadro temático

corpo *n.m.* 🖐 body

correção *n.f.* correction

correcção *a nova grafia é* **correção**

correcto *a nova grafia é* **correto**

alteração do Acordo Ortográfico

corte (córte) *n.m.* cut; incision; **corte de cabelo:** haircut; **fiz um corte no dedo:** I've cut my finger

corte (côrte) *n.f.* **1** court **2** (namoro) courtship

indicação de pronúncia

Abreviaturas

abrev.	abreviatura	*m.*	masculino
adj.	adjetivo	*mult.*	multiplicativo
adv.	advérbio	*num.*	numeral
art.	artigo	*n.*	nome
card.	cardinal	*ord.*	ordinal
conj.	conjunção	*pess.*	pessoal
contr.	contração	*pl.*	plural
def.	definido	*poss.*	possessivo
dem.	demonstrativo	*prep.*	preposição
EUA	Estados Unidos da América	*pron.*	pronome
exist.	existencial	*quant.*	quantificador
f.	feminino	*rel.*	relativo
frac.	fracionário	*superl.*	superlativo
GB	Grã-Bretanha	*univ.*	universal
indef.	indefinido	*v.*	verbo
interj.	interjeição	*2gén.*	dois géneros (masculino e feminino)
interr.	interrogativo	*2núm.*	dois números (singular e plural)

Nota: ^{DT} Dicionário Terminológico
> indica a classificação gramatical introduzida pelo Dicionário Terminológico

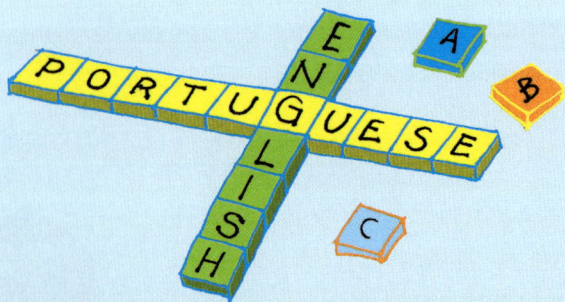

Inglês

·

Português

A

a *n.* (letra) a ◆ *art.indef.* um; uma; **a hamburger:** um hambúrguer; **a lovely child:** uma criança linda; **a new dictionary:** um dicionário novo; **an elegant girl:** uma rapariga elegante; **an hour later:** uma hora depois ◆ *prep.* cada; em; por; **once a day:** uma vez por dia

> *Antes de uma vogal ou de um h mudo (isto é, que não se pronuncia), o artigo indefinido* **a** *passa a* **an**: *an elegant girl, an hour later.*

abandon *v.* **1** abandonar; deixar **2** desistir de

abandoned *adj.* abandonado; **an abandoned dog:** um cão abandonado; **an abandoned village:** uma aldeia abandonada

abbey *n.* [*pl.* abbeys] abadia; mosteiro

abbreviation *n.* abreviatura; **DJ is an abbreviation of disc jockey:** DJ é a abreviatura de disco-jóquei

ABC *n.* **1** 👁 abecedário; alfabeto **2** *(figurado)* primeiras noções

a b c d e f g h i j
k l m n o p q r s
t u v w x y z

abdomen *n.* abdómen

ability *n.* [*pl.* abilities] aptidão; capacidade

able *adj.* **1** apto; competente **2** capaz; **to be able to:** ser capaz de; conseguir

abolish *v.* abolir

about *prep.* **1** a respeito de; sobre; **how about this?:** que tal?; **to talk about the film:** falar sobre o filme **2** cerca de; **a child of about four:** uma criança com cerca de quatro anos **3** quase; prestes a; **I am about to leave:** eu estou prestes a sair **4** em volta de; perto; **there is no one about:** não está ninguém por perto ◆ *adv.* aqui e ali

above *prep.* **1** sobre; por cima de; **above all:** sobretudo; **above the clouds:** por cima das nuvens **2** mais de **3** acima de; **above average:** acima da média ◆ *adv.* na parte superior

abroad *adv.* no/para o estrangeiro; além-fronteiras; **to be back from abroad:** regressar do estrangeiro; **to go abroad:** ir para o estrangeiro

absent *adj.* **1** ausente; **to be absent from school:** faltar à escola **2** distraído; **he looks absent:** ele parece distante

absent-minded *adj.* distraído; desatento

absolute *adj.* **1** absoluto; completo; total; **absolute majority:** maioria absoluta **2** *(informal)* verdadeiro; perfeito; **an absolute fool:** um perfeito idiota

absolutely *adv.* **1** absolutamente **2** completamente; totalmente ♦ *interj.* (concordância) claro!; **absolutely not!:** de forma alguma!; absolutamente nada!

absorb *v.* absorver

absurd *adj.* absurdo; disparatado; **that's absurd!:** isso é absurdo!

abuse *v.* **1** abusar de **2** insultar **3** maltratar ♦ *n.* **1** abuso; **alcohol abuse:** abuso de álcool **2** ofensa; insulto **3** maus tratos

academic *adj.* académico; universitário; **academic year:** ano letivo

academy *n.* [*pl.* academies] **1** academia **2** escola superior

accelerate *v.* acelerar

accelerator *n.* acelerador; **to step on the accelerator:** carregar no acelerador

accent *n.* **1** (gráfico) acento **2** pronúncia; sotaque

accept *v.* aceitar; **to accept a gift:** aceitar uma prenda; **to accept an invitation:** aceitar um convite

access *n.* acesso; **to give access to:** dar acesso a

accessory *adj.* acessório; adicional

accident *n.* **1** acidente; **car accident:** acidente de carro **2** acaso; **by accident:** por acaso

accommodation *n.* **1** alojamento **2** residência

accompany *v.* acompanhar; **to accompany someone to the party:** acompanhar alguém à festa

according *adv.* conforme; segundo; **according to circumstances:** de acordo com/conforme as circunstâncias; **according to what I read in the newspaper:** segundo/conforme li no jornal

accordion *n.* 👁 acordeão

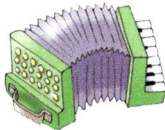

account *n.* **1** conta bancária **2** relato; descrição

accurate *adj.* exato; preciso

accusation *n.* acusação

accuse *v.* acusar; **they accuse me of lying:** eles acusam-me de mentir

accustom *v.* acostumar; habituar; **to accustom oneself to something:** habituar-se a alguma coisa

accustomed *adj.* habituado; acostumado; **to become accustomed to school:** acostumar-se à escola

ace *n.* **1** (carta de jogar) ás; **ace of spades:** ás de espadas **2** (pessoa) ás; perito

ache *n.* [*pl.* aches] dor; **he has a terrible ache:** ele tem uma dor terrível ♦ *v.* doer; **my head aches:** dói-me a cabeça

achieve *v.* **1** atingir; alcançar; **to achieve success:** alcançar o sucesso **2** realizar; concretizar

achievement *n.* **1** feito; façanha **2** realização

aching *adj.* dorido

acid *n.* (química) ácido ♦ *adj.* ácido; **acid rain:** chuva ácida

acoustic *adj.* acústico; **acoustic guitar:** guitarra acústica

acquire *v.* adquirir

across *prep.* **1** através de; por; **to walk across the fields:** caminhar através dos campos **2** sobre; **there's**

a b c d e f g h i j k l m n o p q r s t u v w x y z

a bridge across the river: há uma ponte sobre o rio ♦ *adv.* do outro lado; **across the street:** do outro lado da rua

act *n.* 1 ato; feito; **an act of courage:** um ato de coragem 2 (peça de teatro) ato; **a play in five acts:** uma peça em cinco atos ♦ *v.* 1 agir; atuar 2 (peça de teatro ou filme) representar 3 fazer o papel de; **to act the fool:** fazer de tolo

acting *n.* (peça de teatro ou filme) representação; interpretação

action *n.* 1 ação; **action film:** filme de ação 2 ato; atuação; **you are responsible for your actions:** tu és responsável pelos teus atos 3 atividade; funcionamento; **out of action:** fora de serviço

active *adj.* 1 ativo; **she is a very active person:** ela é uma pessoa muito ativa 2 em atividade; **active volcano:** vulcão em atividade

activity *n.* [*pl.* activities] atividade

actor *n.* ator; **film actor:** ator de cinema

actress *n.* atriz; **film actress:** atriz de cinema

actual *adj.* verdadeiro; real; **an actual fact:** um facto real

Repara que **actual** *não significa o mesmo que* **atual** *em português.* **Actual**, *em inglês, quer dizer verdadeiro, real.*

actually *adv.* na realidade; de facto; **it's not actually raining now:** na realidade, não chove neste momento

ad *n.* [*pl.* ads] (informal) anúncio publicitário

adapt *v.* adaptar(-se)

add *v.* 1 acrescentar; adicionar; **to add some sugar to the cake:** acres-

centar açúcar ao bolo 2 somar; **to add numbers up:** somar números

addition *n.* soma; adição; **in addition to:** além de

address *n.* endereço; morada; **address book:** livro de endereços ♦ *v.* 1 (palavra, questão) dirigir; **to address oneself to someone:** dirigir-se a alguém 2 (nome, apelido) tratar

adequate *adj.* suficiente; adequado

adhesive *adj.* adesivo; **adhesive tape:** fita adesiva ♦ *n.* adesivo

adjective *adj. e n.* adjetivo

adjust *v.* 1 ajustar; (aparelhagem) **this button adjusts the volume:** este botão ajusta o volume 2 (pessoa) adaptar-se; **to adjust to the new rules:** adaptar-se às novas regras

adjustment *n.* adaptação; ajuste

admire *v.* admirar; **I admire your enthusiasm:** eu admiro o teu entusiasmo

admirer *n.* admirador

admission *n.* 1 entrada; admissão; **admission free:** entrada grátis 2 reconhecimento; **admission of guilt:** reconhecimento de culpa

admit *v.* 1 admitir; reconhecer 2 permitir a entrada de

adolescent *adj. e n.* adolescente

adopt *v.* adotar; **to adopt a child:** adotar uma criança

adore *v.* adorar

adult *adj. e n.* adulto

advance *n.* 1 progresso 2 avanço; **in advance:** antecipadamente ♦ *v.* avançar

advanced *adj.* avançado

advantage *n.* 1 vantagem 2 proveito; **to take advantage of someone:** aproveitar-se de alguém; **to take ad-**

vantage of something: tirar partido de alguma coisa

adventure n. aventura; **adventure story:** história de aventuras

adventurous adj. aventureiro

adverb n. advérbio

adverbial adj. adverbial

advertise v. anunciar (publicidade); publicitar; **to advertise on television:** anunciar na televisão

advice n. conselho; opinião; **to give a piece of advice:** dar um conselho

A palavra **advice** não tem forma plural nem pode ser precedida de um artigo indefinido (an) ou de um numeral (one).

advise v. aconselhar; **I advise you to study harder:** aconselho-te a estudar mais

aerial n. antena; 👁 **dish/parabolic aerial:** antena parabólica

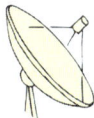

aerobics n. aeróbica

aeroplane n. avião; aeroplano

affair n. **1** assunto; **that is my own affair:** isso é cá comigo **2** aventura; caso amoroso

affect v. **1** afetar **2** comover; emocionar

affection n. afeição; carinho

affirmation n. afirmação

affirmative adj. afirmativo; **an affirmative sentence:** uma frase afirmativa ♦ n. afirmativa; **to answer in the affirmative:** responder na/pela afirmativa

afford v. poder; ter recursos para; **I can't afford it:** não tenho dinheiro para isso

afraid adj. **1** assustado; com medo; **to be afraid of the dark:** ter medo do escuro **2** receoso; **I'm afraid not:** receio que não; **I'm afraid so:** receio que sim

Africa n. África

African adj. e n. africano

after prep. **1** depois; após; atrás de; **day after day:** dia após dia; **the police are after him:** a polícia anda atrás dele **2** seguinte; **the day after:** no dia seguinte

afternoon n. tarde; **good afternoon:** boa tarde; **in the afternoon:** à tarde; **tomorrow afternoon:** amanhã à tarde

afterwards adv. depois; mais tarde

again adv. outra vez; de novo; **never again:** nunca mais; **once again:** uma vez mais

against prep. contra; **it's against the law:** ser/ir contra a lei ♦ adv. contra; **to be against:** ser contra

age n. **1** idade; **to be seven years of age:** ter sete anos de idade; **to be under age:** ser menor de idade **2** idade; época; **Middle Ages:** Idade Média

aged adj. **1** velho; idoso **2** com a idade de; **to be aged 12:** ter 12 anos

agency n. [pl. agencies] agência

agenda n. plano de trabalho; lista de assuntos a tratar

agent n. agente; representante

aggressive adj. agressivo

agitation n. agitação

ago adv. no passado; **a long time ago:** há muito tempo; **a short time**

a b c d e f g h i j k l m n o p q r s t u v w x y z

ago: há pouco tempo; **ten days ago:** há dez dias

agree *v.* concordar; **I agree with you:** concordo contigo; **I don't agree with you:** não concordo contigo; **to agree to a plan:** concordar com um plano

agreement *n.* acordo

agricultural *adj.* agrícola

agriculture *n.* agricultura

ah *interj.* ah!

ahead *adv.* à frente; para a frente; para diante; **straight ahead:** mesmo em frente; **we are ahead of the others:** vamos à frente dos outros

aid *n.* ajuda; assistência; **first aid:** primeiros socorros ◆ *v.* ajudar; apoiar

aim *n.* 1 objetivo; intuito; **the aim of the game:** o objetivo do jogo 2 pontaria; **to miss one's aim:** errar a pontaria; **to take aim:** fazer pontaria ◆ *v.* fazer pontaria; apontar; **to aim at the target:** apontar ao alvo

air *n.* ar; atmosfera; **air pollution:** poluição atmosférica; **by air:** por via aérea; **in the open air:** ao ar livre; (sistema) **air conditioning:** ar condicionado; (aparelho) **air conditioner:** ar condicionado; **air force:** força aérea

aircraft *n.* [*pl.* aircraft] avião; aeronave

airline *n.* companhia de aviação

airmail *n.* correio aéreo ◆ *v.* enviar por correio aéreo

airplane *n.* (EUA) avião

airport *n.* aeroporto

alarm *n.* alarme; alerta; **alarm clock:** despertador

album *n.* álbum; **photo album:** álbum de fotografias

alcohol *n.* álcool

alcoholic *adj. e n.* alcoólico

ale *n.* cerveja

alembic *n.* ◉ alambique

alert *adj.* alerta; de sobreaviso ◆ *n.* alerta; **to give the alert:** dar o alerta ◆ *v.* alertar; **to alert somebody to something:** alertar alguém para algo

alibi *n.* [*pl.* alibis] álibi

alien *adj. e n.* 1 extraterrestre; **alien beings:** seres extraterrestres 2 estrangeiro

alike *adj.* parecido; semelhante; **to be alike:** ser parecido ◆ *adv.* da mesma maneira; **to dress alike:** vestir-se da mesma forma

alive *adj.* 1 vivo 2 animado

all *pron.* todo(s); toda(s); tudo; **all of you:** todos vós; **all together:** tudo junto; **not at all!:** não tem de quê!; **that is all:** é tudo ◆ *adj.* todo; toda; todos; todas; **all night long:** durante toda a noite ◆ *adv.* totalmente; completamente; **all right:** muito bem

allergic *adj.* alérgico; **to be allergic to:** ser alérgico a; ter alergia a

allergy *n.* [*pl.* allergies] alergia

alley *n.* [*pl.* alleys] viela; beco; **blind alley:** beco sem saída

allow *v.* 1 permitir; aprovar; **to be allowed to:** ter autorização para 2 conceder; **to allow a discount:** conceder um desconto; **to allow an extra 10 minutes:** conceder dez minutos extra

allowance *n.* mesada; **to receive an allowance:** receber uma mesada

ally *n.* [*pl.* allies] aliado ◆ *v.* aliar(-se)

almond *n.* **1** (fruto) amêndoa **2** (árvore) amendoeira

almost *adv.* quase; praticamente; **almost certainly:** quase de certeza; **she is almost ready:** ela está quase pronta

alone *adj.* só; sozinho; **I can do it alone:** eu faço isso sozinha; **leave me alone!:** deixa-me em paz!

along *adv.* **1** ao longo de; ao comprido; a todo o comprimento; **along the street:** ao longo da rua **2** juntamente; com; em companhia de; **bring your dog along!:** traz o teu cão contigo!

aloud *adv.* alto; em voz alta; **he is reading aloud:** ele está a ler alto

alphabet *n.* alfabeto; abecedário; **alphabet soup:** sopa de letras

alphabetical *adj.* alfabético; **in alphabetical order:** por ordem alfabética

already *adv.* já; **he is already here:** ele já está aqui

also *adv.* **1** também; igualmente; **she is also a teacher:** ela também é professora **2** além disso; **also he is very nice:** além disso, ele é muito simpático

alteration *n.* alteração; modificação; mudança

alternate *adj.* alternado; **on alternate days:** dia sim, dia não ♦ *v.* alternar

alternative *adj.* alternativo; **alternative forms of energy:** formas de energia alternativa; **alternative medicine:** medicina alternativa ♦ *n.* alternativa; **to have no alternative:** não ter alternativa

although *conj.* embora; ainda que

altogether *adv.* **1** ao todo; no conjunto; **it's nine pounds altogether:** são nove libras ao todo **2** completamente; na totalidade; **that is something different altogether:** isso é completamente diferente

always *adv.* sempre; **I always go to school by bus:** vou sempre de autocarro para a escola

a.m. *adv.* da manhã; **it's 4 a.m.:** são quatro da manhã

amateur *n.* e *adj.* amador; **amateur player:** jogador amador

amaze *v.* surpreender; espantar

amazing *adj.* **1** espantoso; assombroso; incrível; **that is amazing:** isso é incrível **2** fantástico; estupendo; fabuloso; **an amazing film:** um filme fantástico

ambiguous *adj.* ambíguo

ambition *n.* ambição

ambitious *adj.* ambicioso; **an ambitious plan:** um projeto ambicioso

ambulance *n.* 👁 ambulância; **to call an ambulance:** chamar uma ambulância

America *n.* América; **Central America:** América Central; **North America:** América do Norte; **South America:** América do Sul

American *adj.* e *n.* americano

among *prep.* entre; no meio de; **among other things:** entre outras coisas

amount *n.* quantidade; **a large amount of things:** uma grande quantidade de coisas

amuse *v.* divertir(-se); entreter(-se)

amusement *n.* divertimento; diversão; distração; **amusement park:** parque de diversões

amusing *adj.* divertido; engraçado

an *art.indef.* um; uma; **an hour later:** há uma hora; **an old lady:** uma senhora idosa

> **An** é a forma do artigo indefinido **a** que é usada antes de palavras começadas por vogal ou *h* mudo: *an old man, an hour ago.*

anagram *n.* anagrama

analyse *v.* analisar

analysis *n.* [*pl.* analyses] análise

analyst *n.* 1 analista 2 psicanalista

ancestor *n.* antepassado; ascendente

anchor *n.* âncora; **to cast/drop anchor:** lançar a âncora ♦ *v.* ancorar

ancient *adj.* 1 antigo 2 antiquado

and *conj.* e; **a hundred and one:** cento e um; **and so on:** etc.; **we have a dog and a cat:** nós temos um cão e um gato

angel *n.* 👁 anjo; **guardian angel:** anjo da guarda

anger *n.* raiva; cólera; fúria; **in a fit of anger:** num acesso de cólera

angle *n.* 1 ângulo; **an angle of 90 degrees:** um ângulo de 90 graus 2 esquina; canto; **the house is at an angle:** a casa fica numa esquina

Angola *n.* Angola

Angolan *adj. e n.* angolano

angry *adj.* zangado; **to get angry with somebody:** zangar-se com alguém

animal *n.* animal; **animal rights:** direitos dos animais; **domestic animal:** animal doméstico, **wild animals:** animais selvagens

animation *n.* 1 animação; entusiasmo 2 cinema de animação

ankle *n.* tornozelo

anniversary *n.* [*pl.* anniversaries] aniversário; **wedding anniversary:** aniversário de casamento

announce *v.* anunciar

announcement *n.* anúncio; aviso; **to make an announcement:** anunciar algo

annoy *v.* irritar; aborrecer

annoying *adj.* irritante; incomodativo; **what an annoying person!:** que pessoa mais irritante!

annual *adj.* anual

annually *adv.* anualmente; por ano

anonymous *adj.* anónimo; **anonymous letter:** carta anónima

anorak *n.* anoraque

another *adj. e pron.* outro; **another thing:** outra coisa; **one thing after another:** uma coisa atrás da outra; **they hate one another:** odeiam-se mutuamente

answer *n.* 1 resposta; **the answer is correct:** a resposta está correta 2 solução; **to find the answer to the problem:** encontrar a solução para o problema ♦ *v.* 1 responder; **answer me:** responde-me; **to answer to the teacher:** responder à professora 2 atender; **to answer the door:** ir ver quem está à porta; **to answer the phone:** atender o telefone

ant *n.* formiga

Antarctic *adj.* antártico ◆ *n.* Antártico

Antarctica *n.* Antártida

antelope *n.* antílope

antenna *n.* [*pl.* antennae] **1** (de caracol ou inseto) antena **2** *(EUA)* antena; **dish antenna:** antena parabólica

anthem *n.* hino; **national anthem:** hino nacional

antibiotic *adj.* e *n.* antibiótico

antique *n.* antiguidade; velharia; **antique shop:** loja de antiguidades

anxious *adj.* **1** ansioso; preocupado; **to be anxious about something:** estar ansioso em relação a alguma coisa **2** ansioso; desejoso; **to be anxious to do something:** estar ansioso por fazer alguma coisa

anxiously *adv.* **1** ansiosamente **2** impacientemente

any *adj.* e *pron.* **1** algum; alguma; alguns; algumas; **are there any left?:** sobrou algum? **2** qualquer; qualquer que; seja qual for; **any time:** em qualquer altura **3** nenhum; nenhuma; **I don't like any of your friends:** não gosto de nenhum dos teus amigos

anybody *pron.* **1** alguém; **is anybody there?:** está aí alguém? **2** qualquer; **to be just like anybody else:** ser como qualquer outra pessoa

anyone *pron.* qualquer pessoa; alguém; **anyone but him:** todos menos ele; **he works more than anyone:** trabalha mais do que qualquer um

anything *pron.* alguma coisa; qualquer coisa; **anything is possible:** tudo é possível; **I don't need anything:** não preciso de nada; **is there anything I can do for you?:** posso

ajudar-te em alguma coisa?; **to be prepared to do anything:** estar disposto a tudo

anyway *adv.* seja como for; de qualquer modo; **thanks, anyway!:** de qualquer modo, obrigado!

anywhere *adv.* em qualquer parte; em algum lado; **his house is miles away from anywhere:** a casa dele fica longe de tudo; **I can't find them anywhere:** não os encontro em lado nenhum

apart *adv.* à parte; de parte ◆ *adj.* separado; afastado; **to be apart from the others:** estar afastado dos outros

apartment *n. (EUA)* apartamento

ape *n.* (animal) macaco (grande)

apologize *v.* desculpar-se; pedir desculpa; **to apologize to somebody for something:** pedir desculpa a alguém por alguma coisa

apology *n.* [*pl.* apologies] desculpa; **to make an apology for:** apresentar as desculpas por

appear *v.* **1** aparecer; surgir; **to appear on TV:** aparecer na televisão **2** parecer; **his essay appears to be the best:** a composição dele parece ser a melhor; **so it appears:** assim parece

appearance *n.* **1** aparecimento; **to make an appearance on TV:** aparecer na televisão **2** aparência; **appearances can be deceptive:** as aparências iludem

appetite *n.* apetite; **to whet one's appetite:** abrir o apetite; **to lose one's appetite:** perder o apetite

applaud *v.* aplaudir

applause *n.* aplauso; **a round of applause:** uma salva de palmas

a
b
c
d
e
f
g
h
i
j
k
l
m
n
o
p
q
r
s
t
u
v
w
x
y
z

apple *n.* 👁 maçã; **apple pie:** tarte de maçã; **apple tree:** macieira

appliance *n.* aparelho; **electrical appliances:** eletrodomésticos

application *n.* 1 candidatura; **application deadline:** prazo de candidatura 2 requerimento; pedido; **application for a passport:** requerimento de passaporte

apply *v.* 1 aplicar; **to apply a law:** aplicar uma lei 2 aplicar-se; **this doesn't apply to you:** isto não se aplica a ti 3 candidatar-se; **to apply for a job:** candidatar-se a um emprego

appointment *n.* 1 nomeação; **appointment as headmaster:** nomeação para diretor da escola 2 compromisso; **to have an appointment:** ter um compromisso 3 consulta; **appointment at the dentist's:** consulta no dentista

appreciate *v.* ficar grato por; ficar reconhecido por; **I appreciate your concern:** agradeço a tua preocupação

appreciation *n.* gratidão; reconhecimento; **to show somebody one's appreciation:** demonstrar a nossa gratidão a alguém

apprentice *n.* aprendiz

approach *n.* 1 aproximação; **approach of the storm:** aproximação da tempestade 2 abordagem; **a different approach to the problem:** uma abordagem diferente do problema ◆ *v.* 1 aproximar-se; **winter**

approaches: aproxima-se o inverno 2 abordar; **to approach a question:** abordar uma questão

approaching *adj.* que se aproxima

appropriate *adj.* 1 apropriado; adequado 2 oportuno

approve *v.* aprovar

approximately *adv.* aproximadamente

apricot *n.* (fruto) damasco; alperce; (árvore) **apricot tree:** damasqueiro

April *n.* abril; **April fool's day:** 1 de abril; dia dos enganos

apron *n.* avental

aquarium *n.* [*pl.* aquariums, aquaria] 👁 aquário

Aquarius *n.* (constelação, signo) Aquário

Arab *n.* e *adj.* árabe

Arabic *n.* (língua) árabe ◆ *adj.* árabe; **Arabic numerals:** numeração árabe

arc *n.* arco

arch *n.* (edifício) arco; abóbada

archipelago *n.* [*pl.* archipelagos] arquipélago

architect *n.* arquiteto

architecture *n.* arquitetura

Arctic *adj.* ártico; **Arctic Circle:** círculo polar ártico ◆ *n.* Ártico

area *n.* 1 região; (telefone) **area code:** indicativo 2 área; (futebol) **penalty area:** grande área

argue *v.* discutir; **they are always arguing:** eles estão sempre a discutir

argument *n.* discussão; **to have an argument with somebody:** discutir com alguém

Aries *n.* (constelação, signo) Carneiro

aristocrat *n.* aristocrata

arm *n.* **1** braço; **arm in arm:** de braço dado; **with open arms:** de braços abertos **2** (casaco) manga **3** (árvore) ramo

armchair *n.* poltrona

armour *n.* armadura

arms *n.pl.* armas

army *n.* [*pl.* armies] exército; **to join the army:** alistar-se no exército

aroma *n.* aroma

around *prep. e adv.* **1** à volta de; em torno de **2** aproximadamente; cerca de

arrange *v.* **1** organizar; ordenar; **to arrange the books in alphabetical order:** ordenar os livros alfabeticamente **2** marcar; combinar; **to arrange a meeting:** combinar uma reunião

arrangement *n.* **1** acordo; **to come to an arrangement:** chegar a acordo **2** arranjo; **a flower arrangement:** um arranjo floral **3** preparação; **to make arrangements for:** preparar as coisas para

arrest *n.* prisão; detenção; **to be under arrest:** estar preso ♦ *v.* prender; deter; **to arrest someone for something:** prender alguém por alguma razão

arrival *n.* chegada; **new arrival:** recém-chegado; **on arrival:** à chegada

arrive *v.* chegar; **to arrive at a conclusion:** chegar a uma conclusão; **to arrive in Portugal:** chegar a Portugal

arrow *n.* **1** 👁 seta **2** flecha

art *n.* arte; **art exhibition:** exposição; **work of art:** obra de arte

article *n.* **1** (*gramática*) (determinante) artigo; **the definite article:** o artigo definido; **the indefinite article:** o artigo indefinido **2** (jornal) artigo

artificial *adj.* artificial

artist *n.* artista

as *adv.* igualmente; como; **as... as:** tão... como; **as well:** também ♦ *conj.* **1** como; **as you like it:** como preferir; **such as:** tal como **2** enquanto; **as long as:** enquanto ♦ *prep.* como; **I work as a teacher:** trabalho como professor

ash *n.* [*pl.* ashes] cinza

ashamed *adj.* envergonhado; **to be ashamed of:** ter vergonha de

ashtray *n.* cinzeiro

Asia *n.* Ásia

Asian *adj. e n.* asiático

aside *adv.* de lado; de parte; à parte; **to stand aside:** colocar-se de lado; **to step aside:** afastar-se

ask *v.* **1** perguntar; **to ask someone about his/her health:** querer saber da saúde de alguém; **to ask a question:** fazer uma pergunta **2** pedir; **to ask a favour:** pedir um favor **3** convidar; **to ask somebody out to dinner:** convidar alguém para jantar

asleep *adj.* a dormir; adormecido; **to be asleep:** estar a dormir; **to fall asleep:** adormecer

asparagus *n.* espargo

aspect *n.* aspeto

a
b
c
d
e
f
g
h
i
j
k
l
m
n
o
p
q
r
s
t
u
v
w
x
y
z

assemble v. 1 reunir; juntar; **to assemble the staff:** reunir o pessoal 2 montar; **to assemble a car:** montar um carro

assembly n. [pl. assemblies] 1 assembleia 2 reunião

assess v. avaliar

assessment n. avaliação; **continuous assessment:** avaliação contínua

assign v. atribuir; **to assign a job to someone:** atribuir uma tarefa a alguém

assignment n. tarefa; trabalho (na escola)

assist v. prestar assistência a; ajudar; **to assist somebody in doing something:** ajudar alguém a fazer alguma coisa

*Repara que **assist** não significa o mesmo que **assistir** em português. **Assist**, em inglês, quer dizer ajudar, prestar assistência.*

assistance n. assistência; **technical assistance:** assistência técnica

assistant n. 1 assistente; **shop assistant:** empregado de balcão 2 ajudante; **an assistant cook:** um ajudante de cozinha

associate n. sócio; **a business associate:** um sócio ♦ v. relacionar-se; **to associate with somebody:** conviver com alguém

association n. associação; **in association with:** com a colaboração de

assurance n. 1 garantia 2 seguro

assure v. assegurar; garantir

asteroid n. asteroide

asthma n. asma

astonish v. surpreender; espantar

astonishment n. surpresa; espanto

astrolabe n. 👁 astrolábio

astrology n. astrologia

astronaut n. astronauta

astronomer n. astrónomo

astronomy n. astronomia

asylum n. asilo; **political asylum:** asilo político

at prep. 1 em; a; **at hand:** à mão; **at home:** em casa; **at night:** à noite; **at sea:** no mar; **at the moment:** neste momento 2 de; contra; **to shoot at someone:** disparar contra alguém 3 para; por; **at last:** por fim; **at least:** pelo menos; **at most:** quando muito

athlete n. atleta

athletic adj. atlético

athletics n. atletismo

Atlantic adj. e n. atlântico; **Atlantic Ocean:** oceano Atlântico

atlas n. [pl. atlases] atlas; **world atlas:** atlas do mundo

atmosphere n. 1 atmosfera 2 ambiente

atom n. átomo; **atom bomb:** bomba atómica

attach v. 1 anexar; **a document attached to an email:** um documento anexo a um email 2 prender; **to attach something to:** prender algo a

attack n. 1 ataque; **heart attack:** ataque cardíaco 2 atentado; **an attack on the president's life:** um atentado à vida do Presidente ♦ v. atacar

attempt n. 1 tentativa; **an attempt at cooking:** uma tentativa de cozinhar

21

2 atentado; **an attempt on somebody's life:** um atentado contra a vida de alguém

attend v. **1** assistir a; **to attend a meeting:** assistir a uma reunião **2** frequentar; **to attend school:** frequentar a escola **3** tratar de; **to attend patients:** cuidar de doentes

attendance n. assistência; frequência; **attendance at school:** a frequência das aulas

attention n. atenção; **to pay attention to:** prestar atenção a

attentive adj. **1** atento; **an attentive class:** uma turma atenta **2** atencioso; **he is very attentive to the customers:** ele é muito atencioso com os clientes

attentively adv. **1** atentamente **2** atenciosamente

attic n. sótão

attitude n. atitude

attract v. atrair

attraction n. atração; **tourist attraction:** atração turística

attractive adj. atrativo; atraente; **a very attractive person:** uma pessoa muito atraente; **an attractive offer:** uma proposta tentadora

attribute n. atributo; qualidade ◆ v. atribuir; **he attributes his success to hard work:** ele atribui o seu sucesso ao trabalho árduo

auction n. leilão ◆ v. leiloar

audience n. **1** público; **target audience:** público-alvo **2** audiência; **an audience with the Pope:** uma audiência com o Papa

audio adj. e n. áudio

August n. agosto

aunt n. tia

auntie n. (informal) titi

Australia n. Austrália

Australian adj. e n. australiano

Austria n. Áustria

Austrian adj. e n. austríaco

authentic adj. autêntico

author n. **1** escritor **2** autor; criador

authority n. [pl. authorities] autoridade; **to have the authority to do something:** ter autoridade para fazer algo

authorization n. autorização

authorize v. autorizar

autograph n. autógrafo; **to ask for an autograph:** pedir um autógrafo; **to give an autograph:** dar um autógrafo ◆ v. autografar

automatic adj. automático; **automatic pilot:** piloto automático

automobile n. 👁 automóvel

autonomous adj. autónomo

autonomy n. autonomia

autumn n. outono

auxiliary adj. e n. [pl. auxiliaries] auxiliar

available adj. disponível

avenge v. vingar

avenue n. avenida

average n. média; **above/below average:** acima/abaixo da média ◆ adj. médio; **average height:** estatura média; **average weight:** peso médio

avoid v. **1** evitar; **to avoid doing something:** evitar fazer alguma coisa **2** esquivar-se a; fugir a; **to avoid re-**

sponsibility: fugir à responsabilidade

await v. aguardar; esperar; **she awaits us:** ela espera-nos

awake adj. acordado; **to stay awake:** ficar acordado ◆ v. acordar; despertar; **I awake early:** eu acordo cedo

award n. prémio; galardão ◆ v. premiar; galardoar

aware adj. **1** consciente; **to become aware of:** tomar consciência de **2** informado; **they are aware of the problem:** eles estão informados do problema

awareness n. consciência; conhecimento

away adv. longe; ao longe; **far away:** longe; **right away:** imediatamente

awful adj. horrível; tremendo; **an awful weather:** um tempo horrível; **he looks awful:** ele tem um aspeto medonho; **how awful!:** que horror!

awfully adv. terrivelmente; muito; **it's awfully cold:** está muito frio

awkward adj. **1** desajeitado; **to be awkward with one's hands:** ser desajeitado com as mãos **2** embaraçoso; **an awkward question:** uma pergunta embaraçosa

axe n. machado

Azores n.pl. Açores

bB

b *n.* (letra) b

baby *n.* [*pl.* babies] **1** bebé; criança de colo **2** (*informal*) querido; amor

babysit *v.* tomar conta de crianças

babysitter *n.* ama; babysitter

back *n.* **1** costas; **the back of a chair:** as costas de uma cadeira; **to talk behind someone's back:** falar nas costas de alguém **2** (edifício) traseiras; fundos; **at the back of the house:** nas traseiras da casa **3** (livro) contracapa; **back cover:** contracapa ◆ *adj.* traseiro; de trás ◆ *adv.* para trás; atrás

backache *n.* dor nas costas

background *n.* **1** (de fotografia ou quadro) fundo; último plano **2** (de pessoa) proveniência; antecedentes

backpack *n.* (EUA) mochila

backside *n.* (*informal*) traseiro

backstroke *n.* (natação) costas

backward *adj.* atrás; **a backward step:** um passo atrás

backwards *adv.* **1** para trás; **backwards and forwards:** para trás e para a frente; **I know it backwards:** eu sei isso de cor e salteado **2** ao contrário; **can you say the alphabet backwards?:** sabes dizer o alfabeto ao contrário?

backyard *n.* **1** pátio **2** (EUA) quintal das traseiras

bacon *n.* toucinho; bacon

bad *adj.* **1** mau; **from bad to worse:** de mal a pior; **not bad!:** nada mau!;

the weather is bad: está mau tempo **2** forte; **he has a bad headache:** ele tem uma forte dor de cabeça

badge *n.* emblema; insígnia

badger *n.* texugo

badly *adv.* **1** mal; **to think badly of:** pensar mal de **2** gravemente; **badly wounded:** gravemente ferido **3** muito; **to go badly wrong:** correr muito mal

badminton *n.* badminton

bad-tempered *adj.* mal-humorado

bag *n.* **1** saca; saco; **plastic bag:** saco de plástico; **shopping bag:** saca(o) de compras; **sleeping bag:** saco-cama **2** mala

baggage *n.* (EUA) bagagem

baggy *adj.* (roupa) largo

bagpiper *n.* tocador de gaita de foles

bagpipes *n.pl.* 👁 gaita de foles

bake *v.* **1** cozer **2** assar

baker *n.* padeiro; **baker's:** padaria; pastelaria

bakery *n.* [*pl.* bakeries] padaria

balance *n.* **1** equilíbrio; **to keep one's balance:** manter o equilíbrio; **to lose**

one's balance: perder o equilíbrio 2 balança; **kitchen balance:** balança de cozinha ♦ v. **1** equilibrar **2** contrabalançar

Balance n. (constelação, signo) Balança

balcony n. [pl. balconies] **1** (edifício) varanda **2** (sala de espetáculos) segundo balcão

bald adj. careca; calvo; **bald tyres:** pneus carecas; **to go bald:** ficar careca

ball n. **1** 👁 bola; **to play ball:** jogar à bola **2** novelo; **a ball of wool:** um novelo de lã **3** (olho) globo ocular **4** baile; **masked ball:** baile de máscaras

ballerina n. bailarina

ballet n. ballet

balloon n. balão; **hot-air balloon:** aeróstato, balão de ar quente; **to blow up a balloon:** encher um balão

ballpoint n. esferográfica

bamboo n. [pl. bamboos] (planta) bambu

ban n. proibição; interdição ♦ v. proibir; **to ban somebody from doing something:** proibir alguém de fazer alguma coisa

banana n. banana; **banana skin:** casca de banana; **banana tree:** bananeira

band n. **1** banda; **rock band:** banda de rock **2** bando; grupo; **a band of teenagers:** um grupo de adolescentes **3** tira; faixa

bandage n. ligadura

bang n. **1** pancada **2** estrondo; **with a bang:** com estrondo ♦ v. **1** bater (em); **to bang the door:** bater a porta violentamente **2** chocar; **to bang into the wall:** ir contra a parede

bank n. **1** banco; **bank account:** conta bancária **2** margem; **river bank:** margem do rio; (GB) **bank holiday:** feriado oficial

banker n. banqueiro

banknote n. nota de banco

baptize v. batizar

bar n. **1** bar; **hotel bar:** bar do hotel **2** barra; **bar code:** código de barras; **chocolate bar:** tablete de chocolate; (ginástica) **horizontal bar:** barra fixa; (computador) **scroll bar:** barra de deslocamento

barbecue n. (refeição) churrasco; **to have a barbecue:** fazer/organizar um churrasco

barber n. barbeiro; cabeleireiro

bare adj. despido; nu; **the bare truth:** a verdade nua e crua

barefoot adj. e adv. descalço; **to walk barefoot:** andar descalço

bargain n. pechincha; **this car is a bargain:** este carro é uma pechincha ♦ v. negociar; regatear

bark n. **1** (cão) latido **2** (árvore) casca; cortiça ♦ v. ladrar

barman n. [pl. barmen] empregado de bar

barn n. celeiro

baron n. barão

barrel n. barril; pipo

barrier n. barreira; obstáculo

base n. base ♦ v. basear

baseball n. basebol

basement n. cave

basic adj. básico; fundamental; **basic needs:** necessidades básicas

basin *n.* **1** lavatório; **he washes his hands in the basin:** ele lava as mãos no lavatório **2** bacia; **a basin of water:** uma bacia de água

basis *n.* [*pl.* bases] base

basket *n.* cesto; cesta; **wastepaper basket:** cesto de papéis; **shopping basket:** cesto de compras; (basquetebol) **to score a basket:** encestar, meter um cesto

basketball *n.* basquetebol; **basketball player:** basquetebolista

bat *n.* **1** morcego **2** taco (de basebol ou de críquete)

bath *n.* **1** banho; **to have/take a bath:** tomar banho **2** banheira

bathe *v.* tomar banho; banhar-se; nadar; **she is bathing in the sea:** ela está a tomar banho no mar

bathing *n.* banho; **bathing hut:** barraca de praia; *(EUA)* **bathing suit:** fato de banho

bathroom *n.* casa de banho; quarto de banho

bathtub *n.* banheira

battery *n.* [*pl.* batteries] **1** pilha (elétrica) **2** (de automóvel, telemóvel) bateria; **to charge the battery:** carregar a bateria

battle *n.* batalha

bay *n.* **1** baía; enseada **2** (planta) louro; loureiro

be *v.* **1** ser; existir; **I am Portuguese:** eu sou português/portuguesa; **you are very pretty:** és muito bonita **2** estar; **they are at home:** eles estão em casa; **you are wrong:** estás enganado **3** ficar; situar-se; **their house is near the beach:** a casa deles fica perto da praia **4** ter; **be careful!:** tem cuidado!; **he is right:** ele tem razão

beach *n.* [*pl.* beaches] praia; **to go to the beach:** ir à praia

beak *n.* bico (de ave)

beam *n.* **1** trave; viga **2** feixe; raio (de luz)

bean *n.* **1** 👁 feijão; **green bean:** feijão-verde **2** grão; **coffee bean:** grão de café

bear *n.* urso; **polar bear:** urso polar ♦ *v.* **1** suportar; **he can't bear the heat:** ele não suporta o calor **2** assumir; **to bear the responsibility:** assumir a responsabilidade

beard *n.* barba

beast *n.* besta; animal; bicho; **the king of the beasts:** o rei dos animais; **wild beast:** fera

beat *n.* **1** pulsação; batimento (do coração); **the beat of your heart:** o bater do teu coração **2** ritmo; **the beat of the music:** o ritmo da música ♦ *v.* **1** vencer; derrotar; **she always beats me at chess:** ela ganha-me sempre no xadrez; **to beat a record:** bater um recorde **2** bater; pulsar; **his heart is beating:** o coração dele está a bater

beautiful *adj.* **1** belo; bonito **2** fantástico; magnífico

beauty *n.* [*pl.* beauties] beleza

beaver *n.* castor

because *conj.* **1** porque; uma vez que; **I like her because she is nice:** eu gosto dela porque é simpática **2** por causa; devido; **he eats lots of vegetables because of his health:** ele come muitos legumes por causa da sua saúde

become *v.* tornar-se; fazer-se; **to become famous:** ficar famoso

bed *n.* **1** cama; leito; **bed and breakfast:** meia-pensão (num hotel); **to go to bed:** ir para a cama; deitar--se; **to make the bed:** fazer a cama **2** leito; **the bed of a river:** o leito de um rio

bedroom *n.* quarto; **double bedroom:** quarto de casal; **single bedroom:** quarto de solteiro

bedside *n.* cabeceira; **bedside book:** livro de cabeceira; **bedside table:** mesa de cabeceira

bedspread *n.* colcha (de cama); coberta

bedtime *n.* hora de deitar; **bedtime story:** história para adormecer

bee *n.* abelha

beef *n.* [*pl.* beefs] carne de bovino; **beef stew:** carne estufada

Beefeater *n.* 👁 guarda da Torre de Londres

beehive *n.* colmeia; cortiço

beep *n.* (som) bip

beer *n.* cerveja

beetle *n.* escaravelho; besouro

beetroot *n.* beterraba

before *prep.* **1** antes de; anterior a; **before Christ:** antes de Cristo; **the day before yesterday:** anteontem **2** perante; diante de; **before God:** perante Deus ♦ *adv.* **1** antes; anteriormente; **I have seen this before:** eu já vi isto antes **2** em frente; adiante ♦ *conj.* antes de; **turn off the TV before you leave:** desliga a televisão antes de saíres

beforehand *adv.* antecipadamente

beg *v.* **1** pedir; implorar; **I beg your pardon:** peço perdão; **I beg you to come with me:** peço-te que venhas comigo **2** mendigar; pedir (esmola)

beggar *n.* mendigo; pedinte

begin *v.* começar; principiar; **let the game begin!:** que comece o jogo!; **to begin to study:** começar a estudar

beginner *n.* principiante; **beginner's luck:** sorte de principiante

beginning *n.* início; princípio; **in the beginning:** no início

behalf *n.* **on behalf of:** em nome de; **on my behalf:** no meu interesse

behave *v.* comportar-se; portar-se; **behave yourselves!:** comportem--se!; **they behave badly:** eles portam-se mal

behaviour *n.* comportamento; **bad behaviour:** mau comportamento; **good behaviour:** bom comportamento

behind *prep.* atrás de; detrás de ♦ *adv.* atrás; detrás; **far behind:** bem atrás

beige *adj.* e *n.* (cor) bege

being *n.* ser; **human being:** ser humano

Belgian *adj.* e *n.* belga

Belgium *n.* Bélgica

belief *n.* [*pl.* beliefs] **1** fé; crença; **belief in God:** fé em Deus **2** confiança; **belief in democracy:** confiança na democracia

believe *v.* **1** acreditar em; confiar em; **believe it or not:** acredites ou não;

believe me: podes crer **2** acreditar; ter fé; **to believe in God:** acreditar em Deus **3** pensar; julgar; **I believe he is wrong:** penso que ele está enganado

bell *n.* **1** campainha; **to ring the bell:** tocar à campainha **2** sino

belly *n.* [*pl.* bellies] *(informal)* barriga

belong *v.* pertencer; **the book belongs to my sister:** o livro pertence à minha irmã

belongings *n.pl.* pertences; bens; **personal belongings:** objetos pessoais

beloved *adj.* querido; amado

below *prep.* **1** abaixo de; **below average:** abaixo da média **2** por baixo de; **below the table:** por baixo da mesa ◆ *adv.* **1** em baixo; por baixo; **put it below:** põe por baixo **2** abaixo; **one floor below:** um andar abaixo

belt *n.* cinto; cinturão; **safety belt:** cinto de segurança; **to tighten one's belt:** apertar o cinto

bench *n.* [*pl.* benches] banco; assento; **park bench:** banco de jardim

bend *v.* **1** dobrar; **to bend the knees:** dobrar os joelhos **2** curvar-se; inclinar-se; **to bend over the water:** inclinar-se sobre a água ◆ *n.* curva

beneath *prep.* debaixo de; sob; abaixo de; por baixo de; **beneath a tree:** debaixo de uma árvore; **she is wearing a shirt beneath her coat:** ela traz uma blusa debaixo do casaco

benefit *n.* benefício; vantagem; proveito; **I do it for your benefit:** faço-o por ti

bent *adj.* inclinado; curvado

berry *n.* [*pl.* berries] baga; bago

beside *prep.* ao lado de; junto de; **to remain beside someone:** ficar ao lado de alguém

besides *adv.* além disso; de qualquer forma; de qualquer maneira; **I'm too tired to go out; besides, I don't have any money:** estou muito cansado para sair; além disso, não tenho dinheiro ◆ *prep.* **1** para além de; **there are other people besides me:** há outras pessoas para além de mim **2** exceto; a não ser; **no one is coming besides him:** ninguém vem exceto ele

best *adj.* o melhor; **my best friend:** o meu melhor amigo ◆ *adv.* melhor; **it's best to warn his parents:** é melhor avisar os pais dele ◆ *n.* o melhor; **I wish you all the best:** desejo-te tudo de bom

bet *n.* aposta; **to make a bet:** fazer uma aposta ◆ *v.* apostar; **I bet you £5 that he can't do it:** aposto contigo 5 libras em como ele não consegue

betray *v.* trair; atraiçoar

better *adj.* melhor; **it's better than I expected:** é melhor do que eu esperava ◆ *adv.* melhor; **I'm feeling much better today:** hoje sinto-me muito melhor

between *prep.* entre; no meio de; **between you and me:** cá entre nós; **he is between the two:** ele está entre os dois *adv.* no meio; entre; **the houses have trees in between:** há árvores entre as casas

beware *v.* ter cuidado; **beware of the dog:** cuidado com o cão

beyond *prep.* além; para além de; **beyond our wildest dreams:** muito para além do que poderíamos esperar ◆ *adv.* do outro lado; para além de

bib *n.* babete; bibe

Bible *n.* Bíblia

a
b
c
d
e
f
g
h
i
j
k
l
m
n
o
p
q
r
s
t
u
v
w
x
y
z

bicycle n. 👁 bicicleta; **to ride a bicycle:** andar de bicicleta

big adj. **1** grande; volumoso; **a big car:** um carro grande **2** grande; crescido; mais velho; **my big brother:** o meu irmão mais velho

bike n. (informal) bicicleta

bikini n. biquíni

bill n. **1** conta; fatura; **could we have the bill, please?:** trazia-nos a conta, por favor? **2** (EUA) nota; **a five-dollar bill:** uma nota de cinco dólares

billion n. mil milhões

bin n. caixote do lixo

binoculars n.pl. binóculos

biodegradable adj. biodegradável

biography n. [pl. biographies] biografia

biologist n. biólogo

biology n. biologia

bird n. ave; pássaro; **bird of prey:** ave de rapina

birth n. nascimento; **date of birth:** data de nascimento; **to give birth to:** dar à luz

birthday n. 🖊 aniversário; dia de aniversário; dia de anos; **birthday cake:** bolo de aniversário; **birthday card:** postal de aniversário; **happy birthday:** parabéns; feliz aniversário; **he's celebrating his 10th birthday:** ele está a festejar o 10.° aniversário

birthplace n. terra natal; local de nascimento

biscuit n. biscoito; bolacha

bishop n. bispo

bit n. **1** bocado; pedaço; **a little bit:** um bocadinho; **bit by bit:** a pouco e pouco **2** (informal) momento; instante; **wait a bit please:** espere um momento, por favor

bite n. **1** mordidela; **a dog bite:** uma mordidela de cão **2** (informal) trinca; **to have a bite at:** dar uma trinca em **3** picada; **a mosquito bite:** uma picada de mosquito ♦ v. **1** morder; picar **2** roer; **to bite one's fingernails:** roer as unhas

bitter adj. (sabor) amargo; azedo

black adj. preto; negro ♦ n. negro; preto

blackberry n. [pl. blackberries] 👁 amora silvestre

blackbird n. melro

blackboard n. quadro (da escola)

blade n. lâmina

blame n. culpa; **to bear the blame:** assumir a culpa; **to put the blame on someone:** deitar as culpas a alguém ♦ v. culpar; **he was blamed for the accident:** ele foi responsabilizado pelo acidente

blank adj. em branco; **blank sheet of paper:** folha em branco ♦ n. espaço em branco; **to fill in the blanks:** preencher os espaços em branco

blanket n. cobertor

bleed v. sangrar; deitar sangue; **to bleed from the nose:** deitar sangue pelo nariz

blend *v.* misturar; combinar ◆ *n.* mistura; combinação

bless *v.* abençoar; (depois de um espirro) **bless you!:** santinho!; **God bless you:** Deus te abençoe

blind *adj.* cego; 👁 (jogo) **blind man's buff:** cabra-cega; **to go blind:** ficar cego; cegar ◆ *n.* estore; persiana; **to pull up/down the blinds:** subir/baixar as persianas

blink *v.* piscar os olhos; pestanejar ◆ *n.* piscar de olhos; **in the blink of an eye:** num piscar de olhos; num instante

blister *n.* bolha

block *n.* **1** bloco; **block of flats:** bloco de apartamentos **2** (rua) quarteirão; **it's four blocks from here:** fica a quatro quarteirões daqui; **two blocks away:** a dois quarteirões de distância ◆ *v.* bloquear; obstruir; tapar

blond *adj. e n.* louro

blonde *adj. e n.* loura

blood *n.* sangue; **blood donor:** dador de sangue; **blood group:** grupo sanguíneo; **blood pressure:** tensão arterial

bloom *n.* flor; **roses in full bloom:** rosas em flor ◆ *v.* florescer

blossom *n.* flor; **orange blossom:** flor de laranjeira ◆ *v.* (flor) desabrochar; florescer

blouse *n.* blusa

blow *n.* golpe ◆ *v.* **1** soprar; **to blow a candle:** apagar uma vela (soprando) **2** assoar; **to blow one's nose:** assoar o nariz **3** fazer voar; **the wind blows the leaves:** o vento faz as folhas voar

blue *adj. e n.* azul; **blue sky:** céu azul; **dark blue:** azul escuro; **light blue:** azul claro

blush *v.* corar; **to blush with embarrassment:** corar de vergonha

board *n.* **1** prancha; tábua **2** quadro (da escola); **go to the board:** vai ao quadro **3** tabuleiro; **chess board:** tabuleiro de xadrez **4** bordo; **welcome on board:** bem-vindos a bordo **5** comida; pensão; (hotel) **full board:** pensão completa; (hotel) **half board:** meia pensão ◆ *v.* embarcar

boarding school *n.* colégio interno

boat *n.* barco; **fishing boat:** barco de pesca; **sailing boat:** barco à vela; 👁 **rowing boat:** barco a remos; **to travel by boat:** viajar de barco

body *n.* [*pl.* bodies] **1** 🖍 corpo **2** cadáver

bodyboard *n.* bodyboard

bodyguard n. guarda-costas
boil v. (líquido) ferver ◆ v. cozer; **to boil an egg:** cozer um ovo
boiling adj. a ferver; **boiling water:** água a ferver
bold adj. corajoso; valente; ousado
bomb n. bomba; **bomb scare:** ameaça de bomba ◆ v. bombardear
bonbon n. bombom; caramelo
bond n. **1** laço; ligação; **bonds of friendship:** laços de amizade **2** compromisso; pacto
bone n. **1** osso **2** espinha (de peixes)
bonfire n. fogueira
bonus n. [pl. bonuses] bónus; prémio
book n. livro; volume ◆ v. reservar; marcar; **to book a table at a restaurant:** reservar uma mesa num restaurante
bookcase n. estante
booking n. marcação; reserva; **booking office:** bilheteira
booklet n. folheto
bookshelf n. [pl. bookshelves] estante
bookshop n. livraria
bookstore n. (EUA) livraria
boot n. bota; **high boots:** botas de cano alto; **riding boots:** botas de montar
border n. **1** fronteira; **the border between Portugal and Spain:** a fronteira entre Portugal e Espanha **2** margem
bored adj. aborrecido; **to get bored:** aborrecer-se
boredom n. aborrecimento
boring adj. aborrecido; maçador
borrow v. pedir emprestado; **can I borrow a pen?:** emprestas-me uma caneta?

boss n. [pl. bosses] (informal) patrão; chefe; **show them who's the boss!:** mostra-lhes quem manda!
bossy adj. mandão
botany n. botânica
both pron. ambos; os dois; **both he and his brother are teachers:** tanto ele como o irmão são professores; **he is angry with both of them:** ele está irritado com ambos
bother n. maçada; incómodo; **it's no bother:** não é incómodo nenhum ◆ v. **1** incomodar; **I'm sorry to bother you:** desculpa incomodar-te **2** preocupar; **what's bothering you?:** o que é que te está a preocupar? ◆ interj. chatice!; **bother! I missed my train!:** que chatice! perdi o comboio!
bottle n. **1** garrafa; **bottle opener:** abre-garrafas; tira-cápsulas **2** frasco **3** biberão (de bebé)
bottom n. **1** fundo; **at the bottom of the page:** no fundo da página; **from the bottom of the heart:** do fundo do coração **2** parte de baixo da roupa **3** traseiro; rabo
bough n. ramo de árvore
boundary n. [pl. boundaries] **1** fronteira; **the boundary between the two countries:** a fronteira entre os dois países **2** limite; **the boundaries of human knowledge:** os limites do conhecimento humano
bouquet n. 👁 ramo de flores

bow *n.* 1 vénia; **to take a bow:** fazer uma vénia 2 arco; **bow and arrow:** arco e flecha ♦ *v.* 1 inclinar; **to bow one's head:** inclinar a cabeça 2 inclinar-se; curvar-se 3 fazer uma vénia

bowl *n.* taça; tigela

box *n.* [*pl.* boxes] 1 caixa; **a box of chocolates:** uma caixa de chocolates 2 caixote; **a cardboard box:** um caixote de cartão 3 cabina; **phone box:** cabina telefónica

boxer *n.* pugilista; boxeur

boxing *n.* boxe

boy *n.* rapaz; menino; **boy scout:** escuteiro

boyfriend *n.* namorado

bra *n.* soutien

bracelet *n.* 1 (joia) pulseira 2 (de relógio) bracelete

braces *n.pl.* 1 aparelho (para os dentes) 2 suspensórios

bracket *n.* parêntesis; **in brackets:** entre parêntesis

braid *n.* trança

brain *n.* cérebro

brainy *adj.* *(informal)* muito inteligente

brake *n.* travão ♦ *v.* travar

branch *n.* [*pl.* branches] (de árvore) ramo

brand *n.* marca

brand-new *adj.* novo em folha

brave *adj.* corajoso

bravery *n.* [*pl.* braveries] coragem; bravura; **an act of bravery:** um ato de bravura

Brazil *n.* Brasil

Brazilian *adj.* e *n.* brasileiro

bread *n.* pão; **bread and butter:** pão com manteiga; **new bread:** pão fresco ♦ *v.* panar; **to bread the fillets:** panar os filetes

breadth *n.* largura

break *n.* 1 pausa; intervalo; interrupção; **take a break:** fazer uma pausa 2 fratura ♦ *v.* 1 partir(-se); **to break a leg:** partir uma perna 2 quebrar; **to break a promise:** quebrar uma promessa 3 bater; **to break a record:** bater um recorde

breakdown *n.* 1 (máquina, carro) avaria 2 colapso; **nervous breakdown:** esgotamento nervoso

breakfast *n.* pequeno-almoço; **continental breakfast:** pequeno-almoço continental; **English breakfast:** pequeno-almoço à inglesa; **to have breakfast:** tomar o pequeno-almoço

breast *n.* 1 mama; seio; **breast cancer:** cancro da mama 2 peito; **chicken breast:** peito de frango

breath *n.* 1 respiração; **to hold one's breath:** suster a respiração; **to take a deep breath:** respirar fundo 2 fôlego; **to be out of breath:** estar sem fôlego; **to catch one's breath:** recuperar o fôlego

breathe *v.* respirar

breed *n.* raça; espécie ♦ *v.* 1 fazer criação de animais 2 produzir; gerar

breeze *n.* brisa; aragem

bribe *v.* subornar ♦ *n.* suborno

brick *n.* 1 tijolo 2 (brinquedo) cubo

bricklayer *n.* pedreiro

bride *n.* noiva; **the bride and groom:** os noivos

bridegroom *n.* noivo

bridge *n.* ponte

brief *adj.* breve; curto

briefcase *n.* pasta

briefs *n.* cuecas; slip

bright *adj.* 1 (lugar, objeto) brilhante 2 (cor) vivo 3 (pessoa) perspicaz

brilliant *adj.* **1** brilhante **2** brilhante; genial; talentoso

bring *v.* **1** trazer; **bring your girlfriend to the party:** traz a tua namorada à festa **2** levar; acompanhar; **he always brings me to the door:** ele acompanha-me sempre à porta

Brit *n.* *(informal)* (pessoa) inglês; britânico

Britain *n.* Grã-Bretanha

British *adj.* britânico ♦ *n.* **the British:** povo britânico; britânicos

Briton *n.* britânico; inglês

broad *adj.* **1** largo; extenso; **this cloth is one metre broad:** este tecido tem um metro de largura **2** geral; lato; **the broad opinion:** a opinião geral

broccoli *n.pl.* brócolos

brochure *n.* brochura; folheto; panfleto

bronze *n.* bronze ♦ *adj.* de bronze; **bronze medal:** medalha de bronze

broom *n.* vassoura

broomstick *n.* cabo de vassoura

broth *n.* caldo

brother *n.* [*pl.* brothers] **1** irmão **2** *(informal)* colega; companheiro

brother-in-law *n.* cunhado

brown *adj.* **1** castanho; **brown eyes:** olhos castanhos **2** moreno; **brown skin:** pele morena ♦ *n.* (cor) castanho

bruise *n.* nódoa negra; pisadura

brush *n.* [*pl.* brushes] **1** escova **2** pincel ♦ *v.* escovar

bubble *n.* **1** bolha **2** bola; **soap bubble:** bola de sabão; **to blow bubbles:** fazer bolas de sabão

bucket *n.* balde

buckle *n.* fivela

buddy *n.* [*pl.* buddies] *(EUA)* *(informal)* pá; amigalhaço; companheiro

budgerigar *n.* 👁 periquito

budgie *n.* *(informal)* periquito

buffalo *n.* [*pl.* buffaloes] búfalo

bug *n.* **1** percevejo **2** inseto; bicho

build *v.* construir; **to build a house:** construir uma casa

builder *n.* construtor; empreiteiro

building *n.* **1** edifício; prédio **2** construção; **building site:** terreno de construção

bulb *n.* **1** (planta) bolbo **2** lâmpada

bull *n.* touro

bullet *n.* bala

bum *n.* **1** *(informal)* vagabundo; vadio **2** *(informal)* rabo

bumper *n.* para-choques; **bumper cars:** carrinhos de choque

bunch *n.* [*pl.* bunches] **1** ramo; **a bunch of flowers:** um ramo de flores **2** cacho; **a bunch of grapes:** um cacho de uvas **3** molho; **a bunch of keys:** um molho de chaves

bungee jumping *n.* *(desporto)* bungee-jumping

buoy *n.* boia; **life buoy:** boia de salvamento

burden *n.* carga; fardo ♦ *v.* carregar; sobrecarregar

burger *n.* hambúrguer

burglar *n.* assaltante; ladrão

burial *n.* enterro; funeral

burn *n.* queimadura ♦ *v.* queimar; escaldar

burst *n.* **1** rebentamento; estoiro; explosão **2** salva de palmas ◆ *v.* rebentar; explodir; estoirar; **to burst into tears:** desatar a chorar; **to burst with laughter:** rebentar de riso

bury *v.* enterrar; sepultar

bus *n.* [*pl.* buses] 👁 autocarro; **bus driver:** condutor do autocarro; **bus stop:** paragem de autocarro; **to go by bus:** ir de autocarro

bush *n.* [*pl.* bushes] **1** arbusto **2** mata

business *n.* [*pl.* businesses] **1** negócio; **business trip:** viagem de negócios **2** assunto; **that's not your business:** isso não é da tua conta

businessman *n.* [*pl.* businessmen] empresário

businesswoman *n.* [*pl.* businesswomen] empresária

busy *adj.* **1** ocupado; atarefado; **I'm busy now:** agora estou ocupado **2** movimentado; agitado; **this is a very busy street:** esta é uma rua muito movimentada

but *conj.* **1** mas; porém; **it's cold, but it isn't raining:** está frio, mas não está a chover **2** embora; se bem que; **it is an excellent car, but it's expensive:** é um carro excelente, embora caro **3** só que; **I want to go, but I have to work:** eu quero ir, só que

tenho de trabalhar ◆ *prep.* exceto; **all but you:** todos exceto tu

butcher *n.* talhante; **butcher's:** talho

butter *n.* manteiga

butterfly *n.* [*pl.* butterflies] **1** 👁 (inseto) borboleta **2** (natação) mariposa; **to do the butterfly:** nadar (estilo) mariposa

buttock *n.* nádega

button *n.* botão; **to do up a button:** apertar um botão; **to undo a button:** desapertar um botão ◆ *v.* abotoar; **to button the jacket:** abotoar o casaco

buy *v.* comprar; adquirir ◆ *n.* compra; **that car was a good buy:** esse carro foi uma boa compra

buzz *n.* [*pl.* buzzes] **1** zumbido **2** murmúrio ◆ *v.* zumbir

by *prep.* **1** por; **you must divide six by two:** tens de dividir seis por dois **2** de; **I go to work by train:** eu vou trabalhar de comboio **3** em; **by my watch:** no meu relógio **4** com; **what do you mean by that?:** o que queres dizer com isso? **5** a; **one by one:** um a um **6** perto de; por volta de; **I'll get there by noon:** eu chegarei lá por volta do meio-dia **7** conforme; segundo; **you must act by the rules:** tens de seguir as regras ◆ *adv.* perto; **he is walking by:** ele anda por perto

bye *interj.* (*informal*) adeus!; tchau!

bye-bye *interj.* (*informal*) adeusinho!; tchau!

a
b
c
d
e
f
g
h
i
j
k
l
m
n
o
p
q
r
s
t
u
v
w
x
y
z

C

c *n.* (letra) c

cab *n.* 👁 táxi; **to call a cab:** chamar um táxi; **to get a cab:** apanhar um táxi

cabbage *n.* couve

cabin *n.* **1** cabana **2** (em barco) camarote **3** (em avião) cabina

cabinet *n.* armário

Cabinet *n.* governo da Grã-Bretanha

cable *n.* cabo; fio

café *n.* (lugar) café

cage *n.* **1** (para pássaros) gaiola **2** (para animais ferozes) jaula

cake *n.* bolo; **chocolate cake:** bolo de chocolate; **to make/bake a cake:** fazer um bolo

calculate *v.* calcular

calculation *n.* cálculo

calculator *n.* calculadora; **pocket calculator:** calculadora de bolso

calendar *n.* calendário

calf *n.* [*pl.* calves] vitela; bezerro

call *v.* **1** chamar **2** telefonar a ♦ *n.* **1** grito; pedido **2** telefonema

calm *adj.* calmo; tranquilo ♦ *n.* calma; tranquilidade ♦ *v.* acalmar(-se)

camel *n.* **1** (animal) camelo **2** (cor) bege

camera *n.* **1** máquina fotográfica **2** câmara de filmar

cameraman *n.* [*pl.* cameramen] operador de câmara

camp *v.* acampar ♦ *n.* acampamento

campaign *n.* campanha; **election campaign:** campanha eleitoral

camping *n.* campismo; **no camping:** proibido acampar; **to go camping:** ir acampar

campsite *n.* parque de campismo

can *v.* **1** conseguir; saber; **she can speak English:** ela sabe falar inglês **2** poder; estar autorizado a; **you can go to the party:** podes ir à festa **3** poder; ter possibilidade de; **I can win the race:** posso vencer a corrida ♦ *n.* lata; **can opener:** abre--latas

Canada *n.* Canadá

Canadian *adj.* e *n.* canadiano

cancel *v.* cancelar; anular

cancer *n.* (doença) cancro

Cancer *n.* (constelação, signo) Caranguejo; Câncer

candidate *n.* candidato; concorrente

candle *n.* 👁 vela; **to light a candle:** acender uma vela

candlestick *n.* castiçal

candy *n.* [*pl.* candies] *(EUA)* guloseima; caramelo; bombom

candyfloss *n.* algodão-doce

cane *n.* 1 cana 2 bengala

cannot *contr. de* can e not

canoe *n.* canoa

canoeing *n.* canoagem

canteen *n.* cantina

canyon *n.* desfiladeiro

cap *n.* 1 boné; gorro 2 (de caneta) tampa 3 (de garrafa) cápsula

capable *adj.* capaz

capacity *n.* [*pl.* capacities] 1 capacidade; aptidão; **capacity for maths:** aptidão para a matemática 2 lotação; **to fill to capacity:** esgotar a lotação

capital *n.* 1 (cidade) capital 2 (letra) maiúscula ◆ *adj.* maiúsculo; **capital letters:** maiúsculas

Capricorn *n.* (constelação, signo) Capricórnio

capsule *n.* cápsula

captain *n.* capitão; comandante

car *n.* carro; automóvel; **by car:** de carro; **car park:** parque de estacionamento

caravan *n.* caravana; roulotte

card *n.* 1 carta de jogar; **pack of cards:** baralho de cartas; **to play cards:** jogar às cartas 2 cartão; **greetings card:** cartão de felicitações; **member's card:** cartão de sócio

cardboard *n.* cartão

cardigan *n.* casaco de malha

care *n.* 1 cuidado; **take care!:** tem cuidado! 2 tratamento; **to take care of someone:** tratar de alguém ◆ *v.* importar-se

career *n.* carreira; vida profissional

carefree *adj.* despreocupado; descontraído

careful *adj.* cuidadoso; **be careful!:** tem cuidado!

carefully *adv.* cuidadosamente; com cuidado

careless *adj.* descuidado

caring *adj.* carinhoso

carnation *n.* (flor) cravo

carnival *n.* Carnaval

carnivorous *adj.* carnívoro

carol *n.* cântico; **Christmas carol:** cântico de Natal

carpenter *n.* carpinteiro; (oficina) **carpenter's:** carpintaria

carpet *n.* 1 tapete; carpete 2 alcatifa

carrot *n.* 👁 cenoura

carry *v.* 1 levar; carregar; **please, carry my suitcase!:** leva a minha mala, por favor! 2 transportar; **the ship carries cars:** o barco transporta carros

cartoon *n.* 1 desenho animado 2 banda desenhada

carve *v.* esculpir

case *n.* 1 caso; **in case of emergency:** em caso de emergência; **in that case:** nesse caso 2 estojo; **jewel case:** guarda-joias

cash *n.* dinheiro; **cash dispenser:** caixa multibanco; **to pay in cash:** pagar em dinheiro

cashew *n.* (planta, fruto) caju

casino *n.* [*pl.* casinos] casino

castle *n.* 1 castelo; **sand castle:** castelo de areia 2 (xadrez) torre

casual *adj.* informal; descontraído; **casual wear:** roupa informal; roupa desportiva

cat *n.* 👁 gato; (jogo) **cat's cradle:** cama de gato

catch *v.* **1** apanhar; agarrar; **to catch a ball:** agarrar uma bola **2** apanhar; contrair; **to catch a cold:** apanhar uma constipação **3** apanhar; **to catch the bus:** apanhar o autocarro

category *n.* [*pl.* categories] categoria

caterpillar *n.* lagarta

cathedral *n.* catedral

Catholic *adj. e n.* católico; **Catholic Church:** Igreja Católica

cattle *n.* gado

cauliflower *n.* couve-flor

cause *n.* causa; motivo; **cause for concern:** motivo de preocupação ♦ *v.* causar; provocar; ocasionar

caution *n.* cautela; cuidado

cautious *adj.* cauteloso; prudente

cave *n.* gruta; caverna; **cave painting:** pintura rupestre

CD [*abrev. de* compact disc] CD

CD-ROM [*abrev. de* Compact Disc Read-Only Memory] CD-ROM

ceiling *n.* teto

celebrate *v.* celebrar; comemorar

celebration *n.* **1** celebração; comemoração **2** festejo; festa

celebrity *n.* [*pl.* celebrities] celebridade

cell *n.* **1** célula **2** cela

cellar *n.* cave (para vinho)

cello *n.* [*pl.* cellos] violoncelo

cellphone *n.* telemóvel

cellular *adj.* celular; **cellular phone:** telemóvel; telefone celular

cement *n.* cimento

cemetery *n.* [*pl.* cemeteries] cemitério

cent *n.* cêntimo

center *n. e v. (EUA)* → **centre**

centimetre *n.* centímetro

centipede *n.* centopeia

central *adj.* central

centre *n.* centro ♦ *v.* centrar

century *n.* [*pl.* centuries] século; **in the 21st century:** no século XXI

cereal *n.* cereal

ceremony *n.* [*pl.* ceremonies] cerimónia

certain *adj.* certo; confiante; **I'm certain she lives here:** tenho a certeza de que ela mora aqui ♦ *pron.* certo; determinado; **a certain person:** uma certa pessoa

certainly *adv.* certamente

certificate *n.* certidão; atestado; **medical certificate:** atestado médico

chain *n.* corrente; cadeia; **food chain:** cadeia alimentar ♦ *v.* acorrentar

chair *n.* cadeira; **to sit on a chair:** sentar-se numa cadeira

chairman *n.* [*pl.* chairmen] (de empresa) presidente

chairwoman *n.* [*pl.* chairwomen] (de empresa) presidente

chalk *n.* giz; **piece of chalk:** pau de giz

challenge *n.* desafio ♦ *v.* desafiar

chameleon *n.* (animal) camaleão

champagne *n.* champanhe

champion n. campeão; **world champion:** campeão do mundo

championship n. campeonato; **world championship:** campeonato do mundo

chance n. **1** acaso; sorte; **by chance:** por acaso **2** possibilidade; probabilidade; **there's a chance:** há uma possibilidade **3** oportunidade; **the chance of a lifetime:** uma oportunidade única **4** risco; **to take a chance:** correr um risco

change v. **1** mudar; alterar; **to change places with someone:** trocar de lugar com alguém **2** mudar de roupa; **to change for dinner:** mudar de roupa para o jantar ◆ n. **1** mudança; **a change for the better:** uma mudança para melhor **2** troco; **keep the change:** guarde o troco

channel n. **1** (de televisão) canal; **to switch channels:** mudar de canal **2** (de mar ou rio) canal; **the English Channel:** o Canal da Mancha

chapel n. capela

chapter n. capítulo

character n. **1** personagem; **main/minor character:** personagem principal/secundária **2** carácter; personalidade; **to have a strong character:** ter uma personalidade forte **3** (informal) (indivíduo) tipo

characteristic n. característica; traço distintivo ◆ adj. característico; típico

charcoal n. (para desenho) carvão

charge v. **1** (preço) cobrar **2** (bateria do telemóvel) carregar **3** (no tribunal) acusar ◆ n. **1** responsabilidade; **to be in charge of:** ser responsável por **2** taxa; tarifa; **free of charge:** sem taxas **3** (no tribunal) acusação; queixa; **to press charges against:** apresentar queixa contra

charger n. carregador; **battery charger:** carregador de bateria (de telemóvel, etc.)

charity n. [pl. charities] caridade; compaixão

charm n. encanto; charme ◆ v. encantar; seduzir

charming adj. amoroso; encantador

chart n. gráfico

chase v. perseguir; andar atrás de ◆ n. perseguição

chat v. (informal) conversar ◆ n. (informal) conversa; cavaqueira; (na Internet) **chat room:** fórum de discussão

cheap adj. barato

cheat v. **1** (num jogo) fazer batota **2** (na escola) copiar ◆ n. batoteiro

check v. verificar ◆ n. **1** controlo; verificação **2** (EUA) conta **3** (EUA) cheque

checkbook n. (EUA) livro de cheques

check-in n. (aeroporto) controlo de entrada

checkout n. (supermercado) caixa

checkup n. exame geral de saúde

cheek n. bochecha; face; **rosy cheeks:** faces rosadas

cheeky adj. descarado; atrevido

cheer n. **1** aclamação; aplauso; **the cheers of the crowd:** o aplauso da multidão **2** (saudação) viva; saúde; **cheers!:** saúde! ◆ v. aclamar; dar vivas a

cheerful adj. alegre

cheese n. 👁 queijo

cheeseburger n. hambúrguer de queijo

cheetah n. (animal) chita

chef n. [pl. chefs] chefe de cozinha

chemical adj. químico ♦ n. produto químico

chemist n. 1 (pessoa) farmacêutico 2 (estabelecimento) farmácia

chemistry n. química

cheque n. cheque

chequebook n. livro de cheques

cherry n. [pl. cherries] 1 (fruto) cereja 2 (árvore) cerejeira 3 (cor) vermelho--cereja

chess n. (jogo) xadrez

chessboard n. tabuleiro de xadrez

chest n. 1 peito 2 arca; **chest freezer:** arca congeladora

chestnut n. 1 (fruto) castanha 2 (árvore) castanheiro

chew v. mastigar; mascar

chick n. 1 pintainho 2 passarinho

chicken n. galinha; frango; **chicken soup:** canja

chief n. [pl. chiefs] chefe; patrão ♦ adj. principal

child n. [pl. children] 1 criança; **child's play:** brincadeira de criança 2 filho; **I'm an only child:** eu sou filho único; **they have two children:** eles têm dois filhos

childhood n. infância

childish adj. infantil; acriançado

chill n. 1 frio 2 calafrio; arrepio ♦ v. arrefecer

chilly adj. frio; gélido

chimney n. chaminé; **chimney sweeper:** limpa-chaminés

chimpanzee n. chimpanzé

chin n. queixo

china n. porcelana

China n. China

Chinese adj. e n. chinês

chip n. 1 batata frita 2 (computador) circuito integrado 3 (jogo) ficha

chocolate n. 1 chocolate; **a bar of chocolate:** uma barra de chocolate; (bebida) **hot chocolate:** chocolate quente 2 bombom; **a box of chocolates:** uma caixa de bombons

choice n. 1 escolha; **to make a choice:** escolher 2 alternativa; opção; **you have no choice:** não tens alternativa

choir n. (igreja) coro

choke v. 1 asfixiar 2 engasgar-se

cholera n. (doença) cólera

choose v. escolher

chop n. costeleta ♦ v. 1 (madeira) cortar 2 (cebolas) picar 3 (carne) cortar em bocadinhos

choral adj. coral

chorus n. [pl. choruses] 1 refrão 2 coro

Christ n. (religião) Cristo; **Christ child:** Menino Jesus ♦ interj. Jesus!; meu Deus!

christen v. batizar

christening n. batismo; batizado

Christian n. cristão ♦ adj. cristão; **Christian name:** primeiro nome

Christmas n. Natal; **Christmas Day:** dia de Natal; **Christmas Eve:** véspera de Natal; **Christmas tree:** árvore de Natal; **Merry Christmas!:** Feliz Natal!

chubby adj. rechonchudo; gorducho

church n. [pl. churches] igreja; **to go to church:** ir à igreja

cider n. (bebida) sidra

cigarette n. cigarro

Cinderella n. Cinderela; Gata Borralheira

cinema *n.* cinema; **to go to the cinema:** ir ao cinema

cinnamon *n.* canela; **cinnamon stick:** pau de canela

circle *n.* círculo

circular *adj.* e *n.* circular

circumstance *n.* circunstância; **in/under the circumstances:** dadas as circunstâncias; **under no circumstances:** em circunstância nenhuma

circus *n.* [*pl.* circuses] 👁 circo

citizen *n.* cidadão

city *n.* [*pl.* cities] cidade; **city centre:** centro da cidade; **city hall:** câmara municipal

Usa-se **city** para designar uma cidade grande e importante. Usa-se **town** para referir uma cidade pequena, maior do que uma *village* (aldeia), mas menor do que uma *city*.

civil *adj.* 1 civil; **civil rights:** direitos civis 2 público; **civil servant:** funcionário público

civilization *n.* civilização

claim *n.* reclamação; reivindicação ♦ *v.* reclamar; reivindicar

clap *v.* aplaudir; bater palmas

clarinet *n.* clarinete

class *n.* [*pl.* classes] 1 turma; **we are in the same class:** andamos na mesma turma 2 aula; **evening classes:** aulas noturnas

classic *adj.* clássico

classical *adj.* clássico; **classical music:** música clássica

classify *v.* classificar

classmate *n.* colega de turma

classroom *n.* 🖐 sala de aula

clause *n.* (gramática) oração; **main clause:** oração principal

claw *n.* 1 (animal felino) garra 2 (escorpião, caranguejo) pinça 3 (pássaro) presa

clay *n.* barro; argila

clean *adj.* limpo; lavado ♦ *v.* limpar; lavar

cleaner *n.* empregado de limpeza; **cleaner's:** lavandaria

cleaning *n.* limpeza; **to do the cleaning:** fazer a limpeza

clear *adj.* 1 limpo; límpido; **clear sky:** céu limpo 2 claro; transparente; **clear glass:** vidro transparente ♦ *adv.* distintamente; claramente; **loud and clear:** alto e bom som ♦ *v.* 1 (passagem) desimpedir 2 (mesa) levantar 3 (céu) limpar-se; desanuviar

clearly *adv.* claramente

clerk *n.* 1 empregado de escritório; funcionário 2 (EUA) empregado de balcão

clever *adj.* 1 inteligente 2 engenhoso

click *n.* 1 (som) estalido; clique 2 (informática) clique ♦ *v.* 1 estalar; produzir um estalido 2 (informática) clicar

client *n.* cliente

cliff *n.* falésia; penhasco

climate *n.* clima

climb *n.* subida; escalada ♦ *v.* 1 trepar a; subir; **to climb a tree:** trepar a uma árvore; **to climb the stairs:**

subir as escadas **2** escalar; **to climb a mountain:** escalar uma montanha

clinic *n.* clínica

cloak *n.* capote

cloakroom *n.* balneário; vestiário

clock *n.* relógio (de torre ou de parede); **clock hand:** ponteiro do relógio

close *adj.* **1** (local) próximo **2** íntimo; chegado; **close friend:** amigo íntimo ♦ *adv.* perto; **close to the sea:** perto do mar ♦ *v.* fechar; **the shop closes at 5 o'clock:** a loja fecha às cinco; **to close the door:** fechar a porta

closed *adj.* fechado; encerrado

closely *adv.* atentamente; bem de perto

closet *n.* (EUA) armário (de roupa)

cloth *n.* **1** tecido **2** toalha de mesa

clothes *n.pl.* 🧺 roupa

clothing *n.* vestuário; **an article of clothing:** uma peça de vestuário

cloud *n.* nuvem ♦ *v.* ficar nublado; enevoar-se

cloudy *adj.* (céu) nublado

clover *n.* trevo

clown *n.* palhaço

club *n.* **1** clube; **football club:** clube de futebol; **to join a club:** entrar para um clube **2** 👁 taco (de golfe)

clue *n.* indício; pista

clumsy *adj.* desastrado; desajeitado

coach *n.* [*pl.* coaches] **1** camioneta; autocarro **2** carruagem (de comboio) **3** (desporto) treinador ♦ *v.* (desporto) treinar

coal *n.* carvão

coast *n.* costa

coastline *n.* litoral; costa

coat *n.* casaco; **coat hanger:** cruzeta

cobweb *n.* teia de aranha

cockroach *n.* [*pl.* cockroaches] barata

cocktail *n.* (bebida, aperitivo) cocktail

coconut *n.* coco; **coconut palm:** coqueiro

cod *n.* bacalhau

code *n.* código ♦ *v.* codificar

coffee *n.* café; **coffee machine:** máquina de café; **white coffee:** café com leite; **to have a coffee:** tomar um café

coffin *n.* caixão

coin *n.* moeda

coincidence *n.* coincidência; **by coincidence:** por coincidência

cold *adj.* frio ♦ *n.* **1** frio; **don't go out in this cold:** não saias com este frio **2** constipação; **to catch a cold:** apanhar uma constipação

collar *n.* **1** colarinho **2** (animal) coleira

colleague *n.* colega

collect *v.* **1** colecionar **2** juntar; reunir

collection *n.* **1** coleção; **stamp collection:** coleção de selos **2** compilação; **a collection of short stories:** uma compilação de contos

collective *adj.* coletivo; **collective effort:** esforço coletivo

college *n.* **1** (EUA) universidade; faculdade **2** instituto; escola superior

A palavra inglesa **college** não tem o mesmo significado que **colégio** em português. **College**, em inglês, quer dizer *universidade*.

collide *v.* colidir; chocar

colony *n.* [*pl.* colonies] colónia

color *n. e v. (EUA)* → **colour**

colour *n.* 🖎, cor; **dark colour:** cor escura; **light/bright colour:** cor clara ♦ *v.* colorir; pintar

coloured *adj.* colorido; de cor; **coloured pencil:** lápis de cor

colourful *adj.* colorido

colourless *adj.* incolor

column *n.* (edifício) coluna

comb *n.* pente ♦ *v.* pentear; **to comb one's hair:** pentear o cabelo; pentear-se

combat *n.* combate ♦ *v.* combater; lutar contra

combination *n.* combinação

come *v.* **1** vir; **come here!:** vem cá! **2** aproximar-se; **to come near:** aproximar-se

comedian *n.* cómico; humorista

comedy *n.* [*pl.* comedies] comédia

comet *n.* cometa

comfort *n.* conforto; bem-estar ♦ *v.* consolar; confortar

comfortable *adj.* **1** confortável; cómodo; **comfortable shoes:** sapatos cómodos **2** bem; à vontade; **to feel comfortable:** sentir-se bem

As palavras inglesas **comfort** e **comfortable** escrevem-se com **m**, mas, em português, **conforto** e **confortável** escrevem-se com **n**.

comic *adj.* cómico ♦ *n.* ator cómico

coming *n.* vinda; chegada

comma *n.* vírgula; **inverted commas:** aspas

command *n.* ordem

commander *n.* comandante

commemorate *v.* comemorar; celebrar

comment *n.* comentário; **no comment:** sem comentários ♦ *v.* fazer comentários; comentar

commerce *n.* comércio; negócio

commercial *adj.* comercial ♦ *n.* (televisão, rádio) anúncio publicitário

commit *v.* cometer; praticar

common *adj.* **1** comum **2** frequente; normal

communicate *v.* comunicar

communication *n.* comunicação

communicative *adj.* comunicativo

community *n.* [*pl.* communities] comunidade

compact *adj.* compacto; **compact disc:** disco compacto

companion *n.* companheiro

company *n.* [*pl.* companies] **1** companhia; **to keep somebody company:** fazer companhia a alguém **2** empresa; grupo; **theatre company:** companhia de teatro

compare *v.* comparar(-se); **compare this with that:** compara isto com isso

comparison *n.* comparação; **there's no comparison between...and...:** não há comparação entre...e...; **to make comparisons (between):** fazer comparações (entre)

compass *n.* [*pl.* compasses] **1** bússola **2** (instrumento) compasso

compete *v.* competir

competent *adj.* competente

competition *n.* **1** competição; **top-level competition:** alta competição **2** concorrência; **to be in competition with:** fazer concorrência a

competitor *n.* concorrente

complain *v.* queixar-se; **to complain to the police:** queixar-se à po-

a b c d e f g h i j k l m n o p q r s t u v w x y z

lícia; **to complain of a headache:** queixar-se de uma dor de cabeça

complaint n. queixa

complete adj. completo ◆ v. completar; acabar

completely adv. completamente; totalmente

complex adj. complexo; complicado

complexion n. (rosto) pele; tez

complexity n. [pl. complexities] complexidade

complicate v. complicar

complicated adj. complicado

compliment v. dar os parabéns a; elogiar ◆ n. 1 elogio 2 cumprimento; saudação; **with the compliments of:** com os cumprimentos de

composer n. compositor

composition n. composição

comprehension n. compreensão; entendimento

compulsory adj. obrigatório

computer n. 👁 computador; **computer animation:** animação por computador; **computer game:** jogo de computador

computing n. informática

concentrate v. concentrar

concentration n. concentração; **lack of concentration:** falta de concentração

concern n. 1 preocupação 2 interesse ◆ v. dizer respeito a; afetar

concerned adj. preocupado

concert n. concerto; **rock concert:** concerto (de) rock

conclusion n. conclusão; **to come to a conclusion:** chegar a uma conclusão

condition n. 1 condição; **working conditions:** condições de trabalho 2 estado; **in good condition:** em bom estado

cone n. cone

conference n. conferência

confess v. 1 confessar 2 admitir

confession n. confissão

confidence n. confiança; **I have confidence in you:** tenho confiança em ti

confident adj. confiante

confirm v. confirmar

conflict n. conflito; **to come into conflict with:** entrar em conflito com

confuse v. confundir; atrapalhar

confused adj. confuso

congratulate v. dar os parabéns; felicitar

congratulations n. parabéns

connect v. unir; ligar

connection n. relação; ligação

conquest n. conquista

conscious adj. consciente

consequence n. consequência

consider v. 1 considerar 2 refletir sobre

considerate adj. atencioso; simpático

consist v. consistir

console n. 👁 consola

consonant n. (letra) consoante
constant adj. constante
construction n. construção; **construction company:** construtora (empresa)
contact n. contacto; **contact lens:** lente de contacto; (eletricidade) **faulty contact:** mau contacto ◆ v. contactar
contain v. conter; incluir
container n. 1 recipiente; embalagem 2 (de mercadorias) contentor
contamination n. contaminação
contemporary adj. contemporâneo
content n. conteúdo (de um livro ou discurso) ◆ adj. satisfeito ◆ v. contentar; satisfazer
contest n. concurso; **beauty contest:** concurso de beleza
contestant n. concorrente
continent n. continente; **the European continent:** o continente europeu
continental adj. continental
continue v. continuar; prosseguir
continuous adj. contínuo; **continuous assessment:** avaliação contínua
contract n. contrato
contrary adj. contrário; oposto
contrast n. contraste; **to make a contrast between:** estabelecer um contraste entre ◆ v. comparar
contribute v. contribuir

control n. controlo; **remote control:** controlo à distância; **to lose control:** perder o controlo; descontrolar-se ◆ v. controlar(-se)
convenient adj. 1 conveniente 2 cómodo; prático
conversation n. conversa
convertible adj. (veículo) descapotável; **convertible car:** carro descapotável
convince v. convencer
convincing adj. convincente
cook n. cozinheiro ◆ v. cozinhar; **I can't cook:** não sei cozinhar
cooker n. fogão
cookery n. culinária; **cookery book:** livro de culinária
cookie n. 1 biscoito 2 (EUA) bolacha
cooking n. cozinha; gastronomia; **Portuguese cooking:** cozinha portuguesa
cool adj. 1 fresco; frio; **a cool evening:** uma noite fresca 2 (informal) calmo; descontraído; **to keep cool:** manter a calma ◆ v. 1 refrescar; arrefecer; **to cool the room:** arrefecer a sala 2 acalmar; (informal) **come on, cool it!:** vá lá, acalmem-se!
cooperate v. cooperar
cooperation n. cooperação
cope v. lidar; **to cope with a situation:** lidar com uma situação
copper n. cobre
copy n. [pl. copies] 1 cópia; **to make a copy:** fazer uma cópia 2 exemplar; **to sell a million copies:** vender um milhão de exemplares ◆ v. copiar
coral n. coral; **coral reef:** recife de coral
cord n. 1 (anatomia) corda; **vocal cords:** cordas vocais 2 (anatomia)

a b c d e f g h i j k l m n o p q r s t u v w x y z

cordão; **umbilical cord:** cordão umbilical

core n. **1** caroço (de frutos) **2** (figurado) parte essencial; âmago

cork n. **1** rolha **2** cortiça

corkscrew n. saca-rolhas

corn n. **1** trigo **2** (EUA) milho

corner n. **1** canto; esquina; **it's just around the corner:** é mesmo ali ao virar da esquina **2** (futebol) canto; **corner kick:** pontapé de canto

corpse n. cadáver

correct adj. correto; certo ◆ v. corrigir

correction n. correção; **correction fluid:** tinta corretora

correspond v. corresponder

corresponding adj. correspondente

corridor n. corredor

corrupt adj. corrupto ◆ v. corromper

cosmetic n. cosmético

cost n. custo; preço ◆ v. custar

costume n. **1** traje; **swimming costume:** fato de banho **2** máscara; fantasia; **costume ball:** baile de máscaras

*Repara que **costume** não significa o mesmo que **costume** em português. **Costume**, em inglês, quer dizer traje.*

cosy adj. confortável; acolhedor

cot n. berço

cottage n. casa de campo; chalé

cotton n. algodão; **cotton candy:** algodão-doce; **cotton shirt:** camisa de algodão; **field of cotton:** campo de algodão

couch n. [pl. couches] sofá

cough n. tosse; **to have a cough:** ter tosse ◆ v. tossir

council n. **1** câmara municipal **2** concílio

count n. **1** contagem **2** conde ◆ v. contar

country n. [pl. countries] **1** país; nação; pátria; **country of origin:** país de origem **2** campo; **to live in the country:** viver no campo

countryside n. campo

couple n. **1** dois; par; **in a couple of weeks:** dentro de duas semanas **2** casal; **they're a nice couple:** eles são um casal simpático

courage n. coragem

course n. **1** rumo **2** (de avião ou navio) rota **3** (estudos) curso **4** (refeição) prato; **main course:** prato principal; **of course!:** claro (que sim)!; **of course not!:** claro que não!

court n. **1** tribunal; **to take someone to court:** levar alguém a tribunal **2** campo de ténis; **tennis court:** campo de ténis

courtyard n. pátio

cousin n. primo

cover n. **1** cobertura **2** capa (de livro) **3** proteção; abrigo ◆ v. cobrir

cow n. vaca

coward n. cobarde

cowardly adj. cobarde

crab n. (animal) caranguejo; **rock crab:** sapateira

crack n. **1** racha; fenda; abertura **2** estalido; estalo ◆ v. **1** rachar; **to crack a cup:** rachar uma chávena **2** partir; **to crack eggs:** partir ovos **3** decifrar; **to crack a code:** decifrar um código

cracker n. **1** bolacha de água e sal **2** petardo; ◉ **Christmas cracker:** tubo de cartão embrulhado em papel colorido que contém uma surpresa e que faz um barulho explosivo ao abrir

cradle n. berço; (jogo) **cat's cradle:** cama de gato

craftsman n. [pl. craftsmen] artesão; artífice

crash n. [pl. crashes] **1** (carro) choque; colisão **2** (avião) acidente; desastre **3** estrondo; barulho violento ◆ v. **1** (veículos) bater; chocar **2** (avião) cair **3** (empresa) falir **4** (computador) rebentar

crawl v. rastejar ◆ n. (natação) crawl

crayfish n. [pl. crayfishes] lagostim; lavagante

crayon n. lápis de cera

crazy adj. louco; doido

cream n. **1** nata; **cream cake:** nata; **whipped cream:** chantilly **2** creme; pomada; **hand cream:** creme para as mãos

create v. criar; gerar

creation n. criação

creative adj. criativo

creator n. **1** criador **2** autor

creature n. criatura

credit n. **1** crédito; **credit card:** cartão de crédito **2** mérito; **to give somebody credit for:** reconhecer o mérito de alguém por

crew n. tripulação

crib n. **1** presépio **2** (informal) cábula

cricket n. **1** (inseto) grilo **2** (desporto) críquete

crime n. crime; **to commit a crime:** cometer um crime

criminal n. criminoso ◆ adj. criminal; criminoso

crisis n. [pl. crises] crise

crisp adj. (pão, biscoito) estaladiço; crocante

crisps n.pl. batatas fritas

critic n. (pessoa) crítico; **music critic:** crítico de música

critical adj. crítico; **to be in critical condition:** estar em estado grave/crítico; **to be very critical:** ser muito crítico

criticism n. crítica

criticize v. criticar

critique n. crítica

crocodile n. 👁 crocodilo

crooked adj. torto; torcido

crop n. colheita; **crop rotation:** alternância de culturas

cross n. [pl. crosses] cruz ◆ v. **1** atravessar; **to cross the street:** atravessar a rua **2** cruzar; **to cross one's arms:** cruzar os braços **3** cruzar-se; **to cross with someone:** cruzar-se com alguém

crossing n. **1** passadeira (para peões) **2** cruzamento **3** travessia (por mar)

cross-reference n. remissão

crossroads n. encruzilhada; cruzamento

crossword n. palavras cruzadas

crow n. **1** (ave) corvo **2** canto do galo ◆ v. (galo) cantar

crowd n. multidão

crowded adj. cheio de gente; a abarrotar de gente

crown *n.* 👁 coroa; **Crown Prince:** príncipe herdeiro ◆ *v.* coroar

crowning *n.* coroação

cruelty *n.* [*pl.* cruelties] crueldade

cruise *n.* cruzeiro; **to go on a cruise:** fazer um cruzeiro

crumb *n.* migalha

crumble *v.* esmigalhar

crush *v.* esmagar

cry *n.* [*pl.* cries] 1 grito 2 choro ◆ *v.* 1 chorar 2 gritar

crying *n.* choro

crystal *n.* cristal; **crystal clear:** cristalino

cube *n.* cubo; **an ice cube:** um cubo de gelo

cuckoo *n.* cuco; **cuckoo clock:** relógio de cuco

cucumber *n.* pepino

cuddle *n.* abraço ◆ *v.* abraçar(-se)

cultivate *v.* cultivar

cultural *adj.* cultural

culture *n.* cultura

cunning *n.* manha; astúcia ◆ *adj.* manhoso; astuto

cup *n.* 1 chávena; **to have a cup of tea:** tomar uma chávena de chá 2 taça; prémio; **cup final:** final de campeonato

cupboard *n.* armário

cure *n.* cura ◆ *v.* curar

curiosity *n.* [*pl.* curiosities] curiosidade

curious *adj.* curioso

curl *n.* caracol (de cabelo) ◆ *v.* encaracolar; ondular

curly *adj.* encaracolado

currency *n.* [*pl.* currencies] moeda; **single currency:** moeda única

current *n.* corrente; **air current:** corrente de ar ◆ *adj.* atual; **current affairs:** atualidades

currently *adv.* atualmente

curtain *n.* cortina; **to draw the curtains:** fechar as cortinas

curve *n.* curva ◆ *v.* fazer uma curva

cushion *n.* almofada

custom *n.* costume; uso; hábito

customary *adj.* usual; habitual

customer *n.* freguês; cliente; **regular customer:** cliente habitual

customs *n.* alfândega

cut *n.* 1 golpe; corte 2 (preço) redução; corte 3 (roupa, cabelo) corte ◆ *v.* 1 cortar 2 (preço) fazer cortes em; reduzir

cute *adj.* giro; amoroso

cutlery *n.* talher; talheres

cycle *n.* 1 ciclo 2 bicicleta ◆ *v.* andar de bicicleta; ir de bicicleta

cycling *n.* ciclismo

cyclist *n.* 👁 ciclista

d *n.* (letra) d

dad *n.* (informal) papá

daddy *n.* [*pl.* daddies] (informal) papá

dagger *n.* punhal

daily *n.* [*pl.* dailies] jornal diário ◆ *adj.* diário ◆ *adv.* diariamente

dairy *n.* [*pl.* dairies] leitaria

daisy *n.* [*pl.* daisies] 👁 (flor) margarida

dam *n.* barragem

damage *n.* dano; estrago; **to cause damage to:** causar estragos a/em ◆ *v.* 1 estragar; **to damage an object:** estragar um objeto 2 prejudicar; **smoking damages your health:** fumar prejudica a saúde

damp *adj.* húmido ◆ *n.* humidade

dance *n.* 1 dança 2 baile ◆ *v.* dançar

dancer *n.* bailarino; dançarino

dandruff *n.* caspa; **dandruff shampoo:** champô anticaspa

danger *n.* perigo; **out of danger:** livre de perigo

dangerous *adj.* perigoso

Danish *adj. e n.* dinamarquês

dare *v.* atrever-se; **how dare you?:** como te atreves?

daring *adj.* corajoso; ousado ◆ *n.* coragem; ousadia

dark *adj.* 1 escuro; **dark blue:** azul-escuro; **dark hair:** cabelo escuro 2 moreno; **dark skin:** pele morena ◆ *n.* 1 escuro; escuridão; **to be afraid of the dark:** ter medo do escuro 2 anoitecer; **before dark:** antes que anoiteça

darkness *n.* escuridão

darling *n.* querido; amor

dart *n.* dardo

dash *n.* 1 (sinal gráfico) travessão 2 pitada; **a dash of pepper:** uma pitada de pimenta ◆ *v.* 1 correr; **to dash into the room:** irromper pelo quarto 2 despachar-se; **I must dash:** tenho de me despachar

data *n.pl.* dados; informações

database *n.* (informática) base de dados

date *n.* 1 data; **date of birth:** data de nascimento; **to be out of date:** estar desatualizado; **to be up to date:** estar atualizado 2 (fruto) tâmara ◆ *v.* 1 datar; **to date a contract:** colocar a data num contrato 2 (EUA) andar com; **she's dating my brother:** ela anda com o meu irmão

daughter *n.* filha; **the youngest/eldest daughter:** a filha mais nova/velha

daughter-in-law *n.* nora

dawn *n.* madrugada; amanhecer; **at dawn:** de madrugada

day *n.* dia; **by day:** durante o dia; **the day after:** no dia seguinte; **the day before:** na véspera

daydream *v.* sonhar acordado ◆ *n.* sonho; devaneio

daylight *n.* luz do dia; **in broad daylight:** em pleno dia

dazzling *adj.* ofuscante; deslumbrante

dead *adj.* **1** morto; **he is dead:** ele está morto **2** dormente; **my hand is dead:** tenho a mão dormente ◆ *n.pl.* os mortos

deaf *adj.* surdo

deal *n.* **1** acordo; negócio; **to make a deal:** fazer um negócio **2** quantidade; **a good deal:** bastante ◆ *v.* negociar; **he deals in art:** negoceia em arte

dear *adj.* **1** querido; amoroso; **you are a dear friend:** és uma amiga amorosa **2** (carta) Querido; Caro; Excelentíssimo; **Dear friend:** Caro/a amigo/a; **Dear Sirs:** Exmos. Srs.; **oh, dear!:** valha-me Deus!; caramba!

death *n.* morte

debate *n.* debate; **to hold a debate:** fazer um debate ◆ *v.* debater; discutir

debt *n.* dívida

decade *n.* década

deceive *v.* enganar

December *n.* dezembro

decent *adj.* decente

decide *v.* decidir(-se); **to decide against doing something:** decidir não fazer alguma coisa; **I decided to go on holidays:** decidi ir de férias

decision *n.* decisão; **to take a decision:** tomar uma decisão

deck *n.* **1** (de navio) coberta; convés **2** (de navio ou autocarro) piso

declaration *n.* declaração

declare *v.* declarar

decorate *v.* decorar; **to decorate a house:** decorar uma casa

decoration *n.* **1** decoração; **house decoration:** decoração da casa **2** enfeite; **Christmas decorations:** enfeites de Natal

dedicate *v.* dedicar

deep *adj.* profundo; fundo; **deep down:** (lá) no fundo

deeply *adv.* profundamente

deer *n.* [*pl.* deer] 👁 veado

defeat *n.* derrota ◆ *v.* derrotar

defence *n.* defesa; proteção

defend *v.* defender; proteger

definite *adj.* **1** definido; **definite article:** artigo definido **2** definitivo; **a definite answer:** uma resposta definitiva

definitely *adv.* definitivamente; sem dúvida; **definitely not!:** claro que não!

definition *n.* definição

degree *n.* **1** grau; (gramática) **comparative/superlative degree:** grau comparativo/superlativo **2** curso; **to take a degree in History:** tirar o curso de História

delay *n.* atraso; **without delay:** sem demora ◆ *v.* **1** adiar; **to delay the match:** adiar o jogo **2** atrasar-se; **don't delay!:** não te atrases!

delete *v.* apagar; eliminar

deliberate *adj.* deliberado; intencional

delicate *adj.* delicado

delicatessen *n.* (loja e produtos) charcutaria

delicious *adj.* delicioso

delight *n.* prazer

delighted *adj.* encantado; **I am delighted to be here!:** tenho muito gosto em estar aqui!

delightful *adj.* encantador

deliver *v.* **1** entregar; **to deliver newspapers:** distribuir jornais **2** proferir; **to deliver a speech:** fazer um discurso

demand *n.* exigência ◆ *v.* exigir; **I demand an explanation:** exijo uma explicação

demanding *adj.* exigente

democracy *n.* [*pl.* democracies] democracia

democratic *adj.* democrático

demolish *v.* demolir

demonstrate *v.* **1** demonstrar **2** manifestar-se; **to demonstrate for/against something:** manifestar-se a favor de/contra algo

demonstration *n.* demonstração

Denmark *n.* Dinamarca

dense *adj.* denso; espesso

dentist *n.* dentista; **to go to the dentist's:** ir ao dentista

deny *v.* negar

deodorant *n.* desodorizante

depart *v.* ir embora; partir

department *n.* **1** (loja) secção; **toy department:** secção de brinquedos **2** (escola, universidade) departamento; **English literature department:** departamento de Literatura Inglesa

departure *n.* partida; **departure for London:** partida para Londres

depend *v.* depender de; **it depends on you:** isso depende de ti; **that depends:** isso depende

deposit *n.* depósito ◆ *v.* depositar

depress *v.* deprimir

depressed *adj.* deprimido

depressing *adj.* deprimente

depression *n.* depressão

deputy *n.* [*pl.* deputies] substituto

describe *v.* descrever

description *n.* descrição

desert *adj.* deserto; **a desert island:** uma ilha deserta ◆ *n.* deserto ◆ *v.* desertar

design *n.* **1** padrão **2** (criação) design ◆ *v.* desenhar

designer *n.* estilista; desenhador

desire *n.* desejo ◆ *v.* desejar

desk *n.* **1** (móvel) secretária **2** (escola) carteira **3** receção; balcão; **information desk:** balcão de informações

desktop *n.* (computador) área de trabalho; **desktop computer:** computador de secretária

despair *n.* desespero ◆ *v.* desesperar

desperate *adj.* desesperado; **to be desperate:** estar desesperado

desperately *adv.* desesperadamente; perdidamente; **to be desperately in love:** estar perdidamente apaixonado

despite *prep.* apesar de; **despite the bad weather, we went out:** apesar do mau tempo, nós saímos

dessert *n.* sobremesa; **what's for dessert?:** o que há de sobremesa?

destination *n.* destino (de viagem)

destiny *n.* [*pl.* destinies] destino

destroy *v.* destruir

destruction *n.* destruição

detail *n.* pormenor; detalhe; **in detail:** em pormenor

detailed *adj.* pormenorizado; detalhado

a
b
c
d
e
f
g
h
i
j
k
l
m
n
o
p
q
r
s
t
u
v
w
x
y
z

detect v. detetar

detective n. detetive; **detective story:** policial

determined adj. decidido; **I am determined to go:** estou decidido a ir

develop v. desenvolver(-se)

development n. desenvolvimento

device n. aparelho; dispositivo; **explosive device:** engenho explosivo

devil n. demónio; diabo

devote v. dedicar; consagrar

dew n. orvalho ♦ v. orvalhar

dewdrop n. 👁 gota de orvalho

diagram n. diagrama; gráfico

dial n. 1 disco (de telefone) 2 mostrador (de relógio) ♦ v. marcar; **to dial a wrong number:** marcar um número errado

dialogue n. diálogo

diamond n. diamante; **diamond ring:** anel de diamantes

diaper n. (EUA) fralda

diary n. [pl. diaries] diário; **to keep a diary:** ter um diário

dice n. [pl. dice] 👁 dados; **to play dice:** jogar aos dados; **to roll dice:** lançar os dados

dictate v. ditar

dictation n. ditado; **to take dictation:** fazer um ditado

dictionary n. [pl. dictionaries] dicionário; **illustrated dictionary:** dicionário ilustrado; **to look up a word in the dictionary:** procurar uma palavra no dicionário

die v. morrer

diet n. dieta; **to be on a diet:** estar de dieta

difference n. diferença; **to make a difference:** ter importância; ser relevante; **to make no difference:** não fazer diferença; ser irrelevante

different adj. diferente

difficult adj. difícil; complicado

difficulty n. [pl. difficulties] dificuldade

dig v. cavar; escavar

digital adj. digital; **digital watch:** relógio digital

dim adj. 1 fraco; pálido; **dim light:** luz fraca 2 vago; **dim memories:** recordações vagas ♦ v. (luz) diminuir

dimple n. covinha (na face)

dining room n. sala de jantar

dinner n. jantar; **at dinner time:** à hora de jantar

dinosaur n. dinossauro

dip n. 1 mergulho; **to go for a dip:** ir dar um mergulho 2 inclinação; declive; **a dip in the road:** uma inclinação na estrada ♦ v. mergulhar; molhar

diploma n. [pl. diplomas] diploma

direct adj. 1 direto; **a direct answer:** uma resposta direta 2 franco; frontal; **you are very direct:** és muito frontal ♦ v. 1 dirigir; **to direct a firm:** dirigir uma firma 2 realizar; **to direct a film:** realizar um filme

direction n. 1 direção; **right direction:** direção certa 2 orientação; **sense of direction:** sentido de orientação

directly *adv.* **1** diretamente; **to come directly home:** vir diretamente para casa **2** mesmo; **directly opposite:** mesmo em frente **3** imediatamente; **to go directly to bed:** ir logo para a cama

director *n.* **1** (de empresa) diretor **2** (de filme ou peça) realizador

directory *n.* [*pl.* directories] lista telefónica; **to look up in the directory:** procurar na lista telefónica

dirt *n.* sujidade; porcaria

dirty *adj.* sujo; imundo ◆ *v.* sujar

disabled *adj.* **1** (pessoa) com deficiência **2** (mecanismo) desativado

disadvantage *n.* desvantagem

disagree *v.* discordar; **to disagree with somebody:** discordar de alguém

disagreement *n.* desacordo; discordância

disappear *v.* desaparecer

disappearance *n.* desaparecimento

disappoint *v.* desapontar; dececionar

disappointed *adj.* desiludido; desapontado; **to be disappointed at the news:** ficar desapontado com a notícia; **to be disappointed with someone:** estar desiludido com alguém

disappointment *n.* desilusão; desapontamento

disapprove *v.* **1** desaprovar; **I disapprove of your behaviour:** desaprovo o teu comportamento **2** não gostar; **to disapprove of someone:** não gostar de alguém

disaster *n.* catástrofe; desastre; **natural disaster:** catástrofe natural

disastrous *adj.* desastroso

disc *n.* disco; **compact disc:** disco compacto; (computador) **hard disc:** disco duro/rígido

discipline *n.* disciplina ◆ *v.* disciplinar

disco *n.* [*pl.* discos] discoteca

discomfort *n.* desconforto; incómodo

discount *n.* desconto; **at a discount:** com desconto

discover *v.* descobrir; encontrar

discovery *n.* [*pl.* discoveries] descoberta

discuss *v.* discutir; debater

disease *n.* doença

disguise *n.* 👁 máscara; disfarce; **in disguise:** disfarçado ◆ *v.* **1** disfarçar; **to disguise one's voice:** disfarçar a voz **2** mascarar; **to disguise oneself as a fairy:** mascarar-se de fada

disgust *n.* nojo; repugnância

disgusting *adj.* repugnante; nojento; **that's disgusting!:** que nojo!

dish *n.* prato; **to do the dishes:** lavar a louça

dishcloth *n.* pano da louça

dishonest *adj.* desonesto

dishwasher *n.* máquina de lavar louça

disk *n.* (informática) disco

dislike *v.* não gostar de; antipatizar com

dismiss *v.* **1** despedir; **to dismiss someone:** despedir alguém **2** man-

a
b
c
d
e
f
g
h
i
j
k
l
m
n
o
p
q
r
s
t
u
v
w
x
y
z

dar embora; **class dismissed:** a aula terminou **3** pôr de lado; rejeitar; **to dismiss something:** rejeitar qualquer coisa

disobedient *adj.* desobediente

disobey *v.* **1** desobedecer; **to disobey one's parents:** desobedecer aos pais **2** desrespeitar; **to disobey an order:** desrespeitar uma ordem

display *v.* **1** exibir; fazer uma demonstração de **2** expor; mostrar ♦ *n.* **1** exposição; **to be on display:** estar em exposição **2** exibição; demonstração; **a display of gymnastics:** uma demonstração de ginástica

disposable *adj.* descartável

dispose *v.* dispor; colocar; **to dispose of:** deitar fora; desfazer-se de

disrupt *v.* perturbar

distance *n.* distância; **at/from a distance:** de longe

distant *adj.* **1** distante; **a distant place:** um local distante **2** reservado; **a distant person:** uma pessoa reservada

distinguish *v.* distinguir(-se); **to distinguish one thing from the other:** diferenciar uma coisa da outra

distress *n.* **1** aflição; angústia; **to be in distress:** estar numa aflição **2** perigo; **the ship is in distress:** o navio está em perigo

distribute *v.* distribuir; repartir

distribution *n.* distribuição; repartição

district *n.* **1** distrito; região **2** zona

distrust *n.* desconfiança ♦ *v.* desconfiar de

disturb *v.* incomodar; interromper; **do not disturb!:** não incomodar!; **I'm sorry to disturb you:** desculpa incomodar-te

divan *n.* divã; sofá

dive *n.* mergulho; **to go for a dive:** dar um mergulho ♦ *v.* mergulhar; **he dived into the river:** ele mergulhou no rio

diver *n.* mergulhador

divide *v.* dividir(-se); **divide six by three:** divide seis por três

diving *n.* mergulho; **diving suit:** escafandro

divorce *n.* divórcio ♦ *v.* divorciar-se (de)

dizzy *adj.* tonto; zonzo

do *n.* [*pl.* dos] (nota musical) dó ♦ *v.* **1** fazer; preparar; **what are you doing?:** o que estás a fazer? **2** lavar; **to do the laundry:** lavar a roupa **3** arranjar; **to do your hair:** arranjar o cabelo **4** passar; **how do you do?:** como tem passado?; como vai?

doctor *n.* médico; **to go to the doctor:** ir ao médico

document *n.* documento

documentary *n.* documentário

dodgem *n.* (feira popular) carrinho de choque

dog *n.* 👁 cão

doll *n.* boneca; boneco; **doll's house:** casa de bonecas

dollar *n.* dólar

dolphin *n.* golfinho

domain *n.* domínio

domestic *adj.* **1** doméstico **2** interno; nacional; **domestic politics:** política interna/nacional

dominate *v.* dominar

donkey *n.* (animal) burro; jumento

donor *n.* doador; dador; **blood donor:** dador de sangue

door *n.* porta; **to answer the door:** ver quem está à porta; **to knock on the door:** bater à porta

doorbell *n.* campainha da porta

doorman *n.* [*pl.* doormen] porteiro

doorstep *n.* degrau da entrada

dormitory *n.* [*pl.* dormitories] dormitório

dot *n.* ponto; pinta

double *adj.* **1** duplo; **double meaning:** duplo sentido **2** de casal; **double bed:** cama de casal ♦ *n.* **1** (quantidade) dobro **2** (ator) duplo ♦ *v.* duplicar

doubt *n.* dúvida; **no doubt!:** sem dúvida! ♦ *v.* duvidar de; **I doubt it!:** (eu) duvido!

dove *n.* pomba

down *adv.* abaixo; para baixo; **to look down:** olhar para baixo ♦ *prep.* abaixo ♦ *adj.* em baixo; abatido

download *n.* (ficheiro, programa) transferência; carregamento

downstairs *adv.* **1** escada abaixo; **to go downstairs:** descer **2** em baixo; para baixo; **are you downstairs?:** estás aí em baixo? ♦ *adj.* do andar de baixo; **my neighbour downstairs is nice:** o meu vizinho de baixo é simpático

doze *n.* soneca; **to have a doze:** fazer uma soneca ♦ *v.* dormitar

dozen *n.* dúzia; **half a dozen:** meia dúzia

draft *n.* **1** rascunho **2** esboço

drag *v.* arrastar

dragon *n.* 👁 dragão

drama *n.* **1** peça de teatro **2** drama

draught *n.* corrente de ar

draughtboard *n.* (jogo de damas) tabuleiro

draughts *n.pl.* jogo de damas

draw *n.* (competição, jogo) empate ♦ *v.* **1** desenhar; traçar; **to draw a flower:** desenhar uma flor; **to draw a line:** traçar uma linha **2** tirar; **to draw water from a well:** tirar água do poço

drawer *n.* gaveta

drawing *n.* desenho; **to make a drawing:** fazer um desenho

dreadful *adj.* horrível; medonho

dream *n.* sonho; **to fulfil a dream:** concretizar um sonho; **to have a dream:** ter um sonho ♦ *v.* sonhar; **to dream about a trip:** sonhar com uma viagem; **to dream of someone:** sonhar com alguém

dress *n.* [*pl.* dresses] vestido ♦ *v.* vestir-se; **to get dressed:** vestir-se

dressing-gown *n.* roupão

dribble *n.* **1** baba **2** perdigoto ♦ *v.* **1** babar-se **2** (basquetebol) driblar

dried *adj.* **1** seco; **dried fruits:** frutos secos **2** em pó; **dried milk:** leite em pó

drill *n.* broca

drink *n.* bebida ♦ *v.* beber

a
b
c
d
e
f
g
h
i
j
k
l
m
n
o
p
q
r
s
t
u
v
w
x
y
z

drip n. gota ◆ v. pingar

drive v. (veículo) conduzir; guiar; **I can't drive:** não sei conduzir; **to drive a car:** guiar um automóvel ◆ n. passeio (de carro, camioneta, etc.); **to go for a drive:** ir dar um passeio (de carro, de camioneta)

driver n. condutor; automobilista

driving n. condução ◆ adj. de condução; **driving licence:** carta de condução; **driving school:** escola de condução

drop n. 1 gota; pingo; **a drop of milk:** uma pinga de leite 2 descida; **a drop in temperature:** uma descida da temperatura ◆ v. 1 cair; **to drop to one's knees:** cair de joelhos 2 deixar cair; **to drop a book:** deixar cair um livro 3 deixar; **to drop someone home:** deixar alguém em casa 4 baixar; **to drop prices:** baixar os preços

drought n. seca; falta de chuva

drown v. afogar-se; **to drown at sea:** afogar-se no mar

drug n. 1 medicamento 2 droga; **to take drugs:** drogar-se

drum n. tambor

drunk adj. e n. bêbedo; **to get drunk:** embebedar-se

dry adj. seco; **dry climate:** clima seco ◆ v. secar

dryer n. secador (de roupa, cabelo)

duchess n. [pl. duchesses] duquesa

duck n. [pl. duck] pato

duckling n. patinho; **rubber duck:** patinho de borracha; **ugly duckling:** patinho feio

due adj. 1 esperado; **the train is due at 5 p.m.:** o comboio deve chegar às 5 da tarde 2 devido; **in due time:** na altura devida

duke n. duque

dull adj. aborrecido; monótono; **a boring job:** um trabalho monótono

dummy n. [pl. dummies] 👁 (linguagem infantil) chupeta

dump n. lixeira

dune n. duna

duo n. [pl. duos] 1 (composição) dueto 2 (par) duo

duration n. duração

during prep. durante; **during the day:** durante o dia

dust n. pó; poeira ◆ v. limpar o pó a

dustbin n. balde do lixo; contentor de lixo

dustman n. [pl. dustmen] lixeiro; varredor

dustpan n. apanhador

dusty adj. empoeirado; poeirento

Dutch adj. holandês ◆ n. 1 (língua) neerlandês 2 (pessoa) holandês; **the Dutch:** os holandeses

duty n. [pl. duties] 1 dever; obrigação; **to do one's duty:** cumprir o dever 2 serviço; **to be off duty:** não estar de serviço; **to be on duty:** estar de serviço 3 função; **the duties of the president:** as funções do presidente 4 imposto; taxa; **to pay a duty:** pagar um imposto

duvet n. edredão

DVD [abrev. de Digital Versatile Disc ou Digital Video Disc] DVD

dwarf adj. e n. [pl. dwarves] anão

dye n. tinta (para cabelo ou roupa) ◆ v. 1 pintar; **to dye one's hair:** pintar o cabelo 2 tingir; **to dye (something) blue:** tingir (algo) de azul

dynamic adj. dinâmico

E

e *n.* (letra) e

each *adj.* cada; **each day:** cada dia ◆ *adv. e pron.* cada um; **each other:** um ao outro

eager *adj.* desejoso; ansioso; **to be eager to learn:** estar desejoso de aprender

eagle *n.* águia

ear *n.* **1** orelha; **to be all ears:** ser todo ouvidos **2** ouvido; **to play by ear:** tocar de ouvido

earache *n.* dor de ouvidos

eardrum *n.* (ouvido) tímpano

earl *n.* conde

early *adv.* cedo; **early in the morning:** de manhã cedo ◆ *adj.* cedo; **you're early:** chegaste cedo

earn *v.* ganhar; receber; **how much do you earn?:** quanto ganhas?

earring *n.* brinco

Earth *n.* 👁 (planeta) Terra

earthquake *n.* terramoto; sismo

earthworm *n.* minhoca

ease *n.* **1** facilidade; **to swim with ease:** nadar com facilidade **2** à-vontade; **to be at ease:** estar à vontade ◆ *v.* aliviar; **to ease the pain:** aliviar a dor

easel *n.* cavalete

easily *adv.* facilmente

east *n.* **1** este; leste **2** oriente; **Middle East:** Médio Oriente ◆ *adj.* de leste; **east wind:** vento de leste

Easter *n.* Páscoa; **Easter eggs:** ovos de Páscoa

eastern *adj.* oriental; de leste

easy *adj.* fácil; **that's an easy question:** essa pergunta é fácil; **take it easy!:** tem calma!

eat *v.* comer; **to eat well:** comer bem

eccentric *adj.* excêntrico; extravagante

echo *n.* [*pl.* echoes] eco ◆ *v.* fazer eco; ecoar

ecocentre *n.* ecocentro

ecological *adj.* ecológico

ecologist *n.* ecologista

ecology *n.* ecologia

economic *adj.* económico

economical *adj.* poupado; **to be an economical person:** ser uma pessoa poupada

economy *n.* [*pl.* economies] economia; (bilhete de avião ou comboio) **economy class:** classe turística; **to make economies:** fazer economias; poupar

edge *n.* **1** borda; **edge of a cliff:** beira de um precipício **2** gume; fio; **the edge of the knife:** o gume da faca

educate *v.* educar
educated *adj.* educado
education *n.* ensino; educação; **elementary education:** ensino básico; **physical education:** educação física
educational *adj.* educativo; **educational toys:** brinqucdos educativos
eel *n.* enguia
effect *n.* efeito; **greenhouse effect:** efeito de estufa; **special effects:** efeitos especiais
effective *adj.* eficaz
efficient *adj.* eficiente
effort *n.* esforço; **to make an effort:** fazer um esforço; esforçar-se
egg *n.* ovo; **boiled egg:** ovo cozido; **fried egg:** ovo estrelado; **scrambled eggs:** ovos mexidos; **to lay an egg:** pôr um ovo
Egypt *n.* Egito
Egyptian *adj. e n.* egípcio
eight *num.card. e n.* oito
eighteen *num.card. e n.* dezoito; **he is eighteen:** ele tem dezoito anos
eighteenth *adj.num.* décimo oitavo
eighth *adj.num.* oitavo
eightieth *adj.num.* octogésimo
eighty *num.card. e n.* oitenta; **my grandpa is eighty:** o meu avô tem oitenta anos
either *pron.* **1** ambos; **on either side of the house:** de ambos os lados da casa **2** nenhum; **I don't like either car:** não gosto de nenhum dos carros **3** um ou outro; **do it either way:** fá-lo de um modo ou de outro ♦ *adv.* (frase negativas) também; **I don't like coffee and he doesn't either:** não gosto de café e ele também não ♦ *conj.* ou; quer; **either today or tomorrow:** ou hoje ou amanhã
elastic *adj. e n.* elástico

elbow *n.* cotovelo
elderly *adj.* idoso; **elderly man:** ancião
elect *v.* eleger
election *n.* eleição; **election campaign:** campanha eleitoral
electric *adj.* elétrico
electrical *adj.* elétrico; **electrical appliance:** eletrodoméstico
electrician *n.* eletricista
electricity *n.* eletricidade
electron *n.* eletrão
electronic *adj.* eletrónico; **electronic mail:** correio eletrónico
elegant *adj.* elegante
element *n.* elemento
elementary *adj.* elementar; **elementary school:** escola primária
elephant *n.* 👁 elefante

elevator *n. (EUA)* elevador
eleven *num.card. e n.* onze; **to arrive at eleven:** chegar às onze
eleventh *adj.num.* décimo primeiro
else *adv.* mais; **anybody else?:** mais alguém?; **anything else?:** mais alguma coisa?; **nothing else:** nada mais
elsewhere *adv.* noutro lado
e-mail *n.* → email
email *n.* correio eletrónico ♦ *v.* enviar por correio eletrónico

embarrass v. embaraçar
embarrassment n. embaraço
embroidery n. [pl. embroideries] bordado
emerald n. 👁 (pedra preciosa) esmeralda ◆ adj. (cor) verde-esmeralda

emergency n. [pl. emergencies] 1 emergência; **emergency exit:** saída de emergência; **in case of emergency:** em caso de emergência 2 urgência; (num hospital) **emergency ward:** sala de urgências
emigrant adj. e n. emigrante
emigrate v. emigrar
emotion n. emoção
emotional adj. 1 emotivo; **she is very emotional:** ela é muito sensível 2 emocionado; **to get emotional:** emocionar-se
emotive adj. emotivo
emperor n. imperador
emphasis n. ênfase; destaque; **to lay/place emphasis on:** dar ênfase a
emphasize v. realçar; destacar
empire n. império
employ v. empregar; contratar
employee n. funcionário; empregado
employer n. patrão
employment n. emprego
empress n. imperatriz
empty adj. vazio; **on an empty stomach:** com o estômago vazio; em jejum
enclose v. 1 cercar; rodear; **the house is enclosed by a fence:** a casa é rodeada por uma cerca 2 anexar; **to enclose a catalogue:** anexar um catálogo

encounter n. encontro inesperado ◆ v. encontrar-se com
encourage v. encorajar
encyclopaedia n. enciclopédia
end n. 1 fim; **at the end:** por fim; **in the end:** no final; no fim de contas; **to put an end to:** acabar com 2 extremidade; ponta; **from end to end:** dum extremo a outro ◆ v. 1 acabar; terminar; **my journey ends here:** a minha viagem termina aqui 2 pôr um fim a; acabar com; **to end the strike:** acabar com a greve
endanger v. pôr em perigo; ameaçar
endangered adj. ameaçado; em perigo; **endangered species:** espécies em vias de extinção
ending n. fim; final; **happy ending:** final feliz
endless adj. interminável
enemy adj. e n. [pl. enemies] inimigo
energetic adj. enérgico; dinâmico
energy n. [pl. energies] energia
engaged adj. 1 ocupado; (telefone) **engaged tone/signal:** sinal de ocupado 2 comprometido (com alguém); **to get engaged to:** ficar noivo de
engagement n. 1 noivado; **engagement ring:** aliança de noivado 2 compromisso; **to have an engagement:** ter um compromisso
engine n. 1 motor 2 👁 locomotiva

engineer n. engenheiro

a b c d e f g h i j k l m n o p q r s t u v w x y z

England *n.* Inglaterra

A **Inglaterra** é um dos quatro países que formam o Reino Unido (juntamente com a Escócia, o País de Gales e a Irlanda do Norte). Ocupa a parte sul da ilha da Grã-Bretanha (excluindo, a oeste, o território do País de Gales) e faz fronteira a norte com a Escócia. A capital da Inglaterra é Londres.

English *adj.* inglês; **the English Channel:** o Canal da Mancha ◆ *n.* (pessoa, língua) Inglês; **the English:** os ingleses

Englishman *n.* [*pl.* Englishmen] inglês

Englishwoman *n.* [*pl.* Englishwomen] inglesa

enjoy *v.* gostar de; apreciar; **enjoy your meal!:** bom apetite!; **I enjoy swimming:** gosto de nadar; **to enjoy oneself:** divertir-se

enjoyable *adj.* agradável

enjoyment *n.* prazer; divertimento

enlarge *v.* alargar; aumentar

enormous *adj.* enorme

enough *adj.* suficiente; bastante; **more than enough:** mais do que suficiente; **that's enough!:** basta! ◆ *adv.* bastante; suficientemente; **is it big enough?:** é suficientemente grande?

enrol *v.* inscrever(-se); matricular(-se); **to enrol on a course:** inscrever-se num curso

enter *v.* 1 entrar; **please enter:** faça o favor de entrar 2 participar em; **to enter the play:** participar na peça de teatro

entertain *v.* 1 entreter; **to entertain somebody with jokes:** entreter alguém com piadas 2 receber visitas; **we entertain a lot:** nós recebemos muitas visitas

entertainer *n.* artista de entretenimento

entertainment *n.* entretenimento; diversão

enthusiasm *n.* entusiasmo

enthusiastic *adj.* entusiástico

entire *adj.* inteiro; todo; **the entire month:** o mês inteiro

entirely *adv.* inteiramente; totalmente

entrance *n.* entrada; **back entrance:** porta de serviço; **front entrance:** entrada principal

entry *n.* [*pl.* entries] **1 main entry:** entrada principal; **no entry:** entrada proibida **2** inscrição; **entry form:** impresso de inscrição

envelope *n.* envelope

environment *n.* meio ambiente

environmental *adj.* **1** ambiental; **environmental impact:** impacto ambiental **2** ambientalista; ecológico; **environmental group:** grupo ambientalista/ecologista

equal *adj.* igual; equivalente; **equal rights:** igualdade de direitos; **the two squares are equal:** os dois quadrados são iguais ◆ *v.* ser igual a; 👁 **2 + 2 equals 4:** 2 + 2 é igual a 4

$$2 + 2 = 4$$

equality *n.* igualdade

equation *n.* equação

equator *n.* equador

equip *v.* equipar

equipment *n.* equipamento; material

equivalent *adj. e n.* equivalente

era *n.* era; época

erase v. apagar; safar

eraser n. borracha; **ink eraser:** borracha de tinta

erosion n. erosão

error n. erro; **to make an error:** cometer um erro

escalator n. escada rolante

escape n. fuga ◆ v. **1** escapar; fugir **2** evitar

especially adv. especialmente; sobretudo

essay n. (escola) composição; redação

essential adj. essencial; **it's essential that you study:** é essencial que estudes

establish v. estabelecer

establishment n. estabelecimento

estate n. **1** quinta **2** urbanização

estimate n. estimativa; avaliação ◆ v. estimar; avaliar

eternal adj. eterno

eternity n. [pl. eternities] eternidade

ethnic adj. étnico; **ethnic group:** grupo étnico

EU [abrev. de European Union] UE

eucalyptus n. [pl. eucalyptuses] eucalipto

euro n. [pl. euros] 👁 euro

Europe n. Europa

European adj. e n. europeu; **European Union:** União Europeia

eve n. véspera; **New Year's Eve:** véspera de Ano Novo

even adv. **1** ainda; até; até mesmo; **even better:** ainda melhor; **even so:** mesmo assim **2** mesmo; **even now:** agora mesmo ◆ adj. **1** plano; liso; **even surface:** superfície plana **2** par; **even number:** número par **3** equilibrado; **an even match:** um jogo equilibrado

evening n. fim do dia; o anoitecer; **in the evening:** ao fim do dia

event n. **1** acontecimento **2** prova; competição desportiva

ever adv. **1** sempre; **they lived happily ever after:** viveram felizes para sempre **2** já; alguma vez; **have you ever been to England?:** já estiveste alguma vez em Inglaterra?

every adj. **1** cada; cada um; **every child has a pencil:** cada criança tem um lápis **2** todos; **every day:** todos os dias; **every time:** de todas as vezes

Every usa-se sempre com um nome no singular: every day (todos os dias), every book (todos os livros).

everybody pron. toda a gente; **everybody knows that:** toda a gente sabe isso

everyday adj. de todos os dias; quotidiano; **everyday life:** dia a dia

everyone pron. toda a gente; **everyone looks happy:** toda a gente parece feliz

everything pron. tudo; **is everything all right?:** está tudo bem?; **thanks for everything!:** obrigado por tudo!

everywhere adv. em toda a parte; **he follows her everywhere:** ele segue-a para toda a parte

evidence n. **1** prova; **the evidence of the crime:** as provas do crime **2** depoimento; **to give evidence:** prestar depoimento; testemunhar

a
b
c
d
e
f
g
h
i
j
k
l
m
n
o
p
q
r
s
t
u
v
w
x
y
z

evil adj. mau; perverso ◆ n. mal; mal-dade

evolution n. evolução; desenvolvimento

ewe n. 👁 ovelha

exact adj. exato; preciso

exactly adv. exatamente

exaggerate v. exagerar; **don't exaggerate!:** não exageres!

exaggeration n. exagero

exam n. exame; **to fail an exam:** reprovar num exame; **to pass an exam:** passar num exame; **to take an exam:** fazer um exame

examination n. exame

examine v. examinar; inspecionar

example n. exemplo; **can you give me an example?:** podes dar-me um exemplo?; **for example:** por exemplo

*Repara que **example** em inglês se escreve com **a** (depois do x), mas **exemplo** em português escreve-se com **e**.*

exceed v. exceder; ultrapassar

excellent adj. excelente

except prep. exceto; menos; **all except one:** todos menos um

exception n. exceção; **with the exception of:** com a exceção de

excess n. [pl. excesses] excesso

excessive adj. excessivo; demasiado

exchange n. troca ◆ v. trocar

excite v. excitar; entusiasmar

excitement n. entusiasmo; excitação

exciting adj. emocionante; excitante

exclaim v. exclamar

exclamation n. exclamação; **exclamation mark:** ponto de exclamação; *(EUA)* **exclamation point:** ponto de exclamação

exclusive adj. exclusivo

excuse n. desculpa; **there's no excuse for being late:** não há desculpa para chegar tarde; **to make excuses:** arranjar desculpas ◆ v. desculpar; **excuse my interrupting you:** desculpe a interrupção

execution n. execução; realização

exercise n. exercício; **exercise book:** caderno/livro de exercícios ◆ v. fazer exercícios; exercitar-se

exhibit v. expor; apresentar

exhibition n. exposição (de artes); **to be on exhibition:** estar em exposição

exist v. existir

existence n. existência; vida

exit n. saída; **emergency exit:** saída de emergência

expect v. esperar; estar na expectativa de

expectation n. expectativa; esperança

expel v. expulsar; expelir

expense n. despesa; custo; **at the expense of:** à custa de

expensive adj. caro

experience n. experiência

experiment n. experiência

expert adj. e n. especialista; perito

explain v. explicar(-se)

explanation n. explicação; **there must be an explanation:** tem de haver uma explicação

explode *v.* explodir

exploit *v.* explorar; aproveitar-se de; **to exploit somebody:** aproveitar-se de alguém

explore *v.* explorar; **to explore a country:** explorar um país

explorer *n.* explorador; aventureiro

explosion *n.* explosão; detonação

explosive *adj. e n.* explosivo

export *n.* exportação ♦ *v.* exportar

expose *v.* expor

express *adj.* expresso; rápido; **express post/mail/delivery:** correio expresso ♦ *v.* expressar; exprimir

expression *n.* expressão; **idiomatic expression:** expressão idiomática

extend *v.* **1** prolongar; adiar; **to extend a visit:** prolongar uma visita **2** alargar; ampliar; **to extend the road:** ampliar a estrada

exterior *n. e adj.* exterior

external *adj.* exterior; externo

extinct *adj.* extinto; **to become extinct:** extinguir-se

extinction *n.* extinção; **to be on the verge of extinction:** estar em vias de extinção

extinguisher *n.* extintor; **fire extinguisher:** extintor de incêndios

extra *adj.* extra; adicional; suplementar ♦ *n.* **1** extra; **a car with many extras:** um carro com muitos extras **2** *(cinema, teatro)* figurante ♦ *adv.* a mais; à parte; **accommodation is extra:** o alojamento é à parte

extraordinary *adj.* extraordinário

extravagant *adj.* extravagante

extreme *adj.* extremo; **extreme poverty:** pobreza extrema ♦ *n.* extremo; **opposite extreme:** extremo oposto

extremely *adv.* extremamente

eye *n.* olho; **to close your eyes:** fechar os olhos; **to open your eyes:** abrir os olhos

eyebrow *n.* sobrancelha

eyelash *n.* [*pl.* eyelashes] pestana

eyelid *n.* pálpebra

eyeshadow *n.* sombra (para os olhos)

eyesight *n.* vista; visão; **to have good eyesight:** ver bem; **to have poor eyesight:** ver mal

eyewitness *n.* testemunha ocular

a
b
c
d
e
f
g
h
i
j
k
l
m
n
o
p
q
r
s
t
u
v
w
x
y
z

fF

f *n.* (letra) f

fabric *n.* tecido

fabulous *adj.* 1 fabuloso 2 fantástico

face *n.* 1 🖊 cara; face; **face to face:** face a face 2 careta; **to pull a face:** fazer uma careta ♦ *v.* 1 enfrentar; **to face a problem:** enfrentar um problema 2 estar virado para; **the house faces south:** a casa está virada para sul

facilities *n.pl.* 1 instalações; 👁 **school facilities:** instalações escolares 2 equipamento; **transport facilities:** meios de transporte

facility *n.* [*pl.* facilities] facilidade; **with great facility:** com muita facilidade

fact *n.* facto; **as a matter of fact:** por acaso; **in fact:** de facto

factory *n.* [*pl.* factories] fábrica

fade *v.* 1 (cor) desbotar 2 (luz) escurecer

fail *v.* 1 (expectativa) falhar 2 (promessa) não cumprir 3 (máquina) avariar 4 (na escola) reprovar ♦ *n.* 1 falta; **without fail:** sem falta 2 (escola) reprovação; chumbo

failure *n.* 1 fracasso; falhanço; insucesso; **academic failure:** insucesso escolar 2 falha; avaria; **engine failure:** falha do motor

faint *adj.* 1 (pessoa) fraco 2 (cor) desmaiado ♦ *v.* desmaiar

fair *adj.* 1 justo; **that's only fair:** nada mais justo 2 (pessoa, atitude) correto 3 (quantidade) considerável ♦ *adv.* honestamente; corretamente ♦ *n.* 1 feira; mercado; **book fair:** feira do livro 2 feira popular

fairy *n.* [*pl.* fairies] fada; **fairy godmother:** fada madrinha; **fairy tale:** conto de fadas

faith *n.* fé; **to have faith in God:** ter fé em Deus

faithful *adj.* (pessoa) fiel; leal

fake *adj.* 1 falso; **fake money:** dinheiro falso 2 artificial; **fake fur:** pele artificial

falcon *n.* falcão

fall *n.* 1 queda; **to have a fall:** cair 2 baixa; quebra; **a fall in prices:** descida dos preços 3 (EUA) outono ♦ *v.* 1 (pessoa, objeto) cair; **to fall asleep:** adormecer; **to fall ill:** ficar doente; **to fall in love with:** apaixonar-se por 2 (edifício) ruir 3 (preço, temperatura) baixar

false *adj.* 1 falso; **false alarm:** falso alarme 2 postiço; artificial; **false moustache:** bigode postiço

fame *n.* fama

familiar *adj.* 1 familiar; **this is familiar to me:** isto é-me familiar 2 familiarizado; **to be familiar with the Internet:** estar familiarizado com a Internet

family n. [pl. families] 🖼 família; **family name:** apelido; **family tree:** árvore genealógica

famous adj. famoso; célebre; **London is famous for its tourist attractions:** Londres é famosa pelas suas atrações turísticas

fan n. 1 fã; **fan club:** clube de fãs 2 👁 leque

fancy n. [pl. fancies] afeto; afeição; **she has a fancy to him:** ela gosta dele ◆ v. 1 apetecer; desejar; **do you fancy a coffee?:** apetece-te um café? 2 julgar; **I fancy that she's right:** julgo que ela está certa

fantastic adj. 1 fantástico; maravilhoso; **what a fantastic day!:** que dia fantástico! 2 (informal) excecional; **a fantastic amount of money:** uma quantia excecional

fantasy n. [pl. fantasies] fantasia

far adv. longe; **far from home:** longe de casa ◆ adj. longínquo; remoto; **a far place:** um local distante; **as far as I am concerned:** no que me diz respeito; **as far as I know:** tanto quanto sei; **how far is it?:** a que distância fica?

fare n. (bilhete) tarifa; **return fare:** tarifa de ida e volta

farewell interj. adeus! ◆ n. despedida; adeus

farm n. quinta; **to work on a farm:** trabalhar numa quinta ◆ v. 1 cultivar a terra 2 fazer criação de animais

farmer n. lavrador; agricultor

farming n. agricultura; lavoura

farther adv. mais longe; **farther away:** mais para lá ◆ adj. mais distante; mais longínquo; **the farther end:** o ponto mais distante

farthest adv. mais longe; mais distante ◆ adj. mais distante; mais longínquo

fascinate v. fascinar; seduzir

fascinating adj. fascinante

fashion n. moda; **out of fashion:** fora de moda; **the latest fashion:** a última moda

fashionable adj. moderno

fast adj. 1 (carro) rápido; veloz; (estrada) **fast lane:** via rápida 2 (relógio) adiantado ◆ adv. depressa; rapidamente

fasten v. (vestuário, cinto) apertar; **fasten your seat belt:** aperta o cinto de segurança

fat adj. 1 gordo; **to get fat:** ficar gordo 2 (volume) espesso 3 (alimento) com gordura ◆ n. 1 gordura 2 banha

fatal adj. fatal

fate n. destino; sorte

father n. 1 pai; **to be a father of three:** ser pai de três filhos 2 (religião) padre; **the Holy Father:** o Santo Padre; o Papa 3 (figurado) criador; inventor

father-in-law [pl. fathers-in-law] sogro

fault n. 1 falha; **it's my fault:** a culpa é minha 2 (desporto) falta

favor n. (EUA) → favour

favour n. favor; **can I ask you a favour?:** posso pedir-te um favor?; **to be in favour of:** ser a favor de

a
b
c
d
e
f
g
h
i
j
k
l
m
n
o
p
q
r
s
t
u
v
w
x
y
z

favourite *adj. e n.* favorito

fear *n.* medo; receio; **fear of the dark:** medo do escuro ◆ *v.* recear; ter medo de; **to fear the worst:** temer o pior

feather *n.* (de ave) pena; pluma; **feather bed:** colchão de penas

feature *n.* característica; faceta

February *n.* fevereiro

fee *n.* **1** bilhete; taxa; **entrance fee:** bilhete de entrada **2** (escola, universidade) propina **3** (associação) quota

feeble *adj.* fraco; débil

feed *v.* **1** alimentar(-se); **to feed on plants:** alimentar-se de plantas **2** amamentar

feeding *n.* alimentação; comida; 👁 **feeding bottle:** biberão

feel *v.* **1** sentir(-se); **I feel sad:** sinto-me triste; **to feel hungry:** ter fome; **to feel sorry for:** ter pena de **2** (tato) tocar **3** (opinião) pensar

feeling *n.* **1** sentimento; **a feeling of guilt:** um sentimento de culpa; **no hard feelings:** sem ressentimentos **2** sensação; impressão; **I have a feeling that this is wrong:** tenho a sensação de que isto está errado

felt-tip *n.* caneta de feltro; marcador

female *adj.* **1** (sexo) feminino **2** (animal) fêmea ◆ *n.* **1** (animal) fêmea **2** (informal) mulher

ferry *n.* [*pl.* ferries] ferryboat

fertile *adj.* fértil; fecundo

festival *n.* festival

fetch *v.* ir buscar; trazer; **fetch me a glass of water:** traz-me um copo de água

fever *n.* febre; **he has a fever:** ele tem febre; **high fever:** febre alta

few *adj.* pouco; algum; **with a few exceptions:** com algumas exceções ◆ *art.indef.* poucos; alguns; uns; **a few hours later:** umas horas mais tarde

fibre *n.* fibra; **cereals are high in fibre:** os cereais são ricos em fibras

fiction *n.* ficção

field *n.* **1** campo; **to plough the field:** lavrar o campo **2** área (de conhecimento); **field trip:** visita de estudo **3** (desporto) campo

fifteen *num.card. e n.* quinze

fifteenth *adj.num.* décimo quinto

fifth *adj.num.* quinto

fiftieth *adj.num.* quinquagésimo

fifty *num.card. e n.* cinquenta

fig *n.* **1** (fruto) figo **2** (árvore) figueira

fight *n.* **1** luta **2** discussão ◆ *v.* **1** lutar contra; combater; **to fight injustice:** lutar contra as injustiças **2** lutar; bater-se; **to fight for survival:** lutar pela sobrevivência **3** discutir; **to fight with someone over something:** discutir com alguém sobre alguma coisa

fighter *n.* **1** lutador **2** (avião) caça

figure *n.* **1** (matemática) algarismo **2** figura; **figure of speech:** figura de estilo; **geometrical figure:** figura geométrica ◆ *v.* **1** (EUA) calcular; imaginar **2** (imagem) representar; retratar

file *n.* **1** ficheiro (de documentos); arquivo **2** lima (de unhas ou metais) **3** fila; **in single file:** em fila indiana ◆ *v.* **1** (documentação) arquivar **2** (queixa) registar

fill v. 1 encher; **to fill the jug with water:** encher o jarro de água 2 (emprego) preencher; ocupar; **to fill a vacancy:** preencher uma vaga 3 (espaço) encher-se; **the room filled:** a sala encheu-se (de gente)

film n. filme; **film star:** estrela de cinema; **to shoot a film:** rodar um filme ♦ v. filmar

filter n. filtro ♦ v. filtrar

fin n. barbatana

final adj. 1 final; último; **final stage:** fase final 2 (decisão) definitivo; **and that's final!:** e ponto final! ♦ n. (numa competição) final; última prova

finally adv. 1 finalmente 2 definitivamente

find v. 1 (objeto, pessoa) encontrar 2 (recurso, tempo) arranjar

fine adj. 1 excelente; **a fine day:** um dia excelente 2 (objeto) bom; de boa qualidade ♦ adv. muito bem; **that's fine!:** está muito bem! ♦ n. multa

finger n. 👁 (mão) dedo ♦ v. dedilhar

fingernail n. unha

fingerprint n. impressão digital

finish n. 1 (processo) fim; final 2 (superfície) acabamento; remate ♦ v. acabar; terminar

Finland n. Finlândia

Finnish adj. finlandês ♦ n. (pessoa, língua) finlandês; **the Finnish:** os finlandeses

fir n. abeto

fire n. 1 fogo; **fire alarm:** alarme de incêndio; **fire engine:** carro dos bombeiros; **to set fire to:** pegar fogo a 2 tiro ♦ v. 1 (informal) despedir; demitir

2 (arma) disparar; **to fire at someone:** disparar contra alguém

fireman n. [pl. firemen] bombeiro

fireplace n. fogão de sala; lareira

fireworks n.pl. (espetáculo) fogo de artifício

firm n. empresa; firma comercial ♦ adj. firme; seguro

first adj. primeiro; **at first sight:** à primeira vista ♦ n. 1 o primeiro; **who is first?:** quem é o primeiro? 2 o princípio; **at first:** no princípio ♦ adv. em primeiro lugar; **let me go first:** deixa-me ir em primeiro lugar

fish n. [pl. fishes] peixe ♦ v. pescar

fisherman n. [pl. fishermen] pescador

fishing n. pesca; **fishing boat:** barco de pesca; **fishing rod:** cana de pesca; **to go fishing:** ir à pesca

fist n. punho; mão fechada

fit v. 1; caber; **the key doesn't fit the lock:** a chave não entra na fechadura 2 (roupa) servir; assentar; **it fits you well:** assenta-te bem ♦ n. ataque; **a coughing fit:** um ataque de tosse; **a fit of laughing:** um ataque de riso ♦ adj. 1 próprio; **water fit to drink:** água própria para beber; água potável 2 apropriado; **fit for duty:** apto para o serviço 3 (saúde) em boa forma; **as fit as a fiddle:** são como um pero

fitting-room n. (loja de roupa) gabinete de prova

five num.card. e n. cinco

fix v. 1 fixar; **to fix the eyes on:** fixar o olhar em 2 arranjar; consertar; **can you fix the radio?:** és capaz de arranjar o rádio? 3 marcar; **can you fix a date?:** podes marcar uma data?

flag n. bandeira; estandarte; **to hoist the flag:** içar a bandeira; **to strike the flag:** arriar a bandeira

flake n. floco; **corn flakes:** flocos de milho; **oatmeal flakes:** flocos de aveia

flame n. chama; labareda

flap n. **1** (casaco, chapéu) aba **2** (livro) badana ◆ v. **1** (asas) bater **2** (com as mãos) abanar; sacudir

flash n. |pl. flashes| **1** (relâmpago) clarão **2** (fotografia) flash

flat n. (GB) andar; apartamento ◆ adj. **1** plano; liso; **flat face:** superfície plana **2** vazio; sem ar; **flat tyre:** pneu furado **3** achatado; chato; **flat foot:** pé chato **4** raso; **flat shoes:** sapatos rasos

flavor n. (EUA) → **flavour**

flavour n. sabor; gosto; aroma ◆ v. condimentar (alimentos)

flavoured adj. **1** com sabor a **2** aromatizado (alimento)

flaw n. falha; defeito

flea n. pulga

flee v. escapar a; fugir de

fleet n. esquadra; frota

flight n. **1** voo; **flight simulator:** simulador de voo **2** bando; **a flight of ducks:** um bando de patos **3** (escadas) lanço; **a flight of steps:** um lanço de degraus

float n. boia ◆ v. **1** (na água) flutuar; boiar **2** (no ar) planar

flock n. **1** (aves) bando **2** (carneiros, ovelhas) rebanho

floor n. **1** chão; soalho **2** (casa) andar; **ground floor:** rés do chão; **to live on the second floor:** viver no segundo andar

florist n. (loja e vendedora) florista

flour n. farinha; **maize flour:** farinha de milho; **wheat flour:** farinha de trigo

flow n. **1** (líquido, trânsito) fluxo; **flow of blood:** fluxo de sangue **2** (rio) caudal **3** (mar) maré ◆ v. **1** (líquido) fluir

2 (rio, regato) correr; **the river flows into the sea:** o rio desagua no mar

flower n. flor; (loja) **flower shop:** florista; **wild flowers:** flores campestres

flu n. gripe; **to catch flu:** apanhar gripe; **to have flu:** estar com gripe

flush n. |pl. flushes| **1** rubor (das faces) **2** (autoclismo) descarga ◆ v. **1** (quarto de banho) puxar; **to flush the toilet:** puxar o autoclismo **2** corar

flute n. 👁 flauta

fly n. |pl. flies| **1** mosca; **not to hurt a fly:** não fazer mal a uma mosca **2** (calças) carcela ◆ v. **1** (ave) voar **2** (avião) pilotar

flying adj. voador; **flying saucer:** disco voador; óvni

foal n. potro

foam n. espuma; **shaving foam:** espuma de barbear

focus n. |pl. focuses| **1** foco; centro; **to be the focus of attention:** ser o centro das atenções **2** parte essencial; âmago; **the focus of the question:** o âmago da questão ◆ v. concentrar(-se); **focus on work:** concentra-te no trabalho

fog n. nevoeiro

foggy adj. (tempo) enevoado

fold n. **1** (tecido) prega **2** (papel) dobra; vinco ◆ v. **1** (papel) dobrar **2** (braços) cruzar

folder n. pasta de arquivo; capa

folk n. (informal) povo ◆ adj. tradicional; folclórico; **folk dance:** dança folclórica; **folk tale:** conto popular

folklore n. folclore

follow v. **1** seguir; perseguir; **to follow the robber:** perseguir o assal-

tante **2** cumprir; **follow the instructions:** segue as instruções
fond *adj.* carinhoso; **to be fond of somebody:** gostar muito de alguém; **to be fond of doing something:** gostar de fazer alguma coisa
food *n.* 🥖 comida; alimento; **food chain:** cadeia alimentar; **food poisoning:** intoxicação alimentar; **food wheel:** roda dos alimentos
fool *n.* tolo; parvo; **All Fools' Day:** dia dos enganos; **don't be a fool:** não sejas parvo ♦ *v.* enganar
foot *n.* [*pl.* feet] **1** (de pessoa) pé; **to go on foot:** ir a pé **2** (de animal) pata **3** (de montanha) sopé **4** (medida de comprimento) pé
football *n.* futebol; **football match:** jogo de futebol; 👁 **football player:** futebolista

footballer *n.* futebolista
footstep *n.* passo; passada
for *prep.* **1** para; **for you:** para ti; **what for?:** para quê? **2** durante; **for a long time:** durante muito tempo **3** para; **for sale:** à/para venda ♦ *conj.* porque; visto que; **I must go, for I am already late:** eu tenho de ir porque já estou atrasada
forbid *v.* proibir; **to forbid someone to do something:** proibir alguém de fazer algo
forbidden *adj.* proibido

force *n.* força; **by force:** à força ♦ *v.* **1** forçar; obrigar; **to force someone to do something:** forçar alguém a fazer algo **2** forçar; **to force a lock:** forçar uma fechadura
foreign *adj.* estrangeiro; **foreign language:** língua estrangeira
foreigner *n.* estrangeiro
forest *n.* floresta
forever *adv.* para sempre
forget *v.* esquecer(-se); **don't forget to bring the book:** não te esqueças de trazer o livro
forget-me-not *n.* (flor) miosótis
forgive *v.* perdoar; **I will never forgive you:** nunca te perdoarei; **please, forgive me:** perdoa-me, por favor
fork *n.* garfo
form *n.* **1** forma; **to take the form of:** assumir a forma de **2** tipo; género; **in any form:** de qualquer tipo **3** impresso; formulário; **to fill out a form:** preencher um formulário ♦ *v.* **1** formar; fazer **2** formar-se
formal *adj.* **1** formal; **formal letter:** carta formal **2** oficial; **formal protest:** protesto oficial **3** cerimonioso; **formal dress:** traje de cerimónia
formation *n.* **1** formação; **word formation:** formação de palavras **2** criação; elaboração
former *adj.* anterior; precedente; **on a former occasion:** numa ocasião anterior; **the former president:** o presidente anterior
formidable *adj.* formidável
fort *n.* forte; fortaleza
forte *adj.* (nota musical, andamento) forte ♦ *n.* ponto forte; **cooking is not my forte:** cozinhar não é o meu forte
forth *adv.* **1** (movimento) adiante; para a frente; **back and forth:** para trás

e para a frente **2** (tempo) diante; **and so forth:** e assim sucessivamente

fortress n. [pl. fortresses] fortaleza

fortunate adj. **1** (acontecimento) feliz **2** (pessoa) afortunado; sortudo

fortunately adv. felizmente

fortune n. **1** fortuna; **to make a fortune:** fazer fortuna **2** sorte; **to try one's fortune:** tentar a sorte

forty num.card. e n. quarenta

forward adv. **1** (movimento) para a frente; **a step forward:** um passo em frente; **backwards and forwards:** para trás e para a frente **2** (tempo) em diante; **from that moment forward:** dali em diante ◆ adj. **1** (movimento) para a frente **2** (posição, lugar) da frente ◆ n. (desporto) (jogador) avançado; atacante

fossil n. [pl. fossils] fóssil

found v. **1** (organização) fundar; criar **2** (metal, vidro) fundir

foundation n. **1** (instituição) fundação **2** (edifício) alicerce **3** (moral) princípio

founder n. fundador

fountain n. 👁 fonte; fontanário

four num.card. e n. quatro; **to be on all fours:** estar de gatas

fourteen num.card. e n. catorze

fourteenth adj.num. décimo quarto; **fourteenth century:** século catorze

fourth adj.num. quarto ◆ n. um quarto; a quarta parte

fox n. [pl. foxes] raposa

fragile adj. frágil

frail adj. **1** (saúde, pessoa) débil; fraco **2** (objeto) frágil; delicado

France n. França

frank adj. franco; sincero; **to be frank:** para ser sincero

freckle n. sarda

free adj. **1** (pessoa, ideia) livre; (futebol) **free kick:** pontapé de livre **2** desocupado; livre; **is this seat free?:** este lugar está livre? **3** grátis; gratuito; **free entry:** entrada gratuita **4** (regra, obrigação) isento; **free from taxes:** isento de impostos ◆ adv. gratuitamente; de graça; **for free:** de graça ◆ v. **1** (pessoas) libertar **2** (coisas) soltar

freedom n. liberdade; **freedom of speech:** liberdade de expressão

freely adv. livremente

freeze v. congelar; **to freeze food:** congelar comida

French adj. francês; (EUA) **French fries:** batatas fritas ◆ n. (pessoa, língua) francês; **the French:** os franceses

frequency n. [pl. frequencies] frequência

frequently adv. frequentemente

fresh adj. fresco; **fresh bread:** pão fresco; **fresh vegetables:** legumes frescos

Friday n. sexta-feira

fridge n. (inform.) frigorífico

friend n. **1** amigo; **best friend:** melhor amigo; **to make friends:** fazer amigos **2** adepto; defensor; **to be no friend of:** não ser adepto de; (provérbio) **a friend in need is a friend indeed:** os amigos são para as ocasiões

friendly adj. amigável; cordial; **a friendly conversation:** uma conversa cordial; **to be friendly to someone:** ser simpático com alguém

friendship *n.* amizade; camaradagem

fries *n.pl.* 👁 batatas fritas

frighten *v.* assustar

frightened *adj.* assustado; **to be frightened of:** ter medo de

frightening *adj.* assustador

frog *n.* rã

from *prep.* **1** (origem) de; **a present from Alan:** um presente do Alan; **she's from Edinburgh:** ela é de Edimburgo **2** (tempo, lugar) a partir de; **from now on:** a partir de agora **3** (limites) desde; de; **from time to time:** de tempos a tempos

front *n.* frente; **to sit at the front:** sentar-se à frente ♦ *adj.* da frente; **front door:** porta da frente

frontier *n.* fronteira; **the frontier between the two countries:** a fronteira entre os dois países

frozen *adj.* congelado; (alimentos) **frozen food:** congelados

fruit *n.* **1** fruto(s); fruta; **a piece of fruit:** uma peça de fruta; **fruit salad:** salada de fruta; **fruit tree:** árvore de fruto **2** (figurado) frutos; resultados; **to bear fruit:** dar frutos

fry *v.* fritar; **to fry eggs:** estrelar ovos

fulfil *v.* **1** concretizar; realizar; **to fulfil a dream:** concretizar um sonho **2** cumprir; desempenhar; **to fulfil one's duties:** cumprir o seu dever

full *adj.* **1** cheio; **don't speak with your mouth full:** não fales com a boca cheia **2** inteiro; **in full time:** a tempo inteiro **3** detalhado; pormenorizado; **a full report of the event:** um relatório detalhado do acontecimento **4** preenchido; intenso; **to lead a full life:** ter uma vida preenchida ♦ *adv.* diretamente; **the ball struck him full on the chest:** a bola acertou-lhe em cheio no peito ♦ *n.* tudo; **I can't tell you the full of it:** não posso contar-te tudo; **full moon:** lua cheia; **full stop:** ponto final; **at full speed:** a toda a velocidade

fully *adv.* inteiramente; completamente

fun *adj.* divertido; alegre ♦ *n.* **1** divertimento; **to be great fun:** ser um grande divertimento **2** gozo; brincadeira; **for fun:** na brincadeira **3** gozo; troça; **to make fun of:** fazer troça de

function *n.* função ♦ *v.* funcionar

fund *n.* fundo; verba

funny *adj.* **1** engraçado; cómico **2** estranho; esquisito

fur *n.* **1** (animal) pelo **2** (roupa) pele; **fur coat:** casaco de peles

furniture *n.* mobiliário; mobília

furthest *adj.* mais afastado; **the furthest house in the street:** a casa mais afastada da rua

future *n.* **1** futuro; **in future:** da próxima vez; **in the distant future:** a longo prazo; **in the near future:** num futuro próximo; **to have a promising future:** ter um futuro promissor **2** (gramática) futuro

G

g *n.* (letra) g

gain *n.* **1** aumento; **weight gain:** aumento de peso **2** ganho; lucro ♦ *v.* ganhar; adquirir

galaxy *n.* [*pl.* galaxies] galáxia

gallery *n.* [*pl.* galleries] **1** galeria **2** (sala de espetáculos) geral

gallop *n.* galope ♦ *v.* galopar

game *n.* 👁 jogo; partida; **card game:** jogo de cartas; **tennis game:** partida de ténis

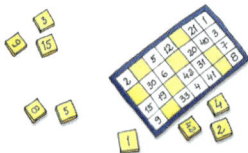

gap *n.* **1** fenda; abertura; **a gap on the wall:** uma fenda no muro **2** espaço em branco; lacuna; **to fill a gap:** preencher um espaço em branco **3** (tempo) intervalo; **age gap:** diferença de idades

garage *n.* **1** garagem **2** oficina de reparações

garbage *n.* (EUA) lixo

garden *n.* jardim ♦ *v.* jardinar

gardener *n.* jardineiro

gardening *n.* jardinagem

garlic *n.* alho

gas *n.* [*pl.* gases] **1** gás **2** (EUA) gasolina; **gas station:** bomba de gasolina

gasoline *n.* (EUA) gasolina

gate *n.* portão

gather *v.* **1** (frutos, flores) colher **2** (objetos, pessoas) juntar(-se); reunir(-se)

gear *n.* **1** (automóvel, bicicleta) velocidade; mudança; **first gear:** primeira velocidade **2** equipamento; **fishing gear:** equipamento de pesca

Gemini *n.* (constelação, signo) Gémeos

gender *n.* género; **feminine/masculine gender:** género feminino/masculino

general *adj.* geral; **general knowledge:** cultura geral; **in general:** em geral ♦ *n.* (militar) general

generally *adv.* geralmente

generate *v.* gerar

generation *n.* geração; **generation gap:** conflito de gerações

generosity *n.* [*pl.* generosities] generosidade

generous *adj.* generoso

genius *n.* [*pl.* geniuses] génio

gentle *adj.* **1** (pessoa) bondoso **2** (toque) suave

gentleman *n.* [*pl.* gentlemen] cavalheiro

gently *adv.* suavemente

genuine *adj.* genuíno; verdadeiro

geography *n.* [*pl.* geographies] geografia

geometry *n.* [*pl.* geometries] geometria

German *adj.* e *n.* alemão; (doença) **German measles:** rubéola

Germany *n.* Alemanha
gesture *n.* gesto
get *v.* 1 obter; conseguir; **to get permission:** obter autorização 2 arranjar; **to get a job:** arranjar emprego 3 comprar; **to get a new car:** comprar um carro novo 4 apanhar; **to get the bus:** apanhar o autocarro 5 (doença) apanhar; **to get a cold:** apanhar uma gripe 6 entender; **to get the message:** entender a mensagem 7 chegar; **to get home late:** chegar a casa tarde
ghost *n.* fantasma
giant *adj.* gigantesco ♦ *n.* gigante
gift *n.* 1 prenda; **gift shop:** loja de prendas 2 dom; **to have a gift for music:** ter um dom para a música
gigantic *adj.* gigantesco
ginger *n.* 1 (cabelos) cor ruiva 2 gengibre
giraffe *n.* girafa
girl *n.* menina; rapariga
girlfriend *n.* 1 namorada 2 amiga
give *v.* dar; **give it to me!:** dá-me isso!
glad *adj.* satisfeito; contente
gladiator *n.* gladiador
gland *n.* glândula
glass *n.* [*pl.* glasses] 1 copo 2 vidro
glasses *n.pl.* óculos; **to wear glasses:** usar óculos
glide *v.* planar
glider *n.* 👁 planador

glitter *n.* brilho ♦ *v.* brilhar
global *adj.* global; **global warming:** aquecimento global
globe *n.* 👁 globo

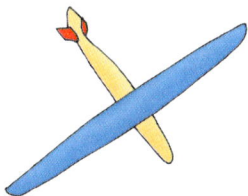

gloomy *adj.* escuro; sombrio
glorious *adj.* glorioso; esplêndido
glory *n.* [*pl.* glories] glória
glossary *n.* [*pl.* glossaries] glossário
glove *n.* luva
glow *n.* brilho ♦ *v.* brilhar
glue *n.* cola; **a tube of glue:** um tubo de cola ♦ *v.* colar
glutton *n.* glutão; alarve
gnaw *v.* roer
go *v.* 1 ir; ir embora; partir; **I have to go:** tenho de ir 2 correr; **how are things going?:** está tudo a correr bem? 3 ficar; **to go crazy:** ficar doido ♦ *n.* [*pl.* goes] (jogo) vez; **it's your go:** é a tua vez
goal *n.* 1 objetivo; **my goal is to get good marks:** o meu objetivo é tirar boas notas 2 golo; **to score a goal:** marcar um golo
goalkeeper *n.* guarda-redes
goat *n.* cabra; **billy goat:** bode
God *n.* Deus; **for God's sake!:** por amor de Deus!; **thank God!:** graças a Deus!
goddaughter *n.* afilhada
godfather *n.* padrinho
godmother *n.* madrinha
godparents *n.* padrinhos

a
b
c
d
e
f
g
h
i
j
k
l
m
n
o
p
q
r
s
t
u
v
w
x
y
z

godson *n.* afilhado

goggles *n.pl.* **1** óculos de mergulho/natação **2** óculos de proteção

going *n.* ida

gold *n.* ouro ◆ *adj.* de ouro

golden *adj.* dourado

goldsmith *n.* ourives

golf *n.* golfe; **golf club:** taco de golfe; **golf course:** campo de golfe

good *adj.* **1** bom; **good afternoon!:** boa tarde!; **the weather is good:** o tempo está bom **2** amável; **you're very good to him:** és muito amável com ele ◆ *n.* bem; **for your own good:** para teu bem; **good and evil:** o bem e o mal

goodbye *interj.* adeus

good-looking *adj.* bonito; atraente

goodness *n.* bondade; amabilidade; **my goodness!:** meu Deus!

goodnight *interj.* boa noite!

goods *n.pl.* mercadorias

goose *n.* [*pl.* geese] ganso

gorgeous *adj.* deslumbrante; esplêndido

gorilla *n.* gorila

gossip *n.* **1** bisbilhotice **2** (pessoa) bisbilhoteiro; coscuvilheiro ◆ *v.* bisbilhotar; coscuvilhar

govern *v.* governar

government *n.* governo

grab *v.* agarrar; apanhar

grace *n.* graça; charme

graceful *adj.* gracioso

grade *n.* **1** *(EUA)* (escola) ano; **to be in the 3rd grade:** andar no 3.° ano **2** (escola) classificação; nota; **to get a good grade:** tirar boa nota **3** categoria; **first grade player:** jogador de primeira categoria ◆ *v.* classificar

gradual *adj.* gradual

graduate *n.* licenciado ◆ *v.* licenciar-se

graduation *n.* **1** licenciatura **2** *(EUA)* (ensino secundário) formatura

grain *n.* **1** grão **2** cereal

gram *n.* (peso) grama

grammar *n.* gramática; **English grammar:** gramática inglesa; **grammar school:** escola secundária

grand *adj.* magnífico; fantástico

grandad *n.* *(informal)* avozinho

grandchild *n.* [*pl.* grandchildren] neto

granddaughter *n.* neta

grandfather *n.* avô

grandma *n.* *(informal)* avozinha; vovó

grandmother *n.* avó

grandparents *n.pl.* avós

grandson *n.* neto

granny *n.* *(informal)* avozinha; vovó

grant *n.* (estudos) bolsa; subsídio ◆ *v.* conceder; **to grant somebody something:** conceder algo a alguém

grape *n.* uva; **bunch of grapes:** cacho de uvas

grapefruit *n.* toranja

graph *n.* diagrama; gráfico; **graph paper:** papel milimétrico

grasp *v.* agarrar; apanhar

grass *n.* [*pl.* grasses] relva; erva

grasshopper *n.* gafanhoto

grateful *adj.* grato

gratitude *n.* gratidão

grave *n.* sepultura; túmulo ◆ *adj.* grave; sério

gravestone *n.* lápide
graveyard *n.* cemitério
gravity *n.* **1** *(física)* gravidade **2** (de uma situação) gravidade; seriedade
gray *n. e adj. (EUA)* → **grey**
grease *n.* gordura
greasy *adj.* **1** gorduroso **2** oleoso
great *adj.* **1** grande; enorme; **it is a great pleasure:** é um grande prazer **2** excelente; ótimo; **that's great!:** isso é ótimo!
great-granddaughter *n.* bisneta
great-grandfather *n.* bisavô
great-grandmother *n.* bisavó
great-grandparents *n.* bisavós
great-grandson *n.* bisneto
Greece *n.* Grécia
greed *n.* avareza; ganância
greedy *adj.* ganancioso
Greek *adj. e n.* grego
green *adj.* **1** verde; **dark green:** verde escuro; **light green:** verde claro **2** verde; que não amadureceu ◆ *n.* (cor) verde
greengrocer *n.* vendedor de fruta e hortaliça; (loja) **greengrocer's:** pomar; frutaria
greenhouse *n.* estufa; **greenhouse effect:** efeito de estufa
greet *v.* cumprimentar; saudar
greeting *n.* saudação; cumprimento; **greetings card:** cartão de felicitações
grey *adj.* **1** (cor) cinzento **2** (cabelo) grisalho ◆ *n.* (cor) cinzento
grid *n.* grelha; grade
grief *n.* dor; pesar
grieve *v.* sofrer
grill *n.* **1** grelha **2** grelhador ◆ *v.* grelhar
grind *v.* (cereais) triturar; moer

groan *v.* gemer ◆ *n.* gemido
grocer *n.* merceeiro; (loja) **grocer's:** mercearia
groceries *n.pl.* artigos de mercearia
groom *n.* noivo
ground *n.* **1** chão; **ground floor:** rés do chão **2** solo; terra; **under ground:** debaixo da terra **3** campo; **football ground:** campo de futebol
group *n.* **1** grupo; **blood group:** grupo sanguíneo **2** (musical) banda; grupo ◆ *v.* agrupar; **to group up:** dividir em grupos
grow *v.* **1** crescer; **the seeds are growing:** as sementes estão a crescer **2** aumentar; **the population is growing:** a população está a aumentar **3** tornar-se; **to grow old:** envelhecer **4** (planta) cultivar **5** (barba, cabelo) deixar crescer
grown *adj.* crescido; adulto
grown-up *adj. e n.* [*pl.* grown-ups] (inform.) adulto
growth *n.* crescimento; aumento
grumble *v.* resmungar
grumpy *adj.* (inform.) rabugento; resmungão
guarantee *n.* [*pl.* guarantees] garantia; **to be under guarantee:** estar dentro da garantia ◆ *v.* garantir; assegurar
guard *n.* **1** (pessoa) guarda; sentinela; **coast guard:** guarda costeira **2** (atividade) vigilância ◆ *v.* guardar
guess *n.* [*pl.* guesses] suposição ◆ *v.* adivinhar
guest *n.* **1** convidado; **guest of honour:** convidado de honra **2** (num hotel) hóspede
guide *n.* **1** (pessoa) guia **2** (livro) guia turístico ◆ *v.* guiar; orientar
guilt *n.* culpa

a
b
c
d
e
f
g
h
i
j
k
l
m
n
o
p
q
r
s
t
u
v
w
x
y
z

guilty *adj.* culpado; **to plead guilty:** declarar-se culpado

guinea pig *n.* porquinho-da-índia; cobaia

guitar *n.* 👁 guitarra; **to play the guitar:** tocar guitarra/viola

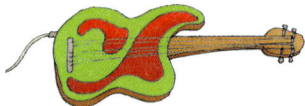

gulf *n.* golfo

gullet *n.* esófago

gulp *n.* gole; trago; **in one gulp:** de um gole

gum *n.* **1** gengiva **2** *(guloseima)* goma **3** pastilha elástica; **chewing gum:** pastilha elástica

gun *n.* arma de fogo; pistola

gunfire *n.* tiroteio

gunpowder *n.* pólvora

gunshot *n.* tiro; disparo

gust *n.* rajada; **gust of rain:** chuvada; **gust of wind:** rajada de vento

gut *n.* *(inform.)* intestino; barriga

gutter *n.* valeta; sarjeta

guy *n.* *(inform.)* tipo; indivíduo; **come on, guys:** vá lá, pessoal

gym *n.* **1** *(inform.)* ginásio **2** *(inform.)* ginástica; **gym lesson:** aula de ginástica

gymnasium *n.* [*pl.* gymnasiums] ginásio

gymnastics *n.* ginástica

gypsy *adj. e n.* [*pl.* gypsies, gipsies] cigano

h H

h *n.* (letra) h

habit *n.* hábito; **by/out of habit:** por hábito; **to have a habit of doing something:** ter o hábito de fazer algo

habitat *n.* habitat

hacker *n.* (Internet) pirata informático

hair *n.* **1** cabelo; **to have one's hair cut:** ir cortar o cabelo; **to wash one's hair:** lavar a cabeça **2** (corpo) pelos **3** (animal) pelo

hairband *n.* fita de cabelo; bandolete

haircut *n.* corte de cabelo

hairdresser *n.* (pessoa) cabeleireiro; (estabelecimento) **hairdresser's:** cabeleireiro

half *n.* [*pl.* halves] **1** metade; **a day and a half:** um dia e meio; **to cut the cake in half:** cortar o bolo ao meio **2** (jogo) parte; **first half:** primeira parte; **second half:** segunda parte **3** (ano escolar) semestre ◆ *adj.* meio; **half a cup:** meia chávena; **half an hour:** meia hora

half-time *n.* **1** (jogo) intervalo **2** (trabalho) meio tempo

halfway *adv.* a meio caminho; a meio; **we are halfway through dinner:** estamos a meio do jantar

hall *n.* **1** entrada; vestíbulo **2** (para concertos) sala; salão **3** casa senhorial; mansão **4** (em universidade) refeitório; **hall of residence:** residência universitária

hallo *interj.* olá!

Halloween *n.* véspera do dia de Todos os Santos (31 de outubro)

O **Halloween** celebra-se na noite de 31 de outubro. As crianças fazem decorações com abóboras vazias e cortadas em forma de rosto, com uma vela dentro, e vão de porta em porta, disfarçadas de bruxas e fantasmas, pedindo doces e fazendo travessuras quando não os recebem.

ham *n.* presunto; **a ham sandwich:** uma sande de presunto; **a slice of ham:** uma fatia de presunto

hamburger *n.* 👁 hambúrguer

hammer *n.* martelo ◆ *v.* martelar; pregar; **to hammer a nail:** pregar um prego

hamster *n.* hamster

hand *n.* **1** mão; **hand in hand:** de mãos dadas; **hands up!:** mãos ao ar!; **on the one hand... on the other hand:** por um lado... por outro lado; **to hold hands:** dar as mãos **2** (medida) palmo **3** ajuda; **give/lend me a hand:** dá-me uma ajuda ◆ *v.*

passar; **hand me the salad, please:** passa-me a salada, por favor

handbag *n.* mala de senhora; carteira

handball *n.* andebol; **handball player:** andebolista

handbook *n.* **1** manual **2** guia de viagens

handful *n.* mão-cheia; pequena quantidade; **a handful of students:** alguns alunos

handicap *n.* **1** *(medicina)* deficiência **2** impedimento; desvantagem

handkerchief *n.* [*pl.* handkerchiefs] lenço de mão

handle *n.* **1** manivela **2** maçaneta **3** (cesto, balde) asa **4** (vassoura, faca) cabo ◆ *v.* **1** mexer em **2** lidar com **3** negociar em

handlebars *n.pl.* (bicicleta, mota) guiador

handmade *adj.* feito à mão

handrail *n.* corrimão

handsaw *n.* 👁 serrote

handshake *n.* aperto de mão

handsome *adj.* bonito; elegante

handwriting *n.* caligrafia

hang *v.* **1** pendurar **2** enforcar

hanger *n.* cabide

hangman *n.* [*pl.* hangmen] **1** (jogo) forca **2** carrasco

happen *v.* acontecer; ocorrer; **something is happening:** passa-se alguma coisa; **whatever happens:** aconteça o que acontecer

happiness *n.* felicidade

happy *adj.* **1** feliz; **happy ending:** final feliz; **I am happy to help:** tenho todo o prazer em ajudar **2** satisfeito; contente; **they are happy about/with the result:** eles estão contentes com o resultado

harbor *n.* *(FUA)* → harbour

harbour *n.* porto (de mar)

hard *adj.* **1** duro; *(informática)* hard disk: disco rígido **2** difícil; **she is having a hard time:** ela está a passar um mau bocado **3** severo; **don't be so hard:** não sejas tão severo ◆ *adv.* duramente; **to work hard:** trabalhar duramente

hardly *adv.* **1** dificilmente; **I can hardly see anything:** dificilmente consigo ver alguma coisa **2** mal; **I hardly know him:** eu mal o conheço **3** quase nunca; raramente; **I hardly see him:** quase nunca o vejo **4** com dureza; com aspereza; **to be hardly treated:** ser tratado com dureza

hardware *n.* **1** ferramentas **2** *(informática)* hardware

hare *n.* lebre

harm *n.* mal; prejuízo; dano; **he means no harm:** ele não faz por mal ◆ *v.* **1** fazer mal a; prejudicar **2** magoar

harmless *adj.* inofensivo

harmony *n.* [*pl.* harmonies] harmonia

harp *n.* harpa

harvest *n.* colheita; (uvas) vindima ◆ *v.* colher

hat *n.* chapéu; **top hat:** cartola

hate *n.* ódio ◆ *v.* odiar; detestar

haunt *v.* (fantasma) assombrar

haunted *adj.* assombrado; **a haunted house:** uma casa assombrada

have v. 1 ter; possuir; **she has blonde hair:** ela tem cabelo loiro; **they have two children:** eles têm dois filhos 2 tomar; comer; beber; **to have a coffee:** tomar um café; **to have a shower:** tomar um duche; **to have lunch:** almoçar 3 experimentar; sentir; **he has flu:** ele tem gripe; **to have a headache:** ter uma dor de cabeça 4 (visita, notícia) receber; **to have a phone call:** receber um telefonema 5 (operação, tratamento) fazer; **to have one's hair cut:** cortar o cabelo ♦ v. ter de; dever; **I have to go now:** eu tenho de ir embora agora

haven n. abrigo

hawk n. falcão

hay n. feno; forragem

hazel n. 1 (árvore) aveleira 2 (fruto) avelã ♦ adj. cor de avelã

hazelnut n. 👁 avelã

he pron.pess. 1 (pessoa) ele 2 (animal) macho; **a he-tiger:** um tigre macho

head n. 1 cabeça; **from head to foot:** da cabeça aos pés 2 chefe; diretor; **head of the department:** chefe do departamento 3 (moeda) face; frente; **heads or tails?:** cara ou coroa? 4 topo; ponta; **head of the table:** cabeceira da mesa 5 título; cabeçalho; **the head of the newspaper:** o cabeçalho do jornal ♦ v. dirigir-se; **we're heading for home:** dirigimo-nos para casa

headache n. dor de cabeça; **to have a headache:** ter uma dor de cabeça

heading n. título; cabeçalho

headmaster n. diretor de escola

headmistress n. diretora de escola

headphones n.pl. auscultadores

headword n. (dicionário, enciclopédia) entrada; verbete

heal v. 1 curar; sarar 2 cicatrizar

health n. 1 saúde; **to be in good health:** estar de boa saúde 2 (brinde) saúde; **to drink a health to:** fazer um brinde à saúde de

healthy adj. são; saudável

heap n. monte; amontoado; **a heap of books:** uma pilha de livros

hear v. 1 ouvir 2 ouvir dizer

heart n. coração; **by heart:** de cor

heartbeat n. batimento cardíaco

heat n. calor ♦ v. aquecer

heating n. aquecimento; **central heating:** aquecimento central

heaven n. 1 (religião) céu; **good heavens!:** meu Deus!; **thank heavens!:** graças a Deus!; **to go to heaven:** ir para o céu 2 (figurado) paraíso

heavy adj. 1 pesado; **heavy sleep:** sono pesado; **my backpack is very heavy:** a minha mochila está muito pesada 2 intenso; **heavy rain:** chuva intensa

hectare n. (medida) hectare

hedge n. sebe

hedgehog n. ouriço-cacheiro

heel n. 1 calcanhar 2 (calçado) salto; tacão; **high heels:** tacões altos

height n. 1 altura; **we are almost the same height:** somos quase da mesma altura 2 altitude; **to be afraid of heights:** ter medo das alturas; ter vertigens

heir n. herdeiro; **heir to the throne:** herdeiro do trono

heiress n. herdeira; **heiress to the throne:** herdeira do trono

a b c d e f g h i j k l m n o p q r s t u v w x y z

helicopter *n.* helicóptero

hello *interj.* **1** olá!; **hello there!:** se faz favor! **2** *(telefone)* está?; está lá?

helmet *n.* **1** 👁 capacete **2** elmo

help *n.* auxílio; ajuda; **do you need any help?:** precisas de ajuda? ◆ *v.* **1** auxiliar; ajudar; **can you help me with these bags?:** podes ajudar-me com estes sacos? **2** evitar; **I can't help it:** não posso evitar **3** servir-se; **help yourself to some fruit:** serve-te de fruta

helpful *adj.* **1** útil **2** prestável

helping *n.* *(comida)* dose; porção

hem *n.* bainha

hemisphere *n.* hemisfério

hen *n.* galinha; **hen coop:** capoeira

her *pron.pess.* **1** ela; a; **I know her well:** eu conheço-a bem; **this gift is for her:** esta prenda é para ela **2** lhe; a ela; **send her a letter:** envia-lhe uma carta ◆ *adj.poss.* dela; seu; sua; seus; suas; **Her Majesty the Queen:** Sua Majestade a Rainha; **there is her car:** ali está o carro dela

herb *n.* erva

herd *n.* *(elefantes, vacas)* manada

here *adv.* aqui; cá; **come here:** vem cá; **I live here:** eu moro aqui

heritage *n.* **1** herança **2** património; **world heritage:** património mundial

hero *n.* [*pl.* heroes] **1** herói; ídolo **2** *(livro, filme)* protagonista

heroine *n.* *(livro, filme)* heroína; protagonista

heroism *n.* heroísmo; **an act of heroism:** um ato de heroísmo

hers *pron.poss.* dela; seu; sua; seus; suas; **is this coat hers?:** este casaco é dela?

herself *pron.pess.refl.* **1** a si mesma; a si própria; **she hurt herself:** ela magoou-se **2** ela própria; **all by herself:** sem ajuda; **she is cooking dinner herself:** ela própria está a fazer o jantar

hi *interj.* **1** *(informal)* olá! **2** *(informal)* ei!

hiccup *n.* soluço; **to have hiccups:** ter soluços

hide *v.* esconder(-se)

hide-and-seek *n.* *(jogo)* escondidas; **to play hide-and-seek:** jogar às escondidas

high *adj.* **1** alto; **high jump:** salto em altura; **high school:** escola secundária **2** elevado; **prices are high:** os preços estão elevados **3** pleno; **high summer:** pleno verão **4** animado; **they're in high spirits:** eles estão animados

highland *n.* região montanhosa; terras altas

highness *n.* **1** altura; elevação **2** *(título)* alteza; **Your Highness:** Sua Alteza

high-tech *adj.* de alta tecnologia; de ponta

highway *n.* estrada nacional

hijack *n.* desvio de avião; sequestro de avião ◆ *v.* *(avião)* desviar; sequestrar

hijacker *n.* pirata do ar

hike *n.* caminhada; passeio a pé; **to go for a hike:** fazer uma caminhada

hill *n.* colina; monte

him *pron.pess.* **1** o; **I know him:** eu conheço-o **2** ele; **it's him!:** é ele! **3** lhe; **are you going to talk to him?:** vais falar-lhe?

himself *pron.pess.refl.* **1** se; **he cut himself:** ele cortou-se **2** ele mesmo; ele próprio; **he feels pride in himself:** ele sente orgulho em si próprio **3** sozinho; **he goes to school by himself:** ele vai para a escola sozinho

hint *n.* palpite; dica ◆ *v.* dar a entender; sugerir

hip *n.* anca

hippopotamus *n.* [*pl.* hippopotamuses] 👁 hipopótamo

hire *v.* **1** alugar; **to hire a house:** alugar uma casa; **to hire a bicycle by the hour:** alugar uma bicicleta à hora (pessoa) contratar ◆ *n.* aluguer; **for hire:** para alugar

his *adj. e pron.poss.* seu; sua; seus; suas; dele; **a friend of his:** um amigo dele; **His Majesty:** Sua Majestade; **this is his house:** esta é a casa dele

historic *adj.* histórico

historical *adj.* histórico; **historical facts:** factos históricos

history *n.* [*pl.* histories] história

hit *n.* **1** pancada; golpe **2** êxito; sucesso ◆ *v.* **1** bater em; dar uma pancada em **2** acertar em; atingir **3** (sentimentos) afetar; magoar

hitchhike *v.* andar à boleia; pedir boleia

hive *n.* colmeia; cortiço

hobby *n.* [*pl.* hobbies] hobby; passatempo

hobgoblin *n.* 👁 duende

hockey *n.* hóquei; **ice hockey:** hóquei sobre o gelo; **roller-skating hockey:** hóquei em patins

hoe *n.* enxada; sachola ◆ *v.* cavar; sachar

hold *v.* **1** segurar; agarrar **2** ter; possuir

hole *n.* **1** buraco; cova **2** (de lebre, coelho) toca

holiday *n.* **1** feriado; **bank holiday:** feriado oficial; **national holiday:** feriado nacional; **religious holiday:** feriado religioso **2** férias; **Christmas holidays:** férias de Natal; **Easter holidays:** férias da Páscoa; **summer holidays:** férias grandes; **to be on holiday:** estar de férias; **to go on holiday:** ir de férias

Holland *n.* Holanda

hollow *adj.* oco; vazio

holly *n.* [*pl.* hollies] azevinho

holy *adj.* santo; sagrado; **Holy Bible:** Bíblia Sagrada; **holy water:** água benta

home *n.* **1** 🏠 casa; lar; **at home:** em casa; **home sweet home:** lar doce lar **2** pátria; terra natal ◆ *adj.* **1** de casa; **home address:** morada **2** natal; **home country:** terra natal ◆ *adv.* a casa; para casa; **to get home:** chegar a casa; **to go home:** ir para casa

homeless *adj.* sem casa, sem abrigo ◆ *n.pl.* os sem-abrigo

homepage *n.* (Internet) página principal

homesick *adj.* saudoso; **to be homesick:** estar com saudades de casa

homework *n.* (escola) trabalho(s) de casa; deveres

honest *adj.* 1 honesto; íntegro 2 sincero; franco

honesty *n.* 1 honestidade 2 sinceridade

honey *n.* 1 mel 2 (informal) querido; amor

honeybee *n.* abelha

honeymoon *n.* lua de mel

honor *n.* (EUA) → honour

honour *n.* honra; **in honour of:** em honra de ◆ *v.* honrar

hood *n.* capuz; touca; **Little Red Riding Hood:** Capuchinho Vermelho

hook *n.* 1 cabide; **hang your coat on the hook:** pendura o casaco no cabide 2 (pesca) anzol 3 (telefone) descanso; **to leave the phone off the hook:** deixar o telefone fora do descanso ◆ *v.* 1 pescar 2 pendurar

hoop *n.* (brinquedo) arco; aro

hooray *interj.* hurra!

hoot *n.* 1 (coruja, mocho) pio 2 (carro) buzinadela 3 (comboio) apito ◆ *v.* 1 (coruja, mocho) piar 2 (carro) buzinar 3 (comboio) apitar

hoover *n.* aspirador ◆ *v.* aspirar

hope *n.* esperança; **to give up hope:** perder a esperança ◆ *v.* ter esperança; esperar; **I hope she comes:** espero que ela venha; **I hope not!:** espero que não!; **I hope so!:** espero que sim!; **to hope for the best:** esperar o melhor

hopeful *adj.* esperançoso

hopeless *adj.* sem esperança; desesperado; **a hopeless attempt:** uma tentativa desesperada

horizontal *adj.* horizontal

horn *n.* 1 chifre; corno 2 (de inseto) antena 3 (de veículo) buzina

horrible *adj.* horrível; terrível

horror *n.* horror; terror; **horror film:** filme de terror

horse *n.* cavalo; **horse racing:** corridas de cavalos; **horse riding:** equitação; hipismo

horseback *adj. e adv.* montado; a cavalo; **on horseback:** a cavalo

horseman *n.* [pl. horsemen] cavaleiro

horseshoe *n.* ferradura

hospital *n.* hospital; **to be admitted to (the) hospital:** ser internado no hospital; **to be in hospital:** estar no hospital

host *n.* 1 anfitrião 2 (televisão) apresentador 3 (missa) hóstia ◆ *v.* 1 ser o anfitrião de 2 (televisão) apresentar

hostel *n.* estalagem; pousada; **youth hostel:** pousada da juventude

hostess *n.* **1** anfitriã **2** (avião) hospedeira

hot *adj.* quente; **hot dog:** cachorro--quente; **to be hot:** ter/estar com calor

hotel *n.* hotel

hound *n.* cão de caça

hour *n.* **1** hora; **a quarter of an hour:** um quarto de hora; **half an hour:** meia hora; **in an hour:** dentro de uma hora **2** horário; **lunch hour:** hora do almoço; **opening hours:** horário de funcionamento

house *n.* **1** 👁 casa; **at my house:** em minha casa **2** (parlamento) Câmara; **House of Commons:** Câmara dos Comuns; **House of Lords:** Câmara dos Lordes; **Houses of Parliament:** Parlamento ♦ *v.* alojar; acolher

housewife *n.* [*pl.* housewives] dona de casa

housework *n.* trabalho doméstico

how *adv.* **1** como; **how do you do?:** como está/estão? **2** quanto; **how many?:** quantos?; **how much does this cost?:** quanto é que isto custa?; **how often does it happen?:** com que frequência acontece isso?; **how old are you?:** quantos anos tens? **3** que; **how kind of you!:** que simpático!; **how cold it is!:** que frio que está!

however *adv.* **1** no entanto; todavia; contudo; **I want to go; however, there are no more tickets:** eu quero ir; no entanto, já não há bilhetes **2** de qualquer modo; seja como for; **do it however you like:** fá-lo como quiseres **3** por muito; **however nice she may be...:** por muito simpática que ela seja... ♦ *conj.* como; **go however you like:** vai como bem entenderes

howl *n.* **1** uivo **2** gemido ♦ *v.* uivar

hug *n.* abraço; **to give somebody a hug:** dar um abraço a alguém ♦ *v.* abraçar

huge *adj.* **1** enorme; **a huge house:** uma casa enorme **2** estrondoso; **a huge success:** um êxito estrondoso

hum *n.* **1** zumbido **2** sussurro

human *adj.* humano; **human being:** ser humano; **human rights:** direitos humanos ♦ *n.* ser humano; pessoa

humankind *n.* humanidade

humble *adj.* humilde; modesto; **in my humble opinion:** na minha modesta opinião

humorous *adj.* engraçado; humorístico

humour *n.* humor; **bad/good humour:** mau/bom humor; **sense of humour:** sentido de humor

hundred *n.* e *num.card.* **1** cem; **a hundred years:** cem anos **2** cento; centena; **hundreds of times:** centenas de vezes; **a few hundred people:** algumas centenas de pessoas

hundredth *adj.num.* centésimo

hunger *n.* fome

hungry *adj.* esfomeado; faminto; **to be hungry:** ter fome/apetite

hunt *v.* caçar ◆ *n.* **1** caça; caçada **2** procura; busca

hunter *n.* caçador

hunting *n.* caça; **to go hunting:** ir à caça

hurdle *n.* *(de sporto)* barreira; (atletismo) **the 200 metre hurdles:** os 200 metros barreiras

hurricane *n.* furacão

hurry *n.* [*pl.* hurries] pressa; **I'm in no hurry:** não estou com pressa; **to be in a hurry:** estar cheio de pressa ◆ *v.* apressar(-se); **hurry up!:** despacha-te!; **to hurry off:** partir a toda a pressa

hurt *v.* **1** ferir; magoar; **that hurts:** isso magoa; **to get hurt:** ferir-se **2** ofender; **to hurt somebody's feelings:** magoar alguém **3** doer; **my leg hurts:** dói-me a perna ◆ *adj.* ferido; magoado; **I'm hurt:** estou ferido

husband *n.* marido

hut *n.* **1** cabana **2** acampamento

hyena *n.* hiena

hypermarket *n.* hipermercado

hyphen *n.* [*pl.* hyphens] hífen

i

i *n.* (letra) i

I *pron.pess.* eu; **I am happy:** eu estou feliz; **my sister and I:** eu e a minha irmã

ice *n.* gelo; **ice cube:** cubo de gelo

ice cream *n.* 👁 gelado; sorvete; **vanilla ice cream:** gelado de baunilha

ice-skate *n.* patim de gelo ◆ *v.* patinar sobre o gelo

ice-skating *n.* patinagem sobre o gelo

ID (cartão, documento) [*abrev. de* identification] BI [*abrev. de* bilhete de identidade]

idea *n.* ideia

ideal *n. e adj.* ideal

identical *adj.* idêntico; **identical twins:** gémeos verdadeiros

identification *n.* identificação

identify *v.* identificar

identity *n.* [*pl.* identities] identidade; **identity card:** bilhete de identidade

idle *adj.* preguiçoso; desocupado

if *conj.* se; **if I were you...:** se eu fosse a ti...; **if it rains we'll stay at home:** se chover ficaremos em casa ◆ *adv.* se; **I wonder if he will come:** pergunto-me se ele virá

igloo *n.* iglu

ignorance *n.* 1 ignorância 2 desconhecimento

ignorant *adj.* ignorante

ignore *v.* ignorar

ill *adj.* doente; **to be ill:** estar doente

illegal *adj.* ilegal

illness *n.* doença

illustrate *v.* ilustrar

illustration *n.* ilustração

image *n.* imagem

imagination *n.* imaginação

imaginative *adj.* imaginativo

imagine *v.* imaginar

imitate *v.* imitar

immediate *adj.* imediato

immediately *adv.* imediatamente

immigrant *adj. e n.* imigrante

immigrate *v.* imigrar

immoral *adj.* imoral

impatience *n.* impaciência

impatient *adj.* impaciente

imperfect *adj. e n.* imperfeito

imperfection *n.* imperfeição

impersonal *adj.* impessoal

imply *v.* sugerir; insinuar

impolite *adj.* indelicado

import *n.* importação ◆ *v.* importar

importance *n.* importância; **to attach importance to something:** dar importância a algo

important *adj.* importante

impose *v.* impor

impossibility *n.* [*pl.* impossibilities] impossibilidade

impossible *adj. e n.* impossível
impress *v.* impressionar
impression *n.* impressão; **to make a good impression:** causar boa impressão
impressive *adj.* impressionante
imprison *v.* prender; deter
imprisonment *n.* detenção; prisão
improve *v.* (aluno, doente) melhorar; fazer progressos
in *prep.* **1** em; dentro de; **in bed:** na cama; **in London:** em Londres **2** durante; em; **in summer:** no verão; **in three weeks:** em três semanas ◆ *adv.* em casa; **to be in:** estar em casa
inability *n.* incapacidade
inaccurate *adj.* incorreto
inadequate *adj.* inadequado
inaugurate *v.* inaugurar
inauguration *n.* inauguração
incapacity *n.* [*pl.* incapacities] incapacidade
inch *n.* [*pl.* inches] polegada (2,54 cm)
inclination *n.* **1** inclinação **2** tendência
include *v.* incluir; abranger
including *adj.* incluído; **including breakfast:** com pequeno-almoço incluído
income *n.* rendimento
inconvenient *adj.* inconveniente
incorrect *adj.* incorreto
increase *n.* aumento ◆ *v.* aumentar
incredible *adj.* incrível; inacreditável
indeed *adv.* realmente; na verdade; de facto; **it is a very good book indeed:** é realmente um livro muito bom
indefinite *adj.* indefinido; indeterminado

independence *n.* independência; *(EUA)* **Independence Day:** Dia da Independência (4 de julho)
independent *adj.* independente; autónomo
India *n.* Índia
Indian *adj. e n.* **1** (Índia) indiano **2** índio; **Indian Ocean:** oceano Índico
indicate *v.* indicar
indication *n.* indicação; sinal
indicator *n.* **1** indicador **2** (carro) pisca
indifference *n.* indiferença
indifferent *adj.* indiferente
indirect *adj.* indireto
indirectly *adv.* indiretamente
indiscipline *n.* indisciplina
indispensable *adj.* indispensável; imprescindível
individual *adj.* individual ◆ *n.* indivíduo; pessoa
indoor *adj.* **1** interior; **indoor football:** futebol de salão **2** coberto; **indoor pool:** piscina coberta
indoors *adv.* dentro de casa; **let's go indoors:** vamos para dentro; **to stay indoors:** ficar em casa
industrial *adj.* industrial
industry *n.* [*pl.* industries] indústria
inefficient *adj.* ineficaz
inevitable *adj.* inevitável; certo
inexperienced *adj.* inexperiente
infant *n.* **1** 👁 bebé **2** criança; **infant school:** pré-primária

infect v. 1 (ferida) infetar 2 (doença) contagiar 3 (água, alimentos) contaminar
infection n. infeção
infectious adj. contagioso; **infectious disease:** doença infeciosa
inferior adj. e n. inferior
inferiority n. inferioridade
infinite adj. infinito; ilimitado
influence n. influência ◆ v. influenciar
inform v. informar
informal adj. informal; descontraído
information n. informação; aviso; **a piece of information:** uma informação
ingredient n. ingrediente; **the ingredients of a cake:** os ingredientes de um bolo
inhabit v. habitar; morar em
inhabitant n. habitante; morador
inhale v. inalar; inspirar
inherit v. herdar
inheritance n. herança
initial adj. inicial; primeiro ◆ n. (letra) inicial
initiative n. iniciativa; **to take the initiative:** tomar a iniciativa
injection n. injeção
injure v. ferir
injury n. [pl. injuries] lesão; ferimento
ink n. tinta; **ink bottle:** tinteiro
in-line adj. em linha; **in-line skates:** patins em linha
inn n. estalagem; pensão
inner adj. 1 interior; **inner room:** quarto interior 2 íntimo; secreto; **inner thoughts:** pensamentos íntimos
innocence n. inocência
innocent adj. e n. inocente
innovation n. inovação
inquire v. 1 perguntar 2 fazer perguntas

inquiry n. [pl. inquiries] 1 pergunta 2 investigação; inquérito
insane adj. louco; maluco; **to go insane:** enlouquecer
insanity n. loucura
insect n. 👁 inseto

insecure adj. inseguro
insecurity n. [pl. insecurities] insegurança
insensitive adj. insensível; indiferente
insert v. inserir; introduzir
inside n. interior; **the inside of the coat:** o lado de dentro do casaco ◆ prep. em; dentro de; **the key is inside the box:** a chave está dentro da caixa ◆ adj. interior; **the inside pages:** as páginas interiores ◆ adv. no interior; **come inside!:** entra!
insignificant adj. insignificante
insist v. insistir
inspect v. inspecionar; examinar
inspection n. inspeção
inspector n. inspetor
inspire v. inspirar; incentivar
install v. instalar
installation n. instalação
instance n. exemplo; caso; **for instance:** por exemplo
instant n. instante; momento; **at the same instant:** nesse preciso momento
instead adv. e prep. em vez; em lugar; **I want this dress instead of that:** eu quero este vestido em vez daquele

a
b
c
d
e
f
g
h
i
j
k
l
m
n
o
p
q
r
s
t
u
v
w
x
y
z

institute n. instituto
institution n. instituição
instruct v. instruir; dar instruções a
instruction n. instrução; **to follow instructions:** seguir as instruções
instructor n. instrutor
instrument n. instrumento; **stringed instrument:** instrumento de corda; **wind instrument:** instrumento de sopro
insult n. insulto ♦ v. insultar
insurance n. seguro; **car insurance:** seguro do carro
intact adj. intacto
intelligence n. inteligência
intelligent adj. inteligente
intend v. tencionar; ter a intenção de
intense adj. intenso
intensity n. intensidade
intensive adj. intensivo
intention n. intenção
interaction n. interação
interactive adj. interativo
interest n. interesse; **to lose interest in:** perder o interesse em; **to take an interest in:** interessar-se por ♦ v. interessar; **that interests me:** isso interessa-me
interested adj. interessado
interesting adj. interessante
interfere v. interferir; **to interfere in:** interferir em; **to interfere with:** dificultar; estorvar
interior n. e adj. interior; **the interior of the building:** o interior do edifício
intermediate adj. intermédio
internal adj. interno
international adj. internacional
Internet n. Internet
interpret v. interpretar

interpretation n. **1** interpretação; **interpretation of a text:** interpretação de um texto **2** (em peça, filme) desempenho; **interpretation of a role:** interpretação de um papel
interrogate v. interrogar
interrupt v. interromper
interruption n. interrupção
interval n. intervalo
interview n. entrevista ♦ v. entrevistar
interviewer n. entrevistador
intimate adj. íntimo
into prep. **1** para; **to jump into the water:** saltar para a água **2** por; **to divide 50 into 8:** dividir 50 por 8
introduce v. **1** apresentar; **let me introduce you to my friend:** deixe-me apresentá-lo ao meu amigo **2** introduzir; **to introduce innovations:** introduzir inovações
introduction n. **1** introdução **2** apresentação (de pessoas)
intruder n. intruso
invade v. invadir
invalid adj. e n. (pessoa) inválido; acamado ♦ adj. (documento) inválido; nulo
invent v. inventar
invention n. invenção; invento
inventor n. inventor
invert v. inverter
inverted adj. invertido; **inverted commas:** aspas
invest v. investir
investigate v. investigar
investigation n. investigação
invisible adj. invisível
invitation n. convite; **to accept an invitation:** aceitar um convite; **to decline an invitation:** recusar um convite

invite v. convidar; **to invite someone to a party:** convidar alguém para uma festa

invoice n. fatura

involve v. implicar; envolver

involvement n. envolvimento; participação

Ireland n. Irlanda; **Northern Ireland:** Irlanda do Norte; **Republic of Ireland:** República da Irlanda

A **Irlanda do Norte** é um dos quatro países que formam o Reino Unido (juntamente com a Inglaterra, a Escócia e o País de Gales). Está situada no nordeste da ilha da Irlanda e faz fronteira a sul e oeste com a República da Irlanda. A capital da Irlanda do Norte é Belfast.

A **República da Irlanda** é um país independente (reconhecido como tal em 1922) e a sua capital é Dublin.

Irish adj. irlandês ◆ n. (pessoa, língua) irlandês; **the Irish:** os irlandeses

Irishman n. [pl. Irishmen] irlandês

iron n. 1 (metal) ferro 2 ferro de engomar ◆ v. (roupa) passar a ferro; engomar

ironic adj. irónico

ironing n. passar a ferro; **ironing board:** tábua de passar a ferro

irony n. ironia

irregular adj. irregular

irresistible adj. irresistível

irresponsibility n. [pl. irresponsibilities] irresponsabilidade

irresponsible adj. irresponsável

irritate v. irritar

irritating adj. irritante

Islam n. Islão

Islamic adj. islâmico

island n. 👁 ilha

isle n. ilha

isolate v. isolar

isolated adj. isolado

issue n. 1 questão; tema; problema 2 (publicação) edição; número ◆ v. 1 publicar; editar 2 (dinheiro) emitir

it pron.pess. 1 (coisas inanimadas, animais ou crianças muito pequenas) ele; a ele; o; a; **it's a lovely baby:** é um bebé encantador 2 isso; isto; **it's I, it's me:** sou eu; **it is raining:** está a chover; **it is the ninth of March:** são nove de março; **it doesn't matter:** não importa; **that's it!:** é isso!

Italian adj. e n. italiano

italics n. itálico

Italy n. Itália

itch n. comichão ◆ v. fazer comichão; ter comichão

itchy adj. que faz comichão; que pica

item n. [pl. items] 1 peça; **an item of clothing:** uma peça de roupa 2 item; ponto; **an important item:** um ponto importante

its pron.poss. (objeto, animal) seu; sua; dele; dela

itself pron.pess.refl. se; ele mesmo; ele próprio; **by itself:** sozinho; **to/for itself:** para si

ivory n. (material, cor) marfim

ivy n. [pl. ivies] (planta) hera

a b c d e f g h i j k l m n o p q r s t u v w x y z

j J

j n. (letra) j
jacket n. casaco
jackpot n. jackpot; grande prémio
jaguar n. (animal) jaguar
jail n. prisão; cadeia
jam n. 1 👁 compota; geleia; **strawberry jam:** compota de morango 2 engarrafamento; **traffic jam:** engarrafamento de trânsito

January n. janeiro
Japan n. Japão
Japanese adj. e n. japonês
jar n. frasco; **jar of jam:** frasco de compota
javelin n. dardo; **javelin throwing:** lançamento do dardo
jaw n. maxilar; **lower/upper jaw:** maxilar inferior/superior
jealous adj. 1 ciumento; **to be jealous of somebody:** ter ciúmes de alguém 2 invejoso; **she's jealous of his success:** ela tem inveja do êxito dele
jealousy n. [pl. jealousies] 1 ciúme 2 inveja
jeans n.pl. calças de ganga
jeep n. jipe
jelly n. [pl. jellies] 1 gelatina 2 geleia
jellyfish n. alforreca

jersey n. camisola
jet n. jato; **jet plane:** avião a jato
jewel n. joia; **jewel box/case:** guarda-joias
jeweller n. joalheiro; **jeweller's (shop):** joalharia; ourivesaria
jewellery n. joias; joalharia; **a piece of jewellery:** uma joia
Jewish adj. judeu; judaico
jigsaw n. puzzle
job n. emprego; **what's your job?:** qual é a tua profissão?
jog n. corrida ◆ v. (desporto) correr; fazer jogging
jogging n. (corrida) jogging
join v. 1 juntar; unir; **to join hands:** dar as mãos 2 juntar-se a; associar-se a; **to join the party:** juntar-se à festa
joiner n. marceneiro
joint n. (ossos) articulação; junta ◆ adj. comum; conjunto
joke n. 1 anedota; piada; **to crack jokes:** contar anedotas 2 partida; brincadeira; **to play a practical joke on someone:** pregar uma partida a alguém ◆ v. mandar piadas; **I'm joking!:** estou a brincar!
journal n. diário; **I write in my journal every day:** escrevo no meu diário todos os dias
journalism n. jornalismo
journalist n. jornalista

journey *n.* **1** viagem; **a four days' journey:** uma viagem de quatro dias **2** percurso; trajeto; **the journey from home to school:** o trajeto entre casa e a escola
joy *n.* alegria; prazer; **to jump with joy:** saltar de alegria
joyful *adj.* alegre; animado
joystick *n.* 👁 joystick

judge *n.* juiz ♦ *v.* julgar
judgement *n.* opinião; **in my judgement:** na minha opinião
judo *n.* judo
jug *n.* 👁 jarro; caneca

juggle *v.* fazer malabarismo(s)
juice *n.* sumo; **orange juice:** sumo de laranja
juicy *adj.* sumarento; **juicy peaches:** pêssegos sumarentos
July *n.* julho
jump *n.* salto; pulo ♦ *v.* saltar; pular
jumper *n.* camisola de lã; pulôver
June *n.* junho
jungle *n.* selva
junior *n.* **1** novo; júnior **2** aluno da primária; **junior school:** primeiro ciclo
junk *n.* tralha; lixo
Jupiter *n.* *(astronomia, mitologia)* Júpiter
jury *n.* [*pl.* juries] júri; *(num tribunal)* **jury box:** bancada do júri
just *adv.* **1** apenas; só; **just a moment:** só um momento **2** quase; mesmo; **just in time:** mesmo a tempo **3** exatamente; **that's just what I want:** é exatamente o que eu quero
justice *n.* justiça
justification *n.* justificação
justify *v.* justificar

a
b
c
d
e
f
g
h
i
j
k
l
m
n
o
p
q
r
s
t
u
v
w
x
y
z

K k

k *n.* (letra) k
kangaroo *n.* 👁 canguru

karaoke *n.* karaoke
karate *n.* karaté
karateka *n.* karateca
keen *adj.* entusiasmado; **to be keen on someone:** ter um fraquinho por alguém
keep *v.* **1** guardar; ficar com; **to keep a secret:** guardar um segredo **2** conservar; manter; **to keep a promise:** manter uma promessa **3** continuar; **to keep singing:** continuar a cantar **4** manter-se; ficar; **to keep calm:** manter-se calmo; **to keep in touch with somebody:** manter-se em contacto com alguém
keeper *n.* guarda
keep-fit *n.* ginástica de manutenção
kennel *n.* casota do cão
kernel *n.* (amêndoa, avelã) miolo
kettle *n.* chaleira; **to put the kettle boiling:** pôr a chaleira ao lume

key *n.* **1** chave; **key ring:** chaveiro; **key word:** palavra-chave **2** (computador, piano) tecla
keyboard *n.* (computador, piano) teclado
keyhole *n.* buraco de fechadura
key-ring *n.* porta-chaves
kick *n.* **1** (animal) coice **2** (*informal*) chuto ◆ *v.* **1** dar coices **2** (*informal*) chutar; **to kick the ball:** chutar a bola; **to kick to the goal:** chutar à baliza
kickoff *n.* **1** (futebol) pontapé de saída **2** (*figurado*) (processo, situação) arranque
kid *n.* **1** (*informal*) miúdo; garoto **2** (animal) cabrito ◆ *v.* (em gozo) brincar; **I'm just kidding:** estou a brincar
kidnap *v.* raptar; sequestrar ◆ *n.* rapto; sequestro
kidney *n.* rim
kill *v.* matar
killer *n.* assassino
kilogram *n.* [*pl.* kilograms] quilograma; quilo
kilogramme *n.* [*pl.* kilogrammes] → kilogram
kilometre *n.* quilómetro; **kilometres per hour:** quilómetros por hora
kilt *n.* 👁 kilt (saia escocesa)

kind *n.* espécie; tipo; género; **what kind of person is he?:** que tipo de pessoa é que ele é? ◆ *adj.* amável; gentil; bondoso; **that's very kind of you:** é muita amabilidade sua

kindergarten *n.* infantário; jardim--infantil

kindness *n.* amabilidade; bondade

king *n.* rei; **the three Kings:** os três Reis Magos

kingdom *n.* reino; **animal kingdom:** reino animal; (país) **United Kingdom:** Reino Unido

kiosk *n.* 1 quiosque 2 cabine telefónica

kiss *v.* beijar ◆ *n.* [*pl.* kisses] beijo

kit *n.* 1 kit; conjunto de peças 2 (para desporto) equipamento

kitchen *n.* cozinha

kite *n.* 👁 papagaio de papel; **to fly a kite:** lançar um papagaio

kitten *n.* gatinho

kiwi *n.* (fruto) quivi; kiwi

knee *n.* joelho; **to be on one's knees:** estar de joelhos

kneel *v.* ajoelhar-se

knickers *n.pl.* calcinhas

knife *n.* [*pl.* knives] faca; navalha; arma branca ◆ *v.* esfaquear

knit *v.* tricotar; fazer malha

knock *v.* 1 bater; **to knock at the door:** bater à porta; **to knock on the window:** bater à janela 2 derrubar; **to knock the jug:** derrubar a jarra

knot *n.* nó; laço; **to tie a knot:** dar um nó; **to untie a knot:** desfazer um nó

know *v.* 1 saber; **as far as I know:** que eu saiba; **do you know the answer?:** sabes a resposta?; **how should I know?:** sei lá!; **to know by heart:** saber de cor 2 conhecer; **do you know of any restaurant nearby?:** conheces algum restaurante aqui perto?; **to know by name/sight:** conhecer de nome/vista

knowledge *n.* conhecimento; saber

known *adj.* conhecido; famoso; **to become known:** tornar-se conhecido

koala *n.* coala

l *n.* (letra) l

lab *n.* (informal) laboratório

label *n.* etiqueta; rótulo ◆ *v.* etiquetar; rotular

labor *n.* (EUA) → labour

laboratory *n.* [pl. laboratories] laboratório

labour *n.* trabalho; **to go into labour:** entrar em trabalho de parto

labyrinth *n.* labirinto

lace *n.* 1 (tecido) renda 2 (sapatos) cordão; atacador ◆ *v.* atar; apertar

lack *n.* falta; carência; **lack of time:** falta de tempo

lad *n.* (informal) moço; rapaz

ladder *n.* escada; escadote

lady *n.* [pl. ladies] 1 senhora; **ladies and gentlemen:** minhas senhoras e meus senhores; **ladies' room:** casa de banho das senhoras 2 dama; **first lady:** primeira-dama

ladybird *n.* 👁 joaninha

ladybug *n.* (EUA) joaninha

lagoon *n.* lagoa

lake *n.* lago

lamb *n.* cordeiro; anho; borrego

lame *adj.* coxo; manco

lament *n.* lamento ◆ *v.* lamentar-se

lamp *n.* candeeiro

lamprey *n.* lampreia

land *n.* 1 terra; solo; **to reach land:** chegar a terra 2 terreno; terra; **a piece of land:** um terreno 3 terra; país; **my native land:** a minha terra natal ◆ *v.* 1 (avião) aterrar 2 (barco) atracar

landing *n.* 1 (avião) aterragem; **emergency landing:** aterragem de emergência 2 (passageiros) desembarque

landmark *n.* marco; ponto de referência

landscape *n.* paisagem

lane *n.* 1 (cidade) ruela; viela 2 (estrada) faixa de rodagem

language *n.* 1 língua; **foreign language:** língua estrangeira 2 linguagem; **sign language:** linguagem gestual

lantern *n.* lanterna; **magic lantern:** lanterna mágica

lap *n.* 1 colo; regaço 2 (corrida) volta; **last lap:** última volta

laptop *n.* 👁 computador portátil

larder *n.* despensa

large *adj.* grande; largo
largely *adv.* em grande parte
lark *n.* cotovia
larynx *n.* [*pl.* larynxes] laringe
last *adj.* 1 último; **for the last time:** pela última vez 2 passado; **last night:** na noite passada ◆ *adv.* em último lugar; **to finish last:** ficar em último lugar ◆ *v.* durar; **to last a long time:** durar muito; **to last an hour:** durar uma hora; **at last:** por fim; finalmente
late *adj.* atrasado; **I'm late:** estou atrasado ◆ *adv.* tarde; **to stay up late:** ficar a pé até tarde
lately *adv.* ultimamente
later *adj.* posterior; **at a later date:** em data posterior ◆ *adv.* mais tarde; depois; **an hour later:** uma hora depois; **see you later:** até logo
laugh *n.* riso; risada ◆ *v.* rir; rir-se
laughter *n.* riso; risada; gargalhada
launch *n.* [*pl.* launches] 1 (de produto, míssil) lançamento 2 (embarcação) lancha ◆ *v.* (produto, míssil) lançar
laundry *n.* [*pl.* laundries] 1 roupa suja; **to do the laundry:** tratar da roupa 2 (estabelecimento) lavandaria
lavatory *n.* [*pl.* lavatories] quarto de banho
law *n.* lei; **to break the law:** infringir a lei
lawn *n.* relva; relvado; **to mow the lawn:** cortar a relva
lawyer *n.* advogado
lay *v.* pousar; pôr; colocar; **to lay an egg:** pôr um ovo; **to lay the table:** pôr a mesa
layer *n.* camada
layout *n.* disposição; arranjo
laziness *n.* preguiça
lazy *adj.* preguiçoso

lead *n.* 1 chumbo 2 (de lápis) mina ◆ *n.* comando; chefia ◆ *v.* 1 liderar 2 encaminhar
leader *n.* líder; dirigente
leadership *n.* liderança
leading *adj.* principal
leaf *n.* [*pl.* leaves] 👁 (planta) folha; **a leaf of lettuce:** uma folha de alface

leaflet *n.* panfleto; folheto
league *n.* liga; **football league:** liga de futebol
leak *n.* 1 fuga; **gas leak:** fuga de gás 2 fenda; **a leak in the tank:** uma fenda no depósito ◆ *v.* verter
lean *adj.* (carne) magro ◆ *v.* 1 apoiar; encostar 2 inclinar-se; encostar-se
leap *n.* salto; pulo; **leap year:** ano bissexto ◆ *v.* saltar; pular
leapfrog *n.* jogo do eixo ◆ *v.* saltar ao eixo
learn *v.* 1 aprender; **to learn one's lesson:** aprender a lição 2 decorar; **to learn by heart:** aprender de cor
least *pron.* mínimo; menos; **that's the least I can do:** é o mínimo que posso fazer ◆ *adj.* menos; menor; mínimo; **I haven't the least idea:** não tenho a menor ideia ◆ *adv.* menos; **least of all:** muito menos
leather *n.* pele; cabedal; couro; **leather coat:** casaco de couro
leave *v.* 1 sair de; **to leave home:** sair de casa 2 esquecer-se de; **to leave the key inside:** deixar a chave do lado de dentro 3 deixar; **to leave the door open:** deixar a porta aberta 4 partir; ir-se embora; **I'm leaving for London:** vou partir para Londres

a b c d e f g h i j k l m n o p q r s t u v w x y z

lecture *n.* conferência

left *adj.* esquerdo; **left hand:** mão esquerda ♦ *n.* esquerda; **on the left:** à esquerda ♦ *adv.* à esquerda; **turn left:** vira à esquerda

left-hand *adj.* esquerda; **on the left-hand side:** do lado esquerdo

left-handed *adj.* canhoto; esquerdino

leg *n.* **1** (pessoa, mesa) perna **2** (animal) pata

legal *adj.* legal

legend *n.* lenda

legitimate *adj.* legítimo

leisure *n.* tempo livre; lazer; **leisure activities:** passatempos

lemon *n.* 👁 limão; **lemon juice:** sumo de limão; **lemon tree:** limoeiro

lemonade *n.* limonada

lend *v.* emprestar

length *n.* **1** comprimento **2** (tempo) duração

lens *n.* [*pl.* lenses] lente; **contact lens:** lente de contacto

Lent *n.* (religião) Quaresma

Leo *n.* (constelação, signo) Leão

leopard *n.* leopardo

less *pron.,prep. e adv.* menos; **he comes here less and less:** ele vem cá cada vez menos; **ten less two is eight:** dez menos dois é oito

lesson *n.* aula; lição

let *n.* alugue ♦ *v.* **1** autorizar; consentir; **let me go!:** deixa-me ir! **2** alugar; **house to let:** casa para alugar

letter *n.* **1** letra **2** carta

letterbox *n.* caixa/marco de correio

lettuce *n.* alface

level *n.* nível; (caminho de ferro) **level crossing:** passagem de nível

liar *n.* mentiroso; aldrabão

liberation *n.* libertação

liberty *n.* [*pl.* liberties] liberdade; **to take the liberty of:** tomar a liberdade de

Libra *n.* (constelação, signo) Balança

library *n.* [*pl.* libraries] biblioteca; **public library:** biblioteca pública

> Repara que **library** não significa o mesmo que **livraria** em português. **Library**, em inglês, quer dizer *biblioteca*.

licence *n.* licença; autorização; **driving licence:** carta de condução

license *n.* (EUA) → licence

lick *v.* lamber

lid *n.* tampa

lie *v.* mentir ♦ *n.* mentira; **to tell a lie:** mentir ♦ *v.* estar deitado; **he's lying on the sofa:** está deitado no sofá

life *n.* [*pl.* lives] vida; existência; **for life:** para toda a vida; **life jacket:** colete salva-vidas

lifeguard *n.* nadador-salvador

lifestyle *n.* estilo de vida

lifetime *n.* (período de tempo) vida; **once in a lifetime:** uma vez na vida

lift *n.* **1** elevador **2** boleia; **to give somebody a lift:** dar boleia a alguém ♦ *v.* levantar

lift-off *n.* (nave espacial) descolagem

light *n.* **1** luz; **light bulb:** lâmpada; **to switch the light on/off:** acender/desligar a luz **2** (estrada) semáforo **3** (veículo) farol ♦ *adj.* **1** (peso) leve **2** (cor) claro ♦ *v.* **1** acender **2** iluminar

lighter *n.* isqueiro

lighthouse n. 👁 farol

lightning n. relâmpago; raio

like v. **1** gostar; **I like him:** eu gosto dele **2** querer; **I'd like a coffee:** eu queria um café ◆ prep. como; **do it like him:** faz como ele

likely adj. provável ◆ adv. provavelmente

lilac n. e adj. (cor) lilás

lily n. [pl. lilies] (flor) lírio

limb n. (do corpo) membro; **lower/upper limbs:** membros inferiores/superiores

limit n. limite ◆ v. limitar

line n. **1** linha **2** fila; bicha

linen n. (tecido) linho

link n. ligação ◆ v. ligar; unir

lion n. leão

lioness n. leoa

lip n. lábio

lipstick n. batom; bâton

liquid n. e adj. líquido

list n. lista ◆ v. listar; catalogar

listen v. escutar; ouvir

listener n. ouvinte

literature n. literatura

litre n. litro

litter n. **1** lixo; **litter bin:** caixote do lixo **2** ninhada; **a litter of kittens:** uma ninhada de gatinhos

little adj. **1** pequeno; **a little cat:** um gato pequeno **2** pouco; **there is little hope:** há pouca esperança ◆ adv. pouco; bocado; **to be a little tired:** estar um pouco cansado

live adj. **1** vivo **2** em direto; **a live concert:** um concerto em direto ◆ v. **1** viver; **we live in the 21st century:** nós vivemos no século XXI **2** morar; **I live in a flat:** eu moro num apartamento

lively adj. animado; cheio de vida

liver n. fígado

living adj. vivo; **a living language:** uma língua viva; **living room:** sala de estar ◆ n. vida; **to earn a living:** ganhar a vida

lizard n. lagarto

llama n. (animal) lama

load v. carregar ◆ n. carga; carregamento

loaded adj. carregado; com carga

loaf n. [pl. loaves] pão; pão de forma

loan n. empréstimo ◆ v. emprestar

lobby n. [pl. lobbies] átrio

lobster n. lagosta

local adj. local

locate v. localizar; situar

location n. localização

loch n. (Escócia) lago

lock n. fechadura; fecho ◆ v. **1** fechar; trancar **2** ficar trancado

locker n. cacifo

lodge v. alojar(-se); hospedar(-se)

loft n. sótão

log v. registar ◆ n. acha (madeira para queimar)

logic n. lógica

logical adj. lógico

loin n. (culinária) lombo

lollipop n. chupa-chupa

London n. Londres

a
b
c
d
e
f
g
h
i
j
k
l
m
n
o
p
q
r
s
t
u
v
w
x
y
z

Londoner n. londrino
loneliness n. solidão
lonely adj. sozinho; só; **to feel lonely:** sentir-se só
long adj. **1** comprido; **long hair:** cabelo comprido **2** longo; **a long time:** muito tempo ♦ adv. muito tempo; **a long time ago:** há muito tempo ♦ v. desejar; ansiar; **to long for holidays:** ansiar por férias
look n. **1** olhar; vista de olhos; **to have a look:** dar uma vista de olhos **2** aspeto; aparência ♦ v. **1** olhar; **look at me!:** olha para mim! **2** parecer; **you look like your mother:** pareces a tua mãe
loose adj. **1** largo; **the trousers are loose:** as calças estão largas **2** desapertado; **your shoelace is loose:** o teu cordão está desapertado
loosen v. desapertar; desatar
lord n. **1** senhor; amo; **he has read "The Lord of the Rings" several times:** ele leu "O Senhor dos Anéis" várias vezes **2** (título) lorde; (parlamento) **House of Lords:** Câmara dos Lordes
Lord n. (religião) Senhor; Deus; **good Lord!:** meu Deus!
lorry n. [pl. lorries] camião
lose v. perder
loser n. perdedor; derrotado
loss n. [pl. losses] perda; **weight loss:** perda de peso
lot n. **1** grande quantidade; **a lot of money:** muito dinheiro; **lots of cars:** muitos carros **2** (leilão) lote
lottery n. [pl. lotteries] lotaria; **lottery ticket:** bilhete da lotaria
loud adj. alto; **in a loud voice:** em voz alta ♦ adv. alto; **to talk loud:** falar alto
loudspeaker n. **1** altifalante **2** (telefone) alta-voz

lounge n. sala de estar
love n. amor; **to be in love with:** estar apaixonado por ♦ v. amar; **I love you:** (eu) amo-te
lovely adj. encantador; adorável
lover n. amante
loving adj. afetuoso; carinhoso
low adj. e adv. baixo
lower v. baixar
loyal adj. leal; fiel
loyalty n. [pl. loyalties] lealdade
luck n. sorte; **bad luck:** azar; **good luck!:** boa sorte!
lucky adj. **1** sortudo; **you're a lucky man:** és um sortudo **2** que dá sorte; **lucky charm:** amuleto
luggage n. 👁 bagagem

lukewarm adj. morno; tépido
lullaby n. [pl. lullabies] canção de embalar
lunch n. [pl. lunches] almoço; **to have lunch:** almoçar; **lunch case/box:** lancheira ♦ v. almoçar

A palavra inglesa **lunch** não significa **lanche** em português. **Lunch**, em inglês, quer dizer *almoço*.

lunchtime n. hora de almoço
lung n. pulmão
luxurious adj. luxuoso
luxury n. [pl. luxuries] luxo
lynx n. [pl. lynxes] (animal) lince
lyrics n.pl. letra de canção

mM

m *n.* (letra) m

machine *n.* máquina; **espresso machine:** máquina de café; **washing machine:** máquina de lavar roupa

mad *adj.* doido; louco

madam *n.* senhora

madness *n.* loucura

magazine *n.* revista

magic *adj.* mágico ◆ *n.* magia

magical *adj.* mágico

magician *n.* 👁 (ilusionista) mágico

magnet *n.* íman

magnificent *adj.* magnífico

magnifying *adj.* que aumenta; **magnifying glass:** lupa

magpie *n.* (ave) pega

maid *n.* empregada; criada

mail *n.* correio; correspondência ◆ *v.* mandar pelo correio

main *adj.* principal; **main road:** estrada principal

maintain *v.* manter

maize *n.* milho

major *adj.* **1** maior; **the major part:** a maior parte **2** principal; **major role:** papel principal ◆ *n.* major

majority *n.* [*pl.* majorities] **1** (quantidade) maioria **2** (idade) maioridade

make *v.* **1** fazer; **to make a suggestion:** fazer uma sugestão; **to make the bed:** fazer a cama **2** forçar; obrigar; **they made me go with them:** eles obrigaram-me a ir com eles

maker *n.* fabricante; produtor

make-up *n.* maquilhagem

male *adj.* masculino

mall *n.* (EUA) centro comercial

mammal *n.* mamífero

man *n.* [*pl.* men] **1** homem **2** ser humano ◆ *interj.* (informal) pá

manage *v.* **1** dirigir; administrar; **to manage a company:** dirigir uma empresa **2** conseguir; **how do you manage it?:** como é que consegues?

management *n.* direção; administração

manager *n.* diretor; gerente

mango *n.* [*pl.* mangoes] 👁 (fruto) manga; **mango mousse:** mousse de manga

manipulate *v.* manipular

mankind *n.* espécie humana; humanidade

manner *n.* maneira; modo; **in this manner:** deste modo

mansion *n.* mansão; solar

manual *adj.* manual ♦ *n.* manual

many *adj.* muitos; **I've got many friends:** eu tenho muitos amigos

map *n.* mapa

marathon *n.* maratona

marble *n.* 1 mármore; **marble cake:** bolo mármore 2 berlinde; **to play marbles:** jogar ao berlinde

march *n.* [*pl.* marches] marcha ♦ *v.* marchar

March *n.* março

mare *n.* égua

margin *n.* (num texto) margem

marine *adj.* marinho ♦ *n.* marinha

maritime *adj.* marítimo

mark *n.* 1 marca; sinal 2 (escola) nota; classificação ♦ *v.* 1 marcar 2 (escola) classificar; avaliar

marker *n.* marcador

market *n.* mercado

maroon *adj.* e *n.* (cor) bordeaux; castanho-avermelhado

marriage *n.* casamento

marry *v.* casar(-se)

Mars *n.* (astronomia, mitologia) Marte

marsh *n.* [*pl.* marshes] pântano

marvel *n.* maravilha ♦ *v.* ficar maravilhado

marvellous *adj.* maravilhoso; extraordinário

masculine *adj.* masculino

mask *n.* 👁 máscara ♦ *v.* mascarar; disfarçar

mason *n.* pedreiro

mass *n.* massa; aglomerado ♦ *adj.* de massas; **mass media:** meios de comunicação social

Mass *n.* missa; **to go to Mass:** ir à missa

massage *n.* massagem; **to give somebody a massage:** fazer uma massagem a alguém ♦ *v.* massajar

mast *n.* mastro

master *n.* 1 mestre; senhor 2 (de uma propriedade) dono ♦ *v.* dominar; controlar

masterpiece *n.* obra-prima

mat *n.* tapete; esteira

match *n.* [*pl.* matches] 1 fósforo; **to strike a match:** acender um fósforo 2 jogo; **football match:** jogo de futebol

matchbox *n.* caixa de fósforos

mate *n.* 1 colega 2 cônjuge 3 (xadrez) xeque-mate ♦ *v.* 1 (animais) acasalar 2 (xadrez) fazer xeque-mate

material *adj.* e *n.* material

mathematics *n.* matemática

maths *n.* (informal) matemática

matter *n.* 1 assunto; questão; **a personal matter:** um assunto pessoal; **it's a matter of time:** é uma questão de tempo 2 problema; **what's the matter?:** qual é o problema? ♦ *v.* importar; interessar; **it doesn't matter:** não importa; não interessa

mattress *n.* [*pl.* mattresses] colchão

mature *adj.* (pessoa) maduro ♦ *v.* (pessoa) amadurecer

maximum *adj.* máximo; **maximum height:** altura máxima

may *v.* 1 poder; **may I come in?:** posso entrar? 2 ser possível; **it may rain:** é possível que chova

May *n.* maio

maybe *adv.* talvez

mayor *n.* presidente da câmara municipal

maze *n.* labirinto

me *pron.pess.* **1** mim; **it's for me:** é para mim **2** me; **follow me:** segue-me **3** eu; **it's me:** sou eu

meadow *n.* prado

meal *n.* refeição; **at meal time:** na hora da refeição

mealtime *n.* hora das refeições

mean *v.* **1** significar; querer dizer; **what does it mean?:** o que é que isso quer dizer? **2** pretender; querer; **I didn't mean to hurt you:** eu não queria magoar-te ◆ *adj.* mau; maldoso; **a mean trick:** uma partida maldosa

meaning *n.* significado; sentido

means *n.* meio; modo; **a means to an end:** um meio para atingir um fim

meantime *adv.* entretanto; **in the meantime:** entretanto

meanwhile *adv.* entretanto

measles *n.* sarampo

measure *n.* medida ◆ *v.* medir

meat *n.* carne

mechanic *n.* mecânico

mechanical *adj.* mecânico

medal *n.* 👁 medalha

media *n.* media; meios de comunicação social

medicine *n.* **1** medicina **2** medicamento

Mediterranean *adj.* mediterrâneo ◆ *n.* Mediterrâneo

medium *adj.* médio; **medium height:** altura/estatura média

medulla *n.* [*pl.* medullae] medula

meet *v.* **1** encontrar **2** conhecer; **nice to meet you:** prazer em conhecê-lo

meeting *n.* **1** reunião; **to attend a meeting:** estar presente numa reunião **2** encontro; **meeting place:** ponto de encontro

melon *n.* melão

melt *v.* derreter(-se)

member *n.* membro; **a member of the family:** um membro da família

memorize *v.* memorizar; decorar

memory *n.* [*pl.* memories] **1** memória **2** recordação

mend *v.* remendar; reparar

mention *v.* mencionar; referir; **don't mention it!:** não tens de quê!

menu *n.* ementa; menu; **what's on the menu?:** qual é a ementa?

mercury *n.* [*pl.* mercuries] mercúrio

Mercury *n.* *(astronomia, mitologia)* Mercúrio

mercy *n.* [*pl.* mercies] compaixão; **to have mercy on somebody:** ter pena/piedade de alguém

mermaid *n.* sereia

merry *adj.* alegre; **merry Christmas!:** feliz Natal!

merry-go-round *n.* carrossel

mess *n.* [*pl.* messes] confusão; **what a mess!:** que confusão!

message *n.* mensagem; recado; **to leave a message to:** deixar um recado para

messenger *n.* mensageiro

messy *adj.* **1** desarrumado **2** complicado

metal *n.* metal

meter *n.* *(EUA)* (unidade de medida) metro

method *n.* método

metre *n.* (unidade de medida) metro

metropolitan *adj.* metropolitano

mew *n.* (de gato) mio ◆ *v.* miar

a
b
c
d
e
f
g
h
i
j
k
l
m
n
o
p
q
r
s
t
u
v
w
x
y
z

miaow v. miar ◆ n. mio
microphone n. microfone
microwave n. micro-onda; (forno) **microwave oven:** micro-ondas
midday n. meio-dia; **at midday:** ao meio-dia
middle n. centro; meio; parte central; **in the middle of:** no meio de ◆ adj. 1 médio; intermédio; **middle size:** tamanho médio 2 meio; central; **the middle car:** o carro do meio
middle-aged adj. de meia-idade
midnight n. meia-noite; **at midnight:** à meia-noite
mighty adj. forte; poderoso
mild adj. 1 (clima) ameno 2 (pessoa) calmo
mile n. milha; **to be miles away from:** ficar a milhas de
milestone n. marco
militant adj. e n. militante
military adj. militar ◆ n.pl. forças armadas; exército; tropa
milk n. leite; **milk tooth:** dente de leite ◆ v. mungir; ordenhar; **to milk the cow:** mungir as vaca
milkman n. [pl. milkmen] leiteiro
milkshake n. batido (de leite)
milky adj. lácteo; leitoso
Milky Way n. (astronomia) Via Láctea
mill n. 👁 moinho

millennium n. [pl. millennia] milénio
million n. milhão
millionaire n. milionário
mime n. mímica
mimic n. mímico ◆ v. imitar; copiar
mince v. (carne) picar ◆ n. carne picada
mind n. mente; cabeça ◆ v. 1 prestar atenção; **mind the step!:** cuidado com o degrau! 2 importar; **I don't mind:** não me importo
mine pron.poss. meu; minha; meus; minhas; **a friend of mine:** um amigo meu; **these glasses are mine:** estes óculos são meus ◆ n. mina; **gold mine:** mina de ouro
miner n. mineiro
mineral adj. e n. mineral; **mineral water:** água mineral
mingle v. misturar(-se); juntar(-se)
miniature n. miniatura ◆ adj. em miniatura
minimum adj. mínimo; **minimum wage:** salário mínimo
miniskirt n. minissaia
minister n. ministro
minor n. (de idade) menor
minority n. [pl. minorities] 1 minoria 2 menoridade
mint n. menta; hortelã
minus prep. 1 menos; **10 minus 5 equals 5:** 10 menos 5 é igual a 5 2 negativo; **the temperature is minus 20 degrees:** a temperatura é de 20 graus negativos
minuscule adj. minúsculo
minute n. 1 minuto; **a ten minute walk:** uma caminhada de dez minutos 2 (informal) momento; instante; **hold on a minute:** espera um momento
miracle n. milagre
mirror n. espelho ◆ v. espelhar; refletir

misbehave v. portar-se mal

miserable adj. miserável; infeliz; **to feel miserable:** sentir-se infeliz

misery n. [pl. miseries] **1** miséria **2** tristeza; infelicidade

miss v. **1** faltar; não comparecer; **to miss school:** faltar à escola **2** perder; **to miss the bus:** perder o autocarro **3** ter saudades de; sentir falta de; **to miss someone:** ter saudades de alguém ♦ n. **1** (solteira) menina **2** (título de beleza) miss

missing adj. **1** (objeto) perdido **2** (pessoa) desaparecido

mission n. missão

missionary adj. e n. missionário

mist n. névoa; neblina

mistake n. **1** erro; **by mistake:** por erro **2** engano; **to make a mistake:** enganar-se ♦ v. compreender ou interpretar mal

mister n. senhor

misunderstand v. compreender mal; interpretar mal

misunderstanding n. mal-entendido; desentendimento

mix v. misturar; juntar; combinar ♦ n. [pl. mixes] combinação; mistura

mixed adj. misto

mixture n. mistura

moan n. gemido ♦ v. gemer

mobile adj. móvel; portátil; 👁 **mobile phone:** telemóvel

model n. modelo; manequim ♦ adj. **1** exemplar; **a model student:** uma aluna exemplar **2** modelo; **a model school:** uma escola modelo

modern adj. moderno

modernize v. modernizar(-se)

modest adj. modesto

modification n. modificação; alteração

modify v. modificar; alterar

moist adj. húmido

moisture n. humidade

mole n. **1** (na pele) sinal **2** toupeira **3** molhe

moment n. momento; **at the moment:** agora; **in a moment:** num instante

monarch n. monarca

monarchy n. monarquia

monastery n. [pl. monasteries] mosteiro

Monday n. segunda-feira

money n. dinheiro

moneybox n. mealheiro

monk n. monge

monkey n. macaco

monopoly n. [pl. monopolies] monopólio

monotonous adj. monótono; enfadonho

monster n. monstro

month n. mês; **once a month:** uma vez por mês

monthly adj. mensal ♦ adv. mensalmente

monument n. monumento

moo n. mugido ♦ v. mugir

mood n. humor; disposição; **to be in a bad/good mood:** estar de mau/bom humor

moon n. lua; **full moon:** Lua cheia

moonlight n. luar

moose n. alce

moral *adj.* moral ♦ *n.* (de uma história) moral

more *adj. e adv.* mais; **more expensive than:** mais caro do que; **more or less:** mais ou menos; **once more:** mais uma vez

morning *n.* manhã; **good morning!:** bom dia!; **three o'clock in the morning:** três da manhã

mortal *adj. e n.* mortal

mosquito *n.* [*pl.* mosquitoes] mosquito

moss *n.* [*pl.* mosses] musgo

most *adj. e adv.* **1** mais; **the most beautiful girl:** a rapariga mais bonita **2** a maioria; a maior parte; **most of the shops are open:** a maior parte das lojas estão abertas

mostly *adv.* na maior parte das vezes; quase sempre

moth *n.* traça

mother *n.* **1** mãe; **Mother's day:** dia da Mãe **2** (*religião*) madre; superiora

mother-in-law *n.* sogra

motion *n.* movimento; marcha; **in motion:** em movimento

motivate *v.* motivar; estimular

motivation *n.* motivação

motive *n.* motivo; causa

motor *n.* motor; **motor racing:** corrida de automóveis

motorbike *n.* mota; motocicleta

motorboat *n.* barco a motor

motorway *n.* autoestrada

mount *n.* monte; montanha ♦ *v.* (cavalo, bicicleta) montar

mountain *n.* montanha

mountaineer *n.* montanhista; alpinista

mountaineering *n.* montanhismo; alpinismo

mountainous *adj.* montanhoso

mourning *n.* luto; **to be in mourning:** estar de luto

mouse *n.* [*pl.* mice] **1** 👁 (animal) rato; **field mouse:** rato do campo **2** (computador) rato; **mouse mat/pad:** tapete do rato

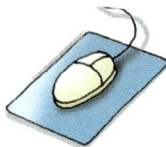

mousetrap *n.* ratoeira

mousse *n.* mousse; **chocolate mousse:** mousse de chocolate

moustache *n.* bigode; **to grow a moustache:** deixar crescer o bigode; **to wear a moustache:** ter bigode

mouth *n.* [*pl.* mouths] boca; **to keep one's mouth shut:** ficar em silêncio; não abrir a boca

move *n.* **1** movimento **2** (de casa ou emprego) mudança **3** (jogo) jogada ♦ *v.* **1** mover; mudar; **to move house:** mudar de casa **2** mexer-se; **keep moving!:** não parem! **3** mudar(-se); **to move to a different country:** mudar-se para um país diferente

movement *n.* movimento

movie *n.* (EUA) filme; **to go to the movies:** ir ao cinema; **to watch a movie:** ver um filme

moving *adj.* comovente; emocionante

Mr [*abrev. de* Mister] Sr. [*abrev. de* senhor]

Mrs [*abrev. de* Mistress] Sra. [*abrev. de* senhora]

Ms *n. (GB)* (solteira ou casada) menina; senhora

much *adj.* muito; bastante; grande quantidade de; **there isn't much milk:** não há muito leite ◆ *adv.* muito; bastante; **I don't like him much:** eu não gosto muito dele; **thank you very much:** muito obrigado

mud *n.* lama

muffin *n.* **1** pãozinho doce **2** queque (com chocolate ou fruta)

mug *n.* caneca

mulberry *n.* [*pl.* mulberries] amora; **mulberry tree:** amoreira

multiply *v.* multiplicar(-se); **to multiply five by twelve:** multiplicar cinco por doze

mum *n. (informal)* mamã; mãezinha

mummy *n.* [*pl.* mummies] **1** múmia **2** *(informal)* mamã

murder *n.* assassínio ◆ *v.* matar; assassinar

murderer *n.* assassino

murmur *n.* murmúrio; sussurro ◆ *v.* murmurar; sussurrar

muscle *n.* músculo

muscular *adj.* muscular

museum *n.* museu

mushroom *n.* 👁 cogumelo

music *n.* música; **to listen to music:** ouvir música

musical *adj.* musical; **musical box:** caixa de música ◆ *n.* (peça, filme) musical

musician *n.* músico

must *v.* **1** ter de; ter que; **you must come with me:** tens de vir comigo **2** dever; **he must be right:** ele deve ter razão

mustard *n.* mostarda

mute *adj. e n.* mudo

my *det. e pron.poss.* meu; minha; meus; minhas; **my bike:** a minha bicicleta; **my brother:** o meu irmão

myself *pron.pess.refl.* eu mesmo; eu próprio; me; a mim mesmo; **I did it by myself:** eu próprio o fiz

mysterious *adj.* misterioso

mystery *n.* [*pl.* mysteries] mistério

a
b
c
d
e
f
g
h
i
j
k
l
m
n
o
p
q
r
s
t
u
v
w
x
y
z

N

n *n.* (letra) n

nail *n.* **1** unha **2** prego ◆ *v.* pregar; cravar

naked *adj.* nu; despido

name *n.* nome; **what's your name?:** como é que te chamas? ◆ *v.* dar nome; **they named their son Peter:** eles chamaram ao filho Pedro

nanny *n.* [*pl.* nannies] ama

nap *n.* sesta; **to take a nap:** dormir a sesta

napkin *n.* guardanapo

nappy *n.* [*pl.* nappies] fralda

narrate *v.* narrar; relatar

narrow *adj.* estreito ◆ *v.* estreitar

nasty *adj.* **1** malvado; **a nasty person:** uma pessoa perversa **2** desagradável; **a nasty smell:** um cheiro desagradável

nation *n.* nação

national *adj.* nacional

nationality *n.* [*pl.* nationalities] nacionalidade

native *n.* nativo; indígena ◆ *adj.* **1** (país) natal **2** (pessoa) nativo; indígena

natural *adj.* natural

naturally *adv.* naturalmente; de modo natural

nature *n.* natureza

naughty *adj.* travesso; maroto

navel *n.* umbigo; **navel string:** cordão umbilical

navigate *v.* navegar

navigation *n.* navegação

navigator *n.* navegador

navy *n.* [*pl.* navies] marinha

near *adv. e prep.* **1** próximo; perto; **near the window:** perto da janela **2** quase; **near the end of the day:** quase no final do dia ◆ *adj.* próximo; **near relative:** parente próximo

nearby *adv.* perto; próximo; **is there a hotel nearby?:** há algum hotel perto? ◆ *adj.* próximo; vizinho; **in the nearby town:** na cidade vizinha

nearly *adv.* quase; perto; **she is nearly ten:** ela tem quase dez anos

neat *adj.* limpo; impecável

necessarily *adv.* necessariamente

necessary *adj.* necessário

necessity *n.* [*pl.* necessities] necessidade

neck *n.* **1** pescoço **2** (de roupa) gola **3** (de garrafa) gargalo

necklace *n.* colar; 👁 **pearl necklace:** colar de pérolas

need *n.* necessidade; **no need for that:** não há necessidade disso ◆ *v.* **1** precisar; necessitar; **I need to study harder:** preciso de estudar mais **2** querer; desejar; **do you need anything else?:** deseja mais alguma coisa?

needle *n.* agulha

negative *adj.* negativo

negotiate *v.* negociar

neigh *v.* relinchar ♦ *n.* relincho

neighbour *n.* vizinho

neighbourhood *n.* vizinhança; redondezas

neither *adj.* nenhum(a); nenhum dos dois; **neither girl likes chocolate:** nenhuma das raparigas gosta de chocolate ♦ *conj.* nem; **neither John nor Mark:** nem o John nem o Mark ♦ *adv.* nem; também não; **I don't know, and neither does she:** eu não sei e ela também não

nephew *n.* sobrinho

Neptune *n.* *(astronomia, mitologia)* Neptuno

nerve *n.* 1 nervo 2 *(figurado)* força; coragem; **to lose one's nerve:** perder a coragem 3 *(figurado)* atrevimento; **you've got a lot of nerve!:** tens muita lata!

nervous *adj.* nervoso; inquieto

nest *n.* 👁 ninho

net *n.* rede

Net *n.* *(informal)* Internet

Netherlands *n.* Países Baixos; Holanda

network *n.* (comunicações) rede

never *adv.* nunca; jamais; **never again:** nunca mais

nevertheless *adv. e conj.* contudo

new *adj.* 1 novo; **brand new:** novo em folha 2 novo; recente; **a new discovery:** uma descoberta recente

newborn *adj.* recém-nascido

news *n.* 1 notícias; **a piece of news:** uma notícia; **bad/good news:** más/boas notícias 2 noticiário; telejornal; **to watch the eight o'clock news:** ver o noticiário das oito (horas)

newspaper *n.* jornal

New Zealand *n.* Nova Zelândia

next *adj. e adv.* 1 próximo; seguinte; **the next two days:** os próximos dois dias 2 em seguida; depois; **who is next?:** quem é a seguir? 3 junto; ao lado; **it's next to the bank:** é ao lado do banco

nice *adj.* 1 simpático; amável; **she's such a nice girl!:** é uma rapariga tão simpática! 2 bom; agradável; **nice to meet you:** prazer em conhecer-te

nickname *n.* alcunha

niece *n.* sobrinha

night *n.* noite; **all night long:** durante toda a noite; **last night:** ontem à noite

nightdress *n.* camisa de noite

nightingale *n.* rouxinol

nightmare *n.* pesadelo; **to have nightmares:** ter pesadelos

night-watchman *n.* [*pl.* night-watchmen] guarda-noturno

nine *num.card. e n.* nove

nineteen *num.card. e n.* dezanove

nineteenth *adj.num.* décimo nono; **nineteenth century:** século XIX

ninetieth *adj.num.* nonagésimo

ninety *num.card. e n.* [*pl.* nineties] noventa

ninth *adj.num.* nono

a b c d e f g h i j k l m **n** o p q r s t u v w x y z

no adv. não; **no, thanks!:** não, obrigado! ◆ adj. nenhum; nenhuma; **there is no mistake:** não há nenhum engano

nobody pron. ninguém; **nobody is perfect:** ninguém é perfeito

nod n. aceno com a cabeça ◆ v. acenar com a cabeça

noise n. barulho; **to make noise:** fazer barulho

noisy adj. ruidoso; barulhento

none pron. nenhum; **none of you:** nenhum de vocês

nonsense n. absurdo; disparate; **nonsense!:** que tolice!; **to talk nonsense:** dizer disparates

noon n. meio-dia

nor conj. nem; **neither you nor I:** nem tu nem eu

normal adj. normal ◆ n. normal; média

north n. norte; **to the north:** para norte ◆ adj. do norte; **north wind:** vento do norte

north-east adj.,adv. e n. nordeste

northern adj. do norte; nortenho

north-west adj.,adv. e n. noroeste

Norway n. Noruega

Norwegian adj. e n. norueguês

nose n. 1 nariz 2 focinho 3 (de pessoa) olfato; (de animal) faro 4 odor; cheiro 5 (de navio) proa 6 (de avião) nariz 7 (de ave) bico ◆ v. cheirar; farejar

nosey adj. intrometido

nostril n. narina

not adv. não; nem; **not always:** nem sempre; **not at all:** de modo algum; **not yet:** ainda não

notable adj. notável; memorável

notably adv. 1 notavelmente 2 particularmente

note n. 1 nota; apontamento; **to take notes:** tirar notas 2 bilhete; recado; **to leave a note:** deixar um recado 3 nota (de banco); **false note:** nota falsa 4 👁 nota musical ◆ v. 1 notar; reparar em 2 tomar nota; anotar

notebook n. caderno

notepad n. bloco de notas

nothing pron. nada; **that's nothing!:** isso não é nada!

notice v. reparar; notar ◆ n. 1 letreiro; cartaz; **the notice says "No smoking":** o letreiro diz "Proibido fumar" 2 atenção; **to take notice of:** reparar em

notion n. noção; ideia

nought n. zero; **noughts and crosses:** jogo do galo

nourish v. alimentar

nourishing adj. nutritivo

novel n. (livro) romance

novelist n. romancista

novelty n. [pl. novelties] novidade

November n. novembro

now adv. 1 agora; **where are you now?:** onde estás agora? 2 imediatamente; **leave now!:** sai imediatamente! ◆ n. agora; tempo presente; **from now on:** de agora em diante

nowadays adv. hoje em dia; atualmente

nowhere adv. em parte alguma; em lado nenhum

nuisance n. chatice; maçada; **what a nuisance!:** que chatice/maçada!

null *adj.* nulo
numb *adj.* entorpecido; dormente
number *n.* número ◆ *v.* numerar
numeral *n.* **1** numeral **2** numeração; **Roman numerals:** numeração romana
numeration *n.* numeração
numerous *adj.* numeroso
nun *n.* freira
nunnery *n.* [*pl.* nunneries] convento de freiras
nurse *n.* enfermeiro; enfermeira ◆ *v.* (doentes) tratar; assistir
nursery *n.* [*pl.* nurseries] creche; infantário; **nursery school:** infantá-

rio; **nursery tale:** história para crianças
nursing *n.* enfermagem
nut *n.* 👁 fruto seco

nutcracker *n.* quebra-nozes
nutmeg *n.* noz-moscada
nutshell *n.* casca de noz; **in a nutshell:** em resumo; em suma

a
b
c
d
e
f
g
h
i
j
k
l
m
n
o
p
q
r
s
t
u
v
w
x
y
z

o *n.* (letra) o
oak *n.* (árvore) carvalho
oar *n.* remo
oat *n.* [*pl.* oats] aveia
oatcake *n.* bolacha de aveia
obedient *adj.* obediente
obey *v.* obedecer a; **to obey an order:** obedecer a uma ordem
object *n.* 1 objeto; **art object:** objeto de arte 2 objetivo ◆ *v.* opor-se; **to object to something:** opor-se a algo
obligation *n.* obrigação
obligatory *adj.* obrigatório
oblige *v.* obrigar; **to oblige somebody to do something:** obrigar alguém a fazer algo
obscure *adj.* obscuro
obscurity *n.* [*pl.* obscurities] 1 obscuridade 2 esquecimento
observatory *n.* [*pl.* observatories] observatório
observe *v.* 1 observar; ver 2 cumprir; respeitar; **to observe the law:** cumprir a lei
observer *n.* 1 observador 2 espectador; testemunha
obstinate *adj.* obstinado; teimoso
obstruct *v.* obstruir; bloquear
obtain *v.* obter; conseguir
obvious *adj.* óbvio
obviously *adv.* obviamente; evidentemente
occasion *n.* 1 ocasião 2 oportunidade

occasional *adj.* 1 ocasional 2 acidental
occasionally *adv.* ocasionalmente; de vez em quando
occupation *n.* 1 (*militar*) ocupação; tomada de posse 2 (*profissão*) ocupação; profissão
occupied *adj.* 1 (quarto de banho) ocupado 2 (casa) habitado
occupy *v.* 1 (tempo, espaço) ocupar; preencher 2 (território) ocupar; tomar posse de
occur *v.* ocorrer; acontecer
ocean *n.* oceano; **Atlantic ocean:** oceano Atlântico
oceanarium *n.* [*pl.* oceanariums] oceanário
o'clock *adv.* horas; 👁 **it's two o'clock:** são duas horas

October *n.* outubro
octopus *n.* [*pl.* octopuses] polvo
odd *adj.* 1 estranho; invulgar; **how odd!:** que estranho! 2 ímpar; **odd number:** número ímpar
odour *n.* odor; cheiro

odyssey *n.* odisseia

of *prep.* **1** de; **a glass of milk:** um copo de leite; **the capital of Portugal:** a capital de Portugal **2** feito de; **a house of stone:** uma casa de pedra; **a ring of gold:** um anel de ouro **3** sobre; acerca de; **to dream of:** sonhar com; **to think of you:** pensar em ti **4** por causa de; devido a; **because of you:** por tua causa **5** (quantidade) de; **most of all:** acima de tudo; **two of them:** dois deles **6** (data) de; **the first of May:** o (dia) 1 de maio

off *prep.* **1** de; **to get off the bus:** sair do autocarro **2** ao largo de; **off the Portuguese coast:** ao largo da costa portuguesa **3** junto de; **a house off the main road:** uma casa junto à estrada principal ♦ *adv. e adj.* **1** longe; distante; **they are far off:** eles estão longe **2** para fora; embora; **I must be off:** tenho de ir embora **3** interrompido; desligado; **the lights are off:** as luzes estão desligadas **4** sem trabalho; **to take the day off:** tirar o dia de folga

offence *n.* ofensa; **no offence:** sem ofensa; não me leves a mal

offend *v.* **1** ofender (alguém) **2** infringir (lei, regra)

offense *n. (EUA)* → offence

offensive *adj.* ofensivo

offer *n.* **1** oferta **2** proposta ♦ *v.* oferecer

office *n.* gabinete; escritório; **post office:** estação de correios

officer *n.* **1** oficial; **officer of the navy:** oficial da marinha **2** agente; 👁 **police officer:** agente da polícia

official *adj.* oficial; **official language:** língua oficial

off-line *adj. (informática)* desligado

offside *n.* (futebol) fora de jogo

often *adv.* muitas vezes; frequentemente

oil *n.* **1** óleo (animal, vegetal ou mineral); **olive oil:** azeite **2** petróleo; **oil refinery:** refinaria de petróleo **3** (pintura) óleo; **oil painting:** pintura a óleo

ok *interj.,adj.,adv.* → okay

okay *interj.* muito bem!; correto! ♦ *adj.* **1** (informal) tudo bem **2** (informal) fixe ♦ *adv.* bem; **to be doing okay:** estar a sair-se bem

old *adj.* **1** velho; idoso; **how old are you?:** que idade tens?; **to grow old:** envelhecer **2** antigo; **in the old days:** antigamente **3** de longa data; **old friends:** velhos amigos

old-fashioned *adj.* antiquado; **old-fashioned ideas:** ideias antiquadas

olive *n.* **1** azeitona; **olive oil:** azeite **2** (árvore) oliveira

omelette *n.* omeleta; **cheese/ham omelette:** omelete de queijo/fiambre

a b c d e f g h i j k l m n o p q r s t u v w x y z

on *prep.* **1** em; sobre; em cima de; **I put the book on the table:** pus o livro em cima da mesa; **on Sunday:** no domingo; **to sit on the sofa:** sentar-se no sofá **2** sobre; acerca de; **a conference on astronomy:** uma conferência sobre astronomia ◆ *adv.* ligado; aceso; **the radio is on:** o rádio está ligado

once *adv.* uma vez; **once more:** mais uma vez; **once upon a time:** era uma vez ◆ *conj.* assim que; mal; **at once:** imediatamente

one *adj.,num.card. e pron.* um; uma; **one after the other:** um a seguir ao outro; **one day:** um dia

oneself *pron.* se; si próprio; si mesmo; **to cut oneself:** cortar-se

onion *n.* cebola

on-line *adj. e adv. (informática)* em linha

only *adj.* único; **only child:** filho único; **the only one:** o único ◆ *adv.* só; somente; apenas; **only you can help me:** só tu me podes ajudar ◆ *conj. (informal)* só que; **I like the dress, only it is too expensive:** eu gosto do vestido, só que é demasiado caro

onto *prep.* **1** para; em direção a **2** para cima de

onwards *adv.* em diante; **from now onwards:** de agora em diante

open *adj.* **1** aberto; **with open arms:** de braços abertos **2** franco; **to be open with:** ser franco com **3** aberto; recetivo; **open to suggestions:** aberto a sugestões ◆ *v.* **1** abrir; **open your book:** abre o teu livro **2** começar; **the festival opens today:** o festival começa hoje ◆ *n.* **1** ar livre **2** *(ténis)* torneio

opening *n.* **1** abertura; **opening hours:** horário de atendimento **2** inauguração; estreia; **opening night:** noite de estreia

opera *n.* ópera; *(edifício)* **opera house:** ópera; **opera singer:** cantor(a) de ópera

operate *v.* **1** *(negócio)* gerir **2** *(máquina)* funcionar **3** *(medicina)* operar; **to operate on somebody for something:** operar alguém a alguma coisa

operation *n.* **1** operação; **police operation:** operação policial **2** *(medicina)* operação; intervenção cirúrgica; **to have an operation:** ser operado

opinion *n.* opinião; **in my opinion:** na minha opinião; **to change one's opinion:** mudar de opinião

opponent *n.* **1** adversário **2** opositor ◆ *adj.* oposto; contrário

opportunity *n.* [*pl.* opportunities] oportunidade; **to get an opportunity:** ter uma oportunidade; **to miss an opportunity:** perder uma oportunidade; **to seize an opportunity:** aproveitar uma oportunidade

opposite *adj.* **1** oposto; contrário; **in the opposite direction:** na direção oposta **2** da frente; do outro lado; **I live in the opposite house:** eu vivo na casa em frente ◆ *prep.* em frente de; **she lives opposite the station:** ela vive em frente da estação ◆ *adv.* em frente

opposition *n.* oposição

optimism *n.* otimismo

optimist *n.* otimista

optimistic *adj.* otimista

option *n.* opção; alternativa; escolha; **to have no option:** não ter alternativa

or *conj.* **1** ou; **either... or:** ou... ou **2** quer; **whether.. or:** quer... quer

oral *adj.* oral; verbal ◆ *n.* (na escola) exame oral

orange *n.* laranja; **orange juice:** sumo de laranja ◆ *adj.* cor de laranja

orangutan *n.* orangotango

orchard *n.* 👁 pomar

orchestra *n.* orquestra

order *n.* **1** ordem; **alphabetical order:** ordem alfabética **2** encomenda; **to cancel an order:** anular uma encomenda ◆ *v.* **1** ordenar **2** encomendar **3** pôr em ordem **4** pedir

ordinary *adj.* normal; vulgar; **out of the ordinary:** fora do vulgar; excecional

A palavra inglesa **ordinary** não tem o mesmo significado que **ordinário** em português. **Ordinary**, em inglês, quer dizer *normal, vulgar*.

organ *n.* (corpo, instrumento musical) órgão

organic *adj.* orgânico; **organic farming:** agricultura biológica

organism *n.* organismo

organization *n.* organização

organize *v.* organizar

oriental *adj.* oriental

origin *n.* origem

original *adj.* original; inicial

ornament *n.* ornamento; adorno ◆ *v.* ornamentar

orphan *n.* órfão

orthographic *adj.* ortográfico

orthography *n.* ortografia

other *adj.* outro; outra; outros; outras; **in other words:** por outras palavras; **the other day:** no outro dia ◆ *pron.* o outro; a outra; **all the others:** todos os outros; **one after the other:** um após outro

otherwise *adv.* **1** de outro modo **2** caso contrário

otter *n.* (animal) lontra

our *adj.poss.* nosso; nossa; **our books are on the table:** os nossos livros estão em cima da mesa

ours *pron.poss.* **1** nosso; nossa; **a friend of ours:** um amigo nosso **2** o nosso; a nossa; **his house is bigger than ours:** a casa dele é maior do que a nossa

ourselves *pron.pess.refl.* nós mesmos; **we are all by ourselves:** nós estamos sozinhos

out *adj. e adv.* **1** fora; **it's cold out:** está frio lá fora **2** fora de casa; **my mother is out:** a minha mãe saiu **3** apagado; **the lights are out:** as luzes estão apagadas ◆ *prep.* **1** fora; **out of the country:** fora do país; **out of the question:** fora de questão **2** por; devido; **out of curiosity:** por curiosidade **3** sem; **out of breath:** sem fôlego

outcome *n.* desenlace; desfecho

outdoor *adj.* **1** exterior; **outdoor pool:** piscina exterior **2** ao ar livre; **outdoor activities:** atividades ao ar livre

outfit *n.* **1** uniforme **2** (roupa) conjunto

outside *n.* **1** exterior **2** aparência ◆ *adj.* exterior; externo ◆ *adv.* no exterior; ao ar livre

oval *adj.* oval

oven *n.* forno

over *prep.* **1** sobre; em cima de; **the book is over the shelf:** o livro está em cima da prateleira **2** do outro lado; **over the street:** do outro lado da rua **3** por; **all over the world:** por todo o mundo **4** mais de; **over twenty people:** mais de vinte pessoas ◆ *adv.* **1** do outro lado; ao lado; **over here:** aqui; deste lado; **over there:** ali; além **2** todo; de ponta a ponta; **read it over:** lê até ao fim **3** outra vez; **over and over:** vezes sem conta **4** terminado; acabado; **to be all over:** estar tudo acabado

overall *adj. e adv.* global; total ◆ *n.* bata

owl *n.* 👁 mocho; coruja

own *adj.* próprio; do próprio; **my own sister:** a minha própria irmã ◆ *v.* ter; ser dono de

owner *n.* proprietário; dono

ox *n.* [*pl.* oxen] boi

oxygen *n.* oxigénio

oyster *n.* ostra; **oyster bed:** viveiro de ostras

p

p *n.* (letra) p

pacific *adj.* pacífico; sossegado

Pacific *n.* Pacífico; **Pacific Ocean:** oceano Pacífico

pack *n.* **1** pacote **2** (lobos) alcateia **3** (cartas) baralho ♦ *v.* fazer as malas

package *n.* embalagem; pacote

packet *n.* pacote

paddle *n.* remo; **paddle boat:** barco a remos

padlock *n.* aloquete; cadeado

page *n.* página

pain *n.* dor

painful *adj.* doloroso

paint *n.* tinta ♦ *v.* pintar

painter *n.* pintor

painting *n.* **1** pintura **2** quadro

pair *n.* par; **a pair of shoes/ trousers:** um par de sapatos/calças

pal *n.* (informal) amigalhaço

palace *n.* palácio; paço

pale *adj.* pálido; **to turn pale:** ficar pálido

palm *n.* **1** (da mão) palma **2** 👁 (árvore) palmeira; **palm oil:** óleo de palma

pan *n.* tacho; caçarola; **frying pan:** frigideira, sertã

pancake *n.* panqueca; **Pancake Day/ Tuesday:** terça-feira de Carnaval

panda *n.* (animal) panda

panel *n.* painel; **control panel:** painel de controlo

panic *n.* pânico ♦ *v.* entrar em pânico

panther *n.* [*pl.* panthers] pantera

pantry *n.* [*pl.* pantries] despensa

pants *n.pl.* **1** (femininas) cuecas; calcinhas **2** *(EUA)* calças

pap *n.* (alimento) papa

paper *n.* **1** papel; **a piece of paper:** um bocado de papel **2** jornal; **daily paper:** jornal diário

parachute *n.* paraquedas ♦ *v.* saltar de paraquedas

parade *n.* desfile; cortejo

paradise *n.* paraíso

paragraph *n.* parágrafo

parallel *adj. e n.* paralelo

paralyse *v.* paralisar

parcel *n.* embrulho; encomenda

pardon *n.* perdão; desculpa; **(I beg your) pardon!:** (peço) perdão!; desculpe! ♦ *v.* perdoar; desculpar

parents *n.pl.* pais; **my parents:** os meus pais

*Repara que **parents** não significa o mesmo que **parentes** em português. **Parents**, em inglês, quer dizer pais (a mãe e o pai).*

park *n.* parque; jardim público ◆ *v.* estacionar

parking *n.* estacionamento; **no parking:** estacionamento proibido

parliament *n.* parlamento

parrot *n.* 👁 (ave) papagaio

parsley *n.* salsa

part *n.* 1 parte; **to be a part of:** fazer parte de 2 peça; componente; **spare part:** peça sobresselente 3 (teatro, cinema) papel; **to play a part:** desempenhar um papel ◆ *adv.* em parte; parcialmente ◆ *v.* separar(-se); afastar(-se); **part of speech:** classificação gramatical

participant *adj. e n.* participante

participate *v.* participar; tomar parte

participation *n.* participação

particular *adj.* particular; especial; **in particular:** em especial

particularly *adv.* especialmente; particularmente

partner *n.* parceiro; colega; sócio

partridge *n.* 👁 perdiz

part-time *adj. e n.* part-time

party *n.* [*pl.* parties] 1 festa; **to give a party:** dar uma festa 2 partido político

pass *v.* 1 passar por; **I pass the bakery on my way to school:** eu passo pela padaria a caminho da escola 2 passar; dar; **pass the water:** passa-me a água 3 passar a; ser aprovado a; **to pass the exam:** passar no exame 4 (tempo) passar

passage *n.* passagem

passenger *n.* passageiro; (automóvel) **passenger seat:** lugar ao lado do condutor

passing *adj.* passageiro; breve

passion *n.* paixão; **passion fruit:** maracujá

passionate *adj.* apaixonado

passport *n.* passaporte

password *n.* senha de acesso

past *adj.* 1 anterior; passado; **a past job:** um emprego anterior; (tempo verbal) **past tense:** pretérito 2 último; **the past few days:** nos últimos dias ◆ *n.* passado; **in the past:** no passado ◆ *prep.* 1 para além de; a seguir a; **just past:** logo a seguir 2 (horas) e; **half past six:** seis e meia

pasta *n.* (culinária) massa

paste *n.* 1 (pastéis) massa 2 (mistura) pasta ◆ *v.* colar

pastime *n.* passatempo

pastry *n.* [*pl.* pastries] 1 (tarte) massa 2 empada pequena

pasture *n.* pasto; pastagem

path *n.* [*pl.* paths] caminho

patience *n.* paciência

patient *n.* paciente; doente ◆ *adj.* paciente

patrol *n.* patrulha; **patrol car:** carro-patrulha ◆ *v.* patrulhar

pattern *n.* padrão

pause *n.* pausa; interrupção

pavement *n.* (de rua) passeio

pay *n.* ordenado ◆ *v.* **1** pagar; **to pay (in) cash:** pagar em dinheiro **2** prestar; **to pay attention:** prestar atenção

payment *n.* pagamento

PC [*sigla de* Personal Computer] PC

pea *n.* ervilha

peace *n.* paz

peaceful *adj.* pacífico; sossegado

peach *n.* [*pl.* peaches] pêssego; **peach tree:** pessegueiro

peacock *n.* pavão

peak *n.* **1** (montanha) pico **2** (boné) pala

peanut *n.* amendoim; **peanut butter:** manteiga de amendoim

pear *n.* **1** (fruto) pera **2** (árvore) pereira

pearl *n.* pérola

peasant *n.* camponês

peck *v.* (pássaro) bicar; debicar ◆ *n.* bicada

peculiar *adj.* estranho; esquisito

pedal *n.* pedal ◆ *v.* pedalar

pedestrian *n.* peão; transeunte ◆ *adj.* pedestre; **pedestrian crossing:** passadeira

pee *v.* (informal) fazer chichi ◆ *n.* chichi; **to have a pee:** fazer chichi

peel *n.* (fruta) casca ◆ *v.* descascar

peep *n.* espreitadela; olhadela ◆ *v.* **1** espreitar; espiar **2** (ave) piar

peg *n.* **1** cabide **2** mola da roupa

pen *n.* caneta

pencil *n.* lápis; ☜ **pencil case:** estojo; **pencil sharpener:** afia-lápis

penfriend *n.* (informal) correspondente

penguin *n.* pinguim

peninsula *n.* península

penis *n.* pénis

penknife *n.* [*pl.* penknives] canivete

penny *n.* [*pl.* pence] (moeda) péni; (EUA) cêntimo

pension *n.* pensão; reforma

pensioner *n.* reformado

people *n.* [*pl.* peoples] pessoas; gente; **a lot of people:** muita gente; **how many people?:** quantas pessoas?; **most people:** a maior parte das pessoas

pepper *n.* **1** (especiaria) pimenta; **pepper mill:** moinho de pimenta; **white/black pepper:** pimenta branca/preta **2** (legume) pimento

peppermint *n.* hortelã-pimenta

per *prep.* por; **kilometres per hour:** quilómetros por hora

percentage *n.* percentagem

perfect *adj.* perfeito; **it's a perfect day for a picnic:** está um dia perfeito para um piquenique; **nobody's perfect:** ninguém é perfeito ◆ *n.* (tempo verbal) perfeito

perfection *n.* perfeição

perfectly *adv.* **1** perfeitamente; **that's perfectly normal:** isso é perfeitamente normal **2** na perfeição; **to do something perfectly:** fazer algo com/na perfeição

perform *v.* **1** (teatro) representar **2** (tarefa, função) desempenhar

performance *n.* **1** (teatro) representação; atuação **2** desempenho

performer *n.* ator; artista

perfume *n.* perfume ◆ *v.* perfumar

perhaps *adv.* talvez; possivelmente

period *n.* **1** período; fase **2** tempo letivo; aula

a
b
c
d
e
f
g
h
i
j
k
l
m
n
o
p
q
r
s
t
u
v
w
x
y
z

permission n. permissão; **to ask permission to do something:** pedir permissão para fazer alguma coisa; **to give permission:** dar permissão

person n. [pl. people] pessoa

personal adj. pessoal; privado

personality n. [pl. personalities] 1 personalidade; maneira de ser 2 pessoa famosa; celebridade

persuade v. persuadir; convencer

pessimist n. pessimista

pessimistic adj. pessimista

pesticide n. pesticida

pet n.   animal de estimação

petrol n. gasolina; **petrol station:** bomba de gasolina

pharmacist n. farmacêutico

pharmacy n. [pl. pharmacies] farmácia

pheasant n. faisão; **a brace of pheasants:** um casal de faisões

philosopher n. filósofo

philosophy n. filosofia

phone n. (informal) telefone; (EUA) **phone booth:** cabina telefónica; **phone box:** cabina telefónica; **phone number:** número de telefone; **to make a phone call:** fazer um telefonema ◆ v. telefonar

photo n. foto; fotografia; **to take a photo of someone:** tirar uma fotografia a/de alguém

photocopier n. fotocopiadora

photocopy n. [pl. photocopies] fotocópia ◆ v. fotocopiar

photograph n. fotografia ◆ v. fotografar

photographer n. fotógrafo

photography n. (arte, atividade) fotografia

physical adj. físico; **physical education:** educação física

physician n. (EUA) médico

physics n. (ciência) física

pianist n. pianista

piano n. piano; **to play the piano:** tocar piano

pick v. 1 escolher 2 (flor, fruto) colher

picnic n. piquenique; **to go for a picnic:** fazer um piquenique

picture n. desenho; retrato; fotografia; **to draw a picture:** fazer um desenho; **to take a picture:** tirar uma fotografia ◆ v. imaginar

pie n. 1 👁 tarte; **apple pie:** tarte de maçã 2 empada; **chicken pie:** empada de frango

piece n. 1 pedaço; bocado; algum; **a piece of cake:** uma fatia de bolo; **a piece of advice:** um conselho 2 peça; **a piece of clothing:** uma peça de roupa

pierce v. 1 (parte do corpo) furar 2 esburacar

piercing n. (na pele) furo; piercing

pig n. porco

pigeon n. pombo

piglet n. leitão

pile n. monte; pilha ◆ v. empilhar; amontoar

pill n. pastilha; comprimido

pillow n. almofada

pillowcase n. fronha da almofada

pilot *n.* piloto ◆ *v.* pilotar

pinch *v.* beliscar; trilhar ◆ *n.* [*pl.* pinches] 1 beliscão 2 pitada; **a pinch of salt:** uma pitada de sal

pine *n.* pinheiro; **pine cone:** pinha; **pine forest:** pinhal; **stone pine:** pinheiro manso

pineapple *n.* ananás

ping-pong *n.* pingue-pongue; ténis de mesa

pink *n.* e *adj.* cor-de-rosa

pipe *n.* 1 tubo; (automóvel) **exhaust pipe:** tubo de escape 2 cachimbo; **to smoke a pipe:** fumar cachimbo 3 gaita; **to play the pipe:** tocar gaita

pirate *n.* pirata ◆ *v.* piratear

Pisces *n.* (constelação, signo) Peixes

pistol *n.* pistola

pity *n.* [*pl.* pities] pena; piedade; **what a pity!:** que pena! ◆ *v.* ter pena de

pizza *n.* piza

place *n.* lugar; sítio ◆ *v.* pôr; colocar

plain *adj.* óbvio; evidente ◆ *n.* planície

plan *n.* plano ◆ *v.* planear

plane *n.* avião; **jet plane:** avião a jato; **to travel by plane:** viajar de avião

planet *n.* planeta; **planet Earth:** planeta Terra

plant *n.* planta ◆ *v.* plantar; semear

plaster *n.* 1 gesso 2 penso rápido ◆ *v.* engessar

plastic *adj.* de plástico ◆ *n.* plástico

plate *n.* 1 (para comida) prato; **dessert plate:** prato de sobremesa 2 (de metal) placa; **number plate:** placa da matrícula

platform *n.* (estação de caminhos de ferro) plataforma; cais

play *v.* 1 brincar; **to play with dolls:** brincar com bonecas 2 jogar; **to play cards:** jogar às cartas 3 (peça de teatro) representar; desempenhar 4 (instrumento musical) tocar; **to play the piano:** tocar piano ◆ *n.* 1 brincadeira 2 peça de teatro

playback *n.* repetição

player *n.* 1 jogador; **football player:** jogador de futebol 2 (aparelho) leitor; **CD player:** leitor de CD

playground *n.* recreio

playschool *n.* jardim de infância; infantário

playtime *n.* (escola) intervalo; recreio

pleasant *adj.* agradável; simpático

please *interj.* por favor; se faz favor ◆ *v.* agradar; satisfazer

pleased *adj.* contente; satisfeito; **pleased to meet you!:** muito prazer!

pleasure *n.* prazer; agrado; **it's my pleasure:** o prazer é todo meu

pleat *n.* (de roupa) prega

plenty *pron.* muito; **plenty of people:** muitas pessoas ◆ *adv.* bastante ◆ *n.* abundância

plot *n.* 1 (de livro, filme) enredo 2 conspiração ◆ *v.* tramar; conspirar

plug *n.* 1 (eletricidade) ficha 2 (lavatório, ouvidos) tampão ◆ *v.* (buracos) tapar

plum *n.* 👁 ameixa; **plum tree:** ameixoeira

plumber *n.* canalizador; picheleiro

plump *adj.* rechonchudo; roliço

plural *n. e adj.* plural; **in the plural:** no plural; **what's the plural of...?:** qual é o plural de...?

plus *prep.* mais; **two plus eight:** dois mais oito ◆ *adj.* positivo; **plus five degrees:** cinco graus positivos

Pluto *n. (astronomia, mitologia)* Plutão

p.m. *adv.* da tarde; **the game is at 2 p.m.:** o jogo é às duas da tarde

pocket *n.* bolso; algibeira; **pocket money:** mesada

poem *n.* poema

poet *n.* poeta

poetry *n.* poesia

point *n.* **1** ponto; **point of view:** ponto de vista **2** *(lápis, agulha, faca)* ponta **3** momento; **at this point:** neste momento **4** objetivo; **what's the point?:** qual é o objetivo? ◆ *v.* **1** apontar; **to point a gun at somebody:** apontar uma arma a alguém **2** indicar; **to point the right way:** indicar o caminho certo

poison *n.* veneno ◆ *v.* envenenar

poisonous *adj.* venenoso

poker *n.* *(jogo de cartas)* póquer

polar *adj.* polar; **polar bear:** urso polar

pole *n.* polo; **North/South Pole:** polo norte/sul

police *n.pl.* **1** polícia; **police station:** esquadra da polícia **2** polícias; agentes; **police officer:** agente da polícia

policeman *n.* [*pl.* policemen] polícia; agente da polícia

policewoman *n.* [*pl.* policewomen] mulher-polícia

policy *n.* [*pl.* policies] política; **environmental policy:** política ambiental

polish *n.* **1** verniz; **nail polish:** verniz para as unhas **2** graxa; **black polish:** graxa preta ◆ *v.* polir

polite *adj.* bem-educado

political *adj.* político

politician *n.* político

politics *n.* política

poll *n.* **1** sondagem; **opinion poll:** sondagem de opinião **2** eleições; votação; **to go to the polls:** ir votar

pollute *v.* poluir; contaminar

pollution *n.* poluição; contaminação; **air pollution:** poluição atmosférica; **noise pollution:** poluição sonora

polo *n.* polo; **water polo:** polo aquático

pomegranate *n.* romã

pond *n.* 👁 pequeno lago de jardim

pony *n.* [*pl.* ponies] pónei; **to ride a pony:** andar de pónei

ponytail *n.* *(penteado)* rabo de cavalo

poodle *n.* cão-d'água

pool *n.* **1** poça; charco **2** piscina

poor *adj.* **1** pobre; **he is poor:** ele é pobre **2** mau; fraco; **poor quality:** fraca qualidade ◆ *n.pl.* os pobres

pop *n.* **1** *(música)* pop **2** estoiro; ruído seco ◆ *v.* rebentar; estoirar; **to pop a balloon:** rebentar um balão

popcorn n. pipocas
Pope n. Papa
poppy n. [pl. poppies] papoila
popular adj. popular
popularity n. popularidade
population n. população; **increase in population:** aumento de população
pork n. carne de porco; **pork chops:** costeletas de porco
porridge n. papa de aveia; **porridge oats:** flocos de aveia
port n. 1 porto; **port town:** cidade portuária 2 vinho do Porto
porter n. 1 (hotel) porteiro 2 (estação) carregador de bagagem
portion n. porção; pedaço
portrait n. retrato
Portugal n. Portugal
Portuguese adj. e n. português
position n. 1 posição; **the position of the sun:** a posição do sol 2 posto; cargo; **a position of responsibility:** um posto de responsabilidade ♦ v. colocar no lugar; posicionar
positive adj. 1 certo; confiante; **to be positive about the answer:** ter a certeza da resposta 2 positivo; otimista; **to have a positive attitude:** ter uma atitude positiva
possess v. possuir; ter
possession n. posse
possibility n. [pl. possibilities] possibilidade
possible adj. possível; **as soon as possible:** o mais depressa possível
post n. correio; **by post:** pelo correio; **post office:** estação dos correios ♦ v. pôr no correio; enviar por correio
postbox n. caixa do correio; marco de correio

postcard n. postal ilustrado
postcode n. código postal
poster n. poster
postman n. [pl. postmen] carteiro
postpone v. adiar
pot n. 1 (mel, compotas) frasco 2 (plantas) vaso 3 (chá, café) bule; cafeteira
potato n. [pl. potatoes] batata; **mashed potatoes:** puré de batata
potter n. oleiro; ceramista; **potter's wheel:** roda de oleiro
pottery n. [pl. potteries] 👁 olaria; louça de barro

pound n. 1 (moeda) libra esterlina 2 (unidade de peso) libra
pour v. 1 deitar; **to pour water into a glass:** deitar água num copo 2 chover torrencialmente
poverty n. pobreza; miséria
powder n. 1 pó 2 pólvora
power n. 1 força; poder 2 energia; potência
powerful adj. poderoso; potente
practical adj. prático
practically adv. praticamente
practice n. 1 prática; **in practice:** na prática 2 hábito; costume; **common practice:** prática corrente 3 treino; **football practice:** treino de futebol
practise v. 1 treinar; **to practise English:** treinar o Inglês 2 exercer; **to practise medicine:** exercer medicina
prairie n. pradaria

praise n. elogio ♦ v. elogiar

pram n. carrinho de bebé

prank n. partida; brincadeira; **to play a prank on somebody:** pregar uma partida a alguém

prawn n. gamba

pray v. rezar

prayer n. oração

preach v. (sermões) pregar

precede v. preceder; anteceder

precious adj. precioso; valioso; **precious stone:** pedra preciosa

precise adj. preciso; exato

precisely adv. precisamente

predict v. prever

predictable adj. previsível

prediction n. previsão

prefer v. preferir; **I prefer coffee to tea:** prefiro café a chá; **she prefers walking to cycling:** ela prefere andar a pé a andar de bicicleta

preference n. preferência; **to give (a) preference to:** dar preferência a

pregnancy n. gravidez; **pregnancy test:** teste de gravidez

pregnant adj. grávida; **to become pregnant:** ficar grávida; engravidar

prejudice n. preconceito

premature adj. prematuro

preparation n. 1 preparação 2 preparado (medicinal)

prepare v. preparar

present n. 1 presente; atualidade; **for the present:** por agora 2 presente; prenda; **birthday present:** presente de aniversário ♦ adj. 1 presente; **to be present at the meeting:** estar presente na reunião 2 atual; **at the present time:** no presente ♦ v. apresentar

presenter n. (televisão) apresentador

preservation n. preservação; conservação

preserve v. conservar; preservar

president n. presidente; **President of the Republic:** Presidente da República

press n. (jornais, revistas) imprensa ♦ v. premir; carregar

pressure n. pressão

pretend v. fingir; simular

pretty adj. bonito; lindo; **a pretty girl:** uma menina bonita ♦ adv. (informal) bem; **that is pretty good:** isso é bem bom

prevent v. impedir

previous adj. anterior; prévio

prey n. 1 presa; **an easy prey:** uma presa fácil 2 rapina; **bird of prey:** ave de rapina

price n. preço; **price list:** preçário

prick n. picadela ♦ v. picar; furar

pride n. orgulho

priest n. padre; sacerdote

primary adj. primário; **primary school:** escola primária

prime adj. primeiro; **prime minister:** primeiro-ministro

primitive adj. primitivo

prince n. príncipe; **prince charming:** príncipe encantado

princess n. princesa

principal adj. principal ♦ n. (escola) diretor; reitor

principle n. princípio; **in principle:** em princípio

print v. imprimir ♦ n. 1 (de livro) impressão 2 impressão digital

printer n. impressora

priority n. [pl. priorities] prioridade; **to give priority to:** dar prioridade a

prism n. prisma

prison n. prisão; cadeia; **to go to prison:** ir para a prisão

prisoner n. preso; prisioneiro

privacy n. [pl. privacies] privacidade; **lack of privacy:** falta de privacidade

private adj. privado; particular; **in private:** em privado

privilege n. privilégio ♦ v. privilegiar

prize n. 👁 prémio; **consolation prize:** prémio de consolação

probability n. [pl. probabilities] probabilidade

probable adj. provável

probably adv. provavelmente

problem n. problema; (informal) **no problem!:** não há crise!

procedure n. procedimento; norma

process n. processo ♦ v. processar

produce n. produto ♦ v. produzir; criar

producer n. produtor

product n. produto

production n. produção

profession n. profissão; carreira

professional adj. e n. profissional

professor n. professor universitário

profit n. lucro; ganho ♦ v. lucrar

profitable adj. lucrativo; rentável

profound adj. profundo

program n. e v. (EUA) → programme

programme n. programa ♦ v. programar; planear

progress n. [pl. progresses] progresso; avanço; **in progress:** em andamento ♦ v. progredir; avançar

progressive adj. progressivo; gradual

prohibit v. proibir

prohibition n. proibição

project n. **1** projeto; plano **2** (escola) estudo; trabalho ♦ v. projetar

projector n. (de imagens) projetor

promise n. promessa ♦ v. prometer

promote v. promover

prompt adj. imediato; rápido

pronounce v. pronunciar

pronunciation n. pronúncia

proof n. [pl. proofs] prova; **in proof of:** como prova de

proper adj. apropriado; adequado

properly adv. **1** corretamente **2** exatamente

property n. [pl. properties] **1** propriedade; **medicinal properties:** propriedades medicinais **2** bens; património; **private property:** propriedade privada

proposal n. **1** proposta **2** pedido de casamento

propose v. **1** propor; sugerir **2** pedir em casamento

protect v. proteger; **to protect the environment:** proteger o ambiente

protection n. proteção; defesa

protest n. protesto ♦ v. protestar

protractor n. transferidor

proud adj. orgulhoso

prove v. provar

proverb n. provérbio

provide v. fornecer; abastecer

provocation n. provocação

provoke v. provocar

prune n. ameixa seca

a
b
c
d
e
f
g
h
i
j
k
l
m
n
o
p
q
r
s
t
u
v
w
x
y
z

psychiatrist *n.* psiquiatra

psychological *adj.* psicológico

psychologist *n.* psicólogo

pub *n.* pub; cervejaria; bar

public *adj. e n.* público

publicity *n.* publicidade

publish *v.* publicar

publisher *n.* **1** (empresa) editora **2** (pessoa) editor

pudding *n.* pudim

puddle *n.* **1** poça de água **2** charco

pull *v.* puxar; arrancar ◆ *n.* puxão

pullover *n.* pulôver; camisola

pulse *n.* pulso; pulsação

pumpkin *n.* 👁 abóbora

punch *v.* esmurrar; socar ◆ *n.* [*pl.* punches] murro; soco

punctual *adj.* pontual

punctuation *n.* pontuação; **punctuation mark:** sinal de pontuação

punish *v.* punir; castigar

punishment *n.* castigo; punição

pup *n.* **1** cachorrinho **2** (foca, lontra) filhote

pupil *n.* **1** aluno **2** pupila (do olho)

puppet *n.* fantoche; marioneta; **puppet show:** teatro de fantoches/marionetas

puppy *n.* [*pl.* puppies] cachorro; cachorrinho

purchase *n.* compra; **purchase and sale:** compra e venda ◆ *v.* comprar; adquirir

pure *adj.* puro

purple *adj. e n.* (cor) púrpura; roxo

purpose *n.* propósito; finalidade; **on purpose:** de propósito

purse *n.* **1** porta-moedas; carteira **2** *(EUA)* bolsa; mala

pursue *v.* perseguir; seguir

pursuit *n.* **1** perseguição **2** busca; procura; **in pursuit of:** em busca de

push *v.* **1** empurrar **2** (botão, tecla) pressionar; carregar ◆ *n.* [*pl.* pushes] empurrão; encontrão

Repara que **push** não significa o mesmo que **puxar** em português. **Push**, em inglês, quer dizer *empurrar*.

puss *n.* [*pl.* -es] *(informal)* bichano; gatinho

put *v.* pôr; colocar; **to put a book on the table:** pôr um livro na mesa; **to put a question:** colocar uma questão; **to put an end to:** acabar com; **to put to bed:** deitar

puzzle *n.* **1** puzzle **2** quebra-cabeças; enigma ◆ *v.* intrigar; confundir

puzzled *adj.* admirado; confuso

pyjamas *n.pl.* pijama; **a pair of pyjamas:** um pijama; **in one's pyjamas:** em/de pijama

Em inglês, **pyjamas** é um nome plural, mas a palavra portuguesa **pijama** é singular.

pyramid *n.* [*pl.* pyramids] pirâmide

q Q

q *n.* (letra) q

quack *n.* (pato) grasnido ♦ *v.* grasnar

quadrangle *n.* 1 (geometria) quadrângulo 2 pátio interior

quadrangular *adj.* quadrangular

quadrant *n.* quadrante

quadrature *n.* quadratura

quadruple *adj. e n.* quádruplo ♦ *v.* quadruplicar

quadruplicate *v.* quadruplicar ♦ *adj. e n.* quadruplicado; **in quadruplicate:** em quadruplicado

quail *n.* codorniz

qualification *n.* 1 competência; capacidade 2 (numa competição) qualificação

qualified *adj.* 1 qualificado; **qualified worker:** trabalhador qualificado 2 competente; **a qualified person:** uma pessoa competente

qualify *v.* 1 (para uma função) estar habilitado; **to qualify oneself for a job:** preparar-se para um emprego ou uma função 2 (numa competição) classificar-se

qualifying *adj.* qualificativo; **qualifying exam:** exame de admissão; (desporto) **qualifying round:** eliminatória

quality *n.* [pl. qualities] qualidade; **quality of life:** qualidade de vida

quantity *n.* [pl. quantities] quantidade

quarrel *n.* discussão; desentendimento ♦ *v.* (EUA) discutir

quarter *n.* 1 quarto; quarta parte 2 quarto de hora; **it's a quarter past six:** são seis e um quarto 3 (EUA) moeda de 25 cêntimos

quay *n.* [pl. quays] cais; molhe

queen *n.* 👁 rainha; **queen bee:** abelha-mestra; (cartas) **queen of clubs:** rainha de paus

query *n.* [pl. queries] pergunta; dúvida ♦ *v.* questionar

quest *n.* busca; procura; **in quest of:** em busca de

question *n.* pergunta; questão; **question mark:** ponto de interrogação; **to answer a question:** responder a uma pergunta; **to ask somebody a question:** fazer uma pergunta a alguém ♦ *v.* 1 interrogar (alguém) 2 pôr em dúvida; questionar

questionnaire *n.* questionário

queue *n.* fila; bicha ◆ *v.* fazer fila

quick *adj.* rápido; veloz; **quick train:** comboio rápido ◆ *adv.* depressa; **come quick!:** vem depressa!

quickly *adv.* rapidamente; depressa

quiet *adj.* **1** silencioso; **to keep quiet:** ficar em silêncio **2** tranquilo; sossegado; **a quiet village:** uma aldeia sossegada ◆ *n.* silêncio; **quiet!:** pouco barulho!; silêncio!

quietly *adv.* **1** (voz) baixinho **2** sem fazer barulho **3** calmamente

quilt *n.* colcha; edredão

quintet *n.* quinteto

quit *v.* **1** abandonar; deixar; **to quit one's job:** deixar o emprego **2** parar de; **to quit smoking:** deixar de fumar **3** (escola, emprego) desistir de

quite *adv.* **1** completamente; **you're quite right:** tens toda a razão **2** muito; bastante; **the food is quite good:** a comida está muito boa **3** bem; exatamente; **it isn't quite what I expected:** não é bem o que eu esperava

quiz *n.* [*pl.* quizzes] **1** (televisão) concurso **2** (escola) questionário; teste

quotation *n.* citação; **quotation marks:** aspas

quote *n.* citação ◆ *v.* citar; **to quote an example:** citar um exemplo

quotient *n.* (matemática) quociente

R

r *n.* (letra) r
rabbi *n.* [*pl.* rabbis] rabino; rabi
rabbit *n.* 👁 coelho

race *n.* **1** corrida; **to run a race:** participar numa corrida; **horse race:** corrida de cavalos **2** raça; etnia ◆ *v.* correr; competir em corrida
racer *n.* (pessoa) corredor de automóveis
racing *adj.* de corrida; **racing car:** carro de corrida
racism *n.* racismo
racist *adj.* e *n.* racista
rack *n.* **1** porta-bagagem **2** prateleira
racket *n.* **1** (ténis, badminton) raqueta **2** barulheira; balbúrdia
radical *adj.* e *n.* radical
radio *n.* 👁 rádio; **radio station:** estação de rádio; **to listen to the radio:** ouvir rádio

radish *n.* rabanete
raft *n.* jangada
rag *n.* trapo; **rag doll:** boneca de trapos
rage *n.* raiva; ira; fúria
railway *n.* caminho de ferro; **railway station:** estação de caminhos de ferro
rain *n.* chuva ◆ *v.* chover
rainbow *n.* arco-íris
raincoat *n.* gabardina; impermeável
raindrop *n.* gota de chuva
rainforest *n.* floresta tropical
rainy *adj.* chuvoso; **rainy weather:** tempo chuvoso
raise *v.* **1** levantar; **to raise one's voice:** levantar a voz **2** aumentar; subir; **to raise prices:** subir os preços **3** criar; **to raise a family:** criar uma família ◆ *n.* (EUA) aumento (de salário)
raisin *n.* uva-passa
ram *n.* carneiro
ranch *n.* [*pl.* ranches] (EUA) fazenda; rancho
random *n.* acaso; **at random:** ao acaso; à toa
range *n.* **1** gama; **a wide range of products:** uma ampla gama de produtos **2** alcance; **out of range:** fora do alcance **3** cordilheira (de montanhas)
ranger *n.* guarda-florestal
rank *n.* (militar) posto; categoria

ransom n. resgate

rare adj. 1 raro; **rare mineral:** minério raro 2 mal passado; **rare meat:** carne mal passada

rarely adv. raramente

rash adj. imprudente; irrefletido

raspberry n. [pl. raspberries] 👁 framboesa

rat n. ratazana; **rat poison:** raticida

rate n. 1 velocidade; ritmo; **at this rate:** a esta velocidade; por este andar 2 taxa; **birth rate:** taxa de natalidade

rather adv. 1 bastante; **a rather difficult question:** uma pergunta bastante difícil 2 em vez de; **I'll have tea rather than coffee:** vou beber chá em vez de café

rattlesnake n. cascavel

raven n. corvo

raw adj. 1 cru; **raw meat:** carne crua 2 em estado natural; **raw material:** matéria-prima

ray n. raio (de sol ou de luz)

reach v. alcançar; atingir; **to reach perfection:** atingir a perfeição ◆ n. alcance; **out of reach:** fora do alcance; **within reach:** ao alcance

react v. reagir

reaction n. reação

read v. ler

reader n. leitor

reading n. leitura

ready adj. pronto; preparado; **to get ready:** preparar-se

real adj. 1 verdadeiro; **real gold:** ouro verdadeiro 2 real; **the real world:** o mundo real ◆ n. [pl. reals] (moeda do Brasil) real

reality n. [pl. realities] realidade

realize v. aperceber-se; tomar consciência de

really adv. realmente

rear n. traseiras; **at the rear:** nas traseiras ◆ adj. traseiro; **rear wheel:** roda traseira

reason n. razão ◆ v. raciocinar

reasonable adj. razoável; sensato

reassure v. tranquilizar; reconfortar

rebel n. e adj. rebelde ◆ v. revoltar-se

recall v. lembrar-se; recordar-se

receipt n. recibo

receive v. receber

receiver n. auscultador (de telefone)

recent adj. recente

recently adv. recentemente

reception n. receção

receptionist n. rececionista

recipe n. receita (de culinária)

recognize v. reconhecer

recommend v. recomendar

reconsider v. reconsiderar

record n. 1 registo; **to keep a record:** fazer um registo 2 recorde; **to break a record:** bater um recorde; **world record:** recorde do mundo ◆ v. 1 (som, imagem) gravar 2 (dados) registar

recorder n. gravador (de som, imagem)

recording n. gravação

recover v. recuperar

recovery n. [pl. recoveries] recuperação

recycle v. reciclar

recycling n. reciclagem

red adj. 1 (cor) vermelho; encarnado 2 (cabelo) ruivo ◆ n. (cor) vermelho

reduce v. reduzir

reduction *n.* redução; diminuição

reef *n.* recife; **coral reef:** recife de corais

refer *v.* referir; mencionar

referee *n.* árbitro

reference *n.* referência; alusão

reflect *v.* refletir

reflection *n.* **1** (imagem) reflexo **2** (pensamento) reflexão

reform *n.* reforma; restruturação ◆ *v.* reformar

refresh *v.* refrescar

refreshing *adj.* refrescante

refreshment *n.* refresco

refrigerator *n.* frigorífico

refugee *n.* refugiado

refusal *n.* recusa

refuse *v.* recusar; **to refuse an offer:** recusar uma oferta ◆ *n.* lixo; detritos

regard *v.* considerar ◆ *n.* consideração; estima; (carta, email) **best regards:** cumprimentos

region *n.* região; (corpo) **abdominal region:** região abdominal; (país) **autonomous region:** região autónoma

register *n.* registo ◆ *v.* **1** registar **2** inscrever-se; matricular-se

regret *n.* arrependimento; remorso ◆ *v.* lamentar; arrepender-se de

regular *adj.* **1** regular; **regular pulse:** pulso regular **2** habitual; normal; **regular customers:** clientes habituais

rehearsal *n.* ensaio

rehearse *v.* ensaiar

rein *n.* rédea

reindeer *n.* [*pl.* reindeer] rena

reject *v.* rejeitar

rejection *n.* rejeição

relate *v.* relacionar(-se)

related *adj.* **1** aparentado; da mesma família **2** relacionado; ligado

relation *n.* relação; ligação

relationship *n.* **1** relacionamento; relação **2** parentesco

relative *n.* parente; **distant/close relatives:** parentes afastados/próximos ◆ *adj.* relativo

relax *v.* relaxar; descontrair

relaxing *adj.* repousante; relaxante

release *n.* **1** (prisioneiro) libertação **2** (disco, livro, produto) lançamento **3** (gás) emissão ◆ *v.* **1** soltar; libertar **2** (disco, livro, produto) lançar

relevant *adj.* relevante; pertinente

reliable *adj.* **1** (pessoa) fiável; de confiança **2** (informação) seguro; fidedigno

relief *n.* **1** alívio; **what a relief!:** que alívio! **2** relevo; **relief map:** mapa em relevo

relieve *v.* aliviar

religion *n.* religião

rely *v.* contar; confiar; **to rely on someone:** contar com alguém

remain *v.* permanecer

remaining *adj.* restante

remark *n.* observação; comentário ◆ *v.* observar; comentar

remarkable *adj.* notável; espantoso

remedy *n.* [*pl.* remedies] remédio

remember *v.* lembrar-se; recordar

remind *v.* **1** lembrar; **remind me to buy a pen:** lembra-me de comprar uma caneta **2** fazer lembrar; **he reminds me of someone:** ele faz-me lembrar alguém

remote *adj.* remoto; distante; **a remote village:** uma aldeia remota; 👁 **remote control:** comando (de televisão, DVD, etc.)

a b c d e f g h i j k l m n o p q r s t u v w x y z

remove v. remover; retirar

renowned adj. famoso; célebre

rent n. renda; aluguer ◆ v. alugar; arrendar

repair n. reparação; conserto; **the house is in need of repair:** a casa está a precisar de obras ◆ v. reparar; consertar; **the road was being repaired:** a estrada estava em obras

repeat v. repetir

repetition n. repetição

replace v. substituir

reply v. responder ◆ n. resposta

report n. 1 relatório 2 (escola) boletim de avaliação ◆ v. relatar; registar

reporter n. repórter

represent v. representar; simbolizar

reptile n. 👁 réptil

republic n. república; **Portuguese Republic:** República Portuguesa

request n. pedido; solicitação ◆ v. pedir; solicitar

require v. requerer; exigir

requirement n. pedido; exigência

rescue v. socorrer; salvar ◆ n. socorro; salvamento

research n. [pl. researches] investigação; pesquisa; **market research:** pesquisa de mercado; **to do research:** fazer uma pesquisa ◆ v. investigar; pesquisar

resemblance n. parecenças; semelhança; **to bear a resemblance to somebody:** ter parecenças com alguém

resemble v. parecer-se com; assemelhar-se a

reservation n. reserva (em hotel ou restaurante); **to make a reservation:** fazer uma reserva

reserve v. reservar; **to reserve a table:** reservar uma mesa ◆ n. reserva; **game reserve:** reserva de caça

residence n. residência

resident n. e adj. residente

resign v. demitir-se

resist v. resistir

resolution n. resolução; decisão

resort n. 1 estância; **ski resort:** estância de esqui 2 recurso; **as a last resort:** em último recurso

resource n. recurso

respect n. respeito; **with all due respect:** com o devido respeito ◆ v. respeitar; **to respect somebody's opinion:** respeitar a opinião de alguém

respond v. responder; reagir

response n. resposta; reação

responsibility n. [pl. responsibilities] responsabilidade

responsible adj. responsável

As palavras inglesas **responsibility** e **responsible** escrevem-se com **i**, mas, em português, **responsabilidade** e **responsável** escrevem-se com **a**.

rest n. 1 resto; **the rest of the day:** o resto do dia 2 descanso; repouso; **a day of rest:** um dia de descanso

◆ *v.* descansar; repousar; **to be at rest:** estar em descanso

restaurant *n.* restaurante; **to go to a restaurant:** ir a um restaurante

result *n.* resultado; consequência ◆ *v.* resultar

retire *v.* reformar-se

retired *adj.* reformado

retirement *n.* reforma

return *v.* **1** voltar; regressar **2** devolver ◆ *n.* **1** regresso; volta; **return ticket:** bilhete de ida e volta **2** devolução; (aniversário) **many happy returns (of the day)!:** muitos parabéns!; feliz aniversário!

reveal *v.* revelar

revenge *n.* vingança; **to take revenge on:** vingar-se de

reverse *v.* **1** inverter; trocar **2** (automóvel) fazer marcha-atrás ◆ *n.* (automóvel) marcha-atrás

revise *v.* rever; corrigir

revision *n.* revisão

revolution *n.* revolução

reward *n.* recompensa ◆ *v.* recompensar

rhino *n.* (informal) rinoceronte

rhinoceros *n.* rinoceronte

rhyme *n.* rima; verso ◆ *v.* rimar

rhythm *n.* ritmo

rib *n.* **1** costela; **to break a rib:** partir uma costela **2** costeleta; **spare ribs:** costeleta de porco

ribbon *n.* fita (de tecido)

rice *n.* arroz; **rice pudding:** arroz-doce

rich *adj.* rico

rid *v.* livrar; libertar; **to get rid of:** livrar-se de

riddle *n.* **1** adivinha **2** enigma

ride *n.* **1** cavalgada **2** passeio (de carro, de bicicleta); volta ◆ *v.* **1** montar (a cavalo); cavalgar **2** andar de carro, bicicleta

ridiculous *adj.* ridículo

riding *n.* equitação; **riding lessons:** aulas de equitação

right *adj.* **1** direito; **right hand:** mão direita **2** certo; correto; exato; **the right answer:** a resposta certa ◆ *adv.* **1** à direita; **to turn right:** virar à direita **2** bem; direito; **to do things right:** fazer as coisas direito ◆ *n.* **1** direito; **human rights:** direitos humanos **2** direita; lado direito; **on your right:** à sua/vossa direita

ring *n.* **1** 👁 anel; **engagement ring:** anel de noivado **2** argola **3** (campainha, telefone) toque **4** (circo) pista **5** (boxe) ringue ◆ *v.* (campainha, telefone) tocar

rink *n.* rinque (de patinagem)

rip *v.* rasgar ◆ *n.* rasgão

ripe *adj.* (fruto) maduro

rise *n.* subida; aumento ◆ *v.* **1** subir; aumentar; **to rise the prices:** aumentar os preços **2** levantar-se; **to rise from the table:** levantar-se da mesa

risk *n.* risco ◆ *v.* arriscar

river *n.* rio

road *n.* estrada; via; rua

roar *v.* rugir ◆ *n.* rugido

roast *v.* assar ◆ *n. e adj.* assado; **roast meat:** carne assada

rob *v.* roubar; assaltar

robber *n.* assaltante; ladrão

robbery *n.* [*pl.* robberies] assalto; roubo

robin *n.* pintarroxo

robot *n.* robô

a
b
c
d
e
f
g
h
i
j
k
l
m
n
o
p
q
r
s
t
u
v
w
x
y
z

rock n. rocha; rochedo ◆ v. baloiçar

rocket n. foguetão; **to launch a rocket:** lançar um foguetão

rod n. cana; **fishing rod:** cana de pesca

role n. (teatro) papel

roll n. 1 rolo, cilindro 2 cambalhota; **to do a roll:** dar uma cambalhota ◆ v. rolar; rebolar

roller n. rolo; **roller coaster:** montanha russa; **roller skate:** patim

rollerblade n. patim em linha

roller-skate v. patinar

romance n. 1 romance; aventura amorosa 2 história de amor

romantic adj. e n. romântico

roof n. [pl. roofs] 1 (de casa) telhado 2 (de veículos) tejadilho 3 céu da boca

room n. 1 quarto; **a double room:** quarto duplo 2 espaço; **free room:** espaço livre; **to make room for:** arranjar espaço para

root n. raiz ◆ v. enraizar

rope n. corda; **skipping rope:** corda para saltar

rose n. (flor) rosa; **rose garden:** roseiral

rot v. apodrecer

rotten adj. podre; estragado

rough adj. 1 (terreno, superfície) áspero; acidentado 2 (pessoa) violento; bruto

round adj. redondo ◆ adv. 1 à roda; **to move round:** andar à roda 2 à volta; em redor; **there are flowers all round:** há flores à volta ◆ prep. à volta de; em torno de; **round the table:** à volta da mesa ◆ n. (competição desportiva) partida

roundabout n. 1 rotunda 2 carrossel

route n. percurso; itinerário; caminho

routine n. rotina ◆ adj. de rotina

row n. 1 fila; **in a row:** em fila 2 desentendimento; discussão; **to have a row:** ter uma discussão ◆ v. remar

rowing n. (desporto) remo; **rowing boat:** barco a remos

royal adj. real; **royal family:** família real; **royal palace:** palácio real

royalty n. [pl. royalties] realeza

rubber n. borracha; **rubber band:** elástico

rubbish n. lixo

rucksack n. mochila

rude adj. rude; grosseiro;

rug n. tapete

rugby n. 👁 râguebi

ruin v. arruinar ◆ n. ruína; **to be in ruins:** estar em ruínas

rule n. regra; norma; **as a rule:** em regra; **to follow the rules:** cumprir as regras ◆ v. governar; chefiar

ruler n. régua

rumour n. rumor; boato

run n. corrida ◆ v. correr

runner n. (pessoa) corredor

running n. 1 corrida 2 (empresa) gerência; controlo ◆ adj. (água) corrente

runway n. (em aeroporto) pista

rupture n. 1 rutura; rompimento 2 corte de relações; desavença

rural adj. rural

rush v. apressar(-se) ◆ n. [pl. rushes] 1 pressa 2 correria

Russian adj. e n. russo; **Russian roulette:** roleta russa

rust n. ferrugem ◆ v. enferrujar

rustic adj. rústico

rusty adj. ferrugento; enferrujado

Ss

s *n.* (letra) s

sack *n.* saco; saca

sacred *adj.* sagrado

sad *adj.* triste; **to feel sad:** estar triste; sentir-se triste

saddle *n.* **1** sela **2** selim (de bicicleta)

sadness *n.* tristeza

safe *adj.* seguro; salvo; **safe and sound:** são e salvo; **to be safe from:** estar a salvo de ◆ *n.* cofre

safety *n.* segurança; **safety belt:** cinto de segurança

Sagittarius *n.* (constelação, signo) Sagitário

sail *v.* navegar; velejar ◆ *n.* (navio, moinho) vela

sailing *n.* **1** navegação **2** *(desporto)* vela; **sailing boat:** barco à vela; veleiro

sailor *n.* marinheiro

saint *n.* santo; são

sake *n.* causa; motivo; **for the sake of:** por causa de

salad *n.* 👁 salada; **salad bowl:** saladeira

salary *n.* [*pl.* salaries] salário

sale *n.* venda; **for sale:** para venda

salesman *n.* [*pl.* salesmen] vendedor

saleswoman *n.* [*pl.* saleswomen] vendedora

saliva *n.* saliva

salmon *n.* salmão; **smoked salmon:** salmão fumado

salon *n.* salão

salt *n.* sal; **a pinch of salt:** uma pitada de sal; **salt water:** água salgada ◆ *v.* salgar

salty *adj.* salgado

same *adj.* **1** mesmo; **at the same time:** ao mesmo tempo **2** idêntico; igual; **to be exactly the same:** ser igualzinho ◆ *pron.* o mesmo; **the very same:** ele próprio; ele mesmo

sample *n.* amostra

sand *n.* areia; **sand castle:** castelo de areia

sandal *n.* sandália

sandpaper *n.* lixa

sandwich *n.* [*pl.* sandwiches] sanduíche; sande(s)

sandy *adj.* arenoso

sane *adj.* são de espírito; equilibrado

sanitary *adj.* higiénico; **sanitary towel:** penso higiénico

Santa *n.* (informal) Pai Natal

Santa Claus *n.* Pai Natal

sapphire *n.* safira

satchel *n.* sacola

satellite *n.* satélite; **transmission by satellite:** transmissão via satélite

satisfy v. **1** (desejos) satisfazer **2** (necessidades) saciar

Saturday n. sábado; **on Saturday:** ao/no sábado

Saturn n. *(astronomia, mitologia)* Saturno

sauce n. *(culinária)* molho

saucepan n. *(culinária)* caçarola

saucer n. pires

sauna n. sauna; **to take a sauna:** fazer sauna

sausage n. **1** salsicha **2** chouriço; linguiça

save v. **1** salvar; **to save somebody's life:** salvar a vida de alguém **2** (dinheiro) juntar; poupar; **to save money for a new car:** poupar dinheiro para um carro novo **3** (tempo, energia) poupar; economizar **4** (documento, ficheiro) guardar; gravar

savings n.pl. poupanças; economias

saw n. serra; serrote ◆ v. serrar

saxophone n. saxofone; **to play the saxophone:** tocar saxofone

say v. dizer; **to have something to say:** ter alguma coisa a dizer

scab n. (ferida) crosta

scaffold n. andaime

scale n. **1** escala; dimensão **2** *(música)* escala **3** escama (de peixe) ◆ v. **1** (montanhas) escalar **2** (peixe) escamar

scalp n. couro cabeludo

scandal n. escândalo

scandalous adj. escandaloso

scanner n. digitalizador; scanner

scar n. cicatriz ◆ v. cicatrizar

scarce adj. escasso; insuficiente

scare v. assustar(-se) ◆ n. (momento) susto; **to give somebody a scare:** pregar um susto a alguém

scarecrow n. espantalho

scared adj. assustado; amedrontado; **to be scared of:** ter medo de

scarf n. [pl. scarfs] **1** cachecol **2** lenço; echarpe

scarlet adj. e n. (cor) escarlate; **scarlet fever:** escarlatina

scary adj. (informal) assustador

scatter v. espalhar

scene n. **1** (filme, peça) cena; **behind the scenes:** nos bastidores **2** local; sítio; **at/on the scene:** no local **3** (informal) (discussão) cena; **to make a scene:** fazer uma cena

scenery n. **1** vista; paisagem **2** cenário

scent n. aroma; perfume ◆ v. farejar

schedule n. **1** programa; agenda **2** horário; tabela; **on schedule:** à tabela

scheme n. **1** esquema **2** plano

scholarship n. bolsa de estudos; **scholarship holder:** bolseiro

school n. **1** escola; **school year:** ano letivo; **to go to school:** ir para a escola **2** aulas; **before school:** antes das aulas **3** (EUA) faculdade ◆ v. instruir; ensinar

schoolbag n. 👁 pasta (de escola)

schoolbook n. manual escolar

schoolboy n. aluno; estudante

schoolmate n. colega de escola

schoolroom n. sala de aula

schoolwork n. trabalho escolar

science n. ciência; **natural sciences:** ciências naturais; **science fiction:** ficção científica

scientist n. cientista

scissors *n.pl.* tesoura

scone *n.* scone

scooter *n.* 1 trotineta 2 lambreta

score *n.* 1 (prova) pontuação; resultado 2 (teste) nota 3 (música) partitura ◆ *v.* 1 (desporto) marcar golo; pontuar 2 (informal) ter sucesso

Scorpio *n.* (constelação, signo) Escorpião

Scot *n.* escocês

Scotland *n.* Escócia

A **Escócia** é um dos quatro países que formam o Reino Unido (juntamente com a Inglaterra, o País de Gales e a Irlanda do Norte). Ocupa a parte norte da ilha da Grã-Bretanha, inclui diversas ilhas e faz fronteira a sul com a Inglaterra. A capital da Escócia é Edimburgo.

Scotsman *n.* [*pl.* Scotsmen] escocês

Scottish *adj.* e *n.* escocês; **the Scottish:** os escoceses

scout *n.* escuteiro

scream *v.* gritar; berrar; **to scream for help:** gritar por ajuda ◆ *n.* grito

screen *n.* 1 (computador) monitor 2 (televisão) ecrã 3 (cinema) tela

sea *n.* mar; oceano; **sea horse:** cavalo-marinho; **sea lion:** leão-marinho

seagull *n.* gaivota

seal *n.* 1 selo 2 carimbo 3 foca ◆ *v.* (carta) selar

search *v.* 1 procurar 2 (pessoa, local) revistar ◆ *n.* [*pl.* searches] busca; procura

seashore *n.* costa; litoral; beira-mar

seaside *n.* litoral; costa; beira-mar

season *n.* 1 estação; **the seasons of the year:** as estações do ano 2 época; **Christmas season:** quadra natalícia

seat *n.* 1 assento; **please, take a seat:** sente-se, por favor 2 lugar; **this seat is taken:** este lugar está ocupado 3 (bicicleta) selim ◆ *v.* sentar(-se)

sec *n.* (informal) segundo; momento; **just a sec, please:** só um momento, por favor

second *adj.num.* segundo; **a second time:** uma segunda vez ◆ *n.* 1 segundo; **by the second:** ao segundo 2 momento; instante; **just a second, please:** um momento, por favor ◆ *adv.* em segundo lugar; **to arrive second:** chegar em segundo lugar

secondary *adj.* secundário; **secondary school:** escola secundária

secondly *adv.* segundo; em segundo lugar

secret *adj.* secreto; **secret agent:** agente secreto ◆ *n.* segredo; **to keep a secret:** guardar um segredo

secretary *n.* [*pl.* secretaries] 1 secretário 2 (política) ministro

section *n.* 1 (de repartição) secção; setor 2 (de uma obra) parte; excerto

secure *adj.* seguro; em segurança ◆ *v.* fixar; prender

security *n.* [*pl.* securities] segurança

see *v.* 1 ver 2 entender 3 encontrar-se com 4 namorar com ◆ *n.* sé; catedral; **see you!:** até à vista!; **see you tomorrow:** até amanhã

seed *n.* 1 (planta) semente 2 (fruto) pevide; caroço ◆ *v.* semear

seek *v.* procurar; buscar

seem *v.* parecer; **so it seems:** parece que sim

seize *v.* 1 agarrar; **to seize an opportunity:** agarrar uma oportunidade 2 (polícia) capturar; **to seize the suspect:** capturar o suspeito

seldom *adv.* raramente

select *v.* escolher; selecionar

a
b
c
d
e
f
g
h
i
j
k
l
m
n
o
p
q
r
s
t
u
v
w
x
y
z

selection *n.* (processo) seleção; escolha

self *n.* [*pl.* selves] eu; ego

sell *v.* vender

seller *n.* vendedor

sellotape *v.* colar com fita-cola

semantic *adj.* semântico

semester *n.* (EUA) semestre

seminar *n.* (conferência) seminário

send *v.* 1 (carta, encomenda) mandar; enviar 2 (pessoa) mandar (ir)

sender *n.* remetente

sense *n.* 1 sentido; **the five senses:** os cinco sentidos 2 bom senso; razão; **common sense:** senso comum 3 (palavra, expressão) sentido; significado; **in a sense:** de certo modo ♦ *v.* pressentir

sensibility *n.* [*pl.* sensibilities] sensibilidade

sensible *adj.* 1 sensato; razoável 2 prático; funcional

A palavra inglesa **sensible** não tem o mesmo significado que **sensível** em português. **Sensible**, em inglês, quer dizer *sensato*.

sensitive *adj.* 1 sensível; **he is sensitive to light:** ele é sensível à luz 2 sensível; suscetível; **she's very sensitive about her work:** ela é muito suscetível em relação ao seu trabalho

sentence *n.* 1 (gramática) frase; oração 2 (direito) sentença; pena; **to serve a sentence:** cumprir uma pena ♦ *v.* sentenciar; condenar; **to sentence somebody to:** condenar alguém a

separate *adj.* 1 separado 2 diferente ♦ *v.* 1 (objetos) separar 2 (pessoas) distinguir; diferenciar; **to separate one from the other:** distinguir um do outro 3 (pessoas, casais) separar-se

September *n.* setembro

sequence *n.* 1 sequência; ordem; **out of sequence:** fora de ordem 2 série; sucessão; **sequence of events:** série de acontecimentos

series *n.* [*pl.* series] 1 série; sucessão 2 (televisão) série

serious *adj.* 1 (situação) sério; grave 2 (pessoa) sério; honesto

seriously *adv.* 1 a sério; **to take something seriously:** levar uma coisa a sério 2 gravemente; **to be seriously hurt:** estar gravemente ferido

servant *n.* 1 (de casa) empregado 2 (de empresa) funcionário

serve *v.* 1 servir; **to serve at table:** servir à mesa; **to serve dinner:** servir o jantar 2 (castigo, pena) cumprir; **to serve a two-year sentence:** cumprir uma pena de dois anos 3 (ténis, vólei) servir

service *n.* 1 serviço; **to be on service:** estar de serviço 2 (religião) serviço religioso; missa 3 (ténis, vólei) serviço 4 (loiça) serviço; **dinner service:** serviço de jantar

session *n.* 1 sessão 2 (ano letivo) período; semestre

set *n.* 1 série; conjunto; **set of tools:** conjunto de ferramentas 2 aparelho; **television set:** televisor 3 (louça) serviço; **coffee set:** serviço de café 4 (cinema, televisão) cenário; estúdio ♦ *adj.* fixo; pré-definido ♦ *v.* 1 pôr; colocar 2 (data, medida) fixar 3 (aparelho) acertar

setting *n.* (espetáculo) cenário; pano de fundo

settlement *n.* 1 acordo; contrato 2 povoação 3 povoamento

seven *num.card.* e *n.* sete

seventeen *num.card.* e *n.* dezassete

seventeenth *adj. e num.ord.* décimo sétimo; **seventeenth century:** século XVII

seventh *adj. e num.ord.* sétimo; **the seventh century:** o século VII

seventieth *adj. e num.ord.* septuagésimo

seventy *num.card. e n.* setenta; **the seventies:** os anos setenta

several *adj.* vários; bastantes

severe *adj.* **1** (pessoa) severo; austero **2** (tarefa) difícil; árduo

sew *v.* coser; costurar

sewing *n.* costura; **sewing box:** caixa de costura; **sewing machine:** máquina de costura

sex *n.* [*pl.* sexes] sexo; **people of both sexes:** pessoas de ambos os sexos

shade *n.* **1** sombra **2** (candeeiro) quebra-luz **3** (cor) tom; tonalidade ♦ *v.* escurecer; sombrear

shadow *n.* sombra

shadowgraph *n.* (brincadeira) sombras chinesas

shake *v.* **1** sacudir; abanar **2** (pessoa) tremer **3** (coisa) abanar ♦ *n.* **1** abanão **2** terramoto

shall *v.* **1** (futuro) ir; **I shall miss her:** vou sentir a falta dela **2** (pergunta, sugestão) dever; ter de; **shall I go with you?:** queres que vá contigo?

shampoo *n.* champô

shape *n.* **1** forma; feitio; **to take shape:** tomar forma **2** (pessoa) figura; silhueta **3** forma física; **to be in good shape:** estar em boa forma ♦ *v.* modelar; moldar

share *n.* parte; quinhão ♦ *v.* partilhar; **to share something with somebody:** partilhar algo com alguém

shark *n.* tubarão

sharp *adj.* **1** (faca, lápis) afiado **2** (som, dor) agudo **3** (nível, curva) acentuado **4** (*música*) sustenido ♦ *adv.* (tempo, hora) em ponto; **at eleven o'clock sharp:** às onze em ponto

sharpen *v.* **1** (objeto) afiar **2** (apetite) aguçar

sharpener *n.* aguça; **pencil sharpener:** apara-lápis

shave *v.* **1** fazer a barba **2** (com lâmina) fazer depilação

shawl *n.* xaile

she *pron.pess.* [*pl.* they] ela; **who is she?:** quem é ela?

sheep *n.* [*pl.* sheep] ovelha; carneiro; **a flock of sheep:** um rebanho de ovelhas; **sheep dog:** cão pastor

sheet *n.* **1** (de tecido) lençol **2** (de papel) folha

shelf *n.* [*pl.* shelves] prateleira

shell *n.* **1** concha **2** (de ovo) casca **3** (de caracol) carapaça

shelter *n.* **1** abrigo **2** refúgio ♦ *v.* **1** abrigar-se **2** acolher

sheriff *n.* xerife

shift *n.* **1** turno; **night shift:** turno da noite **2** viragem; mudança ♦ *v.* (direção) virar

shine *v.* brilhar ♦ *n.* brilho

shiny *adj.* brilhante; cintilante

ship *n.* 👁 navio

shirt *n.* camisa; **in shirt sleeves:** em mangas de camisa

shoe *n.* **1** sapato; **a pair of shoes:** um par de sapatos; **shoe shop:** sapataria (loja); **to take off one's shoes:** descalçar os sapatos **2** (cavalos) ferradura ♦ *v.* ferrar cavalos

shoot *v.* **1** disparar (com arma de fogo); **to shoot at somebody/something:** disparar contra alguém/algo **2** matar (animal) a tiro; caçar **3** (basquetebol, futebol) rematar **4** (filme) filmar; **to shoot a scene:** filmar uma cena

shooting *n.* **1** tiroteio **2** (filme, documentário) rodagem

shop *n.* loja ♦ *v.* fazer compras

shopkeeper *n.* comerciante

shopper *n.* comprador; freguês

shopping *n.* compras; **shopping centre:** centro comercial; **to go shopping:** ir às compras

shore *n.* **1** 👁 praia; beira-mar **2** costa; litoral; **on shore:** em terra

short *adj.* **1** (estatura) baixo **2** (tamanho) pequeno; **for short:** para abreviar; **in short:** em resumo **3** (duração) breve; (aviso, informação) **at short notice:** com pouca antecedência; **to cut short:** interromper **4** (quantidade) pouco; **to be short of:** ter falta de

shortly *adv.* dentro de momentos; em breve; **shortly after:** pouco depois

shorts *n.pl.* calções; **a pair of shorts:** um par de calções

short-sighted *adj.* míope

shot *n.* **1** tiro; disparo **2** fotografia **3** (cinema, televisão) cena; plano

should *v.* (conselho, opinião) dever; **he shouldn't miss classes:** ele não devia faltar às aulas; **you should go:** devias ir

shoulder *n.* ombro; **to shrug one's shoulders:** encolher os ombros

shout *v.* gritar; berrar; **to shout at somebody:** gritar com alguém; **to shout for help:** gritar por ajuda ♦ *n.* grito; berro; **to give a shout:** dar um grito

show *n.* **1** espetáculo **2** (rádio, televisão) programa **3** exposição; feira; **a flower show:** uma exposição de flores ♦ *v.* **1** mostrar; indicar; **to show the time:** dizer as horas **2** (mancha) ver-se; notar-se; **does the spot on my coat show?:** vê-se a nódoa no meu casaco?

shower *n.* **1** chuveiro; **to have a shower:** tomar um banho de chuveiro **2** duche; **shower gel:** gel de banho; **to take a shower:** tomar um duche **3** (chuva) aguaceiro ♦ *v.* tomar um duche

shrill *adj.* (som) estridente; agudo ♦ *v.* guinchar; gritar

shut *v.* **1** (boca, olhos, porta, janela) fechar **2** (loja) encerrar ♦ *adj.* fechado

shy *adj.* **1** (pessoa) tímido; envergonhado **2** (animal) assustadiço

sick *adj.* **1** doente; adoentado **2** enjoado; maldisposto **3** (informal) farto; cansado; **to be sick of something:** estar farto de alguma coisa

side *n.* **1** lado **2** (lago, rio) beira; margem **3** (monte) encosta; declive **4** (disputa) partido; lado; **to take sides:** tomar partido ♦ *adj.* **1** lateral; **side window:** janela lateral **2** secundário; menor; **side effect:** efeito secundário

sight *n.* **1** vista; **at first sight:** à primeira vista; **know somebody by sight:** conhecer alguém de vista **2** visão; **short sight:** miopia **3** visor (de arma de fogo)

sightseeing *n.* passeio turístico; **sightseeing tour:** visita guiada

sign *n.* **1** sinal; indício; **a sign of the times:** um sinal dos tempos **2** (com a mão) aceno; gesto; **sign language:** língua gestual **3** sinalização; tabuleta; **traffic signs:** sinais de trânsito **4** (zodíaco) signo ♦ *v.* **1** (documento) assinar **2** (com a mão) acenar

signal *n.* **1** sinal; aviso **2** indício; indicador ♦ *v.* **1** (com mãos) acenar **2** (escrita) assinalar **3** (com pisca-pisca) dar sinal

signature *n.* assinatura

silence *n.* silêncio; **to break the silence:** quebrar o silêncio ♦ *v.* calar ♦ *interj.* silêncio!

silent *adj.* **1** silencioso **2** (pessoa) calado

silk *n.* seda

silly *adj.* (informal) parvo; tolo

silver *n.* prata ♦ *adj.* de prata; prateado; **silver medal:** medalha de prata

similar *adj.* similar; semelhante

simple *adj.* **1** simples; fácil; **it's not as simple as that:** não é tão simples quanto isso **2** simples; puro; **for the simple reason that:** pela simples razão de **3** (estilo) sóbrio **4** (pessoa) simples

simply *adv.* simplesmente; unicamente

sin *n.* pecado; **to commit a sin:** cometer um pecado ♦ *v.* pecar

since *prep.* desde ♦ *conj.* **1** (tempo) desde; **since when?:** desde quando?

2 (causa) visto que; uma vez que; **I'm not going, since you ask:** eu não vou, já que perguntas ♦ *adv.* desde aí; **ever since:** desde então; **long since:** há muito tempo

sincere *adj.* sincero

sincerely *adv.* sinceramente; francamente; (numa carta) **yours sincerely:** atenciosamente

sing *v.* cantar

singer *n.* cantor

singing *n.* canto; **singing lesson:** aula de canto

single *adj.* **1** (número) único **2** (pessoa) solteiro ♦ *n.* **1** (bilhete) ida **2** (EUA) nota de um dólar; **in single file:** em fila indiana

singular *n.* singular ♦ *adj.* **1** singular **2** único

sink *n.* (cozinha) banca; lava-louça ♦ *v.* (navio) afundar ♦ *n.* (cozinha) banca; lava-louça ♦ *v.* (navio) afundar

sir *n.* (tratamento formal) senhor

sister *n.* **1** irmã **2** (hospital) enfermeira-chefe **3** (religião) irmã; freira

sit *v.* sentar(-se); **to sit back:** recostar-se; **to sit down:** sentar-se

site *n.* **1** sítio; local **2** (Internet) sítio

sitting-room *n.* sala de estar

situation *n.* **1** situação **2** emergência

six *num.card. e n.* seis

sixteen *num.card. e n.* dezasseis

sixteenth *num.ord. e n.* décimo sexto

sixth *num.ord. e n.* sexto

sixtieth *adj. e num.ord.* sexagésimo

sixty *num.card. e n.* sessenta

size *n.* **1** tamanho **2** (roupa) número **3** (pessoa) altura

a
b
c
d
e
f
g
h
i
j
k
l
m
n
o
p
q
r
s
t
u
v
w
x
y
z

skate n. patim; **a pair of skates:** um par de patins ◆ v. **1** patinar **2** andar de skate

skateboard n. skate

skater n. patinador

skating n. patinagem; **skating rink:** ringue de patinagem

skeleton n. **1** (corpo) esqueleto **2** (trabalho) esboço

ski n. [pl. skis] esqui; **ski suit:** fato de esqui ◆ v. esquiar

skiing n. 👁 esqui; **to go skiing:** ir esquiar

skill n. perícia; aptidão

skin n. **1** pele **2** (fruto) casca **3** (animal) couro

skip v. **1** (informal) saltar; avançar; (escola) **to skip a year:** avançar um ano **2** (compromisso) faltar ◆ n. salto; pulo

skirt n. saia

sky n. [pl. skies] céu

skyscraper n. arranha-céus

slang n. gíria; calão

slap v. esbofetear; **to slap somebody:** dar uma bofetada a alguém ◆ n. bofetada; estalada

sleep n. sono; **a good night's sleep:** uma boa noite de sono ◆ v. dormir; **to sleep soundly:** dormir profundamente

sleepy adj. sonolento; com sono; **to be sleepy:** ter sono

sleeve n. manga (de roupa)

sleigh n. trenó

slender adj. (aspeto) esguio

slice n. **1** (comida) fatia **2** (peixe) posta ◆ v. cortar em fatias

slide v. deslizar; escorregar ◆ n. **1** (brinquedo) escorregão; escorrega **2** diapositivo; slide

slim adj. **1** (aspeto) elegante **2** (objeto) fino ◆ v. emagrecer

sling n. 👁 porta-bebés

slip v. (pessoa, carro) escorregar; derrapar ◆ n. **1** deslize; lapso **2** (ato) escorregadela

slipper n. pantufa; chinelo; **a pair of slippers:** um par de chinelos

slogan n. slogan

slow adj. **1** (movimento) lento; vagaroso; (cinema) **in slow motion:** em câmara lenta **2** atrasado; **my watch is ten minutes slow:** o meu relógio está dez minutos atrasado

slowly adv. devagar; lentamente

small adj. **1** pequeno; **small children:** crianças de colo **2** (letra) minúsculo

smart adj. **1** inteligente **2** espertinho; engraçadinho

smash v. **1** partir **2** desfazer(-se) **3** colidir ◆ n. [pl. smashes] **1** estrondo **2** (automóvel) colisão

smell *n.* **1** cheiro; odor **2** mau cheiro; cheirete **3** olfato ◆ *v.* cheirar

smile *v.* sorrir; **to smile with joy:** sorrir de alegria ◆ *n.* sorriso

smoke *n.* **1** fumo **2** cigarro; **to have a smoke:** fumar um cigarro ◆ *v.* **1** fumar **2** (carne, peixe) defumar

smoker *n.* **1** fumador **2** (comboio) carruagem de fumadores

smoking *n.* ato ou hábito de fumar; **no smoking:** proibido fumar

smooth *adj.* liso; macio

snack *n.* (informal) refeição leve; lanche ◆ *v.* petiscar

snail *n.* 👁 caracol (animal)

snake *n.* cobra; serpente

snatch *v.* agarrar; apanhar

sneeze *v.* espirrar ◆ *n.* espirro

sniff *v.* fungar ◆ *n.* fungadela

snip *n.* tesourada; corte ◆ *v.* cortar; aparar

snob *adj. e n.* (pessoa) afetado; vaidoso

snooker *n.* (jogo) snooker ◆ *v.* (informal) tramar; lixar

snore *v.* ressonar ◆ *n.* ronco

snow *n.* neve ◆ *v.* nevar

snowball *n.* bola de neve

snowboard *n.* snowboard

snowman *n.* [*pl.* snowmen] boneco de neve

snowstorm *n.* tempestade de neve; nevão

Snow White *n.* (contos infantis) Branca de Neve

snowy 1 com neve **2** branco como neve

so *adv.* **1** tão; tanto; **it's so big!:** é tão grande! **2** deste modo **3** portanto **4** então; **so what?:** e então? ◆ *conj.* **1** por isso **2** para

soap *n.* sabão; sabonete ◆ *v.* ensaboar

soccer *n.* (EUA) futebol

sociable *adj.* sociável

society *n.* [*pl.* societies] **1** sociedade **2** associação

sociology *n.* sociologia

sock *n.* **1** peúga; **a pair of socks:** um par de peúgas **2** (informal) soco

sofa *n.* sofá; **sofa bed:** sofá-cama

soft *adj.* **1** macio **2** leve

soil *n.* solo; terra

solar *adj.* solar; **the solar system:** o sistema solar

soldier *n.* soldado

solution *n.* solução

solve *v.* resolver; solucionar

some *adj.* **1** algum; alguns; alguma(s); **some years ago:** há alguns anos **2** um pouco de **3** certo; determinado; **to some degree:** até certo ponto ◆ *pron.* **1** algum; alguns; alguma(s) **2** certa quantidade

somebody *pron.* alguém; **somebody else:** outra pessoa

someone *pron.* alguém

something *pron.* alguma coisa; **something else:** outra coisa

sometimes *adv.* **1** algumas vezes; às vezes **2** de vez em quando

somewhat *adv. e pron.* um tanto; um pouco

somewhere *adv.* algures; em algum lugar

son *n.* filho; **the youngest/eldest son:** o filho mais novo/velho

a
b
c
d
e
f
g
h
i
j
k
l
m
n
o
p
q
r
s
t
u
v
w
x
y
z

song *n.* canção

soon *adv.* **1** depressa **2** em breve; **as soon as possible:** o mais cedo possível; **see you soon!:** até breve!

sorcerer *n.* feiticeiro; bruxo

sorry *adj.* **1** arrependido **2** desgostoso; **sorry!:** desculpe!; **to feel sorry for:** sentir pena de

sort *n.* **1** espécie **2** género **3** maneira ♦ *v.* **1** separar **2** classificar

so-so *adj. e adv.* assim-assim

soul *n.* alma; espírito

sound *n.* **1** som **2** barulho ♦ *v.* **1** soar **2** parecer ♦ *adj.* **1** saudável **2** correto

soup *n.* sopa

source *n.* **1** nascente **2** fonte; origem

south *n.* sul ♦ *adj.* do sul ♦ *adv.* para sul

southeastern *adj.* do sudeste

southern *adj.* do sul

southwest *n. e adj.* sudoeste

souvenir *n.* lembrança; recordação

spa *n.* termas

space *n.* **1** espaço **2** área ♦ *adj.* espacial; **space shuttle:** vaivém espacial

spacecraft *n.* nave espacial

spaceship *n.* nave espacial

spacious *adj.* espaçoso

spaghetti *n.* esparguete

Spain *n.* Espanha

Spanish *adj.* espanhol ♦ *n.* **1** (língua) castelhano **2** (pessoa) espanhol; **the Spanish:** os espanhóis

spanner *n.* chave-inglesa

spare *adj.* **1** livre; disponível; **spare time:** tempo livre **2** sobresselente; de reserva; **spare tyre:** pneu sobresselente ♦ *v.* poupar; **can you spare me some money?:** podes emprestar-me algum dinheiro?

sparkling *adj.* **1** brilhante **2** (bebida) gaseificado

sparrow *n.* 👁 pardal

speak *v.* **1** falar; **do you speak English?:** sabes falar inglês? **2** dizer; **to speak the truth:** dizer a verdade

speaker *n.* **1** locutor **2** altifalante

spear *n.* lança; arpão

special *adj.* **1** especial **2** específico

specially *adv.* especialmente

species *n.* [*pl.* species] espécie (animal ou vegetal)

specific *adj.* **1** específico **2** característico

spectacle *n.* espetáculo

spectacular *adj.* espetacular

spectator *n.* espectador

speech *n.* [*pl.* speeches] **1** linguagem **2** discurso; **direct/reported speech:** discurso direto/ indireto

speechless *adj.* mudo (de espanto); calado

speed *n.* **1** rapidez **2** velocidade, **speed limit:** limite de velocidade ♦ *v.* **1** apressar-se **2** conduzir a grande velocidade

speedy *adj.* rápido

spell *n.* **1** feitiço; **to cast a spell on someone:** enfeitiçar alguém **2** turno; **by spells:** por turnos ♦ *v.* **1** soletrar **2** escrever

spelling *n.* ortografia; **spelling mistake:** erro ortográfico

spend *v.* **1** (dinheiro, recurso) gastar **2** (energia, força) consumir; esgotar **3** (tempo) passar

spice *n.* **1** especiaria **2** condimento ◆ *v.* **1** condimentar **2** apimentar

spicy *adj.* **1** condimentado **2** picante

spider *n.* 👁 aranha; **spider's web:** teia de aranha

spin *n.* **1** rotação **2** passeio de carro ◆ *v.* rodar

spinach *n.* espinafre

spinal *adj.* espinal; vertebral; **spinal column:** coluna vertebral

spine *n.* **1** espinho **2** (corpo) espinha dorsal **3** (livro) lombada

spiral *n.* espiral; **spiral staircase:** escada de caracol; (caderno, livro) **spiral binding:** argolas em espiral

spirit *n.* espírito; alma; **to be in good/high spirits:** estar bem disposto

spite *n.* rancor; ódio; **in spite of:** apesar de

splash *n.* [*pl.* splashes] salpico ◆ *v.* **1** chapinhar **2** salpicar

splendid *adj.* esplêndido

spoil *v.* estragar

spoilt *adj.* **1** estragado **2** (criança, pessoa) mimado

spokesman *n.* [*pl.* spokesmen] porta-voz

spokesperson *n.* porta-voz

spokeswoman *n.* [*pl.* spokeswomen] porta-voz

sponge *n.* esponja

sponsor *n.* patrocinador ◆ *v.* patrocinar

spontaneous *adj.* espontâneo

spoon *n.* colher

sport *n.* **1** 🏸 desporto **2** passatempo

sportive *adj.* brincalhão

sports *adj.* desportivo

sportsman *n.* [*pl.* sportsmen] desportista

sportswear *n.* roupa desportiva

sportswoman *n.* [*pl.* sportswomen] desportista

spot *n.* **1** mancha **2** (no corpo) sinal **3** local ◆ *v.* **1** manchar **2** (*informal*) localizar

spotlight *n.* **1** holofote; projetor **2** (*figurado*) figura pública

spouse *n.* esposa; esposo

spray *n.* **1** líquido espalhado em gotas finas **2** vaporizador ◆ *v.* borrifar

spring *n.* **1** (estação do ano) primavera **2** nascente (de água) **3** salto **4** mola ◆ *v.* **1** saltar **2** brotar **3** surgir

springboard *n.* **1** trampolim **2** (natação) prancha de saltos

sprinkle *n.* **1** salpico **2** chuvisco ◆ *v.* **1** borrifar **2** chuviscar

sprout *n.* (flor, planta) rebento; botão ◆ *v.* **1** brotar **2** (*figurado*) surgir

spy *n.* [*pl.* spies] espião ◆ *v.* **1** espiar **2** vigiar

square *adj.* quadrado ◆ *n.* **1** quadrado **2** praça ◆ *v.* (*matemática*) elevar ao quadrado

squash *n.* abóbora

squirrel *n.* 👁 esquilo

stadium *n.* [*pl.* stadiums] estádio; **football stadium:** estádio de futebol

staff *n.* [*pl.* staffs] **1** (empresa) pessoal **2** (escola, universidade) corpo docente

stage *n.* **1** palco; estrado **2** período; fase ♦ *v.* **1** encenar **2** representar

staircase *n.* escadaria

stairs *n.pl.* escadas; **to fall down the stairs:** cair das escadas (abaixo)

stall *n.* **1** estábulo **2** (em feira) banca

stamp *n.* **1** selo **2** carimbo ♦ *v.* **1** (carta) selar **2** (documento) carimbar

stand *n.* **1** posto de venda **2** quiosque **3** posição **4** bancada ♦ *v.* **1** estar de pé **2** ficar parado **3** suportar

standard *n.* **1** padrão **2** norma **3** média ♦ *adj.* **1** exemplar **2** normal

staple *n.* agrafo ♦ *v.* agrafar

stapler *n.* agrafador

star *n.* **1** estrela; astro **2** (figurado) celebridade

stare *v.* olhar fixamente; **to stare at something/somebody:** olhar fixamente para algo/alguém

starfish *n.* estrela-do-mar

start *n.* início; princípio; **from the start:** desde o princípio ♦ *v.* começar; **to start from scratch:** começar do zero

starter *n.* (numa refeição) entrada

starve *v.* passar fome

starving *adj.* esfomeado

state *n.* **1** estado; **state of mind:** estado de espírito **2** governo; Estado ♦ *v.* declarar

statement *n.* declaração; afirmação

station *n.* **1** estação; **service station:** estação de serviço **2** (de autocarros) paragem

statue *n.* estátua

stay *n.* estadia ♦ *v.* **1** ficar **2** demorar-se

steady *adj.* firme; seguro

steak *n.* bife; **grilled steak:** bife grelhado

steal *v.* roubar

steam *n.* vapor; **steam engine:** máquina a vapor ♦ *v.* cozer em vapor

steel *n.* aço ♦ *v.* endurecer

step *n.* **1** passo; **step by step:** passo a passo **2** medida; **to take steps:** tomar medidas **3** degrau ♦ *v.* **1** andar **2** pisar

stepdaughter *n.* enteada

stepfather *n.* padrasto

stepmother *n.* madrasta

stepsister *n.* meia-irmã

stereo *n.* aparelhagem de som

sterling *n.* (moeda) libra esterlina

stethoscope *n.* estetoscópio

stew *n.* (culinária) estufado ♦ *v.* estufar

stick *n.* **1** pau **2** galho **3** bengala ♦ *v.* espetar

sticker *n.* autocolante

still *adv.* ainda ♦ *adj.* **1** quieto **2** calmo **3** (bebida) sem gás

stilt *n.* estaca

sting *v.* **1** picar **2** doer ♦ *n.* **1** ferrão **2** picadela **3** dor aguda

stock *n.* reserva; stock; **out of stock:** esgotado

stockings *n.* meias

stomach *n.* estômago; barriga

stone *n.* **1** pedra **2** pedra preciosa

stool *n.* banco

stop *v.* **1** parar **2** (máquina) desligar ♦ *n.* **1** interrupção; pausa **2** fim

stopwatch *n.* cronómetro

storage *n.* armazenamento

store n. 1 armazém comercial 2 (EUA) loja ♦ v. armazenar

stork n. cegonha

storm n. tempestade; temporal

stormy adj. tempestuoso

story n. [pl. stories] 1 história; **to tell a story:** contar uma história 2 (EUA) piso; andar

stove n. 1 fogão 2 forno

straight adj. 1 reto; direito 2 (cabelo) liso 3 (pessoa) sincero 4 (resposta) claro ♦ adv. 1 em linha reta 2 imediatamente 3 corretamente

strange adj. 1 estranho 2 desconhecido

stranger n. estranho; desconhecido

strategy n. estratégia

stratosphere n. estratosfera

straw n. 1 palha 2 (para beber) palhinha

strawberry n. [pl. strawberries] 1 👁 (fruto) morango 2 (planta) morangueiro

street n. rua; **to cross the street:** atravessar a rua

stress n. 1 pressão; stress 2 ênfase 3 acento tónico ♦ v. 1 realçar; salientar 2 acentuar

stressful adj. desgastante; cansativo

stretch v. 1 esticar-se 2 espalhar-se ♦ n. [pl. streches] 1 elasticidade 2 (ginástica) alongamento

strict adj. 1 (pessoa) severo 2 (regra) rígido

stride v. andar a passos largos ♦ n. passada

strike v. 1 chocar com 2 fazer greve ♦ n. greve; **general strike:** greve geral; **to be on strike:** estar em greve

string n. 1 cordel; fio 2 corda (de instrumento musical)

strip v. despir(-se) ♦ n. tira; faixa

stripe n. risca

stroke n. 1 derrame cerebral 2 (natação) braçada 3 (no olfe) tacada 4 (sino, relógio) badalada ♦ v. acariciar (um animal)

stroll v. passear ♦ n. passeio (breve)

strong adj. 1 (físico) forte; vigoroso 2 (material) robusto; resistente 3 (cheiro, cor) intenso

structure n. 1 estrutura 2 construção ♦ v. 1 estruturar 2 planificar

struggle v. 1 lutar; **to struggle with:** lutar com 2 esforçar-se; **to struggle to:** esforçar-se por /para ♦ n. luta

stubborn adj. teimoso

stuck adj. 1 encravado; preso 2 (veículo) atolado

student n. estudante; aluno(a)

studio n. estúdio

study n. [pl. studies] 1 estudo 2 gabinete de trabalho ♦ v. 1 investigar 2 estudar

stuff n. 1 (informal) coisa 2 (informal) tralha ♦ v. 1 encher 2 (culinária) rechear

stumble v. tropeçar ♦ n. tropeção

stupid adj. estúpido; parvo

style n. 1 estilo 2 modo 3 bom gosto

subject n. 1 assunto; **to change the subject:** mudar de assunto 2 (na escola) disciplina 3 (frase) sujeito

submarine adj. e n. submarino

substance n. 1 substância 2 veracidade

substitute adj. e n. substituto; suplente ♦ v. substituir

a b c d e f g h i j k l m n o p q r s t u v w x y z

subtitle *n.* **1** (livro, texto) subtítulo **2** (cinema, televisão) legenda

subtract *v.* subtrair; **to subtract 10 from 30:** subtrair 10 a 30

subtraction *n.* subtração

suburb *n.* subúrbio

suburban *adj.* suburbano

subway *n.* **1** passagem subterrânea **2** *(EUA)* metro

succeed *v.* ter êxito

success *n.* [*pl.* successes] sucesso; êxito

successful *adj.* bem-sucedido

such *adj. e pron.* **1** tal; **such as:** tal como **2** tão; **you're such a fool!:** és tão tolo!

suck *v.* **1** sugar **2** chupar **3** mamar ◆ *n.* **1** sucção **2** chupadela

sudden *adj.* súbito; **all of a sudden:** de repente

suddenly *adv.* subitamente

suffer *v.* sofrer

sugar *n.* açúcar; **sugar bowl:** açucareiro ◆ *v.* adoçar

suggest *v.* sugerir

suggestion *n.* sugestão; **to make a suggestion:** dar uma sugestão

suit *n.* **1** (roupa) fato **2** (cartas de jogar) naipe ◆ *v.* **1** ser conveniente **2** assentar bem

suitable *adj.* adequado

suitcase *n.* mala de viagem

suite *n.* (quarto, peça musical) suite

sulk *v.* amuar ◆ *n.* amuo

sum *n.* **1** soma; adição **2** quantia ◆ *v.* somar

summary *n.* [*pl.* summaries] resumo; **in summary:** em resumo; resumindo

summer *n.* verão; **summer holidays:** férias de verão

sun *n.* 👁 Sol

sunbathe *v.* tomar banho(s) de sol

sunburn *n.* escaldão

Sunday *n.* domingo

sunflower *n.* girassol

sunglasses *n.pl.* óculos de sol

sunny *adj.* soalheiro; **sunny spell:** aberta (no tempo)

sunrise *n.* nascer do sol

sunscreen *n.* protetor solar

sunset *n.* pôr do sol; ocaso

sunshine *n.* luz do sol

suntan *n.* bronzeado; (creme) **suntan lotion:** bronzeador; **to get a suntan:** bronzear-se

super *adj.* *(informal)* fantástico; espetacular ◆ *adv.* *(EUA)* *(informal)* super

superiority *n.* superioridade

superman *n.* [*pl.* supermen] super--homem

supermarket *n.* supermercado

supernatural *adj. e n.* sobrenatural

superstition *n.* superstição

superstitious *adj.* supersticioso

superwoman *n.* [*pl.* superwomen] super-mulher

supper *n.* jantar; **to have supper:** jantar

supply *v.* fornecer ◆ *n.* fornecimento

support *n.* **1** apoio; **financial support:** apoio financeiro **2** defesa; **in**

support of: em defesa de ◆ v.
1 apoiar 2 sustentar

suppose v. 1 supor; imaginar; **I
suppose not:** suponho que não
2 crer; julgar; **I don't suppose he
will come:** não creio que ele venha

supreme adj. supremo; vital

sure adj. certo; seguro; **for sure:** de
certeza

surely adv. seguramente; de certeza

surf n. (ondas) rebentação ◆ v. (des-
porto) surfar

surface n. superfície; **on the sur-
face:** à superfície ◆ adj. superficial

surfboard n. (desporto) prancha de
surf

surfer n. surfista

surfing n. (desporto) surf

surgeon n. cirurgião

surgery n. [pl. surgeries] 1 cirurgia;
operação 2 consultório

surname n. apelido; sobrenome

surprise n. surpresa; **what a sur-
prise!:** que surpresa! ◆ v. surpreen-
der

surrender v. render-se; **to surren-
der to:** render-se a ◆ n. rendição

surroundings n. arredores

survey n. 1 inquérito; sondagem
2 vistoria; inspeção ◆ v. 1 fazer um
inquérito 2 inspecionar

survive v. sobreviver a; **to survive
a fire:** escapar a um incêndio

suspect adj. e n. suspeito ◆ v. sus-
peitar de; desconfiar de

suspicious adj. desconfiado

swallow v. engolir ◆ n. 1 andorinha
2 gole; trago

swan n. cisne

sweat n. suor; transpiração ◆ v. suar;
transpirar

sweater n. camisola; pulôver

sweatshirt n. camisola de algodão

Sweden n. Suécia

Swedish adj. sueco ◆ n. 1 (língua)
sueco 2 (pessoa) sueco; **the Swedish:**
os suecos

sweet adj. 1 👁 (sabor) doce 2 (pessoa)
amoroso 3 (atitude) gentil ◆ n. doce;
guloseima

swim v. 1 nadar 2 boiar; flutuar ◆ n.
natação; **to go for a swim:** ir nadar

swimmer n. nadador

swimming n. natação; **swimming
pool:** piscina

swimsuit n. fato de banho

swing n. 1 baloiço 2 oscilação ◆ v.
balançar

Swiss adj. e n. suíço; **the Swiss:** os
suíços

switch n. [pl. switches] 1 interruptor;
to turn the switch on/off: ligar/des-
ligar o interruptor 2 mudança

Switzerland n. Suíça

sword n. espada; **to draw one's
sword:** desembainhar a espada

syllable n. sílaba

symbol n. símbolo

symbolic adj. simbólico

symphony n. [pl. symphonies] sin-
fonia

symptom n. sintoma

synonym n. sinónimo

synonymous adj. sinónimo

synthetic adj. sintético

system n. 1 sistema; **nervous sys-
tem:** sistema nervoso 2 método; **to
lack system:** não ter método

a b c d e f g h i j k l m n o p q r s t u v w x y z

t T

t *n.* (letra) t

table *n.* mesa; **to lay/set the table:** pôr a mesa; **table tennis:** ténis de mesa; pingue-pongue

tablespoon *n.* colher de sopa

tag *n.* 1 etiqueta 2 (jogo) caçadinhas; **to play tag:** brincar às caçadinhas

tail *n.* (animal) cauda; rabo

tailor *n.* alfaiate; costureiro

take *v.* 1 tomar; **to take a drink:** tomar uma bebida 2 levar; **to take an umbrella:** levar um guarda-chuva 3 pegar em; **to take someone's hand:** pegar na mão de alguém

tale *n.* história; conto; **fairy tale:** conto de fadas

talent *n.* talento

talented *adj.* talentoso

talk *v.* conversar; falar ◆ *n.* conversa

talkative *adj.* falador

tall *adj.* alto; **how tall are you?:** quanto medes?

tame *adj.* manso ◆ *v.* domesticar

tamer *n.* domador; **lion tamer:** domador de leões

tan *n.* bronzeado ◆ *v.* bronzear(-se)

tangerine *n.* tangerina

tank *n.* 1 (militar) tanque 2 (de gasolina) depósito

tap *n.* 1 torneira 2 pancada ligeira; palmada

tape *n.* fita; **adhesive tape:** fita adesiva ◆ *v.* gravar

tapestry *n.* [pl. tapestries] tapeçaria

target *n.* alvo; **to shoot at the target:** atirar ao alvo

tart *n.* (doce) torta; tarte

task *n.* tarefa

taste *n.* 1 paladar; sabor; **salty taste:** sabor salgado 2 gosto; **bad/good taste:** mau/bom gosto ◆ *v.* 1 provar; **taste this cheese:** prova este queijo 2 saber a; **the cookie tastes like honey:** a bolacha sabe a mel

tasty *adj.* saboroso

tattoo *n.* tatuagem

Taurus *n.* (constelação, signo) Touro

tax *n.* [pl. taxes] imposto; **free of tax:** isento de impostos

taxi *n.* [pl. taxis] táxi; **to take a taxi:** apanhar um táxi; **to call a taxi:** chamar um táxi

tea *n.* 1 chá; **a cup of tea:** uma chávena de chá 2 lanche; **what do you want for tea?:** o que queres lanchar?

teach *v.* ensinar

teacher *n.* professor(a)

teaching *n.* 1 ensino; **teaching staff:** corpo docente 2 ensinamento

teacup *n.* chávena de chá

team *n.* equipa; **football team:** equipa de futebol

teapot *n.* 👁 bule

tear *n.* **1** lágrima **2** rasgão ◆ *v.* rasgar

teardrop *n.* lágrima

tease *v.* arreliar; implicar com

teaspoon *n.* colher de chá

technician *n.* técnico

technique *n.* técnica

technology *n.* tecnologia

teddy bear *n.* 👁 urso de peluche

teenage *adj.* adolescente; juvenil

teenager *n.* adolescente

telegram *n.* telegrama

telephone *n.* telefone; *(EUA)* **telephone booth:** cabina telefónica; *(GB)* **telephone box:** cabina telefónica ◆ *v.* telefonar

television *n.* televisão; **to watch television:** ver televisão

tell *v.* **1** dizer; **to tell the truth:** dizer a verdade **2** contar; **to tell a story:** contar uma história

telly *n. (informal)* televisão

temper *n.* temperamento; carácter

temperature *n.* **1** temperatura **2** febre; **to have a temperature:** ter febre

temptation *n.* tentação

ten *num.card. e n.* dez

tend *v.* ter tendência (para)

tendency *n.* tendência

tender *adj.* **1** *(pessoa)* terno **2** *(alimento)* tenro

tenderness *n.* ternura

tennis *n.* ténis; **tennis player:** tenista; **to play tennis:** jogar ténis

tense *adj.* tenso

tent *n.* tenda

tenth *adj. e num.ord.* décimo

term *n.* **1** *(escola)* período letivo **2** prazo; limite

terrace *n.* terraço

terrible *adj.* terrível

terrific *adj.* espantoso; formidável

terrify *v.* aterrorizar

terrifying *adj.* assustador

territory *n.* [*pl.* territories] território

terror *n.* terror; pavor

terrorism *n.* terrorismo

terrorist *n.* terrorista

test *n.* teste; prova; **oral/written test:** prova oral/escrita ◆ *v.* testar

testament *n.* testamento

testicle *n.* testículo

testify *v.* testemunhar

testimony *n.* [*pl.* testimonies] testemunho

text *n.* texto

textbook *n.* manual escolar

textile *adj.* têxtil

Thames *n.* *(rio)* Tamisa

than *conj.* que; do que; **there are more girls than boys:** há mais raparigas do que rapazes

thank *v.* agradecer; **no, thank you!:** não, obrigado!; **thank you!:** obrigado!

thankful *adj.* agradecido; grato; **to be thankful for something:** estar grato por alguma coisa

thanks *interj. (informal)* obrigado ◆ *n.pl.* agradecimentos

thanksgiving *n.* ação de graças; *(EUA)* **Thanksgiving Day:** Dia de Ação de Graças

a
b
c
d
e
f
g
h
i
j
k
l
m
n
o
p
q
r
s
t
u
v
w
x
y
z

that *adj. e pron.dem.* [*pl.* those] **1** aquele; aquela; **that man:** aquele homem **2** isso; **after that:** depois disso **3** esse; essa; **at that moment:** nesse momento **4** aquilo; **what's that?:** o que é aquilo? ◆ *pron.rel.* [*pl.* those] que; quem; **the girl that works at the library:** a rapariga que trabalha na biblioteca ◆ *conj.* que; **I know that you study here:** eu sei que estudas aqui

the *art.def.* o(s); a(s); **the car:** o carro; **the school:** a escola

theatre *n.* teatro

theft *n.* roubo

their *det.poss.* seu(s); sua(s); dele(s); dela(s); **their book:** o livro deles

theirs *pron.poss.* o(s) seu(s); a(s) sua(s); deles; delas; **a friend of theirs:** um amigo deles

them *pron.pess.* os; as; eles; elas; lhes; **I don't see them:** não os vejo; **it's them:** são eles

themselves *pron.pess.refl.* **1** eles mesmos; elas mesmas **2** se; a si mesmos; **they cut themselves:** cortaram-se

then *adv.* **1** então; nessa altura; naquele tempo; **I was very young then:** eu era muito nova nessa altura **2** depois; em seguida; **I'll go to the gym and then to the bank:** vou ao ginásio e depois ao banco ◆ *n.* esse tempo; essa ocasião; essa altura; **by then:** por essa altura

theory *n.* [*pl.* theories] teoria

there *adv.* **1** ali; lá; acolá; **it's over there:** está ali **2** aí; **who is there?:** quem está aí?

therefore *adv. e conj.* por conseguinte; portanto

these *adj. e pron.dem.* estes; estas

they *pron.pess.* eles; elas; **they like singing:** eles gostam de cantar

thick *adj.* **1** (cabelo, tecido) espesso; grosso **2** (nevoeiro, vegetação) denso

thief *n.* [*pl.* thieves] ladrão

thigh *n.* coxa

thin *adj.* magro; fino

thing *n.* coisa; objeto

think *v.* **1** pensar **2** julgar **3** imaginar

third *adj. e num.ord.* terceiro

thirst *n.* sede

thirsty *adj.* sequioso; com sede; **to be thirsty:** ter sede

thirteen *num.card. e n.* treze

thirteenth *adj. e num.ord.* décimo terceiro

thirtieth *adj. e num.ord.* trigésimo

thirty *num.card. e n.* trinta

this *adj. e pron.dem.* [*pl.* these] **1** este; esta; **this morning:** esta manhã **2** isto; **what's this?:** o que é isto? ◆ *adv.* **1** assim; **like this:** assim **2** tão ... como isto; **this high:** tão alto como isto

thorn *n.* espinho; pico

those *adj. e pron.dem.* esses; essas; aqueles; aquelas

though *conj.* ainda que; embora ◆ *adv.* todavia; contudo

thought *n.* pensamento

thousand *n.* milhar; mil ◆ *adj.* mil

thousandth *num.ord. e n.* milésimo

thread *n.* fio; linha

threat *n.* ameaça

threaten *v.* ameaçar

three *num.card. e n.* três

thrill *n.* emoção; excitação ◆ *v.* emocionar

thrilling *adj.* emocionante

throat *n.* garganta

throne *n.* trono

through *prep.* **1** por; através de; **to walk through the crowd:** andar através da multidão **2** durante; **all through the night:** durante toda a noite

throughout *prep.* **1** em toda a parte; **throughout the world:** em todo o mundo **2** ao longo de; **throughout the year:** durante todo o ano

throw *v.* atirar; lançar

thumb *n.* (dedo) polegar

thunder *n.* trovão; trovoada ◆ *v.* trovejar

thunderbolt *n.* raio; relâmpago

thunderstorm *n.* trovoada; tempestade

Thursday *n.* quinta-feira

thus *adv.* **1** assim; desta maneira **2** por conseguinte; portanto

tibia *n.* [*pl.* tibiae] (osso da perna) tíbia

tick *n.* **1** (animal) carraça **2** (relógio) tiquetaque **3** (teste, documento) sinal; visto

ticket *n.* bilhete; **return ticket:** bilhete de ida e volta; **ticket office:** bilheteira

tickle *n.* cócegas ◆ *v.* fazer cócegas

tide *n.* maré; **at high tide:** na maré alta; **at low tide:** na maré baixa

tidy *adj.* arrumado ◆ *v.* arrumar

tie *n.* **1** (roupa) gravata **2** (jogo) empate ◆ *v.* **1** atar; amarrar **2** empatar

tiger *n.* tigre

tight *adj.* apertado; justo ◆ *adv.* firmemente

tights *n.pl.* meia(s)-calça(s); collants

tile *n.* 👁 azulejo

till *prep.* até; **to wait till tomorrow:** esperar até amanhã

timber *n.* madeira

timbrel *n.* adufe; pandeiro

time *n.* **1** 🖐 tempo; **time flies:** o tempo voa **2** horas; **what time is it?:** que horas são? **3** momento; **the right time:** o momento certo **4** vez; **next time:** para a próxima vez ◆ *v.* cronometrar

timekeeper *n.* cronómetro

timeless *adj.* **1** eterno **2** intemporal

timely *adj.* oportuno

timetable *n.* horário

timid *adj.* tímido

tin *n.* lata; **a tin of beans:** uma lata de feijões

tiny *adj.* muito pequeno; minúsculo

tip *n.* **1** ponta; extremidade **2** gorjeta **3** dica; palpite ◆ *v.* **1** dar uma gorjeta **2** dar um palpite

tiptoe *n.* ponta dos pés; **on tiptoe:** em bicos de pés ◆ *v.* andar na ponta dos pés

tire *n.* *(EUA)* pneu ◆ *v.* cansar(-se)

tired *adj.* **1** cansado **2** aborrecido

tiring *adj.* cansativo

tissue *n.* **1** lenço de papel **2** (corpo humano) tecido

title *n.* título

to *prep.* **1** a; **let's go to the cinema:** vamos ao cinema **2** para; **the road to Lisbon:** a estrada para Lisboa **3** até; **to the end:** até ao fim **4** de; **heir to the throne:** herdeiro do trono

toad *n.* sapo

toast *n.* **1** torrada; **dry toast:** torrada sem manteiga **2** brinde; **to propose a toast to somebody:** propor um brinde à saúde de alguém ◆ *v.* **1** torrar; tostar **2** brindar

toaster *n.* torradeira

a
b
c
d
e
f
g
h
i
j
k
l
m
n
o
p
q
r
s
t
u
v
w
x
y
z

tobacco *n.* tabaco

today *adv.* hoje

toe *n.* dedo do pé

together *adv.* juntos

toilet *n.* **1** casa de banho; lavabos **2** sanita; retrete

tomato *n.* [*pl.* tomatoes] 👁 tomate

tomb *n.* túmulo; sepultura

tomboy *n.* maria-rapaz

tomorrow *adv.* amanhã

ton *n.* tonelada; *(informal)* **tons of people:** muita gente; montes de pessoas

tone *n.* tom; **to change one's tone:** mudar de tom

tongue *n.* **1** língua; **to stick out one's tongue:** deitar a língua de fora **2** idioma; língua

tonight *adv.* esta noite; hoje à noite

too *adv.* **1** muito; **she is too kind:** ela é muito amável **2** demasiadamente; demasiado; **too good to be true:** demasiado bom para ser verdade **3** excessivamente; de mais; **he works too much:** ele trabalha de mais ◆ *conj.* também; **he is a doctor too:** ele também é médico

tool *n.* ferramenta; **tool box:** caixa de ferramentas

tooth *n.* [*pl.* teeth] dente

toothache *n.* dor de dentes

toothbrush *n.* escova dos dentes

toothpaste *n.* pasta de dentes

toothpick *n.* palito

top *n.* **1** cimo; topo; **the top of the hill:** o cimo do monte **2** alto; **from top to bottom:** de cima a baixo **3** o melhor; **the top of the class:** o melhor

da turma **4** (brinquedo) pião; **to spin the top:** fazer girar o pião **5** (roupa) top ◆ *adj.* superior; **top floor:** andar superior

topic *n.* tópico

torch *n.* [*pl.* torches] tocha

tornado *n.* [*pl.* tornadoes] tornado; furacão

tortoise *n.* tartaruga (terrestre)

torture *n.* tortura; tormento ◆ *v.* torturar; atormentar

toss *v.* atirar; lançar; **to toss a coin:** atirar uma moeda ao ar

total *n.* e *adj.* total

totally *adv.* totalmente; completamente

touch *v.* tocar em; mexer em ◆ *n.* [*pl.* touches] **1** (sentido) tato **2** toque; **a gentle touch:** um toque suave **3** contacto; **to keep in touch with:** manter o contacto com

tough *adj.* duro; difícil

tour *n.* viagem organizada; excursão

tourism *n.* turismo

tourist *n.* turista ◆ *adj.* turístico; **tourist visit:** visita turística

tournament *n.* torneio

toward *prep. (EUA)* → **towards**

towards *prep.* **1** para; em direção a; na direção de **2** com respeito a; relativamente a; perante

towel *n.* toalha

tower *n.* torre; (aeroporto) **control tower:** torre de controlo; **Tower of London:** Torre de Londres

town *n.* cidade; **town hall:** câmara municipal

Usa-se **town** *para referir uma cidade pequena, maior do que uma* **village** *(aldeia), mas menor do que uma* **city***.*

toxic *adj.* tóxico

toy *n.* 👁 brinquedo; **toy soldier:** soldadinho de chumbo

toyshop *n.* loja de brinquedos

trace *v.* encontrar; localizar; seguir a pista ◆ *n.* vestígio; rasto; pista

track *n.* **1** pista **2** linha de caminho de ferro **3** pegada; rasto ◆ *v.* seguir a pista de; andar no encalço de

tracksuit *n.* fato de treino

tractor *n.* trator

trade *n.* comércio ◆ *v.* negociar

trader *n.* comerciante; negociante

tradition *n.* tradição

traditional *adj.* tradicional

traffic *n.* tráfego; trânsito de veículos; **closed to the traffic:** fechado ao trânsito; **traffic light:** semáforo; **traffic jam:** engarrafamento

tragedy *n.* [*pl.* tragedies] tragédia

tragic *adj.* trágico

train *n.* **1** comboio; **to catch the train:** apanhar o comboio; **to miss the train:** perder o comboio; **to travel by train:** viajar de comboio **2** sequência; **a train of events:** uma sequência de eventos **3** cauda de vestido ◆ *v.* treinar

trainer *n.* **1** treinador **2** (calçado) sapatilha

training *n.* **1** (profissional) formação **2** (físico) treino

traitor *n.* traidor

tram *n.* elétrico

tramcar *n.* elétrico

transfer *v.* transferir ◆ *n.* **1** transferência **2** transbordo

transform *v.* transformar

transformation *n.* transformação

translate *v.* traduzir; **to translate from English into Portuguese:** traduzir de inglês para português

translation *n.* tradução

transmission *n.* transmissão

transmit *v.* transmitir

transport *n.* 🖐 transporte; **public transport:** transportes coletivos ◆ *v.* transportar

trap *n.* armadilha ◆ *v.* apanhar em armadilha

trash *n.* [*pl.* trashes] *(EUA)* lixo

travel *v.* viajar ◆ *n.* viagem

traveller *n.* viajante

tray *n.* [*pl.* trays] tabuleiro; bandeja

treasure *n.* tesouro; **treasure hunt:** caça ao tesouro ◆ *v.* estimar; apreciar muito

treat *v.* tratar ◆ *n.* prazer; deleite

treatment *n.* tratamento

treaty *n.* [*pl.* treaties] tratado; **peace treaty:** tratado de paz

tree *n.* 👁 árvore; **Christmas tree:** árvore de Natal; **family tree:** árvore genealógica

tremble v. tremer

trendy adj. na moda; moderno

trial n. **1** (tribunal) julgamento **2** teste; ensaio; prova

triangle n. **1** (figura geométrica) triângulo **2** (instrumento musical) ferrinhos

triangular adj. triangular

tribe n. tribo

trick n. **1** truque; **a magic trick:** um truque de magia **2** partida; **to play a trick on:** pregar uma partida a

tricycle n. triciclo

trike n. (informal) triciclo

trip n. **1** viagem **2** excursão; passeio ◆ v. **1** fazer cair **2** tropeçar

triumph n. triunfo; vitória

trolley n. carrinho de compras

troops n.pl. tropas

trophy n. [pl. trophies] troféu

tropic n. trópico

tropical adj. tropical

trouble n. **1** problema **2** incómodo ◆ v. incomodar

trousers n.pl. calças

trout n. (peixe) truta

truck n. camião; **truck driver:** camionista

true adj. **1** verdadeiro **2** real; **true story:** história real

trumpet n. trompete

trunk n. **1** (pessoa, árvore) tronco **2** (elefante) tromba **3** baú; arca

trust n. confiança; **to betray somebody's trust:** trair a confiança de alguém ◆ v. confiar em; **I don't trust you:** não confio em ti

truth n. [pl. truths] verdade

try v. **1** tentar; experimentar **2** (comida, bebida) provar ◆ n. tentativa; **to have another try:** fazer uma nova tentativa

T-shirt n. t-shirt

tube n. **1** tubo **2** (Londres) metropolitano

Tuesday n. terça-feira

tummy n. [pl. tummies] (linguagem infantil) barriga

tuna n. atum

tune n. melodia; música ◆ v. (instrumento musical) afinar

tunnel n. túnel

turkey n. peru

turn v. **1** voltar; virar; **to turn the pages of a book:** virar as páginas de um livro **2** fazer girar **3** ficar; **to turn the key:** rodar a chave **3** ficar; **to turn red:** corar **4** virar-se ◆ n. vez; **it's your turn:** é a tua vez

turnip n. 👁 nabo

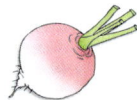

turtle n. tartaruga (marinha)

TV [abrev. de television] televisão

twelfth n. duodécimo

twelve num.card. e n. doze

twentieth adj. e num.ord. vigésimo; **twentieth century:** século XX

twenty num.card. e n. vinte

twice adv. duas vezes; **twice a year:** duas vezes por ano

twilight n. crepúsculo

twin adj. e n. gémeo; (hotel) **twin room:** quarto com duas camas

twist v. **1** torcer; **to twist your wrist:** torcer o pulso **2** distorcer; **to twist the truth:** distorcer a verdade

two num.card. e n. dois

type n. tipo; género ◆ v. digitar (em máquina ou computador)

typical adj. típico

tyre n. pneu; **flat tyre:** pneu furado; **spare tyre:** pneu sobresselente

u *n.* (letra) u

ugliness *n.* fealdade

ugly *adj.* feio; **ugly duckling:** patinho feio

UK [*abrev. de* United Kingdom] Reino Unido

ultimate *adj.* final

ultimately *adv.* **1** finalmente; por fim **2** no fim de contas; no fundo

umbrella *n.* 👁 guarda-chuva; chapéu de chuva; **to put your umbrella down:** fechar o guarda-chuva

unable *adj.* incapaz; **to be unable to help:** não poder ajudar

unattractive *adj.* pouco atraente; feio

unbelievable *adj.* inacreditável

uncertain *adj.* incerto

uncertainty *n.* [*pl.* uncertainties] incerteza; dúvida

uncle *n.* tio

uncomfortable *adj.* desconfortável

uncommon *adj.* invulgar

unconscious *adj.* inconsciente

uncover *v.* destapar

under *prep.* **1** por baixo de; **to wear a sweater under the jacket:** usar uma camisola por baixo do casaco **2** debaixo; **to be under the bed:** estar debaixo da cama **3** sob; **to be under pressure:** estar sob pressão **4** com menos de; **people under twenty:** pessoas com menos de vinte anos

undercover *adj.* secreto; **undercover agent:** agente secreto

underground *adj.* subterrâneo; **underground car park:** parque subterrâneo ♦ *n.* metro (subterrâneo); metropolitano; **to go by underground:** ir de metro; **underground station:** estação de metro

underline *v.* sublinhar

underpants *n.pl.* cuecas (de homem)

understand *v.* compreender; entender

understanding *n.* **1** compreensão **2** entendimento ♦ *adj.* compreensivo

underwater *adj.* submarino; subaquático ♦ *adv.* debaixo de água

underwear *n.* roupa interior

undo *v.* desfazer

undress *v.* despir(-se)

uneasy *adj.* ansioso; preocupado

unemployed *adj. e n.* desempregado; **to be unemployed:** estar desempregado

unemployment *n.* desemprego; **unemployment benefit:** subsídio de desemprego

uneven *adj.* desigual; irregular

unexpected *adj.* inesperado; imprevisto

unexpectedly *adv.* inesperadamente

unfair *adj.* injusto

unfaithful *adj.* infiel

unfold *v.* (jornal, mapa) desdobrar

unforgettable *adj.* inesquecível

unfortunate *adj.* infeliz

unfortunately *adv.* infelizmente

unfriendly *adj.* antipático

unhappiness *n.* infelicidade

unhappy *adj.* infeliz

unhealthy *adj.* **1** pouco saudável; que faz mal **2** (pessoa) adoentado

uniform *adj.* uniforme; constante ♦ *n.* uniforme; farda

unimportant *adj.* sem importância; irrelevante

uninterested *adj.* desinteressado

uninteresting *adj.* desinteressante

union *n.* união; 👁 **Union Jack:** bandeira do Reino Unido

unique *adj.* único; sem igual

unit *n.* unidade

unite *v.* **1** unir; reunir **2** unir-se

united *adj.* unido; conjunto; **United States of America:** Estados Unidos da América

universal *adj.* universal

universe *n.* universo

university *n.* [*pl.* universities] universidade ♦ *adj.* universitário; **to take a university degree:** tirar um curso universitário

unkind *adj.* indelicado; pouco amável

unknown *adj. e n.* desconhecido

unless *conj.* a não ser que; a menos que; **I'll go to the beach unless it rains:** vou à praia, a menos que chova

unlike *adj.* diferente de; **they are quite unlike:** são bastante diferentes ♦ *prep.* ao contrário de; **unlike me, he loves sports:** ao contrário de mim, ele gosta de desporto

unlikely *adj.* pouco provável; improvável

unlimited *adj.* ilimitado

unload *v.* descarregar (carga, arma)

unlock *v.* abrir (com chave); destrancar

unlucky *adj.* sem sorte; azarado; **to be unlucky:** ter azar; ter pouca sorte

unnatural *adj.* artificial

unnecessary *adj.* desnecessário

unpack *v.* **1** (objetos) desempacotar **2** (malas) desfazer

unpleasant *adj.* desagradável

unplug *v.* (tomada) desligar

unpredictable *adj.* imprevisível

unreal *adj.* irreal

unsafe *adj.* perigoso; arriscado

unstable *adj.* instável

unsteady *adj.* instável; pouco firme

unsuitable *adj.* impróprio

untidy *adj.* desarrumado

untie *v.* desatar; desapertar

until *prep.* até; **until now:** até agora

untrue *adj.* falso

unusual *adj.* invulgar; estranho
unwrap *v.* desembrulhar
up *adv.* **1** cima; para cima; **right side up:** com o lado direito para cima **2** em cima; acima; **one floor up:** um andar acima **3** alto; **to turn the volume up:** pôr o volume mais alto **4** até; **up to 20 people:** até 20 pessoas **5** acordado; **to be up all night:** passar a noite toda acordado ◆ *prep.* acima; em cima de; **up the river:** pelo rio acima; *(informal)* **what's up?:** o que se passa?
upgrade *n.* (computador, programa) atualização ◆ *v.* (computador, programa) atualizar
upon *prep.* em; sobre; **upon my word!:** palavra de honra!
upper *adj.* **1** superior; **the upper window:** a janela superior **2** alto; elevado; **upper case:** (letras) maiúsculas
upset *v.* perturbar; afligir ◆ *adj.* perturbado; aflito
upside down *adv.* ao contrário; de pernas para o ar
upstairs *adv.* no andar de cima; lá em cima; **to be upstairs:** estar no andar superior
up-to-date *adj.* atualizado
upward *adj.* ascendente; **upward direction:** sentido ascendente
upwards *adv.* para cima; **to look upwards:** olhar para cima
Uranus *n.* (astronomia, mitologia) Urano
urban *adj.* urbano; citadino
urge *n.* impulso; ímpeto
urgency *n.* urgência; **a matter of great urgency:** um assunto muito urgente
urgent *adj.* urgente

urinate *v.* urinar
urine *n.* urina
us *pron.pess.* **1** nos; a nós; **give us the book:** dá-nos o livro **2** nós; **all of us:** todos nós; **it is us:** somos nós; **with us:** connosco
USA [*abrev. de* United States of America] EUA [*abrev. de* Estados Unidos da América]
usage *n.* **1** uso; utilização **2** tratamento; trato **3** (palavra) uso; emprego **4** (tradição) costume; hábito
use *n.* **1** uso; utilização; **in use:** em uso; **out of use:** fora de uso **2** costume; hábito ◆ *v.* usar; utilizar; **to use a computer:** utilizar um computador
used *adj.* **1** usado; em segunda mão; **used cars:** carros usados **2** habituado; **to be used to:** estar habituado a; **I used to get up early:** eu costumava levantar-me cedo
useful *adj.* útil
usefulness *n.* utilidade
useless *adj.* inútil; escusado; desnecessário
user *n.* utilizador
user-friendly *adj.* fácil de utilizar; acessível
usual *adj.* usual; habitual; **as usual:** como sempre ◆ *n.* o costume; **the usual:** o habitual; o costume
usually *adv.* normalmente; geralmente
utmost *adj.* **1** extremo; **utmost poverty:** miséria extrema **2** máximo; **of (the) utmost importance:** de máxima importância
utter *adj.* completo; total; **to be an utter fool:** ser um perfeito idiota

a
b
c
d
e
f
g
h
i
j
k
l
m
n
o
p
q
r
s
t
u
v
w
x
y
z

v *n.* (letra) v

vacancy *n.* [*pl.* vacancies] **1** vaga; (emprego) **to fill a vacancy:** preencher uma vaga **2** (hotel) quarto livre

vacant *adj.* vago; livre

vacation *n.* (EUA) férias; **to be on vacation:** estar de férias; **to go on vacation:** ir de férias

vaccinate *v.* vacinar

vaccine *n.* vacina; **flu vaccine:** vacina da gripe

vagina *n.* vagina

vain *adj.* **1** vão; **in vain:** em vão **2** (pessoa) vaidoso

valentine *n.* cartão de S. Valentim; **Valentine's Day:** dia de S. Valentim; dia dos namorados

valid *adj.* válido

valley *n.* vale

valuable *adj.* valioso

value *n.* valor ◆ *v.* avaliar

vampire *n.* vampiro

van *n.* (EUA) carrinha

vandal *n.* vândalo

vandalism *n.* vandalismo

vanilla *n.* baunilha ◆ *adj.* de baunilha; **vanilla ice cream:** gelado de baunilha

vanish *v.* desaparecer

vanity *n.* [*pl.* vanities] vaidade

variation *n.* variação; variante

varied *adj.* variado

variety *n.* [*pl.* varieties] variedade

various *adj.* **1** vários **2** variado

varnish *n.* verniz; **nail varnish:** verniz das unhas ◆ *v.* envernizar

vary *v.* variar

vase *n.* jarra; **a vase of flowers:** uma jarra de flores

Vatican *n.* Vaticano

vegetable *adj.* vegetal ◆ *n.* 👁 legume; **green vegetables:** hortaliças

vegetarian *adj. e n.* vegetariano; **vegetarian restaurant:** restaurante vegetariano

vehicle *n.* veículo; viatura; **motor vehicle:** veículo motorizado

veil *n.* véu; **bride's veil:** véu de noiva ◆ *v.* tapar

vein *n.* veia

velvet *n.* veludo

ventilation *n.* ventilação

venue *n.* local

Venus *n.* (astronomia, mitologia) Vénus

verb *n.* verbo

verbal *adj.* oral; verbal

verge *n.* **1** limite **2** borda; margem; **on the verge of tears:** à beira das lágrimas

verse *n.* verso

vertebra *n.* [*pl.* vertebrae] vértebra
vertical *adj. e n.* vertical
very *adv.* **1** muito; **I am very sorry:** sinto muito **2** precisamente; **the very next morning:** precisamente na manhã seguinte ◆ *adj.* **1** precisamente; **at that very instant:** naquele preciso instante **2** mesmo; **at the very beginning:** mesmo no princípio
vessel *n.* barco; embarcação
vest *n.* **1** camisola interior **2** *(EUA)* colete
vet *n.* *(informal)* veterinário
veteran *adj. e n.* veterano
via *prep.* via; passando por; **to travel via London:** viajar via Londres
vibrate *v.* vibrar
vicar *n.* *(religião)* pastor
victim *n.* vítima
victorious *adj.* vitorioso; vencedor
victory *n.* [*pl.* victories] vitória
video *adj. e n.* vídeo; **video game:** videojogo; **video surveillance:** videovigilância
view *n.* **1** vista; **a room with a view:** um quarto com vista; **at first view:** à primeira vista **2** opinião; **in my view:** na minha opinião ◆ *v.* **1** ver **2** considerar
viewer *n.* **1** telespectador **2** visor (de máquina ou aparelho)
viewpoint *n.* ponto de vista
vigilance *n.* vigilância
vigilant *adj.* vigilante
vigor *n.* *(EUA)* → **vigour**
vigorous *adj.* vigoroso
vigour *n.* vigor; energia
Viking *adj. e n.* viking
villa *n.* **1** vivenda **2** casa de campo
village *n.* aldeia
villain *n.* vilão; patife
vine *n.* vinha; videira

vinegar *n.* vinagre
vineyard *n.* vinha
violence *n.* violência
violent *adj.* violento
violet *n.* (flor, cor) violeta
violin *n.* 👁 violino

violinist *n.* violinista
virgin *n.* virgem; *(religião)* **the Virgin Mary:** a Virgem Maria ◆ *adj.* virgem; **virgin forest:** floresta virgem
Virgo *n.* (constelação, signo) Virgem
virtual *adj.* virtual; **virtual reality:** realidade virtual
virtue *n.* virtude
vision *n.* **1** (sentido) vista **2** (sonho) visão
visit *n.* visita; **to pay a visit to:** fazer uma visita a ◆ *v.* visitar
visitor *n.* **1** (pessoa) visita **2** turista; visitante
vista *n.* vista; panorama
visual *adj.* visual
vital *adj.* vital
vitality *n.* vitalidade
vitamin *n.* vitamina; **vitamin C:** vitamina C
vivacious *adj.* alegre; animado
vocabulary *n.* [*pl.* vocabularies] vocabulário
voice *n.* voz; **to raise one's voice:** levantar a voz ◆ *v.* exprimir; dizer

volcanic *adj.* vulcânico; **volcanic eruption:** erupção vulcânica

volcano *n.* [*pl.* volcanoes] 👁 vulcão; **an active volcano:** um vulcão ativo; **an extinct volcano:** um vulcão extinto

volleyball *n. (desporto)* voleibol

volt *n. (eletricidade)* volt

volume *n.* volume

volunteer *n.* voluntário ♦ *v.* **1** (exército) oferecer-se como voluntário **2** (ajuda, sugestão) oferecer

vomit *v.* vomitar ♦ *n.* vómito

vote *n.* **1** voto **2** votação ♦ *v.* **1** votar **2** eleger

voucher *n.* vale de compras

vow *n.* voto; promessa

vowel *n.* vogal

voyage *n.* viagem (longa, por mar ou por ar); travessia; **to go on a voyage to America:** fazer uma viagem (de barco) à América

voyager *n.* viajante

vulgar *adj.* ordinário; grosseiro

vulture *n.* abutre

W

w *n.* (letra) w

wag *v.* abanar; sacudir; (cão) **to wag its tail:** abanar a cauda

wage *n.* ordenado; salário

waist *n.* cinta; cintura

waistcoat *n.* colete

wait *n.* espera ◆ *v.* esperar; **wait for me!:** espera por mim!

waiter *n.* empregado de mesa

waiting *n.* espera; **waiting room:** sala de espera

waitress *n.* empregada de mesa

wake *v.* acordar; despertar

Wales *n.* País de Gales

*O **País de Gales** é um dos quatro países que formam o Reino Unido (juntamente com a Inglaterra, a Escócia e a Irlanda do Norte). Está situado na parte oeste da Grã-Bretanha e faz fronteira a leste com a Inglaterra.*
A capital do País de Gales é Cardiff.

walk *n.* passeio a pé; caminhada; **let's go for a walk:** vamos dar um passeio ◆ *v.* **1** andar a pé; caminhar; **to walk home:** ir a pé para casa **2** percorrer a pé; atravessar; **to walk 5 kilometres:** percorrer 5 quilómetros **3** passear; **to walk the dog:** passear o cão **4** acompanhar; **to walk somebody home:** acompanhar alguém a casa

walker *n.* pessoa que passeia ou que gosta de passear; **baby walker:** voador (para crianças)

walkie-talkie *n.* walkie-talkie

walking *n.* marcha; caminhada; **walking stick:** bengala

wall *n.* **1** 👁 muro **2** parede; (ginásio) **wall bars:** espaldar

wallet *n.* carteira (de documentos)

walnut *n.* **1** (fruto) noz **2** (árvore) nogueira

wand *n.* varinha de condão

wander *v.* vaguear por; percorrer

want *v.* **1** querer; desejar **2** precisar de

wanted *adj.* procurado; **to be wanted by the police:** ser procurado pela polícia

war *n.* guerra; **to be at war with:** estar em guerra com; **to declare war on:** declarar guerra a

wardrobe *n.* roupeiro; guarda-vestidos; guarda-fatos

warehouse *n.* armazém

warm adj. 1 quente; **warm weather:** tempo quente 2 caloroso; **a warm welcome:** uma receção calorosa ◆ v. aquecer

warmth n. calor

warm-up n. (desporto) aquecimento; **warm-up exercises:** exercícios de aquecimento

warn v. avisar; **to warn somebody of something:** avisar alguém de alguma coisa

warning n. aviso; **without warning:** sem aviso; inesperadamente

warrior n. guerreiro

wash n. [pl. washes] lavagem ◆ v. lavar(-se)

washbasin n. lavatório

washing n. roupa para lavar; **to do the washing:** lavar a roupa; **washing machine:** máquina de lavar roupa

wasp n. (inseto) vespa

waste n. 1 desperdício; perda; **waste of time:** desperdício de tempo 2 lixo; **domestic waste:** lixo doméstico ◆ v. desperdiçar; gastar

watch n. [pl. watches] 1 relógio de pulso 2 vigilância; vigia ◆ v. 1 ver; **to watch TV:** ver televisão 2 vigiar; **to watch someone:** vigiar alguém 3 prestar atenção; **watch out!:** presta atenção!

watchdog n. cão de guarda

watchman n. [pl. watchmen] 1 guarda 2 guarda-noturno

water n. água; **a glass of water:** um copo de água ◆ v. regar; **to water the plants:** regar as plantas

watercolour n. aguarela

watercress n. agrião

waterfall n. queda de água; catarata

watering can n. regador

watermelon n. 👁 melancia

waterproof adj. impermeável

water-ski n. esqui aquático

water-skiing n. esqui aquático

wave n. 1 onda 2 (mão) aceno ◆ v. (com a mão) acenar; **to wave goodbye to:** dizer adeus a

wavy adj. ondulado; **wavy hair:** cabelo ondulado

wax n. cera ◆ v. encerar

way n. 1 caminho; via; **by the way:** já agora; a propósito 2 rumo; direção; **look both ways:** olha para ambas as direções 3 maneira; modo; **in a way:** de certo modo; **no way!:** nem pensar!; **way of living:** maneira de viver

WC [abrev. de Water Closet] quarto de banho

we pron.pess. nós

weak adj. fraco

weaken v. enfraquecer

weakness n. 1 fraqueza 2 ponto fraco

wealth n. riqueza

wealthy adj. rico; abastado

weapon n. arma

wear n. 1 roupa 2 uso; desgaste ◆ v. vestir

weasel n. doninha

weather n. 🖐 tempo; condições meteorológicas; **what's the weather like?:** como está o tempo?; **weather vane:** cata-vento

weathercock n. cata-vento

web *n.* 1 teia; **spider's web:** teia de aranha 2 *(informática)* rede; **web page:** página da Internet

wed *v.* casar-se (com)

wedding *n.* casamento; boda; **wedding dress:** vestido de noiva; **wedding ring:** aliança

Wednesday *n.* quarta-feira

wee *n. (informal)* chichi ◆ *v. (informal)* fazer chichi

weed *n.* erva daninha

week *n.* semana; **every week:** todas as semanas; **last week:** na semana passada; **next week:** na próxima semana

weekday *n.* dia útil

weekend *n.* fim de semana

weekly *adj.* semanal ◆ *n.* [*pl.* weeklies] semanário

weigh *v.* pesar

weight *n.* peso

weird *adj.* estranho; esquisito

welcome *adj.* bem-vindo ◆ *n.* boas-vindas; **to welcome somebody:** dar as boas-vindas a alguém; **welcome party:** festa de boas-vindas

well *n.* poço ◆ *adj. e adv.* bem

wellingtons *n.pl.* galochas

well-known *adj.* famoso; célebre

Welsh *adj.* galês ◆ *n.* (língua) galês; **the Welsh:** os galeses

Welshman *n.* [*pl.* Welshmen] galês

west *n.* oeste; ocidente ◆ *adv.* para oeste; em direção ao oeste ◆ *adj.* ocidental

western *adj.* ocidental; **Western Europe:** Europa Ocidental ◆ *n.* (filme de cowboys) western

wet *adj.* molhado; húmido; **wet paint:** pintado de fresco ◆ *v.* molhar; humedecer

whale *n.* 👁 baleia; **sperm whale:** cachalote

what *pron.interr.* 1 que; **what are you doing?:** que estás a fazer? 2 quê; **what for?:** para quê? ◆ *pron.rel.* o que; aquilo que; **tell me what happened:** diz-me o que aconteceu

whatever *adj. e pron.* 1 tudo aquilo que; qualquer coisa que; **whatever you like:** qualquer coisa que queiras 2 seja qual for; **whatever the weather:** seja qual for o tempo

wheat *n.* trigo

wheel *n.* 1 👁 roda 2 volante

wheelchair *n.* cadeira de rodas

when *adv. e conj.* quando

whenever *adv. e conj.* sempre que; **whenever you need me:** sempre que precisares de mim

where *adv.* onde; **where are you from?:** de onde és?

a
b
c
d
e
f
g
h
i
j
k
l
m
n
o
p
q
r
s
t
u
v
w
x
y
z

wherever *adv.* onde quer que seja; **wherever you go:** onde quer que vás

whether *conj.* 1 se; **I don't know whether to go or not:** não sei se vou ou não 2 quer; **whether you like it or not:** quer queiras quer não

which *pron.rel. e interr.* 1 que; **which size?:** que tamanho? 2 qual; **which of the two?:** qual das duas? 3 o que; **she says she lives here, which isn't true:** ela diz que mora aqui, o que não é verdade

while *conj.* 1 enquanto 2 enquanto que; ao passo que; **he likes football, while I prefer tennis:** ele gosta de futebol, enquanto que eu prefiro ténis ♦ *n.* bocado; momento; **to talk for a while:** conversar durante um bocado

whip *n.* chicote ♦ *v.* chicotear

whiskers *n.pl.* (gato, rato) bigodes

whisky *n.* [*pl.* whiskies] uísque

whisper *n.* sussurro; murmúrio ♦ *v.* sussurrar; murmurar

whistle *n.* 1 assobio 2 (comboio) apito ♦ *v.* 1 assobiar 2 (comboio) apitar

white *adj.* branco ♦ *n.* 1 (cor) branco 2 (ovo) clara

who *pron.rel. e interr.* 1 quem; **who is it?:** quem é? 2 que; **the man who lives next door:** o homem que mora ao lado

whole *adj.* todo; completo; **the whole day:** o dia todo

wholemeal *adj.* integral; **wholemeal bread:** pão integral

whose *pron.rel.* 1 de quem; **whose bike is this?:** de quem é esta bicicleta? 2 cujo; cuja; **I met the boy whose sister is in my class:** o rapaz cuja irmã anda na minha turma

why *adv.* porquê; por que razão

wicked *adj.* mau; maldoso

wide *adj.* 1 largo; **wide road:** estrada larga 2 de largura; **to be 6 metres wide:** ter 6 metros de largura 3 vasto; **a wide variety of:** uma grande variedade de

widespread *adj.* generalizado

widow *n.* viúva

widower *n.* viúvo

width *n.* largura

wife *n.* [*pl.* wives] esposa; mulher

wild *adj.* 1 selvagem; **wild animal:** animal selvagem; fera 2 silvestre; **wild flowers:** flores silvestres ♦ *n.* estado selvagem; natureza

wildlife *n.* vida selvagem; **wildlife park:** reserva natural

will *v.* 1 desejar; querer; **do as you will:** faz como quiseres 2 (auxiliar do futuro) **she will come:** ela virá ♦ *n.* 1 vontade; **at one's will:** à vontade 2 testamento

willing *adj.* disposto; **to be willing to do something:** estar disposto a fazer algo

willpower *n.* força de vontade

win *v.* ganhar; vencer ♦ *n.* ganho; vitória

wind *n.* vento ♦ *v.* dar corda a (relógio)

windmill *n.* moinho de vento

window *n.* 1 janela; **window cleaner:** limpa-vidros; **window seat:** lugar à janela 2 montra (de loja)

windsurf *v.* fazer windsurf

windsurfer *n.* praticante de windsurf; windsurfista

windsurfing *n.* windsurf

windy *adj.* ventoso

wine *n.* vinho; **red wine:** vinho maduro; **white wine:** vinho verde; **wine cellar:** adega

wing n. **1** 👁 (de ave) asa **2** (de edifício) ala

wink n. piscadela (de olhos) ♦ v. piscar o olho

winner n. vencedor

winter n. inverno; **winter sports:** desportos de inverno

wipe n. limpeza ♦ v. limpar; **to wipe one's nose:** assoar-se

wiper n. limpa-para-brisas

wire n. **1** arame; **barbed wire:** arame farpado **2** fio elétrico

wisdom n. sabedoria

wise adj. sábio

wish v. **1** desejar; **to wish somebody good luck:** desejar boa sorte a alguém **2** querer; **as you wish:** como queiras ♦ n. desejo; **to make a wish:** pedir um desejo

witch n. [pl. witches] bruxa; feiticeira

witchcraft n. bruxaria; feitiçaria

with prep. **1** com; **with me:** comigo; **with you:** contigo **2** de; **to tremble with fear:** tremer de medo

withdraw v. retirar(-se)

withdrawal n. retirada

within prep. **1** dentro de; **within four walls:** dentro de quatro paredes **2** no espaço de; em menos de; **within an hour:** em menos de uma hora

without prep. sem; **without doubt:** sem dúvida

witness n. [pl. witnesses] testemunha

wizard n. feiticeiro; bruxo

wolf n. [pl. wolves] lobo

woman n. [pl. women] mulher; senhora

womb n. útero; ventre

wonder n. **1** maravilha; **the seven wonders of the world:** as sete maravilhas do mundo **2** admiração; espanto ♦ v. interrogar-se; **I wonder if they'll come:** pergunto-me se eles virão

wonderful adj. maravilhoso; espantoso

wood n. **1** madeira **2** bosque; mata

wooden adj. de madeira; de pau; **wooden leg:** perna de pau

woodpecker n. (ave) pica-pau

woof n. au-au; latido ♦ v. ladrar

wool n. lã

woollen adj. de lã

word n. palavra; **in other words:** por outras palavras; ou seja

work n. **1** trabalho; emprego; **to go to work:** ir trabalhar **2** obra; **work of art:** obra de arte ♦ v. **1** trabalhar; **to work hard:** trabalhar muito **2** funcionar; **the TV doesn't work:** a televisão não funciona

workbook n. livro de exercícios

worker n. trabalhador; operário

working adj. **1** ativo; que trabalha; **working class:** classe operária **2** de trabalho; **working day:** dia de trabalho

workman n. [pl. workmen] trabalhador; operário

workshop n. oficina; atelier

world n. mundo; **all over the world:** em todo o mundo; **world champion:** campeão do mundo

a b c d e f g h i j k l m n o p q r s t u v w x y z

worldwide *adj.* mundial; universal ♦ *adv.* mundialmente; em todo o mundo

worm *n.* verme

worn *adj.* usado; gasto

worried *adj.* preocupado

worry *n.* [*pl.* worries] preocupação ♦ *v.* preocupar(-se); afligir(-se)

worse *adj.* pior; **it's worse than I expected:** é pior do que eu esperava ♦ *adv.* pior; **to get worse:** piorar

worship *n.* (divindade) veneração; adoração ♦ *v.* venerar; prestar culto a (divindade)

worst *adj.* o pior; **the worst job:** o pior trabalho ♦ *adv.* da pior maneira; pior; **we all sing badly, but he sings worst of all:** nós cantamos mal, mas ele é o que canta pior ♦ *n.* o pior; **to be prepared for the worst:** estar preparado para o pior

worth *adj.* digno; merecedor; **to be worth it:** valer a pena ♦ *n.* valor

worthwhile *adj.* que vale a pena

wound *n.* ferida; ferimento ♦ *v.* ferir

wow *interj.* uau!; ena!

wrap *v.* embrulhar

wrapping *n.* [*pl.* wrappings] embrulho; **wrapping paper:** papel de embrulho

wrestle *v.* lutar; andar à luta

wrestling *n.* (desporto) luta

wrinkle *n.* ruga ♦ *v.* enrugar(-se); amarrotar(-se)

wrist *n.* pulso

write *v.* escrever; **to write somebody a letter:** escrever uma carta a alguém

writer *n.* escritor

writing *n.* escrita; caligrafia; letra; **in writing:** por escrito

wrong *adj.* **1** errado; incorreto; **wrong answer:** resposta errada **2** enganado; **to be wrong about something:** estar enganado em relação a alguma coisa **3** moralmente condenável; **lying is wrong:** não se deve mentir ♦ *adv.* mal; erradamente; incorretamente; **to get it all wrong:** perceber tudo mal ♦ *n.* mal; **right and wrong:** o bem e o mal

X x

x *n.* (letra) x

Xmas *(informal)* [*abrev. de* Christmas] Natal

X-ray *n.* [*pl.* X-rays] **1** raio X **2** radiografia ◆ *v.* tirar uma radiografia a; radiografar

xylophone *n.* 👁 xilofone

Y y

y *n.* (letra) y

yacht *n.* iate; **yacht club:** clube náutico; **yacht race:** regata

yard *n.* **1** (unidade de medida) jarda **2** pátio

yawn *v.* bocejar ◆ *n.* bocejo

yeah *adv. (informal)* sim

year *n.* ano; **happy New Year!:** feliz Ano Novo!; **once a year:** uma vez por ano; **school year:** ano letivo; **she's fifteen years old:** ela tem quinze anos

yearly *adj.* anual ◆ *adv.* anualmente

yearn *v.* ansiar; **to yearn for:** ansiar por

yell *v.* gritar; berrar; **don't you yell at me!:** não grites comigo! ◆ *n.* grito; berro; **to give a yell:** dar um berro

yellow *adj. e n.* amarelo; *(desporto)* **yellow card:** cartão amarelo; *(medicina)* **yellow fever:** febre amarela

yes *adv. e n.* sim; **to answer yes or no:** responder sim ou não; **to say yes:** aceitar

yesterday *adv.* ontem; **since yesterday:** desde ontem; **the day before yesterday:** anteontem; **yesterday afternoon:** ontem à tarde; **yesterday morning:** ontem de manhã

yet *adv.* **1** ainda; **not yet:** ainda não **2** já; **has he eaten yet?:** ele já comeu? **3** até; **as yet:** até agora; por enquanto

yoga *n.* ioga; **to practise yoga:** praticar ioga

yoghurt *n.* 👁 iogurte

yoghurt-maker *n.* iogurteira
yogi *n.* [*pl.* yogis] praticante de ioga
yolk *n.* gema de ovo
you *pron.pess.* **1** tu; **you are very nice:** tu és muito simpático **2** você; o senhor; a senhora; **how are you, sir?:** como está o senhor? **3** vós; vocês; **all of you:** todos vocês **4** nós; se; **you can never tell!:** nunca se sabe!
young *adj.* jovem; novo ◆ *n.pl.* os jovens
youngster *n.* jovem
your *det. e pron.poss.* **1** teu; tua; teus; tuas; **your brother:** o teu irmão **2** seu; sua; seus; suas; **your car is ready, sir:** o seu carro está pronto **3** vosso(s); vossa(s); **your**

father is almost here: o vosso pai está quase a chegar
yours *pron.poss.* **1** o teu; a tua; os teus; as tuas; **my eyes are blue and yours are brown:** os meus olhos são azuis e os teus são castanhos **2** o seu; a sua; os seus; as suas; **which car is yours?:** qual destes carros é o seu? **3** o(s) vosso(s); a(s) vossa(s); **some friends of yours:** alguns amigos vossos
yourself *pron.pess.refl.* [*pl.* yourselves] **1** tu mesmo; ti mesmo; **don't hurt yourself:** não te magoes **2** si mesmo; si mesma; o senhor mesmo; a senhora mesma; **you can do it yourself, sir:** pode fazê-lo o senhor mesmo
youth *n.* **1** juventude; **youth hostel:** pousada da juventude **2** jovem
yo-yo *n.* ioió
yummy *adj.* (informal) delicioso; saboroso ◆ *interj.* (informal) que delícia!; que bom!

Zz

z *n.* (letra) z
zeal *n.* zelo
zealous *adj.* zeloso
zebra *n.* 👁 zebra; **zebra crossing:** passadeira para peões

zero *n.* [*pl.* zeros] **1** zero; **ten degrees below zero:** dez graus abaixo de zero **2** nada

zest *n.* **1** entusiasmo **2** satisfação
zestful *adj.* animado; entusiástico
zigzag *n.* ziguezague ◆ *v.* andar aos ziguezagues
zinc *n.* (química) zinco
zip *n.* fecho éclair ◆ *v.* **1** fechar com fecho éclair **2** zipar (um ficheiro)
zip code *n.* (EUA) código postal
zipper *n.* (EUA) fecho-éclair
zodiac *n.* Zodíaco; **signs of the zodiac:** signos do Zodíaco
zone *n.* zona; área
zoo *n.* [*pl.* zoos] **1** jardim zoológico **2** (informal) confusão; balbúrdia
zoological *adj.* zoológico
zoologist *n.* zoólogo
zoology *n.* zoologia

Quadros temáticos

The colours
As cores

black
preto

blue
azul

green
verde

brown
castanho

grey
cinzento

orange
cor-de-laranja

pink
cor-de-rosa

violet
violeta

red
vermelho

yellow
amarelo

purple
roxo

white
branco

My classroom
A minha sala de aula

to write
escrever

pupil
aluno

to draw
desenhar

to read
ler

1. **blackboard** quadro preto
2. **chalk** giz
3. **coloured pencil** lápis de cor
4. **pen** caneta
5. **notebook** caderno
6. **scissors** tesoura
7. **glue** cola
8. **sheet of paper** folha de papel
9. **pencil case** estojo
10. **desk** secretária
11. **rubber** borracha
12. **ruler** régua
13. **pencil sharpener** aguça
14. **pencil** lápis
15. **book** livro
16. **chair** cadeira
17. **rucksack** mochila
18. **crayon** lápis de cera
19. **felt-tip** caneta de feltro
20. **bookshelf** estante

teacher professora

to colour pintar

My family
A minha família

grandfather/grandad
avô

grandmother/grandma
avó

uncle
tio

mother/mum
mãe/mamã

friend
amiga

sister
irmã

me
eu

grandfather/
grandad
avô

grandmother/
grandma
avó

father/dad
pai/papá

aunt
tia

uncle
tio

brother
irmão

cousin
primo

friend
amigo

My body
O meu corpo

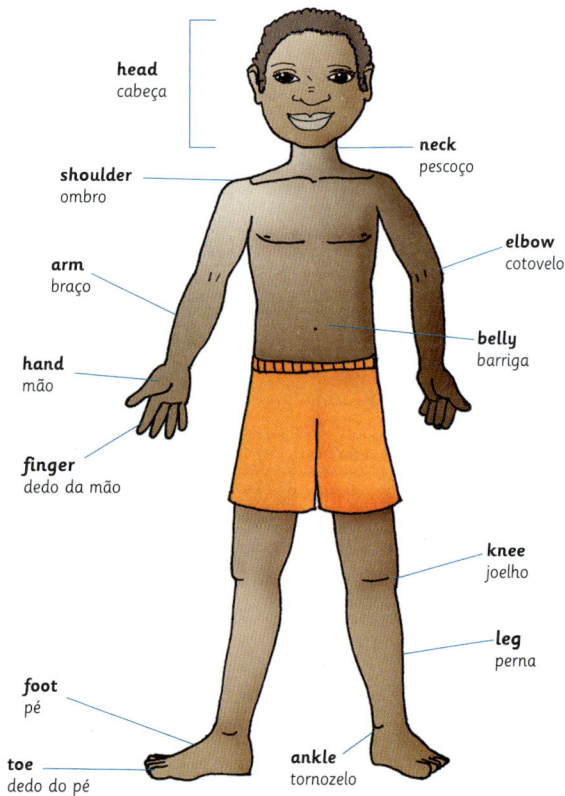

head
cabeça

neck
pescoço

shoulder
ombro

elbow
cotovelo

arm
braço

belly
barriga

hand
mão

finger
dedo da mão

knee
joelho

leg
perna

foot
pé

ankle
tornozelo

toe
dedo do pé

My face
A minha cara

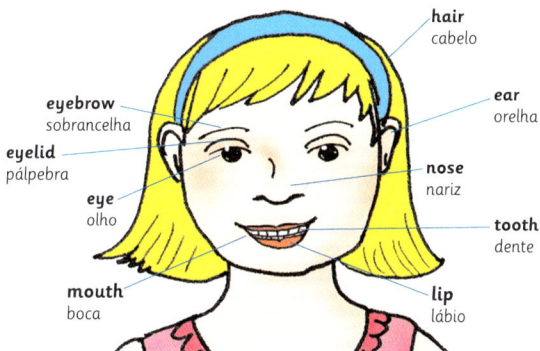

hair
cabelo

eyebrow
sobrancelha

eyelid
pálpebra

eye
olho

mouth
boca

ear
orelha

nose
nariz

tooth
dente

lip
lábio

blonde hair
cabelo louro

red hair
cabelo ruivo

grey hair
cabelo grisalho

dark hair
cabelo escuro

Birthdays
Aniversários

balloon
balão

crown
coroa

birthday card
postal de
aniversário

birthday cake
bolo de aniversário

sandwich
sanduíche

biscuit
biscoito

birthday present
prenda de anos

Months and seasons of the year
Meses e estações do ano

January	February	March
janeiro	fevereiro	março
1	2	3
April	**May**	**June**
abril	maio	junho
4	5	6
July	**August**	**September**
julho	agosto	setembro
7	8	9
October	**November**	**December**
outubro	novembro	dezembro
10	11	12

Monday Tuesday Wednesday Thursday Friday Saturday Sunday

winter
inverno

spring
primavera

summer
verão

autumn
outono

179

My home
A minha casa

chimney
chaminé

attic
sótão

balcony
varanda

bedroom
quarto

bathroom
casa de banho

pantry
despensa

living-room
sala de estar

toilet
casa de banho

hall
entrada

1 **desk** secretária
2 **computer** computador
3 **radio** rádio
4 **bed** cama
5 **bedside table** mesa de cabeceira
6 **lamp** candeeiro
7 **wardrobe** guarda-vestidos
8 **bath** banheira
9 **washbasin** lavatório
10 **painting** quadro
11 **mat** tapete
12 **chair** cadeira

13 **table** mesa
14 **shelf** prateleira
15 **sofa** sofá
16 **armchair** poltrona
17 **fireplace** lareira
18 **TV** televisão
19 **toilet** sanita
20 **mirror** espelho
21 **telephone** telefone
22 **stairs** escadas
23 **cupboard** armário
24 **cooker** fogão
25 **sink** banca

roof
telhado

garage
garagem

dining-room
sala de jantar

garden
jardim

kitchen
cozinha

gate
portão

The weather
O tempo

it's hot
está calor

it's rainy
está de chuva

it's stormy
está trovoada

it's cold
está frio

it's sunny
está sol

it's windy
está vento

it's snowy
está a nevar

it's cloudy
está nublado

it's foggy
está nevoeiro

The time
As horas

What time is it?
Que horas são?

it's half past nine
são nove e meia

it's a quarter past six
são seis e um quarto

it's a quarter to three
são três menos um quarto

it's midday/midnight
é meio-dia/meia-noite

it's six o'clock
são seis horas

it's five past nine
são nove e cinco

Sports
Desportos

basketball
basquetebol

ballet
ballet

handball
andebol

karate
karaté

roller skating
andar de patins

volleyball
voleibol

cycling
ciclismo

skateboarding
andar de skate

skiing
esqui

canoeing
canoagem

swimming
natação

running
corrida

football
futebol

tennis
ténis

judo
judo

Food
Alimentos

Breakfast
Pequeno-almoço

pineapple
ananás

cheese
queijo

orange juice
sumo de laranja

banana
banana

kiwi
quivi

bread
pão

muffin
queque

milk
leite

Lunch
Almoço

water
água

chicken
frango

salad
salada

apple
maçã

crisps
batatas fritas

lemon
limão

hamburger
hambúrguer

meat
carne

pizza
piza

tomato
tomate

spaghetti
esparguete

Tea
Lanche

cake
bolo

melon
melão

watermelon
melancia

tea
chá

grape
uva

biscuit
biscoito

nut
noz

yoghurt
iogurte

strawberry
morango

Dinner
Jantar

fish
peixe

lettuce
alface

pear
pera

potato
batata

chips
batatas fritas

egg
ovo

ice cream
gelado

rice
arroz

carrot
cenoura

mulberry
amora

orange
laranja

Clothes
Roupa

shirt
camisa

shorts
calções

sweatshirt
camisola de algodão

underpants
cuecas

scarf
cachecol

socks
meias

coat
casaco

knickers
calcinhas

nightdress
camisa de noite

dress
vestido

blouse
blusa

dressing-gown
roupão

jeans
calças de ganga

hat
chapéu

shoes
sapatos

sandals
sandálias

boots
botas

tracksuit
fato de treino

slippers
pantufas

pyjamas
pijama

skirt
saia

trousers
calças

jacket
casaco

jumper
camisola

top
top

cap
gorro

trainers
sapatilhas

T-shirt
t-shirt

tights
meia-calça

189

Transport
Transporte

underground
metro

car
carro

boat
barco

bicycle
bicicleta

aeroplane
avião

rocket
foguetão

bus
autocarro

helicopter
helicóptero

motorbike
mota

ship
navio

jeep
jipe

taxi
táxi

Pets
Animais de estimação

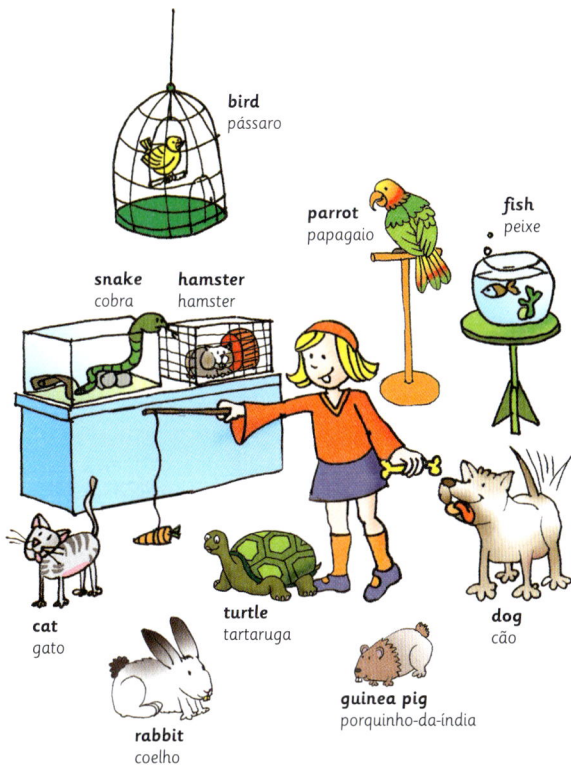

bird
pássaro

parrot
papagaio

fish
peixe

snake
cobra

hamster
hamster

cat
gato

turtle
tartaruga

dog
cão

rabbit
coelho

guinea pig
porquinho-da-índia

Português

·

Inglês

A

a (á) *n.m.* (letra) a

a (â) *det.art.def.f.* the; **comi a sopa:** I ate the soup; **as duas raparigas:** the two girls ♦ *pron.pess.f.* **1** (pessoa) her; **ele encontrou-a:** he met her **2** (você) you; **eu vi-a ontem:** I saw you yesterday **3** (objeto) it; **eu vi a mala e levei-a:** I saw the bag and took it ♦ *pron.dem.f.* that; the one; **a que está ali:** the one over there ♦ *prep.* **1** (direção) to; **ir à escola:** to go to school **2** (posição) at; by; on; **à direita:** on the right; **à mesa:** at the table **3** (tempo) at; in; **à tarde:** in the afternoon; **daqui a um mês:** in a month **4** (modo) by; on; with; **a cavalo:** on horseback; **à mão:** by hand; **a pé:** on foot

aba *n.f.* **1** (de casaco) flap **2** (de chapéu) brim

abacaxi *n.m.* 👁 pineapple

abade *n.m.* abbot

abadessa *n.f.* abbess

abadia *n.f.* abbey

abaixar *v.* **1** to lower **2** (som, rádio) to turn down

abaixo *adv.* down; below; **pelas escadas abaixo:** down the stairs ♦ *prep.* under; below; **6 graus abaixo de zero:** 6 degrees below zero

abanar *v.* to shake; **abanar a cabeça (para dizer não):** to shake one's head

abandonado *adj.* **1** (animal, pessoa, projeto) abandoned **2** (lugar) deserted

abandonar *v.* **1** to abandon; **abandonar o navio!:** abandon ship! **2** to leave; **abandonar a sala:** to leave the room

abastecer *v.* to provide; to supply

abastecimento *n.m.* **1** supply **2** (de combustível) refuelling

abater *v.* **1** (animal) to slaughter **2** (pessoa) to shoot **3** (árvore) to cut down

abatido *adj.* **1** (sem forças) dejected **2** (a tiro) shot

abdicar *v.* to abdicate; **abdicar em favor de:** to abdicate in favour of

abdómen *n.m.* abdomen

abdominais *n.m.pl.* (ginástica) sit-ups

abdominal *adj.2gén.* abdominal

abecedário *n.m.* alphabet

abelha *n.f.* bee; honeybee

abençoar *v.* to bless; **Deus te abençoe!:** God bless you!

aberto *adj.* **1** (porta, janela) open **2** (torneira) running

abóbora *n.f.* 👁 pumpkin; squash

aborrecer *v.* to bore ♦ **aborrecer- -se** to be/get bored
aborrecimento *n.m.* boredom
abraçar *v.* **1** (pessoa) to hug **2** (ideia, projeto) to embrace
abraço *n.m.* hug; **dá cá um abraço:** give me a hug
abre-latas *n.m.2núm.* 👁 *(GB)* tin opener; *(EUA)* can opener

abreviar *v.* to abbreviate; to shorten
abreviatura *n.f.* abbreviation
abrigar *v.* to give shelter to ♦ **abrigar-se** to shelter; **abrigar-se da chuva:** to shelter from the rain
abrigo *n.m.* shelter; **procurar abrigo:** to look for shelter
abril *n.m.* April
abrir *v.* **1** to open; **abre a porta:** open the door **2** (com chave) to unlock **3** (flor) to blossom
absoluto *adj.* absolute
absurdo *adj.* absurd
abusar *v.* to abuse
abuso *n.m.* abuse; **abuso de álcool:** alcohol abuse
abutre *n.m.* vulture
acabar *v.* **1** to finish; to end **2** (atividade) to be over
academia *n.f.* academy
acalmar *v.* **1** (dor) to relieve **2** (pessoa) to calm down
acampamento *n.m.* **1** (ação) camping **2** 👁 (lugar) camp **3** (tropas) camp

acampar *v.* to camp; **ir acampar:** to go camping
ação *n.f.* **1** action; **filme de ação:** action movie **2** deed; **uma boa ação:** a good deed
acaso *n.m.* chance; **por acaso:** by chance
acção *a nova grafia é* **ação**
aceitar *v.* to accept
acelerar *v.* **1** to speed up **2** (veículo) to accelerate
acenar *v.* **1** (com a mão) to wave **2** (com a cabeça) to nod
acender *v.* **1** (lume) to light; **acender um fósforo:** to strike a match **2** to turn on; to switch on; **acender a luz:** to switch on the light
acento *n.m.* **1** (gráfico) accent **2** (tónico) stress
acertar *v.* **1** (no alvo) to hit the target **2** (relógio) to set right
aceso *adj.* **1** (fogo) lit; lighted **2** (luz, aparelho) switched on
acesso *n.m.* **1** entry; **acesso reservado:** no entry **2** (fúria, tosse) fit
acessório *adj.* accessory
achar *v.* **1** (encontrar) to find **2** to think; **acho que não:** I don't think so; **acho que sim:** I think so
acidental *adj.2gén.* accidental
acidente *n.m.* accident; **ter um acidente:** to have an accident
ácido *n.m.* acid ♦ *adj.* (sabor) sour; sharp
acima *adv.* **1** above; **acima de tudo:** above all **2** up; **rio acima:** up the river
aço *n.m.* steel
acolhedor *adj.* cosy
acolher *v.* to welcome

acompanhar *v.* **1** to keep (somebody) company **2** (músico) to accompany

aconselhar *v.* to advise

aconselhável *adj.2gén.* advisable

acontecer *v.* to happen

acordar *v.* **1** (pessoa) to wake (somebody) up **2** (acordo) to agree

acordeão *n.m.* accordion

acordo *n.m.* agreement; **estar de acordo com:** to agree with

acreditar *v.* to believe; **não acredito nela:** I don't believe her

acrescentar *v.* to add

acrobacia *n.f.* acrobatics

actividade *a nova grafia é* **atividade**

activo *a nova grafia é* **ativo**

acto *a nova grafia é* **ato**

actor *a nova grafia é* **ator**

actual *a nova grafia é* **atual**

actuar *a nova grafia é* **atuar**

açúcar *n.m.* sugar; **sem açúcar:** sugar-free

açucareiro *n.m.* 👁 sugar bowl

acusação *n.f.* accusation

acusar *v.* to accuse

adaptação *n.f.* adaptation; adjustment

adaptar *v.* to adapt; to adjust

adepto *n.m.* fan; supporter

adequado *adj.* adequate; suitable

adesivo *adj.* adhesive; **fita adesiva:** adhesive tape

adeus *n.m.2núm.* goodbye; **dizer adeus:** to say goodbye ◆ *interj.* goodbye!; bye-bye!

adiante *adv.* **1** (lugar) forward; further **2** (tempo) later

adiar *v.* to delay; to postpone

adição *n.f.* addition

adicional *adj.2gén.* additional; extra

adicionar *v.* to add

adivinha *n.f.* riddle

adivinhar *v.* to guess

adjectivo *a nova grafia é* **adjetivo**

adjetivo *n.m.* adjective

admiração *n.f.* **1** admiration **2** surprise

admirar *v.* to admire; **eu admiro-o:** I admire him ◆ **admirar-se** to be surprised

admirável *adj.2gén.* admirable; remarkable

admitir *v.* **1** to admit **2** (atitude, comportamento) to tolerate

adolescente *n.2gén.* adolescent; teenager

adoptar *a nova grafia é* **adotar**

adoptivo *a nova grafia é* **adotivo**

adorar *v.* to adore

adormecer *v.* **1** to put to sleep; **ele adormeceu o bebé:** he put the baby to sleep **2** to fall asleep; **adormeci tarde:** I fell asleep late

adotar *v.* **1** (criança) to adopt **2** (método) to follow

adotivo *adj.* **1** adopted; **um filho adotivo:** an adopted son **2** adoptive; **pais adotivos:** adoptive parents

adquirir *v.* to acquire

adufe *n.m.* 👁 timbrel

adulto *n.m.* adult; grown-up ◆ *adj.* grown-up; adult

advérbio *n.m.* adverb

adversário *n.m.* adversary; opponent

advogado *n.m.* (GB) lawyer; (EUA) counsellor

aéreo *adj.* air; **por correio aéreo:** via airmail

aeronave *n.f.* aircraft

aeroporto *n.m.* airport

afastar *v.* to drive/take away ◆ **afastar-se** to go away

afectar *a nova grafia é* **afetar**

afecto *a nova grafia é* **afeto**

afectuoso *a nova grafia é* **afetuoso**

afeição *n.f.* affection

afetar *v.* to affect

afeto *n.m.* affection; fondness; **ter afeto a (alguém):** to be fond of somebody

afetuoso *adj.* affectionate

afiar *v.* to sharpen

afilhada *n.f.* goddaughter

afilhado *n.m.* godson

afinar *v.* **1** (instrumento musical) to tune **2** (máquina) to adjust

afirmação *n.f.* statement

afirmar *v.* to state; to declare

afirmativo *adj.* affirmative

afixar *v.* (informação) to post; **afixar cartazes:** to stick bills

afligir *v.* to distress; to trouble ◆ **afligir-se** to worry; **não te aflijas com isso:** don't worry about it

aflito *adj.* distressed; worried

afogar(-se) *v.* to drown

África *n.f.* Africa

africano *adj. e n.m.* African

afundar(-se) *v.* to sink

agarrar *v.* to grab; to grasp

agasalhar(-se) *v.* to wrap up

agasalho *n.m.* (roupa) woolly

agência *n.f.* agency; office; **agência de viagens:** travel agency

agenda *n.f.* **1** (livro) diary **2** (plano) agenda; schedule

agente *n.m.* agent; **agente da polícia:** policeman; policewoman

ágil *adj.2gén.* agile

agilidade *n.f.* agility

agir *v.* **1** to act **2** to do; **agir mal:** to do wrong

agitação *n.f.* agitation

agitar *v.* to shake; **agitar antes de usar:** shake before use

agora *adv.* now; **a partir de agora:** from now on; **agora mesmo:** right now; **até agora:** up to now; so far; **por agora:** for the time being

agosto *n.m.* August

agradar *v.* to please; **agradar a todos:** to please everybody; **isso não me agrada:** I don't like this

agradável *adj.2gén.* agreeable; nice

agradecer *v.* to thank; **não tem que agradecer:** not at all

agradecido *adj.* grateful; thankful

agradecimento *n.m.* **1** gratitude **2** thanks

agrafador *n.m.* 👁 stapler

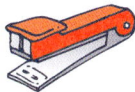

agredir *v.* to attack; to assault

agressivo *adj.* aggressive

agrião *n.m.* watercress

agrícola *adj.2gén.* agricultural

agricultor *n.m.* [f. agricultora] farmer

agricultura *n.f.* agriculture; farming

a
b
c
d
e
f
g
h
i
j
k
l
m
n
o
p
q
r
s
t
u
v
w
x
y
z

água *n.f.* water; **água com gás:** sparkling water; **água doce:** fresh water; **água salgada:** salt water; **água sem gás:** still water

aguaceiro *n.m.* shower; downpour

aguardar *v.* to wait; **aguardar a vez:** to wait for one's turn

aguarela *n.f.* watercolour

aguça *n.m.* pencil sharpener

aguçar *v.* to sharpen

agudo *adj.* 1 (objeto) sharp 2 (som) shrill

aguentar *v.* to bear

águia *n.f.* eagle

agulha *n.f.* needle

aí *adv.* 1 there; **aí está:** there it is!; **aí mesmo:** right there 2 then; **e aí/daí?:** and then what?

ajuda *n.f.* help; aid; **dar uma ajuda:** to lend a hand

ajudante *n.2gén.* assistant

ajudar *v.* to help; **posso ajudar?:** may I help you?

alargar *v.* to enlarge

alarmar *v.* to alarm ◆ **alarmar-se** to be alarmed

alarme *n.m.* alarm; **alarme de incêndio:** fire alarm

álbum *n.m.* album

alcançar *v.* to reach

alcance *n.m.* reach; **estar ao alcance da mão:** to be at hand; **estar fora de alcance:** to be out of reach

alcatifa *n.f.* carpet

alce *n.m.* moose

álcool *n.m.* 1 alcohol 2 (para feridas) surgical spirit

alcoólico *adj. e n.m.* alcoholic

alcunha *n.f.* nickname

aldeia *n.f.* village

alegre *adj.2gén.* lively; cheerful

alegria *n.f.* joy; cheerfulness

além *adv.* over there; **além de:** besides; as well as

alemão *n.m.* [*f.* alemã] (pessoa) German ◆ *n.m.* (língua) German ◆ *adj.* German

alerta *adj.2gén.* watchful ◆ *n.m.* alert; alarm; **dar o alerta:** to give the alert

alfabético *adj.* alphabetical; **por ordem alfabética:** in alphabetical order

alfabeto *n.m.* alphabet

alface *n.f.* 👁 lettuce

alfândega *n.f.* (serviço) customs; (edifício) customs house

alforreca *n.f.* jellyfish

algarismo *n.m.* figure; number

algodão *n.m.* cotton

algodão-doce *n.m.* candyfloss

algum *det.indef.>quant.exist.*[DT] e *pron.indef.* 1 (afirmação) some; **algum lugar:** somewhere; **alguma coisa:** something 2 (interrogação) any; **mais alguma coisa?:** anything else? 3 (negativa) no; **de modo algum:** (not) at all

alho *n.m.* garlic

ali *adv.* 1 (lugar) there; over there; **ali dentro:** in there; **ali em cima:** up there; **ali mesmo:** right there 2 (tempo) then; **até ali:** until then

aliado *n.m.* ally

aliança *n.f.* 1 (anel) ring; **aliança de casamento:** wedding ring 2 (pacto) alliance

álibi *n.m.* alibi

alimentação *n.f.* food; nourishment

alimentar *v.* to feed; to nourish ◆ *adj.2gén.* food; eating; **cadeia alimentar:** food chain

alimento *n.m.* 🥖 food; nourishment

aliviar *v.* to ease

alívio *n.m.* relief; **que alívio!:** what a relief!

alma *n.f.* soul

almoçar *v.* to have lunch; **ir almoçar ao restaurante:** to go to lunch in a restaurant

almoço *n.m.* lunch; **ao almoço:** at lunch

almofada *n.f.* pillow; cushion

alojamento *n.m.* accommodation; lodging

alojar *v.* to lodge

aloquete *n.m.* padlock

alta *n.f.* **1** rise; increase **2** (de hospital) discharge

alteração *n.f.* alteration; modification

alterar *v.* to alter; to modify

alternativa *n.f.* alternative; **não tens alternativa:** you have no choice

altifalante *n.m.* loudspeaker

altitude *n.f.* altitude

alto *adj.* **1** tall; **este prédio é muito alto:** this is a tall building **2** high; **a temperatura está alta:** the temperature is high **3** (som) loud; **está muito alto!:** it's too loud! ◆ *adv.* aloud; loud; **lê alto, por favor:** read it aloud, please ◆ *n.m.* top; **de alto a baixo:** from top to bottom ◆ *interj.* halt!; stop!

altura *n.f.* **1** (edifício, montanha) height; **ter 15 metros de altura:** to be 15 metres high **2** (pessoa) height; **ter 1,70 metros de altura:** to be 1,70 metres tall **3** (som) loudness **4** (tempo) time; point; **a certa altura:** at some point; **em qualquer altura:** any time

alugar *v.* (casa) to rent; to let; (carro) to hire

aluguer *n.m.* (casa) rent; (carro) hire; let

aluno *n.m.* **1** (escola) pupil **2** (universidade) student

alvo *n.m.* 👁 target; **acertar no alvo:** to hit the target; **falhar o alvo:** to miss the target

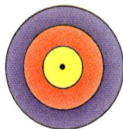

ama *n.f.* nanny

amabilidade *n.f.* kindness

amanhã *adv.* tomorrow; **amanhã de manhã:** tomorrow morning; **depois de amanhã:** the day after tomorrow

amar *v.* to love; **amo-te:** I love you

amarelo *adj.* yellow

amarrar *v.* to tie; to bind

amável *adj.2gén.* kind; **é muito amável da sua parte:** it's very kind of you

ambição *n.f.* ambition

ambicioso *adj.* ambitious

ambiente *n.m.* environment

ambíguo *adj.* ambiguous

ambos *det.indef.>quant.univ.*[DT] both; **de ambos os lados:** on both sides

ambulância *n.f.* ambulance; **chamar uma ambulância:** to call an ambulance

ameaça *n.f.* threat

ameaçar *v.* to threaten

ameixa *n.f.* plum

amêndoa *n.f.* almond

amendoim *n.m.* peanut; **manteiga de amendoim:** peanut butter

América *n.f.* America

a b c d e f g h i j k l m n o p q r s t u v w x y z

americano *n.m.* [*f.* americana] American ◆ *adj.* American

amigo *n.m.* friend; **o meu melhor amigo:** my best friend ◆ *adj.* kind

amizade *n.f.* friendship

amor *n.m.* love

amora *n.f.* 👁 mulberry

amoroso *adj.* sweet

amostra *n.f.* sample

amplo *adj.* spacious

amuar *v.* to sulk

analisar *v.* to analyse

análise *n.f.* analysis

ananás *n.m.* pineapple

anão *n.m.* [*f.* anã] dwarf; midget ◆ *adj.* dwarf

anca *n.f.* haunch; hip

âncora *n.f.* anchor

andar *v.* **1** to walk; **andar a passear:** to walk around **2** (verbo auxiliar) to be; **andar a estudar muito:** to be studying hard **3** to feel; **ele anda feliz:** he feels happy **4** (*informal*) to be dating; **ele anda com ela:** he is dating her ◆ *n.m.* **1** walk **2** (GB) (casa) flat; (EUA) apartment **3** floor; **último andar:** top floor

andebol *n.m.* handball

andorinha *n.f.* swallow

anedota *n.f.* joke

anel *n.m.* **1** ring **2** (de corrente) link

anfitriã *n.f.* hostess

anfitrião *n.m.* host

ângulo *n.m.* angle

animação *n.f.* liveliness; animation

animal *n.m.* animal; 🐾 **animal de estimação:** pet

animar *v.* to animate ◆ **animar-se** (pessoa) to cheer up

aniversário *n.m.* **1** anniversary; **aniversário de casamento:** wedding anniversary **2** 🎂 birthday; **feliz aniversário!:** happy birthday!

anjo *n.m.* angel; **anjo da guarda:** guardian angel

ano *n.m.* **1** year; **ano letivo:** school year; academic year; **feliz Ano Novo!:** happy new year! **2** (idade) years; **quantos anos tens?:** how old are you?; **tenho 10 anos:** I am ten years old

anoitecer *v.* to grow dark ◆ *n.m.* nightfall; **ao anoitecer:** at nightfall

anónimo *adj.* anonymous

anormal *adj.2gén.* **1** abnormal **2** (estranho) odd

anotar *v.* to write down

ansiedade *n.f.* anxiety

ansioso *adj.* eager; **eles estão ansiosos por partir:** they're eager to leave

Antárctico *a nova grafia é* **Antártico**

Antártico *n.m.* Antarctic

antena *n.f.* **1** (GB) aerial; (EUA) antenna **2** (de animal) antenna

anteontem *adv.* the day before yesterday

antepassado *n.m.* ancestor

anterior *adj.* previous; **o dia anterior:** the previous day

antes *adv.* before; **pouco antes:** shortly before

antigo *adj.* ancient

antiguidade *n.f.* (tempo) antiquity

antipatia *n.f.* antipathy; dislike

antipático *adj.* unfriendly

antipatizar v. to dislike; **antipatizar com alguém:** to take a dislike to somebody

antiquado adj. old-fashioned

antiquário n.m. (loja) antique shop

anual adj.2gén. annual; yearly

anunciar v. 1 to announce 2 (publicidade) to advertise; **anunciar na televisão:** to advertise on TV

anúncio n.m. advertisement

anzol n.m. fish hook

aonde adv. where; **aonde vais?:** where are you going?

apagar v. 1 (luz, aparelho) to switch/turn off 2 (fogo) to put out 3 (com borracha) to erase 4 (ficheiro) to delete

apaixonado adj. in love

apaixonar-se v. to fall in love

apanhador n.m. ◉ dustpan

apanhar v. 1 to catch; **apanhar frio:** to catch cold; **apanhar o autocarro:** to catch the bus 2 (objeto) to pick up 3 (flor, fruta) to pick

aparecer v. to appear

aparelho n.m. 1 machine 2 (para os dentes) brace

aparência n.f. look

apartamento n.m. (GB) flat; (EUA) apartment

apelido n.m. (nome de família) surname; family name

apenas adv. only; just

apesar de loc. prep. in spite of; despite; **apesar de tudo:** after all; **apesar disso:** nevertheless

apetecer v. to feel like; **não me apetece sair agora:** I don't feel like going out now

apetite n.m. appetite; (saudação) **bom apetite!:** enjoy your meal!; **perder o apetite:** to lose one's appetite

apitar v. 1 (carro) to hoot 2 (comboio, chaleira) to whistle

apito n.m. ◉ whistle

aplaudir v. to clap; to applaud

aplauso n.m. applause

aplicado adj. (aluno, trabalhador) hard-working

aplicar v. to apply

apoiar v. 1 to lean; to rest; **apoiar o braço:** to rest one's arm 2 (pessoa, projeto) to support ◆ **apoiar-se** to lean

apoio n.m. support

apontamento n.m. note; **caderno de apontamentos:** notebook; **tirar apontamentos:** to take notes

apontar v. 1 (com o dedo) to point at 2 (observação) to write down 3 (a um alvo) to aim at

após prep. after; **dia após dia:** day after day

aposta n.f. bet; **fazer uma aposta:** to make a bet

apostar v. to bet; **aposto contigo 5 libras:** I bet you £5

apóstrofo n.m. apostrophe

aprender v. to learn; **aprender a escrever:** to learn to write

aprendizagem n.f. learning

apresentação n.f. 1 (pessoas) introduction 2 (proposta) presentation

apresentador n.m. 1 presenter 2 (televisão) host

apresentar v. 1 to present 2 (pessoas) to introduce 3 (programa) to host ◆ **apresentar-se** to introduce oneself

a
b
c
d
e
f
g
h
i
j
k
l
m
n
o
p
q
r
s
t
u
v
w
x
y
z

aproveitar *v.* **1** to take advantage of **2** (oportunidade) to seize

aproximar *v.* to bring near/close ◆ **aproximar-se** to come near/close

aquário *n.m.* (pequeno) fishbowl; (grande) aquarium

Aquário *n.m.* (signo) Aquarius

aquecedor *n.m.* heater

aquecer *v.* (água, alimento, espaço) to heat ◆ **aquecer-se** (pessoa) to warm up

aquecimento *n.m.* **1** heating **2** (ginástica) warm-up

aquele *adj.* [f. aquela] that; **aquele que:** he who(m); **aqueles que:** those who(m) ◆ *pron.dem.* that one; (no plural) those

aqui *adv.* **1** (lugar) here; **aqui perto:** near here **2** (tempo) now; **de aqui em diante:** from now on

aquilo *pron.dem.* that; it; **viste aquilo?:** did you see that?

ar *n.m.* air; **ao ar livre:** in the open air

arame *n.m.* wire; **arame farpado:** barbed wire

aranha *n.f.* spider; **teia de aranha:** spider's web

árbitro *n.m.* referee

arbusto *n.m.* shrub

arca *n.f.* chest; trunk; **arca congeladora:** chest freezer

arco *n.m.* **1** (brinquedo) hoop **2** (edifício) arch

arco-íris *n.m.* 👁 rainbow

arder *v.* **1** (fogo) to burn **2** (pele) to sting

área *n.f.* area

areia *n.f.* sand; **castelo de areia:** sandcastle

argola *n.f.* **1** ring **2** (brinco) hoop

aristocrata *n.2gén.* aristocrat

arma *n.f.* weapon; arm; **arma de fogo:** firearm

armadilha *n.f.* trap; **armar uma armadilha:** to set a trap; **cair numa armadilha:** to fall into a trap

armário *n.m.* **1** cupboard; cabinet **2** *(GB)* (para roupa) wardrobe; *(EUA)* closet

armar-se *v.* to show off; **ele arma-se em forte:** he boasts about his strength

armazém *n.m.* **1** (depósito) warehouse **2** (loja) department store

armazenar *v.* to store

aro *n.m.* hoop; ring

aroma *n.m.* fragrance

aromático *adj.* aromatic; **ervas aromáticas:** aromatic herbs

arquipélago *n.m.* archipelago

arquitecto *a nova grafia é* **arquiteto**

arquitectura *a nova grafia é* **arquitetura**

arquiteto *n.m.* [f. arquiteta] architect

arquitetura *n.f.* architecture

arquivar *v.* to file

arquivo *n.m.* **1** file **2** archive

arranha-céus *n.m.2núm.* 👁 skyscraper

arranhar *v.* to scratch
arranjar *v.* **1** (consertar) to fix **2** to get;
  arranjar um emprego: to get a job
  ◆ **arranjar-se** to get ready
arranjo *n.m.* (reparação) repair
arrastar *v.* to drag
arredores *n.m.pl.* **1** surroundings
  2 outskirts
arrefecer *v.* **1** to cool **2** to get cold
arrepender-se *v.* to regret
arriscado *adj.* risky
arriscar *v.* to risk ◆ **arriscar-se** to
  take risks
arroba *n.f.* **1** (unidade de peso) thirty-two
  pounds **2** (endereço eletrónico) at
arroz *n.m.* rice
arruinar *v.* to ruin
arrumar *v.* **1** (objeto) to put in order
  2 (casa) to tidy (up)
arte *n.f.* art; **obra de arte:** work of
  art
ártico *adj.* Arctic
Ártico *n.m.* Arctic
articulação *n.f.* (ossos) joint
artificial *adj.2gén.* artificial
artigo *n.m.* **1** article; **artigo definido/**
  indefinido: definite /indefinite article
  2 (jornal) article **3** (objeto) piece
artista *n.2gén.* artist
árvore *n.f.* tree; **árvore de Natal:**
  Christmas tree
ás *n.m.* **1** (cartas) ace; **ás de copas:**
  ace of hearts **2** (pessoa) ace; whiz
asa *n.f.* (de avião, ave) wing
Ásia *n.f.* Asia
asiático *adj. e n.m.* Asian
asilo *n.m.* asylum
asneira *n.f.* blunder; mistake; **fazer**
  asneira: to make a blunder
aspas *n.f.pl.* *(GB)* inverted commas;
  (EUA) quotation marks; **entre aspas:**
  in inverted commas

aspecto *a nova grafia é* **aspeto**
áspero *adj.* rough
aspeto *n.m.* **1** aspect **2** look; **ter bom**
  aspeto: to look well
aspirador *n.m.* vacuum-cleaner
aspirar *v.* **1** (com aspirador) to vacuum
  2 (desejar) to aspire
assado *n.m.* 👁 roast ◆ *adj.* roast(ed);
  carne assada: roast meat

assaltante *n.2gén.* **1** (de casa) bur-
glar **2** (de banco, loja) robber **3** (na rua)
mugger
assaltar *v.* **1** (casa) to burgle **2** (banco,
loja) to rob **3** (pessoa) to mug
assalto *n.m.* **1** (casa) burglary; break-
-in **2** (banco, loja) robbery **3** (pessoa)
mugging
assar *v.* (carne) to roast; (batatas) to
bake
assassinato *n.m.* murder
assassino *n.m.* murderer
assembleia *n.f.* assembly; **Assem-**
  bleia da República: Parliament
assento *n.m.* seat
assim *adv.* **1** thus; in this way **2** so;
therefore
assinar *v.* to sign
assinatura *n.f.* signature
assistência *n.f.* **1** assistance **2** (de
espetáculo, programa) audience
assistente *adj.2gén.* auxiliary ◆ *n.*
2gén. assistant

a
b
c
d
e
f
g
h
i
j
k
l
m
n
o
p
q
r
s
t
u
v
w
x
y
z

assistir v. 1 (aula, conferência) to attend 2 (filme, espetáculo) to watch 3 (pessoa) to help; to assist

> Para dizermos **assistir** em inglês usamos a palavra **attend**. Também existe a palavra **assist**, em inglês, mas quer dizer *ajudar* ou *prestar assistência*.

assoar v. to blow; **assoar o nariz:** to blow one's nose

assobiar v. 1 (pessoa, pássaro, vento) to whistle 2 (serpente) to hiss

assobio n.m. 1 (pessoa, pássaro, vento) whistle 2 (serpente) hiss

associação n.f. association

associar v. to associate

assumir v. to assume; to take on

assunto n.m. matter; subject; **mudar de assunto:** to change the subject

assustado adj. frightened; scared

assustar v. to frighten ◆ **assustar-se** to be frightened

astro n.m. star

astronauta n.2gén. astronaut

astronomia n.f. astronomy

astrónomo n.m. astronomer

atacador n.m. (de sapato) shoelace

atacar v. to attack

atalho n.m. shortcut

ataque n.m. 1 attack; **ataque cardíaco:** heart attack 2 fit; **ataque de fúria:** fit of anger

atar v. to bind; to tie

até prep. 1 (tempo) till; until; **até amanhã!:** see you tomorrow! 2 (tempo, quantidade) up to; **até agora:** up to now 3 (lugar) as far as; **até Londres:** as far as London ◆ adv. even; **até eu sei fazer isso!:** even I know how to do that!

atenção n.f. attention; **chamar a atenção de alguém para algo:** to call someone's attention to something; **prestar atenção a:** to pay attention to

atencioso adj. kind; attentive

atender v. 1 to serve; **atender um cliente:** to serve a customer 2 to answer; **atender o telefone:** to answer the phone

atentado n.m. attempt

atento adj. 1 (com atenção) attentive; **um público atento:** an attentive audience 2 (com cuidado) careful; **uma leitura atenta:** a careful reading

aterragem n.f. landing; **aterragem de emergência:** emergency landing

aterrar v. to land

aterrorizar v. to terrify

atingir v. 1 to reach; **atingir a perfeição:** to reach perfection 2 to hit; **atingir o alvo:** to hit the target

atirar v. 1 to throw; to toss; **atirar ao ar:** to toss up 2 to knock; **atirar ao chão:** to knock down ◆ **atirar-se** to throw oneself

atitude n.f. attitude

atividade n.f. activity

ativo adj. active

atlântico adj. Atlantic; **Oceano Atlântico:** Atlantic Ocean

atleta n.2gén. athlete

atlético adj. athletic

atletismo n.m. athletics

atmosfera n.f. atmosphere

ato n.m. 1 act; **um ato de violência:** an act of violence 2 (teatro) act; **uma peça com quatro atos:** a four-act play

átomo n.m. atom

ator n.m. actor

atração *n.f.* attraction; **atração turística:** tourist attraction; **sentir atração por alguém:** to be attracted to somebody

atracção *a nova grafia é* **atração**

atractivo *a nova grafia é* **atrativo**

atraente *adj.2gén.* attractive

atrair *v.* to attract

atrapalhado *adj.* embarrassed

atrapalhar *v.* to embarrass

atrás *adv.* **1** (lugar) behind; back; **atrás de uma árvore:** behind a tree **2** (direção) after; **correr atrás de alguém:** to run after a person **3** (tempo) ago; **algumas semanas atrás:** some weeks ago

atrasar *v.* **1** to delay **2** (relógio) to put back ◆ **atrasar-se 1** to be late **2** (relógio) to be slow

atraso *n.m.* delay

atrativo *n.m.* attraction ◆ *adj.* attractive

através *adv.* **1** through; **andar através da multidão:** to walk through the crowd **2** across; **caminhar através dos campos:** to walk across the fields

atravessar *v.* to cross; **atravessar a rua:** to cross the street

atrevido *adj.* (descarado) cheeky

atrevimento *n.m.* boldness

átrio *n.m.* entrance hall; foyer

atriz *n.f.* actress

atropelar *v.* to run over/down

atuação *n.f.* performance

atual *adj.2gén.* **1** current; present **2** up-to-date

> *Para dizermos* **actual** *em inglês usamos a palavra* **current**. *Também existe a palavra* **actual** *em inglês, mas quer dizer* verdadeiro, real.

atuar *v.* **1** to act **2** (ator, artista) to perform

atum *n.m.* tuna fish

aturar *v.* to bear

aula *n.f.* lesson; **sala de aula:** classroom

aumentar *v.* **1** (quantidade) to increase **2** (salário, preço) to raise **3** (tamanho) to extend

aumento *n.m.* **1** increase; **aumento da população:** increase in population **2** rise; **aumento de preço:** rise in price **3** (salário) raise; **pedir um aumento:** to ask for a raise

auscultador *n.m.* **1** (de telefone) receiver **2** (de música) headphone

ausência *n.f.* absence

ausente *adj.2gén.* absent

Austrália *n.f.* Australia

australiano *adj. e n.m.* Australian

Áustria *n.f.* Austria

austríaco *adj. e n.m.* Austrian

autêntico *adj.* authentic; real

autocarro *n.m.* 👁 bus; **autocarro de dois andares:** double-decker; **ir de autocarro:** to go by bus; **paragem de autocarro:** bus stop

autoclismo *n.m.* toilet flush; **puxar o autoclismo:** to flush the toilet

autocolante *n.m.* sticker

autoestrada *n.f.* motorway

autógrafo *n.m.* autograph; **dar um autógrafo:** to give an autograph; **pedir um autógrafo:** to ask for an autograph

a b c d e f g h i j k l m n o p q r s t u v w x y z

automático *adj.* automatic

automobilista *n.2gén.* driver

automóvel *n.m.* (GB) car; (EUA) automobile; **automóvel de corrida:** racing car

autor *n.m.* author

autora *n.f.* authoress

autoridade *n.f.* authority; **ter autoridade para fazer algo:** to have the authority to do something

autorização *n.f.* permission

auxiliar *v.* to help ◆ *n.2gén.* (pessoa) assistant

auxílio *n.m.* help; aid

avaliação *n.f.* assessment; (escola) evaluation

avaliar *v.* to assess; (escola) to evaluate

avançar *v.* to move forward; to move on

avanço *n.m.* progress

avaria *n.f.* (veículo, mecanismo) breakdown

avariar *v.* (veículo, mecanismo) to cause a breakdown to ◆ **avariar-se** to break down

ave *n.f.* bird; **ave de rapina:** bird of prey

avela *n.f.* oats; **papas de aveia:** oatmeal

avelã *n.f.* hazelnut

avenida *n.f.* avenue

avental *n.m.* apron

aventura *n.f.* adventure

avião *n.m.* 👁 aeroplane; plane; (EUA) airplane; **viajar de avião:** to travel by plane

avisar *v.* to warn

aviso *n.m.* warning

avó *n.f.* grandmother; (informal) grandma

avô *n.m.* grandfather; (informal) grandpapa; grandpa

avós *n.m.pl.* grandparents

azar *n.m.* bad luck; **dar azar:** to bring bad luck; **que azar!:** what bad luck!

azedo *adj.* (alimento) sour; (sabor) bitter

azeite *n.m.* olive oil

azeitona *n.f.* olive

azevinho *n.m.* holly

azul *adj.2gén.* blue ◆ *n.m.* blue; **azul claro/escuro:** light/dark blue

azulejo *n.m.* tile

bB

b *n.m.* (letra) b
bacalhau *n.m.* cod
bacia *n.f.* basin
bagagem *n.f.* luggage; baggage
baía *n.f.* bay
bailarino *n.m.* [f. bailarina] dancer
baile *n.m.* ball; **baile de máscaras:** masked ball
bainha *n.f.* hem
bairro *n.m.* (zona) area; neighbourhood
baixa *n.f.* 1 (por doença) sick leave; **estar de baixa:** to be on leave 2 (de cidade) downtown
baixar *v.* 1 to lower 2 (som) to turn down 3 (preço, temperatura) to drop 4 (maré) to ebb ◆ **baixar-se** to bend down
baixinho *adv.* in a low voice; **dizer baixinho:** to whisper
baixo *adj.* 1 low; **preço baixo:** low price 2 short; **uma pessoa baixa:** a short person ◆ *adv.* softly; **falar baixo:** to speak softly
bala *n.f.* bullet; **à prova de bala:** bullet-proof
balança *n.f.* 👁 scales

Balança *n.f.* (constelação, signo) Libra; the Balance
balançar *v.* to swing
balanço *n.m.* swing

balão *n.m.* 👁 balloon; **balão de ar quente:** hot-air balloon

balcão *n.m.* 1 (loja) counter 2 (teatro) balcony
balde *n.m.* 1 bucket 2 (lixo) dustbin
baleia *n.f.* whale
baliza *n.f.* goal
balneário *n.m.* changing room
baloiçar *v.* to swing
baloiço *n.m.* swing; **andar de baloiço:** to have a go on the swing
banana *n.f.* 👁 banana; **casca de banana:** banana skin

bananeira *n.f.* banana tree
banca *n.f.* (de cozinha) sink
bancada *n.f.* 1 (teatro) row 2 (estádio) terraces

banco *n.m.* **1** bank **2** bench; (individual) stool; **banco de jardim:** park bench; **banco de piano:** piano stool **3** (automóvel) seat; **banco da frente/de trás:** front/back seat

banda *n.f.* **1** band; **banda sonora:** soundtrack **2** (de tecido) strip; **banda desenhada:** comics

bandeira *n.f.* 👁 flag

bandeja *n.f.* tray

bando *n.m.* **1** (aves) flock **2** (pessoas) swarm

bandolete *n.f.* hairband

banheira *n.f.* bath; bathtub

banho *n.m.* **1** (na banheira) bath **2** (com chuveiro) shower **3** (no mar, na piscina) swim

baptizar *a nova grafia é* **batizar**

bar *n.m.* bar; pub; **empregado de bar:** barman

baralho *n.m.* pack; **baralho de cartas:** pack of cards

barata *n.f.* cockroach

barato *adj.* cheap

barba *n.f.* beard; **deixar crescer a barba:** to grow a beard; **fazer a barba:** to shave

barbatana *n.f.* fin

barbearia *n.f.* barber's

barbear(-se) *v.* to shave

barbeiro *n.m.* (profissão) barber

barco *n.m.* boat; **barco a remos:** rowing boat; **barco à vela:** sailing boat; **viajar de barco:** to travel by boat

barra *n.f.* bar; (ginástica) **barra fixa:** horizontal bar; (computador) **barra de deslocamento:** scroll bar

barraca *n.f.* **1** 👁 tent **2** shack; shanty

barragem *n.f.* dam

barrar *v.* **1** to bar; **barrar o caminho a alguém:** to bar someone's way **2** to spread; **barrar manteiga no pão:** to spread butter on the bread

barreira *n.f.* barrier

barriga *n.f.* belly; stomach; **dor de barriga:** stomachache

barril *n.m.* barrel; cask

barro *n.m.* clay

barulhento *adj.* noisy

barulho *n.m.* noise; **fazer barulho:** to make noise; **pouco barulho!:** quiet!; **sem fazer barulho:** quietly

base *n.f.* base; **base de dados:** database

básico *adj.* **1** basic; **necessidades básicas:** basic needs **2** elementary; **ensino básico:** elementary education

basquetebol *n.m.* basketball

basquetebolista *n.2gén.* basketball player

bastante *adv.* **1** enough; **conheço-o bastante bem:** I know him well enough **2** quite; rather; **bastante caro:** rather expensive **3** much; a lot; **ela está bastante melhor:** she's much better ◆ *det.indef.>quant.exist.*[DT] many; lots of; **bastantes pessoas:** many people

bastar *v.* to be enough; **basta!:** that's enough!

batalha *n.f.* battle; (jogo) **batalha naval:** battleships

batata *n.f.* potato; **batatas fritas:** chips

bater *v.* **1** to knock; **bater à porta:** to knock at the door **2** to crash; **bater com o carro:** to crash one's car **3** (vencer) to beat; to defeat **4** (asas) to flap **5** (coração) to beat

bateria *n.f.* **1** (de automóvel, telemóvel) battery; **carregar a bateria:** to charge the battery **2** (instrumento musical) drums; **ele toca bateria:** he plays drums

batido *n.m.* milkshake

batizar *v.* **1** (cerimónia) to baptize **2** (dar o nome) to christen

batom *n.m.* lipstick

batota *n.f.* cheating; **fazer batota:** to cheat

batoteiro *n.m.* cheater

baú *n.m.* 👁 trunk

baunilha *n.f.* vanilla; **gelado de baunilha:** vanilla ice cream

bebé *n.2gén.* baby

beber *v.* to drink

bebida *n.f.* drink

bege *adj.2gén. e n.m.* (cor) beige

beijar *v.* to kiss

beijo *n.m.* kiss

beleza *n.f.* beauty

beliche *n.m.* **1** (em casa) bunk bed **2** (em navio) bunk

beliscão *n.m.* pinch; nip

beliscar *v.* to pinch; to nip

belo *adj.* beautiful

bem *adv.* **1** well; right; **estás bem?:** are you all right? **não me sinto bem:** I don't feel well **2** right; correctly; **respondi bem à pergunta:** I got the answer right ◆ *n.m.* **1** possession; **bens de consumo:** consumer goods **2** good; **o bem e o mal:** good and evil **3** sake; **isto é para o teu bem:** it's for your own sake

bem-comportado *adj.* well-behaved

bem-disposto *adj.* in a good mood

bem-educado *adj.* polite

bem-estar *n.m.* well-being

bem-vindo *adj.* welcome

bengala *n.f.* walking stick

berço *n.m.* cradle; 👁 cot

berlinde *n.m.* marble; **jogar ao berlinde:** to play marbles

berrar *v.* to yell

berro *n.m.* scream

bestial *adj.2gén.* (informal) great

biberão *n.m.* feeding bottle

Bíblia *n.f.* Bible

biblioteca *n.f.* library; **biblioteca pública:** public library

bicha *n.f.* **1** worm **2** (informal) queue; **fazer bicha para o autocarro:** to queue up for the bus

a
b
c
d
e
f
g
h
i
j
k
l
m
n
o
p
q
r
s
t
u
v
w
x
y
z

bicho *n.m.* (inseto) bug; (informal) **que bicho te mordeu?:** what's bugging you?

bicicleta *n.f.* bicycle; bike; **andar de bicicleta:** to ride a bicycle

bico *n.m.* **1** (de pássaro) beak **2** (de caneta) nib

bicudo *adj.* pointed; sharp

bife *n.m.* steak; beefsteak; **bife grelhado:** grilled steak

bigode *n.m.* **1** (pessoa) moustache; **ter/usar bigode:** to wear a moustache **2** (gato, rato) whisker

bilhar *n.m.* billiards; **jogar bilhar:** to play billiards

bilhete *n.m.* **1** ticket; **bilhete de ida e volta:** return ticket **2** note; **deixar um bilhete:** to leave a note

bilheteira *n.f.* **1** ticket office **2** (cinema, teatro) box office

bilião *num.card.>quant.num.*[DT] e *n.m.* billion

binóculos *n.m.pl.* binoculars

biografia *n.f.* biography

biologia *n.f.* biology

biólogo *n.m.* biologist

biquíni *n.m.* bikini

birra *n.f.* tantrum; **fazer uma birra:** to throw a tantrum

bisavó *n.f.* great-grandmother

bisavô *n.m.* great-grandfather

bisavós *n.m.pl.* great-grandparents

bisbilhotar *v.* to gossip

biscoito *n.m.* (GB) biscuit; (EUA) cookie

bisneta *n.f.* great-granddaughter

bisneto *n.m.* great-grandson

bispo *n.m.* bishop

bissexto *adj. e n.m.* leap; **ano bissexto:** leap year

bloco *n.m.* **1** (edifício) block **2** (de apontamentos) notepad

bloquear *v.* **1** to block **2** (mecanismo) to get stuck

blusa *n.f.* 👁 blouse

boa-noite *n.f.* **1** good evening **2** (despedida) good night

boas-vindas *n.f.pl.* welcome; **dar as boas-vindas a alguém:** to welcome somebody; **festa de boas-vindas:** welcome party

boa-tarde *n.f.* good afternoon

boato *n.m.* rumour

boca *n.f.* mouth

bocado *n.m.* **1** bit; piece; (a) little; **um bocado de cada vez:** a bit at a time **2** while; **cheguei há bocado:** I arrived a little while ago

bocejar *v.* to yawn

bocejo *n.m.* yawn

bochecha *n.f.* cheek

boda *n.f.* **1** wedding **2** (Angola) party

bode *n.m.* billy goat

bodyboard *n.m.* bodyboard

bofetada *n.f.* slap

boi *n.m.* ox

boia *n.f.* **1** buoy; **boia de salvamento:** life buoy **2** (para nadar) rubber ring

bóia *a nova grafia é* **boia**

boiar *v.* to float

bola (bóla) *n.f.* **1** ball; **jogar à bola:** to play ball **2** bubble; **fazer bolas de sabão:** to blow bubbles

bola (bôla) *n.f.* meat pie

bolacha *n.f.* biscuit

bolbo *n.m.* bulb

boleia *n.f.* lift; **andar à boleia:** to hitch-hike; **dar boleia a alguém:** to give somebody a lift

bolha *n.f.* **1** (de ar, sabão) bubble **2** (na pele) blister

bolo *n.m.* cake; **bolo de chocolate:** chocolate cake; **fazer um bolo:** to make/bake a cake

bolsa *n.f.* **1** bag **2** grant; **bolsa de estudos:** scholarship

bolso *n.m.* pocket

bom *adj.* **1** good; **o tempo está bom:** the weather is good; **ser bom em:** to be good at **2** well; (saúde) **ficar bom:** to get well

bomba *n.f.* **1** bomb **2** (de ar, água) pump

bombeiro *n.m.* firefighter; fireman; **carro dos bombeiros:** fire engine

bombom *n.m.* bonbon; **caixa de bombons:** box of chocolates

bondade *n.f.* goodness

bondoso *adj.* kind

boné *n.m.* 👁 cap

boneca *n.f.* doll; **boneca de trapos:** rag doll

boneco *n.m.* **1** doll; **boneco de neve:** snowman **2** (fantoche) puppet

bonito *adj.* **1** (pessoa) beautiful; handsome **2** (gesto, lugar) nice; lovely

borboleta *n.f.* butterfly

borbulha *n.f.* spot; pimple

borracha *n.f.* **1** (para apagar) rubber; eraser **2** (material) rubber

borrego *n.m.* lamb

bosque *n.m.* wood

bota *n.f.* 👁 boot; **botas de montar:** riding boots

botânica *n.f.* botany

botão *n.m.* **1** (roupa) button **2** (flor) bud

boxe *n.m.* boxing; **luvas de boxe:** boxing gloves

bracelete *n.m.* bracelet

braço *n.m.* arm; **de braço dado:** arm in arm; **de braços abertos:** with open arms

Branca de Neve *n.f.* (contos infantis) Snow White

branco *adj.* white

brando *adj.* soft; mild

bravo *adj.* **1** (pessoa) brave **2** (animal) fierce ♦ *interj.* bravo!; well done!

breve *adj.2gén.* short; brief ♦ *adv.* soon; **até breve!:** see you soon!

briga *n.f.* **1** fight **2** quarrel

brilhante *adj.2gén.* **1** (luz, cor) bright **2** (superfície) shiny **3** (figurado) brilliant; **uma ideia brilhante:** a brilliant idea

brilhar *v.* to shine

brilho *n.m.* shine

brincadeira *n.f.* **1** joke; **estar na brincadeira:** to be joking **2** (brinquedo, jogo) game

brincalhão *n.m.* [f. brincalhona] joker; teaser ♦ *adj.* playful

brincar *v.* **1** to play; **brincar às escondidas:** to play hide-and-seek **2** to joke; **estar a brincar:** to be joking; to be kidding

brinco *n.m.* earring

brindar *v.* to toast

a
b
c
d
e
f
g
h
i
j
k
l
m
n
o
p
q
r
s
t
u
v
w
x
y
z

brinde *n.m.* toast; **fazer um brinde à saúde de alguém:** to propose a toast to somebody

brinquedo *n.m.* toy; **loja de brinquedos:** toyshop

brisa *n.f.* breeze

britânico *adj.* British; **as Ilhas Britânicas:** the British Isles ♦ *n.m.* [*f.* britânica] British person; Briton; **os Britânicos:** the British

broca *n.f.* drill

brócolos *n.m.pl.* broccoli

bronze *n.m.* bronze; **medalha de bronze:** bronze medal

bronzear *v.* to tan ♦ **bronzear-se** to get a suntan

bruços *n.m.pl.* (natação) breaststroke; **nadar bruços:** to do the breaststroke

bruto *adj.* **1** raw **2** *(figurado)* (pessoa) rude

bruxa *n.f.* witch

bruxaria *n.f.* witchcraft

bruxo *n.m.* wizard

búfalo *n.m.* buffalo

bule *n.m.* teapot

bulha *n.f.* quarrel; fight; **andar à bulha:** to fight

buraco *n.m.* **1** hole; **buraco da fechadura:** keyhole **2** (da agulha) eye

burro *n.m.* 👁 (animal) ass; donkey

busca *n.f.* search; **em busca de:** in search of

buscar *v.* to fetch; to get

bússola *n.f.* compass

buzina *n.f.* 👁 horn

buzinar *v.* to hoot

búzio *n.m.* whelk

C

c *n.m.* (letra) c

cá *adv.* here; over here; **anda cá:** come here

cabana *n.f.* hut

cabeça *n.f.* head ◆ *n.2gén.* (chefe) head; leader

cabeçalho *n.m.* (de jornal) headline

cabeceira *n.f.* (cama, mesa) head

cabeleireiro *n.m.* **1** (pessoa) hairdresser **2** (local) hairdresser's

cabelo *n.m.* hair

caber *v.* to fit in

cabide *n.m.* hanger

cabina *n.f.* **1** (avião) cockpit; cabin **2** booth; **cabina telefónica:** telephone box

cabo *n.m.* **1** cable **2** (de faca, garfo) handle **3** (de vassoura) broomstick

cabra *n.f.* goat

cabra-cega *n.f.* 👁 (jogo) blind man's buff

cabrito *n.m.* kid

caça *n.f.* hunting; **ir à caça:** to go hunting

caçadinhas *n.f.pl.* tag; **brincar às caçadinhas:** to play tag

caçador *n.m.* hunter

caçar *v.* to hunt

cacete *n.m.* **1** (bastão) club; stick **2** (pão) baguette

cachecol *n.m.* scarf

cachimbo *n.m.* pipe; **fumar cachimbo:** to smoke a pipe

cacho *n.m.* bunch; **cacho de uvas:** bunch of grapes

cachorro *n.m.* (animal) pup; puppy

cacto *a nova grafia é* **cato**

cada *det.indef.>quant.univ.* ᴰᵀ **1** each; **cada um:** each one **2** (tempo) every; **de cada vez que:** every time

cadeia *n.f.* **1** chain; **cadeia alimentar:** food chain **2** jail; **estar na cadeia:** to be in jail

cadeira *n.f.* chair; **cadeira de rodas:** wheelchair

caderno *n.m.* notebook; **caderno de exercícios:** exercise book

café *n.m.* **1** (bebida) coffee; **café com leite:** white coffee; **tomar um café:** to have a coffee **2** (lugar) coffee house

cafeteira *n.f.* coffeepot

cair *v.* to fall (down); **cair ao chão:** to fall to the ground

cais *n.m.* **1** (porto de mar) quay **2** (estação de comboio) platform

caixa *n.f.* box; **caixa de fósforos:** matchbox; **caixa de música:** musical box

caixão *n.m.* coffin

caixote *n.m.* **1** (de cartão) cardboard box **2** (do lixo) dustbin **3** 👁 crate

calado *adj.* silent; quiet

calar *v.* to silence; to keep quiet ♦ **calar-se** to shut up

calcanhar *n.m.* heel

calçar *v.* (luva, meia, sapato) to put on ♦ **calçar-se** to put one's shoes on

calças *n.f.pl.* trousers

calcinhas *n.f.pl.* knickers

calções *n.m.pl.* shorts; **calções de banho:** swimming trunks

caldo *n.m.* broth

calendário *n.m.* calendar

calhar *v.* to fall; **o meu aniversário calha num sábado:** my birthday falls on a Saturday; **se calhar:** maybe

caligrafia *n.f.* handwriting

calma *n.f.* calm; **(tem) calma!:** take it easy!; calm down!

calmo *adj.* **1** calm; **manter-se calmo:** to keep calm **2** quiet; **um bairro calmo:** a quiet neighbourhood

calor *n.m.* heat

cama *n.f.* bed; **fazer a cama:** to make the bed; **ir para a cama:** to go to bed; (jogo infantil) **cama de gato:** cat's cradle

camada *n.f.* layer

camaleão *n.m.* chameleon

câmara *n.f.* **1** chamber **2** (município) council; **presidente da câmara:** mayor **3** (para filmar) camera **4** (parlamento) House; **Câmara dos Lordes:** House of Lords

camarote *n.m.* **1** (em navio) cabin **2** (no teatro) box

cambalhota *n.f.* somersault; roll; **dar uma cambalhota:** to do a somersault

camelo *n.m.* camel

camião *n.m.* (GB) lorry; (EUA) truck

caminhada *n.f.* (longa) trek; (curta) stroll

caminhar *v.* to walk; to stroll

caminho *n.m.* way; **ir a caminho de:** to be on the way to

caminho-de-ferro *a nova grafia é* **caminho de ferro**

caminho de ferro *n.m.* (GB) railway; (EUA) railroad; **estação de caminho de ferro:** railway station

camioneta *n.f.* **1** (de carga) small truck; small lorry **2** (de passageiros) coach

camisa *n.f.* **1** (de homem) shirt **2** (de senhora) blouse **3** (de noite) nightdress

camisola *n.f.* sweater; pullover

campainha *n.f.* bell; **tocar à campainha:** to ring the bell

campanha *n.f.* campaign; **campanha eleitoral:** election campaign

campeão *n.m.* [f. campeã] champion; **campeão do mundo:** world champion

campeonato *n.m.* championship; **campeonato do mundo:** world championship

campismo *n.m.* camping; **fazer campismo:** to go camping

a
b
c
d
e
f
g
h
i
j
k
l
m
n
o
p
q
r
s
t
u
v
w
x
y
z

campista n.2gén. camper

campo n.m. **1** country; countryside; **viver no campo:** to live in the country **2** field; **campo de futebol:** football ground

camponês n.m. [f. camponesa] peasant

cana n.f. cane; rod; **cana de pesca:** fishing rod

canal n.m. channel; **mudar de canal:** to switch channels; **o Canal da Mancha:** the English Channel

canalizador n.m. plumber

canção n.f. song; **canção de embalar:** lullaby

cancelar v. to cancel

cancro n.m. cancer

candeeiro n.m. 👁 lamp

candidato n.m. **1** (a cargo político) candidate **2** (a um emprego) applicant

candidatura n.f. **1** (a um cargo) candidacy **2** (a um emprego) application

caneca n.f. **1** (para beber) mug **2** (para servir) jug

caneta n.f. pen; **caneta de feltro:** felt-tip pen; **caneta de tinta permanente:** fountain-pen

canguru n.m. kangaroo

canhoto adj. e n.m. left-handed

canivete n.m. penknife

canja n.f. chicken soup; (informal) **isso é canja!:** it's a piece of cake!

cano n.m. **1** pipe; tube **2** (de bota) bootleg

canoa n.f. canoe

canoagem n.f. canoeing

cansativo adj. tiring

cantar v. to sing

cântico n.m. chant; carol; **cântico de Natal:** Christmas carol

cantina n.f. canteen

canto n.m. **1** corner; edge; **canto superior esquerdo:** top left-hand corner **2** singing; **lição de canto:** singing lesson

cantor n.m. [f. cantora] singer

cão n.m. dog; **cão de caça:** hound; **cão de guarda:** watchdog

cão-d'água n.m. poodle

capa n.f. **1** cloak; cape **2** (de livro) cover

capacete n.m. helmet

capacidade n.f. **1** (jeito) ability; **ela tem muitas capacidades:** she's a very capable person **2** (espaço) capacity; **a sala tem capacidade para 200 pessoas:** the room has a seating capacity of 200

capaz adj.2gén. capable; able; **eu não sou capaz:** I can't do it; **ser capaz de:** to be able to

capela n.f. chapel

capital n.f. (cidade) capital ♦ adj.2gén. capital; main; chief

capitão n.m. captain

capítulo n.m. chapter

capoeira n.f. coop; poultry yard; **animais de capoeira:** poultry

Capricórnio n.m. (signo) Capricorn; the Goat

cápsula n.f. **1** (de garrafa) cap; top **2** (de nave espacial) space capsule

captura n.f. capture; arrest

capturar v. to capture; to catch

capucho n.m. (capuz) hood

cara n.f. **1** 🖊 face; **cara a cara:** face to face **2** (moeda) head; **cara ou coroa:** heads or tails

caracol *n.m.* **1** (animal) snail; **andar a passo de caracol:** to move at a snail's pace **2** (de cabelo) curl

carácter *n.m.* **1** character **2** nature

característica *n.f.* characteristic; feature

caracterizar *v.* to characterize

caramelo *n.m.* caramel

caranguejo *n.m.* crab

Caranguejo *n.m.* (signo) Cancer; the Crab

carapaça *n.f.* carapace; shell

caráter *a grafia preferível é* **carácter**

caraterística *a grafia preferível é* **característica**

caraterizar *a grafia preferível é* **caracterizar**

caravana *n.f.* (GB) caravan; (EUA) trailer

cardeal *n.m.* ♦ *adj.2gén.* cardinal; **pontos cardeais:** the cardinal points

cardinal *adj.2gén.* cardinal; **numeral cardinal:** cardinal number

cardume *n.m.* shoal; **cardume de sardinhas:** shoal of sardines

careca *adj.2gén.* bald; **pneus carecas:** bald tyres ♦ *n.2gén.* baldhead

carência *n.f.* want; need

careta *n.f.* face; **fazer caretas:** to make faces

carga *n.f.* **1** load; burden; **animal de carga:** beast of burden **2** freight; cargo; **navio de carga:** cargo boat

cargo *n.m.* post; position

caridade *n.f.* charity

carimbar *v.* to stamp

carimbo *n.m.* **1** stamp **2** (correio) postmark

carinhoso *adj.* loving

Carnaval *n.m.* 👁 carnival

carne *n.f.* **1** (pessoa) flesh; **carne viva:** raw flesh **2** (animal) meat; **carne de porco:** pork; **carne de vaca:** beef

carneiro *n.m.* ram

Carneiro *n.m.* (signo) Aries

caro *adj.* **1** expensive; **um livro caro:** an expensive book **2** dear; **caro senhor:** Dear Sir

caroço *n.m.* **1** (de cereja, pêssego) stone **2** (de pera, laranja, maçã) pit

carpete *n.f.* carpet

carpinteiro *n.m.* carpenter

carregado *adj.* charged; loaded; **bateria carregada:** charged battery

carregador *n.m.* **1** loader **2** (de bateria) charger; **carregador de telemóvel:** mobile phone charger

carregamento *n.m.* **1** (carga) load **2** (ficheiro, programa) download

carregar *v.* **1** (arma, camião) to load **2** (bateria) to charge **3** (botão) to press

carrinha *n.f.* **1** (GB) estate car; (EUA) station wagon **2** (de mercadorias) van **3** (de caixa aberta) pick-up

carro *n.m.* car; **andar de carro:** to drive

carroça *n.f.* 👁 cart; wagon

carrossel *n.m.* merry-go-round

carruagem *n.f.* **1** carriage; coach **2** (de comboio) carriage

carta *n.f.* **1** letter; **responder a uma carta:** to answer a letter **2** (de jogar) card; **dar as cartas:** to deal the cards

cartão *n.m.* **1** card; **cartão multibanco:** cash card **2** cardboard; **caixa de cartão:** cardboard box

cartaz *n.m.* **1** poster; **cartaz publicitário:** advertisement poster **2** bill; **é proibido afixar cartazes:** stick no bills

carteira *n.f.* **1** (de bolso) wallet **2** (de mão) handbag

carteiro *n.m.* postman

cartola *n.f.* top hat

cartolina *n.f.* thin cardboard

carvalho *n.m.* (árvore) oak

carvão *n.m.* coal; **negro como o carvão:** as black as coal

casa *n.f.* **1** house; **casa de bonecas:** doll's house; **mudar de casa:** to move house **2** 🗝 home; **ficar em casa:** to stay at home; **ir para casa:** to go home **3** (compartimento) room; **casa de banho:** bathroom

casaco *n.m.* **1** (curto) jacket **2** (comprido) coat; **tira o casaco:** take off your coat; **veste o casaco:** put your coat on

casal *n.m.* **1** (pessoas) couple **2** (animais) pair

casamento *n.m.* **1** marriage; **pedir (alguém) em casamento:** to propose to (somebody) **2** wedding; **aniversário de casamento:** wedding anniversary

casar *v.* to marry ♦ **casar-se** to get married

casca *n.f.* **1** (noz, ovo) shell **2** (fruta) peel **3** (banana, cebola) skin **4** (queijo, limão) rind **5** (cereal) husk

casino *n.m.* casino

caso *n.m.* case; **nesse caso:** in that case ♦ *conj.* in case; if; **caso contrário:** otherwise

casota *n.f.* kennel

castanha *n.f.* (fruto) chestnut

castanho *adj. e n.m.* (cor) brown

castelo *n.m.* castle; **castelo de areia:** sand castle

castiçal *n.m.* candlestick

castigar *v.* to punish

castigo *n.m.* punishment

castor *n.m.* beaver

casual *adj. 2 gén.* casual

catálogo *n.m.* catalogue

catarata *n.f.* waterfall

catástrofe *n.f.* catastrophe

cata-vento *n.m.* weathercock

catedral *n.f.* cathedral

categoria *n.f.* category

cato *n.m.* cactus

católico *adj. e n.m.* Catholic; **Igreja Católica:** Catholic Church

cauda *n.f.* **1** (de animal) tail **2** (de vestido) train

causa *n.f.* cause

causar *v.* to cause

cauteloso *adj.* careful; cautious

cavaleiro *n.m.* **1** rider **2** knight

cavalete *n.m.* 👁 easel

cavalo *n.m.* **1** (animal) horse **2** (xadrez) knight

cavar *v.* to dig

cave *n.f.* **1** (casa) basement **2** (vinho) cellar

caverna *n.f.* cavern

cebola *n.f.* onion

cedo *adv.* **1** early; **levantar-se cedo:** to get up early **2** soon; **o mais cedo possível:** as soon as possible

cego *adj.* blind

cegonha *n.f.* 👁 stork

ceia *n.f.* supper

cela *n.f.* cell

celebração *n.f.* celebration

celebrar *v.* **1** to celebrate **2** (acordo) to seal

célebre *adj.2gén.* well-known

celebridade *n.f.* celebrity

celeiro *n.m.* barn

celeste *adj.2gén.* celestial

célula *n.f.* cell

cemitério *n.m.* cemetery

cena *n.f.* **1** (teatro) stage; **entrar em cena:** to go on stage **2** (situação) scene; **não faças cenas!:** don't make a scene!

cenário *n.m.* **1** (teatro) scenery **2** (cinema) set **3** (de acontecimento) setting; scene; **cenário do crime:** scene of the crime

cenoura *n.f.* carrot

centena *n.f.* a hundred; **centenas de vezes:** hundreds of times

centímetro *n.m.* centimetre

cêntimo *n.m.* cent

cento *n.m.* a hundred; **cento e um:** a hundred and one; **por cento:** per cent

centopeia *n.f.* centipede

central *adj.2gén.* **1** (localização) central **2** (importância) fundamental ♦ *n.f.* **1** power station; **central nuclear:** nuclear power station **2** (de loja ou empresa) head office; headquarters

centro *n.m.* (GB) centre; (EUA) center; **centro comercial:** shopping centre; mall; **centro da cidade:** town centre

cera *n.f.* **1** (velas, depilação) wax **2** (ouvidos) earwax

cerca *n.f.* fence; **cerca de arame:** wire fence ♦ *adv.* **1** about; around; **cerca das três horas:** about three o'clock; **deve ter cerca de dois anos:** he must be two or so **2** near; **cerca daqui:** near here

cercar *v.* to surround

cereal *n.m.* cereal; grain

cérebro *n.m.* brain

cereja *n.f.* 👁 cherry

cerimónia *n.f.* **1** ceremony; **cerimónia de abertura:** opening ceremony **2** deference; ceremony; **fazer cerimónia:** to stand on ceremony; **sem cerimónias:** without ceremony

certamente *adv.* certainly

certeza *n.f.* certainty; certitude; **ter a certeza:** to be sure; **ter a certeza absoluta:** to be positive

certidão *n.f.* certificate; **certidão de nascimento:** birth certificate

certo *adj.* **1** right; **o relógio está certo:** the watch is right; **tem horas certas?:** what is the right time? **2** true; **isso é certo:** that is true **3** certain; sure; positive; **estar certo de:** to be sure of; to be positive about **4** certain; **até certo ponto:** to some extent; **de certo modo:** in a way; **uma certa pessoa:** a certain person ◆ *adv.* **1** certainly **2** correctly

cerveja *n.f.* beer; ale

cervejaria *n.f.* **1** beerhouse; brasserie **2** (bar) pub

cesta *n.f.* basket

cesto *n.m.* basket; **cesto de compras:** shopping basket; **cesto de papéis:** wastepaper basket; (basquetebol) **meter um cesto:** to score a basket

céu *n.m.* **1** sky; **céu limpo:** blue sky; **céu nublado:** cloudy sky **2** (religião) heaven; **céus!:** good heavens!

chá *n.m.* tea; **uma chávena de chá:** a cup of tea

chaleira *n.f.* kettle; **pôr a chaleira ao lume:** to put the kettle boiling

chama *n.f.* flame

chamada *n.f.* (telefone) call

chamar *v.* to call; **chamar a atenção para:** to call attention to; **chamar alguém:** to call someone; **mandar chamar:** to send for ◆ **chamar-se:** to be called; **como te chamas?:** what is your name?; **chamo-me Maria:** my name is Maria

chaminé *n.f.* chimney

champanhe *n.m.* champagne

champô *n.m.* shampoo

chão *n.m.* **1** ground; soil **2** (de casa) floor

chapa *n.f.* **1** plate; **chapa de matrícula:** plate number **2** (fina) sheet ◆ *n.m. (Moçambique)* bus

chapada *n.f.* slap; smack

chapéu *n.m.* hat; **pôr o chapéu:** to put on one's hat; **tirar o chapéu:** to take off one's hat

chatice *n.f.* (informal) nuisance; **que chatice!:** what a nuisance!

chato *adj.* **1** (objeto, superfície) flat; level; **fundo chato:** flat bottom **2** (informal) (dia, pessoa, história) boring; dull; **um dia chato:** a boring day

chave *n.f.* key; **molho de chaves:** bunch of keys

chave-inglesa *n.f.* 👁 spanner

chávena *n.f.* cup; 👁 **chávena de chá:** teacup; **tomar uma chávena de chá:** to have a cup of tea

chefe *n.2gén.* **1** chief; boss; **chefe de Estado:** head of state **2** head; leader; **chefe de família:** head of household

chegada *n.f.* **1** arrival; **à chegada:** on arrival **2** (corrida, maratona) finishing line

chegar *v.* **1** to arrive; **chegar a Edimburgo:** to arrive at Edinburgh; **chegar às sete da tarde:** to arrive at seven p.m.; **chegar atrasado:** to arrive late **2** to reach; **chegar ao destino:** to

a b **c** d e f g h i j k l m n o p q r s t u v w x y z

reach one's destination **3** to come; **chegar a um acordo:** to come to an understanding; **chegar ao fim:** to come to an end **4** to be enough; **chega e sobra:** enough is enough; **já chega!:** that is enough!

cheio *adj.* **1** full; **não fales com a boca cheia:** don't speak with your mouth full; **maré cheia:** high tide **2** (informal) fed up; **estou cheio disto!:** I'm fed up with this!

cheirar *v.* **1** to smell; **cheirar a perfume:** to smell of perfume; **cheirar uma flor:** to smell a flower **2** to stink; **cheira mal:** it stinks

cheiro *n.m.* **1** smell **2** (agradável) scent; (desagradável) stench

cheque *n.m.* (GB) cheque; (EUA) check; **pagar em cheque:** to pay by cheque

chichi *n.m.* (informal) wee; pee; **fazer chichi:** to wee

chiclete *n.f.* (informal) chewing gum

chicote *n.m.* whip

chifre *n.m.* **1** horn **2** (veado) antler

chimpanzé *n.m.* chimpanzee

chinelo *n.m.* slipper; **um par de chinelos:** a pair of slippers

chita *n.f.* (animal) cheetah

chocar *v.* **1** to shock **2** (ovos) to hatch **3** (doença) to come down with; **chocar uma gripe:** to be coming down with a flu **4** to crash; **o carro chocou contra uma árvore:** the car crashed into a tree

chocolate *n.m.* chocolate; **uma tablete de chocolate:** a bar of chocolate; (bebida) **chocolate quente:** hot chocolate

choque *n.m.* **1** shock; **choque elétrico:** electric shock; **estar em estado de choque:** to be in shock **2** (de veículos) crash; collision; **choque frontal:** head-on collision

chorar *v.* **1** to cry; to weep; **chorar de alegria:** to weep for joy; **desatar a chorar:** to burst into tears **2** to mourn; **chorar a morte de alguém:** to mourn someone's death

choro *n.m.* crying; weeping

chouriço *n.m.* pork sausage

chover *v.* to rain; (aguaceiro) to shower; **chove torrencialmente:** it's raining cats and dogs; **quer chova, quer faça sol:** come rain or shine

chumbar *v.* **1** (dente) to fill **2** (informal) (escola) to flunk; **chumbar a matemática:** to flunk maths; **chumbar o ano:** to flunk the school year

chupa-chupa *n.m.* 👁 lollipop

chupar *v.* to suck; **chupar um rebuçado:** to suck a candy

chupeta *n.f.* dummy

churrasco *n.m.* barbecue; grill

chutar *v.* (informal) to kick; **chutar a bola:** to kick the ball; **chutar à baliza:** to kick to the goal

chuto *n.m.* (informal) kick

chuva *n.f.* rain; **chuva miudinha:** drizzle; **chuva torrencial:** heavy rain

chuveiro *n.m.* shower; **tomar um banho de chuveiro:** to have a shower

chuvoso *adj.* rainy; **tempo chuvoso:** rainy weather

cicatriz *n.f.* scar

ciclismo *n.m.* cycling

ciclista *n.2gén.* cyclist

ciclo *n.m.* cycle

cidadão *n.m.* [*f.* cidadã] citizen
cidade *n.f.* city; (mais pequena) town;
centro da cidade: city centre

Usa-se **city** para designar uma ci-
dade grande e importante. Usa-se
town para referir uma cidade pe-
quena, maior do que uma *village*
(aldeia), mas menor do que uma
city.

ciência *n.f.* science; **ciências natu-
rais:** natural sciences
cientista *n.2gén.* scientist
cigano *adj. e n.m.* [*f.* cigana] gypsy
cigarro *n.m.* cigarette; **acender um
cigarro:** to light up a cigarette; **fu-
mar um cigarro:** to smoke a ciga-
rette
cima *n.f.* top; **de cima a baixo:** from
top to bottom; **em cima de:** on top
of; **lá em cima:** up there; **na parte
de cima:** on top; **para cima:** up-
wards; **para cima e para baixo:** up
and down; **por cima:** above
cimo *n.m.* top; summit; **no cimo:** at
the top
cinco *num.card.>quant.num.*^DT *e n.m.*
five; **ele tem cinco anos:** he is five;
há cinco anos: five years ago
Cinderela *n.f.* Cinderella
cinema *n.m.* **1** (GB) cinema; (EUA)
movies **2** (edifício) film theatre; (EUA)
movie theatre; movie house
cinto *n.m.* belt; **cinto de segurança:**
safety belt
cintura *n.f.* **1** (corpo) waist **2** (roupa)
waistband
cinturão *n.m.* (karaté) belt; **cinturão
negro:** black belt
cinzeiro *n.m.* ashtray
cinzento *adj. e n.m.* grey
circo *n.m.* circus

circuito *n.m.* circuit
circulação *n.f.* circulation
circular *adj.2gén.* circular ◆ *v.* **1** to
circulate **2** (sangue) to flow
círculo *n.m.* circle; **traçar um cír-
culo:** to draw a circle
circunferência *n.f.* circumference
circunstância *n.f.* circumstance;
dadas as circunstâncias: in/under
the circumstances; **em circunstância
nenhuma:** under no circumstances
cirurgia *n.f.* surgery; **cirurgia esté-
tica:** aesthetic surgery; **cirurgia
plástica:** plastic surgery
cisne *n.m.* 👁 swan

citação *n.f.* quotation
citar *v.* to quote; **citar um exemplo:**
to quote an example
civil *adj.2gén.* civil; **estado civil:**
marital status
civilização *n.f.* civilization
clã *n.m.* clan
claque *n.f.* **1** supporters **2** fans
clara *n.f.* (de ovo) white
clarão *n.m.* flash
clareza *n.f.* clarity; clearness
claridade *n.f.* light; brightness
clarim *n.m.* 👁 bugle

clarinete *n.m.* clarinet

claro *adj.* **1** clear; evident; **claro como água:** crystal-clear **2** (luz) bright **3** (cor) light ◆ *adv.* clearly; plainly; **falar claro:** to speak plainly ◆ *interj.* of course!; **claro que não!:** of course not!; **claro que sim!:** of course!

classe *n.f.* **1** (grupo social) class; **classe média:** middle class **2** (escola) class **3** (qualidade) class; **de primeira classe:** first-class

clássico *adj.* classical; **música clássica:** classical music

classificação *n.f.* **1** classification; rating **2** (escola) mark **3** (desporto) place; ranking

classificar *v.* **1** to class; to classify **2** (escola) to mark; to grade ◆ **classificar-se** to qualify; **classificar-se para a final:** to qualify for the final

clicar *v.* to click

cliente *n.2gén.* **1** client **2** (loja, restaurante) customer; **cliente habitual:** regular customer

clima *n.m.* climate; weather; **clima tropical:** tropical climate

clínica *n.f.* clinic; private hospital

clube *n.m.* club; **clube de futebol:** football club; **entrar para um clube:** to join a club

coador *n.m.* 👁 strainer

coala *n.m.* koala

cobarde *adj.2gén.* cowardly ◆ *n. 2gén.* coward

cobertor *n.m.* blanket; **cobrir com um cobertor:** to put a blanket over

cobertura *n.f.* covering; cover

cobra *n.f.* snake; serpent

cobre *n.m.* copper

cobrir *v.* to cover

coche *n.m.* 👁 coach; carriage

cochichar *v.* to whisper

coco *n.m.* **1** (fruto) coconut **2** (chapéu) bowler

código *n.m.* code; **código de barras:** bar code; **código postal:** postcode

coelho *n.m.* [f. coelha] rabbit

cofre *n.m.* safe; chest

cogumelo *n.m.* mushroom

coice *n.m.* kick; **dar coices:** to kick

coincidência *n.f.* coincidence; **por coincidência:** by coincidence

coincidir *v.* to coincide; **a chegada dela coincidiu com a nossa partida:** her arrival coincided with our departure

coisa *n.f.* thing; **alguma coisa:** something; **mais coisa menos coisa:** more or less; **outra coisa:** something else

coitado *adj.* poor; wretched ◆ *interj.* poor thing!

cola *n.f.* glue; **um tubo de cola:** a tube of glue

colaboração *n.f.* (em projeto, trabalho) collaboration; **em colaboração com:** in collaboration with

colar *v.* **1** to glue **2** to stick ◆ *n.m.* necklace; **colar de pérolas:** pearl necklace

colarinho *n.m.* collar

colcha *n.f.* bedspread; quilt

colchão *n.m.* **1** mattress **2** (insuflável) airbed

coleção *n.f.* collection; **coleção de selos:** stamp collection

colecção *a nova grafia é* **coleção**

coleccionar *a nova grafia é* **colecionar**

colecionar *v.* to collect

colectivo *a nova grafia é* **coletivo**

colega *n.2gén.* **1** (de trabalho) colleague; workmate **2** (de escola) classmate

colégio *n.m.* (GB) public school; (EUA) private school; **colégio interno:** boarding school

Para dizermos **colégio** *em inglês usamos a expressão* **public school***. Também existe a palavra* **college** *em inglês, mas quer dizer* universidade.

cólera *n.f.* **1** (fúria) fury; rage **2** (doença) cholera

colete *n.m.* **1** (com botões) waistcoat; **colete salva-vidas:** life jacket **2** (de lã) tank top

coletivo *adj.* **1** collective; **esforço coletivo:** collective effort **2** public; **transporte coletivo:** public transport

colheita *n.f.* **1** (atividade) harvest **2** (produtos) crop

colher (culhér) *n.f.* **1** spoon; **colher de chá:** teaspoon; **colher de sopa:** tablespoon **2** (conteúdo) spoonful; **uma colher de farinha:** a spoonful of flour

colher (culhér) *v.* **1** (flores, frutos) to pick **2** (cereais) to harvest

colidir *v.* to collide; **os dois aviões colidiram:** the two planes collided with each other

colina *n.f.* hill

colisão *n.f.* collision; **colisão frontal:** head-on collision

colmeia *n.f.* 👁 beehive

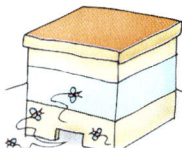

colo *n.m.* lap; **criança de colo:** babe in arms; **trazer/levar ao colo:** to carry in one's arms

colocar *v.* **1** (objeto) to put; to place **2** (problema, questão) to raise

colónia *n.f.* **1** colony; **colónia de férias:** holiday camp; summer camp **2** (perfume) cologne

colorido *adj.* **1** coloured **2** colourful

colorir *v.* (GB) to colour; (EUA) to color

coluna *n.f.* **1** (edifício) column **2** (hi-fi, rádio) stereo speaker **3** (do corpo) spine; backbone

comandante *n.2gén.* commander

comando *n.m.* **1** command; control; **assumir o comando:** to take control of **2** (de televisão, DVD) remote control

combate *n.m.* combat; fight

combater *v.* to fight; to struggle against

combinação *n.f.* agreement

combinado *adj.* settled; agreed

combinar *v.* **1** (reunião, viagem) to arrange; to plan **2** (cores, roupa) to match

a
b
c
d
e
f
g
h
i
j
k
l
m
n
o
p
q
r
s
t
u
v
w
x
y
z

comboio • companhia

224

comboio *n.m.* train; **apanhar/perder o comboio:** to catch/miss the train; **viajar de comboio:** to travel by train

combustível *n.m.* fuel

começar *v.* to begin; to start; **começar do zero:** to start from scratch; **começar mal:** to get off on thc wrong foot

começo *n.m.* start; beginning; **no começo:** in the beginning

comédia *n.f.* comedy

comediante *n.2gén.* comedian

comemoração *n.f.* celebration

comemorar *v.* to celebrate

comentar *v.* to comment on

comentário *n.m.* comment; remark; **fazer um comentário:** to make a remark; **sem comentários:** no comment

comer *v.* **1** to eat; **comer bem:** to eat well **2** (xadrez, damas) to take

comercial *adj.2gén.* commercial

comerciante *n.2gén.* trader; merchant

comércio *n.m.* **1** (atividade) commerce; trade; **comércio eletrónico:** e-commerce **2** (loja) business

comestível *adj.2gén.* edible; **cogumelos comestíveis:** edible mushrooms

cometa *n.m.* 👁 comet

comichão *n.f.* itch; itching; **fazer comichão:** to itch

comício *n.m.* rally

cómico *adj.* **1** funny; amusing **2** comic; **ator cómico:** comedy actor

comida *n.f.* **1** 👁 food **2** (refeição) meal

como *adv.* **1** as; **faz como ela:** do as she does; **como eu estava a dizer...:** as I was saying... **2** like; **o teu carro é como o meu:** your car is like mine **3** how; in what way; **como estás?:** how are you?; **como se diz...?:** how do you say...? **4** sorry?; pardon?; **como? podes repetir?:** pardon? could you repeat, please? ♦ *conj.* as; **como cheguei a casa cedo, telefonei-lhe:** as I was home early, I called her

cómoda *n.f.* chest of drawers

comodidade *n.f.* comfort; well-being

cómodo *adj.* comfortable

comover *v.* to move; to touch ♦ **comover-se** to be moved

compacto *adj.* compact; **disco compacto:** compact disc

compaixão *n.f.* pity; compassion; **ter compaixão de alguém:** to take pity on

companheiro *n.m.* [f. companheira] **1** companion; fellow; **companheiro de viagem:** fellow traveller **2** (de turma) classmate **3** (de equipa) team-mate

companhia *n.f.* **1** company; **fazer companhia a alguém:** to keep a person company **2** (empresa) company; **companhia aérea:** airline; **companhia de teatro:** (theatre) company

comparação *n.f.* comparison; **em comparação com:** in comparison with; **fazer comparações (entre):** to make comparisons (between); **não há comparação entre...e...:** there's no comparison between...and...

comparar *v.* to compare **compara isto com isso:** compare this with that

compasso *n.m.* **1** (instrumento) a pair of compasses; compass **2** (musical) time; **marcar o compasso:** to beat time

competência *n.f.* competence; proficiency

competente *adj.2gén.* competent

competição *n.f.* competition; **estar fora de competição:** to be out of competition

competir *v.* to compete

competitivo *adj.* competitive

compilação *n.f.* compilation

complemento *n.m.* complement

completar *v.* to complete

completo *adj.* **1** complete; **a obra completa de Lewis Carroll:** the complete works of Lewis Carroll **2** full; **nome completo:** full name

complexidade *n.f.* complexity

complexo *adj.* complex

complicar *v.* to complicate

compor *v.* **1** (música) to compose **2** (aparelho, objeto) to mend; to repair ♦ **compor-se** to consist of; to be composed of

comportamento *n.m.* behaviour; **bom/mau comportamento:** good/bad behaviour

composição *n.f.* **1** (redação) essay **2** (música) composition

compositor *n.m.* composer

compota *n.f.* jam; **compota de morango:** strawberry jam

compra *n.f.* purchase; **fazer uma compra:** to make a purchase; **ir às compras:** to go shopping

comprador *n.m.* buyer

comprar *v.* to buy

compreender *v.* to understand

compreensão *n.f.* understanding

compreensivo *adj.* understanding

comprido *adj.* long; **cabelo comprido:** long hair

comprimento *n.m.* length; **a piscina tem dez metros de comprimento:** the swimming pool is ten meters long

compromisso *n.m.* **1** (obrigação) commitment **2** (entendimento) agreement

computador *n.m.* computer; **computador portátil:** laptop

comum *adj.2gén.* common; **fora do comum:** unusual

comunicação *n.f.* communication; **meios de comunicação social:** mass media

comunicar *v.* to communicate

comunicativo *adj.* communicative

comunidade *n.f.* community

conceito *n.m.* concept

concentração *n.f.* concentration; **concentração de esforços:** concentration of efforts; **falta de concentração:** lack of concentration

concerto *n.m.* **1** (espetáculo) concert; **concerto (de) rock:** rock concert **2** (peça musical) concerto; **concerto para piano:** piano concerto

a b c d e f g h i j k l m n o p q r s t u v w x y z

concha *n.f.* **1** 👁 shell **2** (da sopa) ladle

conciso *adj.* concise; brief
concluir *v.* to conclude
conclusão *n.f.* conclusion; **chegar a uma conclusão:** to come to a conclusion
concordar *v.* to agree; **concordo contigo:** I agree with you; **concordar com um plano:** to agree to a plan; **não concordo contigo:** I don't agree with you
concorrência *n.f.* competition; **fazer concorrência a:** to be in competition with
concorrente *n.2gén.* **1** candidate **2** (negócios) competitor
concurso *n.m.* **1** competition; contest; **concurso de beleza:** beauty contest **2** (de televisão) quiz show
conde *n.m.* count; earl
condenar *v.* to condemn
condição *n.f.* condition; **condições de trabalho:** working conditions; **em boas condições:** in good condition
condizer *v.* to match; **o anel condiz com o colar:** the ring matches the necklace
condução *n.f.* driving; **carta de condução:** driving licence; **escola de condução:** driving school
condutor *n.m.* **1** driver; **condutor de autocarro:** bus driver **2** conductor; **condutor de eletricidade:** conductor of electricity

conduzir *v.* **1** (automóvel) to drive; **não sei conduzir:** I can't drive **2** (mota) to ride
cone *n.m.* 👁 cone

conferência *n.f.* **1** lecture; **dar uma conferência sobre:** to lecture on **2** conference; **conferência de imprensa:** press conference
confessar *v.* **1** to confess; **confessar um crime:** to confess to a crime **2** (a um padre) to hear in confession ♦ **confessar-se** (a um padre) to go to confession
confetes *n.m.pl.* 👁 confetti

confiança *n.f.* confidence; trust; **ser de confiança:** to be trustworthy; to be reliable; **trair a confiança de alguém:** to betray somebody's trust
confiar *v.* to trust; to rely; **confiar em alguém:** to rely upon a person; **não confio em ti:** I don't trust you
confirmar *v.* to confirm
confissão *n.f.* confession
conflito *n.m.* conflict; **entrar em conflito com:** to come into conflict with
conforme *prep.* according to; in conformity with; **conforme as circunstâncias:** according to circum-

stances ♦ *conj.* according to what; **conforme li no jornal:** according to what I read in the newspaper

confortável *adj.2gén.* comfortable

conforto *n.m.* comfort

As palavras **confortável** e **conforto** escrevem-se com **n**, mas, em inglês, **comfortable** e **comfort** escrevem-se com **m**.

confusão *n.f.* confusion; mess; **que confusão!:** what a mess!

confuso *adj.* **1** (pessoa) confused **2** (texto) unclear

congelar *v.* to freeze; **congelar comida:** to freeze food

congresso *n.m.* congress

conhecer *v.* to know; **conhecer de vista:** to know by sight; **conheces algum restaurante aqui perto?:** do you know of any restaurant nearby?

conhecido *adj.* known; **ser conhecido como:** to be known as

conhecimento *n.m.* knowledge; **tomar conhecimento de:** to find out about

conjugar *v.* **1** (verbos) to conjugate **2** (cores) to combine

conjunto *n.m.* **1** set; **conjunto de ferramentas:** set of tools **2** (grupo musical) band **3** (roupa) suit; outfit; **conjunto de saia e casaco:** suit

conquista *n.f.* conquest

conquistar *v.* to conquer

consciência *n.f.* **1** (moral) conscience; **ter a consciência tranquila:** to have a clear conscience **2** (sentidos) consciousness; **perder a consciência:** to lose consciousness **3** (conhecimento) awareness; **tenho consciência disso:** I'm aware of that

conseguir *v.* **1** to get; **eu consigo sempre o que quero:** I always get what I want **2** (objetivo) to succeed; **consegui passar no exame:** I succeeded in passing the examination **3** (capacidade) can; **não consigo dormir:** I can't sleep

conselho *n.m.* **1** advice; **dar um conselho a alguém:** to give somebody a piece of advice; **pedir um conselho a alguém:** to ask somebody's advice **2** (escola) council; board; **conselho diretivo:** school board

consentir *v.* to allow; to consent

consequência *n.f.* consequence; **em consequência de:** as a result of, due to; **por consequência:** therefore

consertar *v.* to repair; to fix

conserto *n.m.* repair; fixing; **o rádio não tem conserto:** the radio is beyond repair

conservar *v.* **1** to maintain; to keep **2** (alimentos) to preserve

consideração *n.f.* consideration; regard; **ter consideração por alguém:** to have consideration for someone; **ter em consideração:** to take into account

considerar *v.* **1** (respeitar) to consider **2** (refletir sobre) to take into consideration

considerável *adj.2gén.* considerable; substantial

consigo *pron.pess.* **1** (com você) to you; with you; about yourself; **a decisão é consigo!:** the decision is up to you!; **não se preocupe tanto consigo!:** don't worry so much about yourself!; **posso ir consigo?:** can I go with you? **2** (com ele/ela) with himself; with herself

a
b
c
d
e
f
g
h
i
j
k
l
m
n
o
p
q
r
s
t
u
v
w
x
y
z

consoada *n.f.* (ceia) Christmas supper

consoante *n.f.* (letra) consonant ♦ *prep.* according to; **consoante o gosto de cada um:** according to one's taste

consola *n.f.* console; 👁 **consola de jogos:** game console

consolar *v.* to comfort

conspiração *n.f.* conspiracy

constipação *n.f.* cold; **apanhar uma constipação:** to catch a cold

constituição *n.f.* constitution

construção *n.f.* **1** (processo) construction; building; **em construção:** under construction **2** (estrutura) frame; structure; **construção em pedra:** stone structure

construir *v.* **1** to build; **construir uma casa:** to build a house **2** to make; **construir uma frase:** to make a sentence

consulta *n.f.* appointment; **consulta no dentista:** appointment at the dentist's

consultar *v.* **1** to consult; to see; **consultar o médico:** to see a doctor **2** to look up; **consultar uma palavra no dicionário:** to look up a word in the dictionary

consultório *n.m.* surgery

consumir *v.* to consume

consumo *n.m.* consumption; **consumo de energia:** consumption of energy

conta *n.f.* **1** sum; **conta de dividir:** division; **conta de somar:** addition **2** (banco) account; **abrir uma conta:** to open an account **3** (fatura) bill; (bar, restaurante) **a conta, por favor!:** the bill, please!; **fazer de conta:** to pretend; **tomar conta de:** to take care of

contacto *n.m.* contact; **entrar em contacto com:** to get in touch with

contagem *n.f.* counting; **contagem decrescente:** countdown

contagiar *v.* to contaminate

contagioso *adj.* contagious; infectious; **doença contagiosa:** contagious disease

contaminação *n.f.* contamination; (poluição) **contaminação da água:** water contamination

contaminar *v.* to contaminate

contar *v.* **1** to tell; **contar uma história:** to tell a story **2** to count; **contar até cem:** to count up to a hundred

contentar *v.* to please; **contentar alguém:** to please someone ♦ **contentar-se** to be satisfied; **não se contenta com nada:** nothing seems to satisfy him

contente *adj.2gén.* pleased; glad; **fico contente:** I'm glad

contentor *n.m.* **1** (camião) container **2** 👁 (lixo) skip

conter *v.* **1** to contain **2** to refrain; **conter o riso:** to refrain from laughing

conteúdo *n.m.* content

contexto *n.m.* context

continental *adj.2gén.* continental

continente *n.m.* continent; **o continente europeu:** the European continent

continuar *v.* **1** to continue **2** to go on; **continua!:** go on!

continuidade *n.f.* continuity

contínuo *adj.* continuous

conto *n.m.* tale; **conto de fadas:** fairy tale; **conto popular:** folk tale

contra *prep.* against; **dez contra um:** ten to one; **contra a lei:** against the law

contrabaixo *n.m.* 👁 (instrumento) contrabass; double bass

contração *n.f.* contraction

contracapa *n.f.* back cover

contracção *a nova grafia é* **contração**

contraditório *adj.* contradictory

contrário *adj.* contrary; opposite; **caso contrário:** if not; **pelo contrário:** on the contrary ◆ *n.m.* opposite

contraste *n.m.* contrast; **estabelecer um contraste entre:** to make a contrast between

contrato *n.m.* contract

contribuição *n.f.* contribution

controlar *v.* to control ◆ **controlar-se** to control oneself

controlo *n.m.* control; **controlo à distância:** remote control; **perder o controlo:** to lose control

convencer *v.* **1** to convince; **convencer alguém de algo:** to convince someone of something **2** to persuade; **convencer alguém a fazer algo:** to persuade someone to do something ◆ **convencer-se** to convince oneself; **convencer-se de alguma coisa:** to convince oneself of something

convencido *adj.* **1** convinced; **estou convencido de que:** I feel confident that **2** (vaidoso) smug

conveniente *adj.2gén.* convenient

conversa *n.f.* conversation; **conversa animada:** lively conversation

conversar *v.* to talk about

convidar *v.* to invite; **convidar alguém para uma festa:** to invite someone to a party

convite *n.m.* invitation; **aceitar/recusar um convite:** to accept/decline an invitation

convívio *n.m.* get-together

copa *n.f.* (de árvore) top; tree top

copas *n.f.pl.* (cartas) hearts; **dama de copas:** queen of hearts

cópia *n.f.* copy; duplicate; **fazer uma cópia:** to make a copy

copiar *v.* **1** to copy; **copiar um ficheiro:** to copy a file **2** (escola) to cheat; to crib; **copiar num teste:** to cheat in a test

copo *n.m.* 👁 glass

cor (côr) *n.f.* 🐚 colour; **a cores:** in colour

coração *n.m.* 1 heart 2 *(figurado)* kindness; **pessoa com coração:** a kind sort of person

coral *n.m.* 1 coral; **recife de coral:** coral reef 2 *(musical)* chorus; choir

corar *v.* to blush; **corar de vergonha:** to blush with embarrassment

corda *n.f.* 1 rope; **corda para saltar:** skipping rope 2 *(de instrumento)* string; **instrumentos de corda:** the strings

cordão *n.m.* 1 *(calçado)* shoestring; shoelace 2 *(colar)* string; **cordão de ouro:** gold string

cordeiro *n.m.* lamb

cordel *n.m.* string

cor-de-laranja *a nova grafia é* **cor de laranja**

cor de laranja *adj.2gén.* orange

cor-de-rosa *adj.2gén.* pink

corneta *n.f.* bugle

coro *n.m.* 1 chorus 2 👁 *(igreja)* choir

coroa *n.f.* 1 *(de rei, rainha)* crown 2 *(grinalda)* wreath; **coroa de flores:** wreath of flowers 3 *(moeda)* tail; **cara ou coroa?:** heads or tails?

corpo *n.m.* 🐚 body

correção *n.f.* correction

correcção *a nova grafia é* **correção**

correcto *a nova grafia é* **correto**

corrector *a nova grafia é* **corretor**

corredor *n.m.* 1 *(edifício)* corridor; gallery 2 *(teatro, avião)* gangway

correio *n.m.* 1 mail; post; **caixa do correio:** postbox; **correio eletrónico:** e-mail; **mandar pelo correio:** to send by post; **pôr uma carta no correio:** to post a letter 2 *(cartas)* correspondence; *(edifício)* Post Office

corrente *adj.2gén.* 1 running; **água corrente:** running water 2 common; **prática corrente:** common practice ◆ *n.f.* current; **corrente de ar:** air current

correr *v.* 1 to run; **correr atrás de:** to run after 2 *(tempo)* to pass 3 *(cortinas)* to draw

correspondência *n.f.* correspondence

correspondente *adj.2gén.* corresponding ◆ *n.2gén.* *(informal)* penfriend

correto *adj.* correct; right; **está correto:** that is correct

corretor *n.m.* 1 corrector 2 *(tinta)* correction fluid

corrida *n.f.* 1 run 2 race; **participar numa corrida:** to run a race; **corrida de cavalos:** horse race

corrigir *v.* *(testes)* to mark; to correct

corrupto *adj.* corrupt

cortar *v.* 1 to cut; **cortar ao meio:** to cut in halves; **cortar aos bocados:** to cut to pieces 2 *(com tesoura)* to cut out 3 *(árvore)* to fell ◆ **cortar-se** to cut oneself

corte (córte) *n.m.* cut; incision; **corte de cabelo:** haircut; **fiz um corte no dedo:** I've cut my finger

corte (côrte) *n.f.* 1 court 2 *(namoro)* courtship

cortejo *n.m.* 1 *(casamento, funeral)* procession 2 *(Carnaval)* parade

cortiça n.f. 👁 cork; bark

cortina n.f. curtain; **correr as cortinas:** to draw the curtains
coruja n.f. owl
corvo n.m. crow; raven
coser v. to sew; to stitch; **coser um botão:** to sew a button
costa n.f. (mar) coast; shore
costeleta n.f. (de porco) chop; (de vitela) cutlet
costumar v. 1 (no presente) to usually do something; **eu costumo ir ao teatro:** I usually go to the theatre 2 (no passado) to use to do something; **eu costumava vir aqui:** I used to come here
costume n.m. custom; **como de costume:** as usual; **ter o costume de:** to be in the habit of

Para dizermos **costume** em inglês usamos as palavras **custom** ou **habit**. Também existe a palavra **costume** em inglês, mas quer dizer traje.

costura n.f. sewing; **caixa de costura:** sewing box; **máquina de costura:** sewing machine
costurar v. to sew
costureira n.f. 1 seamstress 2 (alta costura) fashion designer
costureiro n.m. 1 tailor; dressmaker 2 (alta costura) fashion designer
cotovia n.f. lark
couro n.m. leather; **blusão de couro:** leather jacket

cova n.f. (buraco) hole; **fazer uma cova:** to dig a hole
coxa n.f. thigh
cozer v. 1 (em água) to boil 2 (no forno) to bake
cozinha n.f. 1 (lugar) kitchen; **trem de cozinha:** kitchenware 2 (arte) cookery; **livro de cozinha:** cookery book 3 (gastronomia) cooking; **cozinha portuguesa:** Portuguese cooking
cozinhar v. to cook; **não sei cozinhar:** I can't cook
cozinheiro n.m. [f. cozinheira] cook
cravo n.m. 1 👁 (flor) carnation 2 (instrumento) harpsichord

crédito n.m. 1 credit; **cartão de crédito:** credit card 2 trust; **digno de crédito:** reliable
creme n.m. 1 (sopa) soup 2 cream; **creme de barbear:** shaving cream; **creme para as mãos:** hand cream ♦ adj.2gén. (cor) cream; cream-coloured
crer v. to believe; **crer em Deus:** to believe in God; **creio que sim:** I suppose so; I think so; **não creio:** I don't think so; I believe not
crescente adj.2gén. increasing; **por ordem crescente:** in ascending order ♦ n.m. (fase da Lua) crescent; **quarto crescente:** crescent moon
crescer v. 1 to grow; **deixar crescer a barba:** to grow a beard; **deixar crescer o cabelo:** to let one's hair grow 2 to increase; **crescer em**

população: to increase in population

crescimento *n.m.* **1** growth **2** increase

criação *n.f.* **1** creation **2** (animais) breeding

criador *n.m.* **1** creator **2** (de animais) farmer; breeder; **criador de gado:** cattle breeder

criança *n.f.* child; kid

criar *v.* **1** to create; to make; **criar distúrbios:** to make trouble **2** (filho) to bring up **3** (planta) to grow **4** (animal) to breed

crime *n.m.* crime; **cometer um crime:** to commit a crime

criminoso *adj. e n.m.* criminal

crise *n.f.* **1** crisis; **estar em crise:** to be in crisis **2** (doença) fit; attack

cristal *n.m.* **1** crystal **2** (de rocha) quartz

cristão *adj.* Christian; **era cristã:** Christian era ◆ *n.m.* [f. cristã] (religião) Christian

Cristo *n.m.* **1** Christ **2** crucifix

critério *n.m.* criterion

crítica *n.f.* **1** criticism; critique **2** (de filme, livro) review

criticar *v.* **1** to criticize **2** (filme, obra) to review

crítico *n.m.* **1** critic **2** (livro) reviewer

crocodilo *n.m.* crocodile

cromo *n.m.* picture card

cru *adj.* raw; **peixe cru:** raw fish

cruel *adj.2gén.* cruel

crueldade *n.f.* cruelty

cruz *n.f.* cross

cruzado *adj.* crossed; **com as pernas cruzadas:** with one's legs crossed; **estar de braços cruzados:** to be with one's arms folded; **palavras cruzadas:** crossword

cruzamento *n.m.* crossing; crossroads

cruzar *v.* **1** (pernas) to cross **2** (braços) to fold

cubo *n.m.* **1** ◉ cube; **cubo de gelo:** ice cube **2** (potência) cube; third power; **elevar ao cubo:** to cube **3** (brinquedo) brick

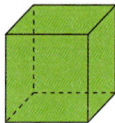

cuco *n.m.* **1** (ave) cuckoo **2** (relógio) cuckoo clock

cuecas *n.f.pl.* **1** (de homem) underpants **2** (de mulher) knickers

cuidado *n.m.* care; **cuidado com o cão:** beware of the dog; **tem cuidado!:** be careful! ◆ *interj.* look out!; watch out!

cuidadoso *adj.* careful

cuidar *v.* to take care of; to look after

culinária *n.f.* cookery

culpa *n.f.* fault; blame; **a culpa é minha:** it's my fault; **por culpa de:** because of

culpar *v.* to blame

cultivar *v.* **1** (flores, plantas) to grow **2** (amizade, relação) to cultivate

culto *adj.* cultivated; cultured ◆ *n.m.* cult; worship; **prestar culto:** to worship

cultura *n.f.* **1** (cultivo da terra) cultivation; **cultura alternada:** crop rotation **2** (saber) culture; **cultura geral:** general knowledge

cume *n.m.* top; **chegar ao cume:** to reach the top

cumprimentar *v.* to greet; to salute

cumprimento *n.m.* **1** accomplishment; fulfilment **2** (de lei, ordem) compliance; **apresentar os cumprimentos a alguém:** to give somebody one's regards; **os meus (melhores) cumprimentos:** best regards; best wishes

cumprir *v.* **1** (promessa, obrigação) to fulfil **2** (lei, ordem) to comply with; to obey **3** (palavra) to keep **4** (prazo) to meet

cúmulo *n.m.* heap; pile

cura *n.f.* cure; healing

curar *v.* (doença) to cure; to heal ◆ **curar-se** to recover; to be cured; **curar-se do sarampo:** to recover from the measles

curativo *adj.* curative; healing ◆ *n.m.* (em ferida) dressing; **fazer um curativo:** to put on a dressing

curiosidade *n.f.* curiosity

curioso *adj.* **1** curious **2** interesting

curso *n.m.* **1** course; **curso de línguas:** languages course **2** (universidade) degree; **curso superior:** university degree **3** run; course; (processo) **em curso:** in progress; **o curso dos acontecimentos:** the run of events

curtir *v.* **1** to tan; **curtir peles:** to tan leader hides **2** (informal) to dig; to enjoy; **não curto futebol:** I don't dig football

curto *adj.* **1** (tamanho) short; **camisa de manga curta:** short-sleeved shirt; **cabelo curto:** short hair **2** (duração) brief

curva *n.f.* **1** curve; **fazer uma curva:** to take a curve; *(informal)* **vai dar uma curva!:** get lost! **2** (estrada, rio) bend

curvo *adj.* curved; bent

custa *n.f.* expense; cost; **à custa de:** at the expense/cost of; **à minha custa:** at my expense

custar *v.* **1** to cost; **custar muito dinheiro:** to cost a lot of money; **quanto custa?:** how much does it cost? **2** to be painful; **custa-me falar-te assim:** it pains me to talk to you like this **3** to be difficult; to be hard; **custa a crer!:** it is hard to believe!

custo *n.m.* **1** cost; price; **custo de vida:** cost of living **2** (figurado) difficulty; pain; **a custo:** with difficulty

d

d *n.m.* (letra) d

da *contr. da prep.* de + *art. def. f.* a

dado *adj.* **1** affable; easy-going; **é uma criança muito dada:** she's a very affable child **2** given; **em dado momento:** at a given moment **3** given to; **dado que:** given that ◆ *n.m.* 👁 (jogo) dice

dador *n.m.* [*f.* dadora] donor; **dador de sangue:** blood donor

dama *n.f.* **1** lady; **primeira dama:** the first lady **2** maid; **dama de honor:** bridesmaid **3** (xadrez, cartas) queen

dança *n.f.* dance; **dança folclórica:** folk dance

dançar *v.* to dance; **queres dançar comigo?:** will you dance with me?

dançarino *n.m.* [*f.* dançarina] dancer

danificar *v.* to damage

dano *n.m.* **1** damage; loss **2** (moral) harm; **causar dano a:** to harm

dar *v.* **1** to give; **dar algo a alguém:** to give somebody something; **dar um passeio:** to take a walk **2** (aulas) to teach; **dar (aulas de) Inglês:** to teach English **3** (matéria) to do; **estamos a dar os verbos irregulares:** we're doing the irregular verbs **4** to strike; **o relógio deu as doze:** the clock struck twelve **5** (planta) to bear; **dar fruto:** to bear fruit **6** to find; **dar com uma coisa:** to find something **7** to be enough; **isto dá para tudo?:** is this enough for everything? **8** to have; **deu-lhe um ataque de coração:** he had a heart attack **9** to be possible; **dá para trocar dinheiro aqui?:** is it possible to exchange money here? **10** to lead to; **este caminho dá para o rio:** this path leads to the river **11** to overlook; **o meu quarto dá para o jardim:** my bedroom overlooks the garden ◆ **dar-se 1** to give oneself up to **2** (facto) to happen **3** to get on; **dar-se bem/mal com:** to get on well/badly with **4** to get on; **dar-se bem com alguém:** to get on well with somebody

dardo *n.m.* **1** javelin; **lançar o dardo:** to throw the javelin **2** (jogo) dart

data *n.f.* (tempo) date; **data de nascimento:** date of birth; **nessa data:** at that date

debate *n.m.* debate

debater *v.* to debate; to discuss

débil *adj.2gén.* weak; feeble

decadência *n.f.* decadence; decay

decair *v.* to decline; to decay

decalcar *v.* (desenho) to transfer

deceção *n.f.* disappointment

dececionar *v.* to disappoint; to let down ◆ **dececionar-se** to be disappointed

decente *adj.2gén.* decent

decepção *a nova grafia é* **deceção**

decepcionar *a nova grafia é* **de-cecionar**

decidir *v.* to decide; **decidir não fazer alguma coisa:** to decide against doing something; **decidi ir de férias:** I decided to go on holidays ◆ **decidir-se** to make up one's mind; **vê lá se te decides!:** make up your mind!

decifrar *v.* 1 (escrita) to decipher 2 (enigma) to solve

decimal *adj.2gén.* decimal

décimo *num.ord.>adj.num.*^{DT} tenth

decisão *n.f.* decision; **tomar uma decisão:** to take a decision

declaração *n.f.* 1 declaration; **declaração de guerra:** declaration of war 2 statement; **a polícia ouviu a sua declaração:** the police took his statement

declarar *v.* to declare; **tem alguma coisa a declarar?:** have you anything to declare?

declive *n.m.* slope; **em declive:** sloping

decoração *n.f.* decoration

decorar *v.* 1 to decorate; **decorar uma casa:** to decorate a house 2 to learn by heart; **decorar uma lição:** to learn a lesson by heart

decorativo *adj.* decorative

decote *n.m.* (roupa) low neck; **decote redondo:** crew neck

dedicar *v.* 1 to dedicate; **dedicar um livro a alguém:** to dedicate a book to somebody 2 (tempo, atenção) to devote; **dedicar a vida a uma causa:** to dedicate one's life to a cause ◆ **dedicar-se** to devote oneself; **dedicar-se ao estudo:** to devote oneself to study

dedo *n.m.* 1 👁 (mão) finger; **pontas dos dedos:** fingertips 2 (pé) toe

defeito *n.m.* 1 defect 2 (moral) fault; **pôr defeitos em:** to find fault with

defender *v.* 1 to defend 2 to protect 3 (golo) to save ◆ **defender-se** 1 to defend oneself; **defender-se de um ataque:** to defend oneself against an attack 2 to protect oneself; **defender-se do frio:** to protect oneself against cold

defesa *n.f.* 1 (GB) defence; (EUA) defense 2 protection; **defesa do consumidor:** consumer protection 3 (GB) (jogador) defence; (EUA) defense ◆ *n.m.* (jogador) back; **defesa esquerdo/direito:** full back

deficiência *n.f.* handicap

definição *n.f.* definition

definir *v.* to define

definitivo *adj.* 1 final 2 (solução) definitive 3 (resposta, data) definite

deformar *v.* to deform ◆ **deformar-se** 1 (corpo) to become deformed 2 (imagem, pensamento) to become distorted

defrontar *v.* 1 to face 2 to confront ◆ **defrontar-se** to face each other

degrau *n.m.* step; **no último degrau da escada:** on the top step of the ladder

deitar *v.* 1 to lay down 2 to put to bed 3 (líquidos) to pour 4 to throw; **deitar fora:** to throw away ◆ **deitar-se** 1 to lie down 2 (na cama) to go to bed; **deitar-se tarde:** to stay up late

deixar *v.* 1 to leave; **deixar para trás:** to leave behind; **deixo isso**

a
b
c
d
e
f
g
h
i
j
k
l
m
n
o
p
q
r
s
t
u
v
w
x
y
z

consigo: I'll leave it to you **2** to let; to allow; **deixar alguém ficar mal:** to let someone down **3** to give up; **deixar de estudar:** to give up your studies **4** to stop; **deixou de chover:** it's stopped raining ◆ **deixar-se 1** to stop; *(coloquial)* **deixa-te de brincadeiras:** stop fooling around **2** to let; **deixa-me ver:** let me see

dela *contr. da prep.* de + *pron. pess.* ela **1** of her; from her; hers; **estão a falar dela:** they are talking about her; **por causa dela:** because of her **2** (coisa, animal) its

dele 1 of him; from him; his; **estão a falar dele:** they are talking about him; **por causa dele:** because of him **2** (coisa, animal) its

delegado *n.m.* [f. delegada] delegate; **delegado/a da turma:** head boy/girl

delicado *adj.* delicate

deliciar *v.* to delight ◆ **deliciar-se** to take delight; **deliciar-se com algo:** to take delight in something

delicioso *adj.* delicious

delirar *v.* **1** (de febre) to be delirious **2** (de alegria) to go wild

demão *n.f.* (tinta) coat; coating; **a última demão:** the last touch

demasia *n.f.* surplus; excess; **em demasia:** in excess; too much/many

demasiado *adj.* **1** excessive; too much; **demasiada comida:** too much food **2** too many; **demasiadas coisas:** too many things ◆ *adv.* **1** (com verbo) too much; **fumas demasiado:** you smoke too much **2** (com adjetivo, advérbio) too; **demasiado grande:** too big

demitir *v.* to dismiss ◆ **demitir-se** to resign; **demitir-se de um cargo:** to resign from a post

democrático *adj.* democratic

demolir *v.* to demolish; **demolir um edifício:** to demolish a building

demonstração *n.f.* **1** demonstration; **fazer uma demonstração:** to give a demonstration **2** show; **uma demonstração de força:** a show of force

demonstrar *v.* **1** to demonstrate **2** (resultado) to prove **3** (sentimento) to show

demora *n.f.* **1** delay; **sem demora:** without delay **2** (no trânsito) hold-up

demorar *v.* **1** to delay **2** to be late ◆ **demorar-se 1** to linger **2** to be long; **demoras-te?:** will you be long?; **não te demores!:** don't be long!

denso *adj.* dense; thick

dentada *n.f.* bite

dente *n.m.* **1** 👁 tooth; **dor de dentes:** toothache; **tirar um dente:** to have a tooth pulled **2** (de animal) fang; tusk **3** (de alho) clove **4** (de garfo) prong

dentífrico *n.m.* toothpaste

dentista *n.2gén.* dentist; **ir ao dentista:** to go to the dentist's

denúncia *n.f.* denunciation

denunciar *v.* to denounce

departamento *n.m.* department

dependente *adj.2gén.* dependent; **estar dependente de:** to be dependent on

depender *v.* to depend; **depender de:** to be dependent on; **isso depende:** that depends

depilação *n.f.* (com cera) waxing; (com lâmina) shaving; (com pinça) to pluck

depilar v. to depilate; (com cera) to wax; (com lâmina) to shave

depois adv. **1** after; **pouco depois:** soon after; **um dia depois:** one day after **2** afterwards; **só vamos lá depois:** we will only go there afterwards **3** then; **só depois é que fomos:** only then did we go **4** (mais tarde) later; **falamos depois:** we'll talk later ♦ conj. after; **depois disso:** after that; next ♦ prep. after; **um depois do outro:** one after the other

depositar v. **1** to deposit; **depositar um cheque:** to deposit a cheque **2** to entrust; **depositar confiança em alguém:** to entrust confidence to someone

depósito n.m. **1** deposit; **depósito à ordem:** money at call; **depósito a prazo:** deposit account **2** (de água) reservoir **3** (de gasolina) petrol tank

depressa adv. **1** fast; quickly; **mais depressa!:** hurry up! **2** soon; **volta depressa:** come back soon

depressão n.f. **1** (saúde) depression; **entrar em depressão:** to fall into a depression **2** (economia) recession

deprimente adj.2gén. depressing; depressive

deprimir v. to depress

deputado n.m. Member of Parliament

derramar v. (lágrimas, sangue) to shed

derrota n.f. defeat; **sofrer uma derrota:** to be defeated

derrotar v. to defeat; to beat

derrubar v. **1** (objeto) to throw down **2** (árvore) to fell

desabrochar v. (flor) to blossom

desafiar v. to challenge

desafio n.m. **1** challenge; **aceitar um desafio:** to accept a challenge **2** (jogo) match; **desafio de futebol:** football match

desagradável adj.2gén. unpleasant; disagreeable

desaguar v. (rio) to flow; **o rio desagua no mar:** the river flows into the sea

desajeitado adj. awkward; clumsy

desanimar v. to dishearten; **não desanimes!:** lighten up!

desanuviar v. (céu) to clear up; **o dia desanuviou:** the day cleared up

desaparecer v. **1** to disappear; to vanish; **desaparecer de vista:** to disappear from your sight **2** to be lost; **as minhas chaves desapareceram:** I have lost my keys

desaparecimento n.m. disappearance; vanishing

desapertar v. **1** to unfasten; **desapertar o cinto de segurança:** to unfasten the seat-belt **2** (laço) to unlace; (nó) to untie **3** (botão) to unbutton

desarrumar v. to mess up

desastrado adj. clumsy; awkward

desastre n.m. **1** accident; crash; **desastre de automóvel/avião:** car/ plane crash **2** disaster; **desastre ambiental:** environmental disaster

desastroso adj. disastrous

desatar v. **1** (laço, cordão) to unlace **2** to start; **desatar a correr/gritar:** to start running/screaming **3** (chorar, rir) to burst; **desatar a rir/chorar:** to burst into laughter/tears ♦ **desatar-se** (laço, cordão) to get untied

desatinar v. (informal) to go crazy/ mad; **desatinar com alguém:** to go mad at someone

descalçar v. to take off; **descalçar os sapatos/as luvas:** to take off the

a b c **d** e f g h i j k l m n o p q r s t u v w x y z

shoes/gloves ◆ **descalçar-se** to take off one's shoes

descalço *adj. e adv.* barefoot; **andar descalço:** to walk barefooted

descansado *adj.* not worried; relaxed; **dorme descansado:** sleep well; **estejam descansados:** don't worry

descansar *v.* **1** to rest; to take a rest; **descansar um pouco:** to take a short rest **2** to pause; to have a break; **descansar durante duas horas:** to have two hours break

descanso *n.m.* **1** rest; **estar em descanso:** to be at rest **2** break; **sem descanso:** without stop

descapotável *adj.2gén. e n.m.* convertible; 👁 **carro descapotável:** convertible

descarado *adj.* cheeky

descaramento *n.m.* nerve; cheek; **que descaramento!:** the nerve!; **ter o descaramento de perguntar:** to have the cheek to ask

descarga *n.f.* **1** discharge; **descarga de eletricidade:** power discharge **2** (de mercadoria) unloading; (barco) unshipment

descarregar *v.* **1** (arma, mercadoria) to unload **2** (bateria, pilha) to discharge

descascar *v.* **1** (fruta, pele) to peel **2** (ervilhas, nozes) to shell **3** (cereais) to husk

descendência *n.f.* offspring

descer *v.* **1** to go down; **descer as escadas:** to go downstairs **2** (preço,

temperatura) to drop **3** (de transporte) to get off; (do carro) to get out

descida *n.f.* **1** descent **2** (de preço, temperatura) fall; drop

descoberta *n.f.* discovery; **fazer uma descoberta:** to make a discovery

descobrir *v.* to discover

desconfiado *adj.* distrustful; suspicious

desconfiança *n.f.* distrust; suspicion

desconfiar *v.* **1** to distrust; to suspect; **desconfiar dos motivos de alguém:** to distrust somebody's motives; **nós desconfiamos dele:** we suspect him **2** to doubt; **desconfio que ela não vem:** I doubt if she'll come

desconfortável *adj.2gén.* uncomfortable

desconforto *n.m.* discomfort

desconhecido *adj.* unknown ◆ *n.m.* [f. desconhecida] stranger

desconto *n.m.* discount; **com desconto:** at a discount; **um desconto de cinco por cento:** a five per cent discount

descontração *n.f.* relaxation

descontracção *a nova grafia é* descontração

descontrair *v.* to relax

descrever *v.* to describe

descrição *n.f.* description

desculpa *n.f.* **1** excuse; **arranjar desculpas:** to make excuses; **não há desculpa para chegar tarde:** there's no excuse for being late **2** apology; **pedir desculpa a alguém por alguma coisa:** to apologize to somebody for something

desculpar *v.* **1** to forgive; **desculpar alguma coisa a alguém:** to forgive somebody for something **2** to excuse; (para pedir perdão) **desculpe:** sorry; (para chamar a atenção) excuse me
◆ **desculpar-se** to apologize

desejar *v.* **1** to want; **que deseja?:** what would you like? **2** to wish; **desejar boa sorte a alguém:** to wish somebody good luck

desejo *n.m.* wish; **pedir um desejo:** to make a wish; **tornar um desejo realidade:** to make a wish come true

desejoso *adj.* eager; **estar desejoso de aprender:** to be eager to learn

desembarcar *v.* **1** (carga) to unload **2** (passageiros) to put on shore

desembarque *n.m.* **1** (passageiros) landing **2** (em aeroporto) arrivals **3** (mercadoria) unloading

desempate *n.m.* tie-break; **jogo de desempate:** play-off

desempenhar *v.* **1** (papel) to play **2** (função, tarefa) to perform

desempenho *n.m.* performance

desemprego *n.m.* unemployment; **subsídio de desemprego:** unemployment benefit; dole

desencaminhar *v.* to mislead; to lead astray

desenhador *n.m.* [*f.* desenhadora] designer; (GB) draughtsman; (EUA) draftsman

desenhar *v.* **1** to draw **2** (mobiliário, vestuário) to design

desenho *n.m.* drawing; **fazer um desenho:** to make a drawing

desentendimento *n.m.* misunderstanding

desenvolver(-se) *v.* to develop

desenvolvimento *n.m.* development; **países em vias de desenvolvimento:** developing countries

deserto *adj.* 👁 desert; **uma ilha deserta:** a desert island ◆ *n.m.* desert

desespero *n.m.* despair; desperation; **em desespero:** in desperation; **levar ao desespero:** to drive to despair

desfazer *v.* **1** (embrulho, nó) to undo **2** (mala) to unpack **3** (dúvida, engano) to dispel; (mistério) to clear up

desfiladeiro *n.m.* canyon

desfilar *v.* to parade; to march

desfile *n.m.* parade; procession; **desfile de moda:** fashion show

desgosto *n.m.* sorrow; grief; **desgosto de amor:** heartbreak

desgraça *n.f.* disaster

desiludir *v.* to disappoint; to let down
◆ **desiludir-se** to be disillusioned; to be disappointed

desilusão *n.f.* disappointment; letdown; **o filme foi uma desilusão:** the film was a letdown; **sofrer uma desilusão:** to suffer a disillusion

desinfectar *a nova grafia é* **desinfetar**

desinfetar *v.* to disinfect

desistir *v.* **1** to give up **2** (estudo, competição) to drop out; **ele desistiu da**

a
b
c
d
e
f
g
h
i
j
k
l
m
n
o
p
q
r
s
t
u
v
w
x
y
z

faculdade: he dropped out of college

desleal *adj.2gén.* disloyal

desligar *v.* 1 to turn off; **desliga a luz!:** turn off the light! 2 to disconnect; **desligar a eletricidade:** to cut off the electricity; **desligar o telefone:** to hang up

deslizar *v.* to slide; to glide

deslize *n.m.* slide; slip

deslocação *n.f.* 1 (de ar, água, objeto) displacement 2 (de articulação, osso) dislocation

deslocar *v.* 1 to move 2 (osso) to dislocate ◆ **deslocar-se** to travel; **deslocar-se ao estrangeiro:** to travel abroad

deslumbrante *adj.2gén.* dazzling

desmaiar *v.* to faint; to pass out

desmaio *n.m.* faint; blackout

desmanchar *v.* 1 (nó, laço) to undo; to untie 2 (namoro, noivado) to put an end to

desmascarar *v.* to unmask ◆ **desmascarar-se** to take off one's mask

desmentir *v.* to deny; **desmentir uma notícia:** to deny a story

desmontar *v.* 1 to get off 2 (cavalo) to dismount 3 (máquina, objeto) to dismantle

desocupar *v.* 1 (edifício) to vacate 2 (rua) to clear

desodorizante *n.m.* deodorant

desonesto *adj.* dishonest

desordem *n.f.* disorder; mess

desordenar *v.* 1 to untidy 2 to disorganize

desorientar *v.* to disorientate ◆ **desorientar-se** to lose direction

despachar(-se) *v.* to hurry up; **despacha-te!:** hurry up!

despedida *n.f.* 1 farewell; goodbye; **festa de despedida:** farewell party 2 end; **a despedida do verão:** the end of the summer

despedir *v.* to dismiss ◆ **despedir-se** (emprego) to resign 2 (ao partir) to say goodbye ◉ **despedir-se de alguém:** to see a person off

despejar *v.* 1 (recipiente) to empty; **despejar o caixote do lixo:** to empty the garbage can 2 (líquidos) to pour; **despejar a água no lavatório:** to pour the water in the sink 3 (lixo, resíduos) to dump

despensa *n.f.* larder; pantry

desperdiçar *v.* to waste; to throw away

desperdício *n.m.* waste

despertador *n.m.* ◉ (relógio) alarm clock

despertar *v.* to wake (up); to awaken

despesa *n.f.* expense

despido *adj.* undressed; naked

despir *v.* 1 (roupas) to take off 2 (pessoa) to undress ◆ **despir-se** to undress

desportista *n.2gén.* (homem) sportsman; (mulher) sportswoman

desportivo *adj.* 1 sporting; sports; **provas desportivas:** sporting events 2 casual; sporty; **roupas desportivas:** casual wear; sporty clothes

desporto *n.m.* 1 🪝 sport; **fazer/praticar desporto:** to practice some sport 2 hobby; **por desporto:** as a hobby

desse *contr. da prep.* de + *pron. dem.* esse 1 of that; **os quartos desse hotel são bons:** the rooms of that hotel are nice 2 from that; **tira os livros dessa estante:** take the books from that shelf

destapar *v.* 1 (tampa, testo) to take the lid off; to open 2 to uncover

deste *contr. da prep.* de + *pron. dem.* este 1 of this; **eles saíram deste restaurante:** they came out of this restaurant 2 from this; **deste dia em diante:** from this day on

destinatário *n.m.* [*f.* destinatária] (carta, encomenda) addressee

destino *n.m.* 1 fate; destiny 2 (viagem) destination; **viajar sem destino:** to travel without destination

destruição *n.f.* destruction

destruir *v.* to destroy

desvantagem *n.f.* disadvantage; **estar em desvantagem:** to be at a disadvantage

desviar *v.* 1 (olhos) to turn away; to look aside 2 (objeto) to remove 3 (conversa) to digress 4 (avião) to hijack ◆ **desviar-se** to step aside; **pode fazer o favor de se desviar?:** can you step aside, please?

desvio *n.m.* 1 (direção) deflection; turn 2 (trânsito) detour 3 (assunto) digression; turn

detalhe *n.m.* detail; **entrar em detalhes:** to go into details

detectar *a nova grafia é* **detetar**

detective *a nova grafia é* **detetive**

detector *a nova grafia é* **detetor**

determinação *n.f.* determination

determinante *adj.2gén.* determinant

determinar *v.* to determine

detestar *v.* to hate

detetar *v.* to detect

detetive *n.2gén.* detective; **detetive privado:** private eye

detetor *n.m.* detector; **detetor de incêndios:** fire detector; **detetor de metais:** metal detector

deus *n.m.* god; **deuses pagãos:** pagan gods

Deus *n.m.* God; **Deus nos livre!:** God forbid!; **graças a Deus:** thank God; **pelo/por amor de Deus!:** for God's sake!

deusa *n.f.* goddess

devagar *adv.* slowly; slow; **ir muito devagar:** to move slowly

dever *n.m.* duty; obligation ◆ *v.* 1 to owe; **dever dinheiro a alguém:** to owe money to someone 2 should; ought to; **devias seguir o meu conselho:** you should follow my advice 3 must; **deve ser assim:** it must be so

devido *adj.* due; **devido a:** due to; owing to

devolver *v.* to return; to give back

dez *num.card.>quant.num.*^DT *e n.m.* ten

a
b
c
d
e
f
g
h
i
j
k
l
m
n
o
p
q
r
s
t
u
v
w
x
y
z

dezanove *num.card.>quant.num.*DT e *n.m.* nineteen; **no dia 19:** on the nineteenth

dezassete *num.card.>quant.num.*DT e *n.m.* seventeen

dezembro *n.m.* December

dezoito *num.card.>quant.num.*DT e *n.m.* eighteen

dia *n.m.* day; **de dia:** by day; **dia sim, dia não:** on alternate days; **o dia inteiro:** the whole day; **todos os dias:** every single day

diabo *n.m.* devil

diagrama *n.m.* diagram

diálogo *n.m.* dialogue

diamante *n.m.* 👁 diamond; **anel de diamantes:** diamond ring

diapositivo *n.m.* slide

diário *adj.* daily ◆ *n.m.* **1** (pessoal) diary; journal; **ter um diário:** to keep a diary **2** (jornal) daily newspaper

dica *n.f.* (informal) tip; hint; **vou dar-te uma dica:** let me give you a hint

dicionário *n.m.* dictionary; **dicionário de bolso:** pocket dictionary; **procurar uma palavra no dicionário:** to look up a word in the dictionary

dieta *n.f.* diet; **estar a fazer dieta/estar de dieta:** to be on a diet; **uma dieta saudável:** a healthy diet

diferença *n.f.* **1** difference; **faz diferença:** it makes a difference; **não faz diferença:** it makes no difference **2** difference; divergence; **diferença de opiniões:** divergence of opinion

diferente *adj.2gén.* different; **muito diferente:** quite different

difícil *adj.2gén.* difficult; hard; **exercício difícil:** difficult exercise

dificuldade *n.f.* difficulty

dignidade *n.f.* dignity

dimensão *n.f.* dimension; **de grandes dimensões:** large-scale

diminuição *n.f.* decrease; drop

diminuir *v.* to diminish

Dinamarca *n.f.* Denmark

dinamarquês *adj.* Danish ◆ *n.m.* [f. dinamarquesa] (pessoa) Dane ◆ *n.m.* (língua) Danish

dinâmico *adj.* dynamic

dinheiro *n.m.* **1** money; (trocos) **dinheiro miúdo:** small change; **estar sem dinheiro:** to be short of money; to be penniless **2** (notas ou moedas) cash; **pagar em dinheiro:** to pay in cash

dinossauro *n.m.* 👁 dinosaur

diploma *n.m.* diploma; certificate

direção *n.f.* **1** direction; **em direção a:** towards; **em direção oposta:** in the opposite direction **2** (morada) address **3** (de empresa) management

direcção *a nova grafia é* **direção**

directo *a nova grafia é* **direto**

director *a nova grafia é* **diretor**

direita *n.f.* right; right side; **à direita:** on the right

direito *adj.* **1** right; **isto não está direito:** this is not right **2** straight; **costas direitas!:** backs straight! ◆ *n.m.* **1** right; **ter direito a:** to have the right to **2** law; **direito civil:** civil law

direto *adj.* **1** direct; **ação direta:** direct action; (televisão) **transmissão em direto:** live transmission **2** direct; nonstop; **comboio direto:** through train; **um voo direto:** a nonstop flight ◆ *adv.* directly; straight; **ir direto ao assunto:** to get straight to the point

diretor *n.m.* [*f.* diretora] **1** (responsável) director **2** (escola) headmaster; principal

dirigir *v.* to lead; to command; to direct; **dirigir as operações:** to command the operations ◆ **dirigir-se 1** to go; **dirija-se às informações:** go to the information desk **2** to address; **dirigir-se a alguém:** to address someone

disciplina *n.f.* **1** subject; **qual é a tua disciplina favorita?:** what's your favourite subject? **2** discipline; order

disciplinar *adj.2gén.* disciplinary; **problemas disciplinares:** disciplinary problems

disco *n.m.* (GB) disc; (EUA) disk

discordar *v.* to disagree

discoteca *n.f.* discotheque; disco

discreto *adj.* discreet

discurso *n.m.* speech; **fazer um discurso:** to make a speech

discussão *n.f.* **1** argument; quarrel; **discussão acesa:** bitter quarrel; heated argument **2** discussion; debate; **estar em discussão:** to be under discussion

discutir *v.* **1** to discuss; **discutir (sobre) política:** to discuss politics **2** to argue; to quarrel; to fight; **discutir por tudo e por nada:** to fight over nothing

disfarçar *v.* to disguise ◆ **disfarçar-se** to put on a disguise; to disguise oneself; **disfarçar-se de pirata:** to put on a disguise of a pirate

disfarce *n.m.* **1** disguise **2** costume; **disfarce de Carnaval:** carnival costume

disparar *v.* to shoot

disparate *n.m.* nonsense; rubbish; **disparate!:** rubbish!; **dizer disparates:** to talk nonsense

disparo *n.m.* shot

disponível *adj.2gén.* available

dispor *v.* to have; to possess; **não dispor de tempo suficiente:** not to have enough time ◆ *n.m.* disposal; **ao seu dispor:** at your disposal

disposição *n.f.* **1** (estado de espírito) mood; **estar com boa disposição:** to be in a good mood **2** arrangement; layout; **disposição em camadas:** arrangement in layers **3** (serviço) disposal; **à sua disposição:** at your disposal

disso *contr. da prep.* de + *pron. dem.* isso of that; about that; **não sei nada disso:** I don't know anything about that

distância *n.f.* distance; **a curta distância de:** within easy distance of; **a grande distância:** at great distance; a long way off; **a que distância fica?:** how far is it?

distante *adj.2gén.* **1** distant; remote; **locais distantes:** faraway places **2** distant; reserved; **manter-se distante:** to keep one's distance

distinção *n.f.* distinction

distinguir *v.* to distinguish; to differentiate; **distinguir um do outro:**

to distinguish one from the other ◆ **distinguir-se** to distinguish oneself; to excel; **distinguir-se nos estudos:** to distinguish oneself in one's studies

disto *contr. da prep.* de + *pron. dem.* isto **disto se conclui que...:** of this comes out that...; about this; of this; **gostas disto?:** do you like this?; **muito antes disto:** long before this

distraído *adj.* absent-minded; **estar distraído:** to be miles away

distrair *v.* **1** to distract; to divert **2** to amuse ◆ **distrair-se 1** to be distracted **2** to amuse oneself

distribuição *n.f.* distribution

distribuir *v.* **1** (comida, panfletos, roupas) to distribute **2** (fotocópias) to hand out **3** (cartas, jornais) to deliver

ditado *n.m.* **1** (escola) dictation; **fazer um ditado:** to take dictation **2** (provérbio) saying; **como diz o ditado...:** as the saying goes...

diversão *n.f.* diversion; amusement; entertainment; **parque de diversões:** amusement park

diversidade *n.f.* diversity

diversificar *v.* to diversify

diverso *adj.* different; diverse; **diversas vezes:** several times

divertido *adj.* **1** amusing; entertaining **2** funny; **ser muito divertido:** to be great fun

divertimento *n.m.* amusement; entertainment; fun

divertir *v.* to amuse; to entertain ◆ **divertir-se** to have a good time; to enjoy oneself; to have fun

dívida *n.f.* debt; **em dívida:** in debt

dividir *v.* to divide; to share ◆ **dividir-se** to be divided; to divide; to split up

divisão *n.f.* division

divorciar *v.* to divorce ◆ **divorciar-se** to get divorced

divórcio *n.m.* divorce

divulgar *v.* (notícias) to spread ◆ **divulgar-se** to become known

dizer *v.* to say; to tell; to utter; **dizer a verdade:** to tell the truth; **dizer que sim:** to say yes; **diz-se que...:** it is said that...

do *contr. da prep.* de + *art. def.* o **1** of the; **os passageiros do avião:** the passengers of the plane **2** from the; **dos pés à cabeça:** from head to foot/toe

dó *n.m.* **1** pity; compassion; **ter dó de alguém:** to take pity on somebody **2** (nota musical) do

dobra *n.f.* **1** (tecido) fold; pleat; (envelope, livro) flap **2** (moeda de São Tomé e Príncipe) dobra

dobrar *v.* **1** (papel) to fold **2** (filme) to dub **3** (objeto, parte do corpo) to bend **4** (esquina) to turn **5** (duplicar) to double ◆ **dobrar-se** to bend over

dobro *num.mult.>quant.num.*ᴰᵀ double ◆ *n.m.* twice as much; twice as many

doca *n.f.* dock

doce *adj.2gén.* sweet; sugary ◆ *n.m.* **1** (sobremesa) sweet **2** (compota) jam; (de citrinos) marmalade; **doce de laranja:** orange marmalade; **doce de morango:** strawberry jam

documentário *adj. e n.m.* documentary

documento *n.m.* document

doença *n.f.* illness; sickness; disease

doente *adj.2gén.* sick; ill; **estar doente:** to be sick ◆ *n.2gén.* sick person; patient

doentio *adj.* sickly

doer v. 1 (estômago, perna) to hurt; **dói- -me a perna:** my leg hurts 2 (cabeça, dente) to ache; **dói-me a cabeça:** my head aches

doido adj. mad; crazy; insane

dói-dói n.m. (linguagem infantil) wound; bruise

dois num.card.>quant.num.ᴰᵀ e n.m. 1 (número) two; **dois a dois:** in twos; in pairs; **os dois:** both of them; the two of them 2 (data) the second; **a 2 de agosto:** on the second of August

dólar n.m. dollar

doloroso adj. painful

dom n.m. gift; talent

domador n.m. [f. domadora] tamer; **domador de leões:** lion tamer

domar v. to tame; **domar um ani- mal selvagem:** to tame a wild ani- mal

doméstica n.f. (dona de casa) house- wife

domesticar v. to domesticate

doméstico adj. 1 household; **tare- fas domésticas:** housework 2 do- mestic; **animais domésticos:** do- mestic animals

domicílio n.m. home; residence; **en- trega ao domicílio:** delivery service

dominar v. to dominate

domingo n.m. Sunday; **aos do- mingos:** on Sundays; **Domingo de Páscoa:** Easter Sunday; **Domingo de Ramos:** Palm Sunday

domínio n.m. 1 domination; control; **estar sob o domínio de alguém:** to be in/under the control of some- body 2 field; sphere; **ser do domí- nio público:** to be common knowl- edge

dominó n.m. 1 👁 (jogo) dominoes; **jogar dominó:** to play dominoes 2 (pedra) domino

dona n.f. 1 (casada) Mrs; **dona Irene Silva:** Mrs Silva 2 (proprietária) owner; (de bar, pensão) landlady

Dona n.f. (título) lady; queen; **Dona Maria I:** Queen Maria I

donativo n.m. donation; **fazer um donativo:** to make a donation

doninha n.f. weasel

dono n.m. (proprietário) owner; master; (de bar, pensão) landlord

dor n.f. 1 pain; ache; **dor de bar- riga:** stomach ache; **dor de cabeça:** headache; **dores de garganta:** sore throat 2 (desgraça, morte) grief; sorrow

dorido adj. sore; aching

dormente adj.2gén. numb; asleep; **tenho o pé esquerdo dormente:** my left foot is gone to sleep

dorminhoco n.m. [f. dorminhoca] (coloquial) sleepyhead

dormir v. to sleep; **dormir a sesta:** to take a nap; **dorme bem!:** sleep tight!

dormitar v. to doze; to drowse

dormitório n.m. dormitory

dose n.f. dose; portion

dourado adj. golden

doutor n.m. [f. doutora] 1 (médico) doctor 2 (licenciado) graduate

doze num.card.>quant.num.ᴰᵀ e n.m. twelve

dragão n.m. dragon

drama *n.m.* drama

driblar *v.* (basquetebol) to dribble

duche *n.m.* shower; **tomar um duche:** to have/take a shower

duende *n.m.* 👁 elf; goblin

dueto *n.m.* duet; duo

duna *n.f.* dune

duo *n.m.* **1** (par) duo **2** (composição) duet

duplicado *adj. e n.m.* duplicate

duplicar *v.* **1** to duplicate **2** to double

duplo *adj.* double; **duplo sentido:** double meaning ♦ *n.m.* (ator de cinema) stuntman

duque *n.m.* **1** duke **2** (baralho de cartas) deuce

duração *n.f.* **1** duration; **de curta duração:** of short duration; **de pouca duração:** short-lived **2** (filme) length

durante *prep.* **1** during; throughout; **durante a nossa vida:** throughout our life; **durante o dia:** during the day **2** for; **durante algum tempo:** for some time

durar *v.* to last; **durar muito:** to last a long time; **durar uma hora:** to last an hour

duro *adj.* hard

dúvida *n.f.* doubt; **sem dúvida!:** no doubt!; absolutely!

duvidar *v.* to doubt; **(eu) duvido!:** I doubt it!; **duvidar da palavra de alguém:** to doubt one's word

duzentos *num.card.>quant.num.*^{DT} *e n.m.* two hundred

dúzia *n.f.* dozen; **à dúzia:** by the dozen; **meia dúzia:** half a dozen

e (é) *n.m.* (letra) e

e (i) *conj.* **1** (enumeração) and; **eu e tu:** me and you; **isto e aquilo:** this and that **2** (interrogação) (and) what about; **eu estou bem, e tu?:** I'm fine, (and) what about you? **3** (horas) past; **são 8 (horas) e 10 (minutos):** it's 10 past 8

eco *n.m.* echo; **fazer eco:** to echo

ecologia *n.f.* ecology

ecológico *adj.* ecological

ecologista *n.2gén.* ecologist; environmentalist ◆ *adj.2gén.* environmental

economia *n.f.* **1** economy

económico *adj.* **1** economic; **crescimento económico:** economic growth **2** economical; **carro económico:** economical car

economista *n.2gén.* economist

economizar *v.* **1** to cut costs **2** to save; **economizar tempo:** to save time

ecoponto *n.m.* 👁 drop-off recycling location

ecossistema *n.m.* ecosystem

ecrã *n.m.* screen

edição *n.f.* edition; **edição atualizada:** updated edition; **nova edição:** new edition

edifício *n.m.* building; **edifício público:** public building

editor *n.m.* [*f.* editora] publisher

editora *n.f.* publishing house; publisher

edredão *n.m.* eiderdown; down quilt

educação *n.f.* **1** education; **educação física:** physical education **2** (ensino) upbringing; **boa educação:** good upbringing **3** (maneiras) manners

educado *adj.* **1** educated **2** polite; **bem educado:** well-bred; **mal educado:** ill-bred

educador *n.m.* educator; teacher; **educador de infância:** infant teacher

educar *v.* to educate

educativo *adj.* educational; **brinquedos educativos:** educational toys

efeito *n.m.* effect; **efeito de estufa:** greenhouse effect; **efeitos especiais:** special effects

eficaz *adj.2gén.* effective; efficient

eficiente *adj.2gén.* efficient

egípcio *adj. e n.m.* Egyptian

egoísmo *n.m.* selfishness; egoism

egoísta *adj.2gén.* selfish; egoistic ◆ *n.2gén.* egoist

égua *n.f.* mare

ela *pron.pess.* (sujeito) she; (com preposições) her; (coisa) it

elástico *adj.* elastic

ele *pron.pess.* (sujeito) he; (com preposições) him; (coisa) it

electricidade *a nova grafia é* **eletricidade**

electricista *a nova grafia é* **eletricista**

eléctrico *a nova grafia ó* **elétrico**

elefante *n.m.* elephant

elegância *n.f.* elegance

elegante *adj.2gén.* elegant

eleger *v.* to elect

eleição *n.f.* election; poll

elementar *adj.* **1** elementary **2** basic; fundamental

elemento *n.m.* **1** element **2** (equipa) member

eletricidade *n.f.* electricity

eletricista *n.2gén.* electrician

elétrico *adj.* electric; electrical ◆ *n.m.* 👁 tramcar; tram

elevador *n.m.* lift

eliminar *v.* to eliminate

elogiar *v.* to praise

elogio *n.m.* praise

em *prep.* **1** (lugar) at; in; **em casa:** at home; **em Inglaterra:** in England **2** (sobre) on; **na mesa:** on the table **3** (tempo) in; on; **em julho:** in July; **na segunda-feira:** on Monday **4** (modo, meio) in; **em silêncio:** in silence **5** (estado) in; at; **em lágrimas:** in tears **6** (proporção) out of; **três em cinco:** three out of five

emagrecer *v.* to lose weight; **emagrecer três quilos:** to lose three kilos

embalagem *n.f.* package; packing

embalar *v.* **1** (objeto) to pack **2** (criança) to rock

embarcar *v.* **1** (navio) to embark **2** (avião) to board

emblema *n.m.* badge

embora *conj.* though; although; **muito embora:** although; **vamos embora:** let's go ◆ *adv.* away; **ir-se embora:** to go away; to leave; **vai-te embora:** go away!; off you go!

embriagado *adj.* drunk

embrulhar *v.* to wrap up

embrulho *n.m.* package; parcel

ementa *n.f.* menu; **qual é a ementa?:** what's on the menu?

emergência *n.f.* emergency; **em caso de emergência:** in case of emergency; **saída de emergência:** emergency exit

emigração *n.f.* emigration

emigrar *v.* to emigrate

emissão *n.f.* **1** emission **2** (rádio, televisão) broadcast

emitir *v.* **1** (calor, luz, som) to emit **2** (nota, moeda) to issue **3** (rádio, televisão) to broadcast

emoção *n.f.* emotion

emocionante *adj.2gén.* thrilling; exciting; **uma viagem emocionante:** an exciting journey

emocionar *v.* to move ◆ **emocionar-se** to be moved

empacotar *v.* to pack up

empada *n.f.* **1** (grande) pie **2** 👁 (pequena) pasty

empatado *adj.* (jogo) drawn; **estar empatados:** to be even

empatar *v.* (votação, concurso) to tie; **as duas equipas empataram:** the two teams tied

empate *n.m.* **1** (competição, jogo) draw **2** (concurso, votação) tie

empilhar *v.* to heap up; to pile up

empregado *n.m.* **1** employee **2** (de escritório) clerk **3** (de restaurante) waiter **4** (de loja) shop assistant

empregar *v.* **1** (pessoal) to employ; to engage **2** (ferramenta, objeto) to use

emprego *n.m.* **1** employment; **agência de emprego:** employment bureau **2** job; **candidatar-se a um emprego:** to apply for a job **3** use; **modo de emprego:** instructions for use

empresa *n.f.* **1** enterprise **2** company

empresária *n.f.* businesswoman

empresário *n.m.* businessman

emprestar *v.* to lend; (ceder) **emprestar dinheiro:** to lend money; (pedir) **emprestas-me o teu lápis?:** may I borrow your pencil?

empréstimo *n.m.* **1** loan **2** (palavra estrangeira) loanword

empurrão *n.m.* push; shove; **dar um empurrão:** to give a shove

empurrar *v.* to push; to shove; **não empurre!:** stop pushing!

encaixotar *v.* **1** to box **2** to pack up

encaminhar *v.* to lead; to guide ◆ **encaminhar-se** to set out; to head

encantador *adj.* charming ◆ *n.m.* [f. encantadora] charmer; **encantador de serpentes:** snake charmer

encantar *v.* **1** to charm **2** to delight

encanto *n.m.* **1** charm; **ela é um encanto:** she is charming **2** spell; **quebrar o encanto:** to break the spell

encaracolado *adj.* curly; curled

encarar *v.* to face; **encarar a realidade:** to face the facts

encarnado *n.m.* (cor) red

encenar *v.* (peça de teatro) to stage

encerar *v.* to wax

encerrar *v.* to shut; to close

encher *v.* to fill; ◆ **encher-se** (recipiente, sala) to fill up

enciclopédia *n.f.* encyclopaedia

encoberto *adj.* **1** hidden; concealed **2** (céu, dia) cloudy; overcast

encolher *v.* **1** to shrink **2** (ombro) to shrug

encomenda *n.f.* **1** order; **fazer uma encomenda:** to place an order **2** parcel; **encomenda postal:** parcel post

encomendar *v.* to order; **encomendar o livro na loja:** to order the book from the shop

encontrão *n.m.* shove; push

encontrar *v.* **1** (coisa) to find; to discover **2** (pessoa) to meet; to come across ◆ **encontrar-se 1** (encontro marcado) to meet **2** (por acaso) to run into

encontro *n.m.* **1** (amigos) appointment; (amoroso) date; **marcar um encontro:** to make an appointment **2** meeting; **ponto de encontro:** meeting place

encorajar *v.* to encourage

encosta *n.f.* slope; 👁 hillside

encruzilhada *n.f.* crossroads; crossway; crossing

endereço *n.m.* address; **endereço de correio eletrónico:** e-mail address

energia *n.f.* 1 energy; power; **energias renováveis:** renewable energy 2 energy; strength; **estar sem energia:** to be lacking in energy

enérgico *adj.* 1 energetic 2 (pessoa, atitude) dynamic

enevoado *adj.* cloudy; foggy

ênfase *n.f.* emphasis; **dar ênfase a:** to emphasize; to put emphasis on

enfermagem *n.f.* nursing

enfermeiro *n.m.* nurse

enforcar *v.* to hang ♦ **enforcar-se** to hang oneself

enganar *v.* to deceive; to mislead ♦ **enganar-se** to be wrong/mistaken

engano *n.m.* 1 mistake; **por engano:** by mistake 2 misunderstanding; **deve haver um engano:** there must be some misunderstanding

engarrafamento *n.m.* 1 (trânsito) bottleneck 2 (bebidas) bottling

engenheiro *n.m.* engineer

engessar *v.* to plaster

engolir *v.* to swallow

engomar *v.* (roupa) to iron

engordar *v.* to put on weight

engraçado *adj.* funny; amusing; **que engraçado!:** how funny!

engravidar *v.* to become pregnant

enguia *n.f.* eel

enigma *n.m.* enigma; riddle

enjoar *v.* 1 to make (somebody) sick; **isso enjoa-me:** that makes me sick 2 to get sick; (no mar) to get seasick

enlouquecer *v.* 1 to drive mad 2 to go mad

enorme *adj.* huge; enormous

enredo *n.m.* (livro) plot

enriquecer *v.* to get rich

enrugar *v.* 1 (pele) to wrinkle 2 (roupa) to crease

ensaiar *v.* to rehearse

ensaio *n.m.* 1 (texto) essay 2 (espetáculo, peça) rehearsal

enseada *n.f.* bay; inlet

ensinar *v.* to teach; **ensinar alguém a ler:** to teach someone (how) to read

ensino *n.m.* 1 education; **ensino básico:** elementary education 2 (atividade) teaching

entender *v.* to understand ♦ *n.m.* opinion; understanding; **no meu entender:** in my opinion

enterrar *v.* to bury

enterro *n.m.* burial; funeral

entrada *n.f.* 1 entry; **entrada proibida:** no entry 2 (local) entrance 3 (refeição) starter 4 (dicionário) headword

entrar *v.* 1 to enter; to go in/inside; **entrar para o comboio:** to get on the train; **posso entrar?:** may I come in? 2 (jogo) to play 3 (brincadeira) to take part in

entre *prep.* 1 (dois) between; **entre a árvore e o muro:** between the tree and the wall 2 (vários) among; amongst; **entre eles:** among themselves

entregar *v.* 1 (produto, objeto) to deliver; **o carteiro entregou uma carta:** the postman delivered a letter 2 (documento) to hand in; **entregar um trabalho ao professor:** to hand in a project to the teacher 3 (em mão) to hand over; **entregar um livro a alguém:** to hand a book over to someone

entretanto *adv.* in the meantime; meanwhile

entretenimento *n.m.* entertainment

entreter *v.* to amuse; to entertain

entrevista *n.f.* interview

entrevistador *n.m.* interviewer

entrevistar *v.* to interview

entusiasmar *v.* to excite ♦ entu-siasmar-se to get excited; to be enthusiastic; **entusiasmar-se com um filme:** to be enthusiastic about a film

entusiasmo *n.m.* enthusiasm

entusiasta *n.2gén.* enthusiast; fan

entusiástico *adj.* enthusiastic

envelhecer *v.* to grow old

envelope *n.m.* envelope

enviar *v.* to send; to forward

enxada *n.f.* hoe

enxame *n.m.* 👁 swarm

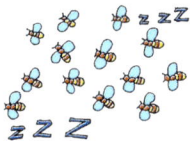

época *n.f.* age; time; **naquela época:** at that time

equador *n.m.* equator

equilíbrio *n.m.* balance; **manter o equilíbrio:** to keep one's balance; **perder o equilíbrio:** to lose one's balance

equipa *n.f.* team; group; **equipa de futebol:** football team; **espírito de equipa:** team spirit; **trabalhar em equipa:** to work as a team

equipamento *n.m.* equipment; kit

equipar *v.* to equip ♦ equipar-se to equip oneself

equitação *n.f.* riding; **aulas de equitação:** riding lessons

equivalente *n.m.* equivalent ♦ *adj. 2gén.* equivalent; corresponding

era *n.f.* era; age

erguer *v.* to lift; to raise ♦ erguer-se to stand up

errar *v.* to fail; to be wrong; **errar o exercício:** to fail the exercise

erro *n.m.* error; mistake; **por erro:** by mistake

erva *n.f.* **1** 👁 grass; **erva daninha:** weed **2** (chá) herb

ervilha *n.f.* pea

escada *n.f.* stairs; **escada de mão:** ladder; **escada rolante:** escalator

escadaria *n.f.* staircase

escadote *n.m.* stepladder

escala *n.f.* scale

escalar *v.* (montanha, árvore) to climb

escama *n.f.* scale

escândalo *n.m.* scandal

escapar *v.* to escape; to get away

escaravelho *n.m.* beetle

escavar *v.* to dig

escola *n.f.* school; **andar na escola:** to be at school

escolar *adj.2gén.* school; academic; **ano escolar:** school year; **período escolar:** school term

escolaridade *n.f.* schooling

escolha *n.f.* choice; **isso fica à tua escolha:** that's your choice

escolher *v.* to choose; to pick

esconder *v.* to hide ♦ esconder-se to hide oneself

esconderijo *n.m.* **1** hideout; hiding place **2** refuge; shelter

escorrega *n.m.* → **escorregão**

escorregão *n.m.* 👁 (brinquedo) slide

escorregar *v.* to slip; to slide
escorrer *v.* to drain
escova *n.f.* brush; **escova de dentes:** toothbrush; **escova do cabelo:** hairbrush
escovar *v.* to brush
escrever *v.* **1** to write; **escrever no computador:** to type; **escrever um livro:** to write a book **2** to spell; **como é que se escreve o teu nome?:** how do you spell your name?
escritor *n.m.* [f. escritora] writer
escritório *n.m.* **1** (local de trabalho) office **2** (em casa) study
escrivaninha *n.f.* desk; writing desk
esculpir *v.* to sculpt; to carve
escurecer *v.* **1** to darken **2** to grow dark
escuridão *n.f.* darkness; dark
escuro *adj.* dark; **está a ficar escuro:** it's getting dark ◆ *n.m.* dark; **ter medo do escuro:** to be afraid of the dark
escutar *v.* to listen
escuteiro *n.m.* scout; **chefe dos escuteiros:** scouter
esfera *n.f.* sphere
esferográfica *n.f.* 👁 ballpoint (pen)

esfolar *v.* to skin; to flay

esfomeado *adj.* starving; hungry
esforço *n.m.* effort; **fazer um esforço:** to make an effort
esgotar *v.* (mercadoria) to be sold out ◆ **esgotar-se 1** (livro, bilhete) to be sold out **2** (força, energia, paciência) to run out
esgoto *n.m.* drain
esmagar *v.* to crush
esmeralda *n.f.* emerald
esmigalhar *v.* to crumble
esófago *n.m.* gullet
espacial *adj.2gén.* space; **nave espacial:** spaceship
espaço *n.m.* **1** (extensão) space; **espaço aéreo:** air space **2** (a ocupar) room; **espaço livre:** free room; **arranjar espaço para:** to make room for
espaçoso *adj.* spacious; wide
espada *n.f.* sword; **desembainhar a espada:** to draw one's sword; **estar entre a espada e a parede:** to have one's back against the wall
espaldar *n.m.* (ginásio) wall bars
espalhar *v.* **1** to spread **2** to scatter ◆ **espalhar-se** to spread
Espanha *n.f.* Spain
espanhol *n.m.* (pessoa) Spaniard; **os espanhóis:** the Spanish ◆ *n.m.* (língua) Spanish; **falar espanhol:** to speak Spanish ◆ *adj.* Spanish
espantalho *n.m.* scarecrow
espantar *v.* to amaze; to astonish ◆ **espantar-se** to be astonished
espanto *n.m.* **1** astonishment; amazement **2** wonder
espantoso *adj.* wonderful; amazing
espargo *n.m.* asparagus
esparguete *n.m.* spaghetti
especial *adj.2gén.* special
especialista *n. e adj.2gén.* specialist; expert

especiaria *n.f.* spice

espécie *n.f.* **1** sort; kind **2** (animal ou vegetal) species

específico *adj.* specific; particular

espectacular *a nova grafia é* **espetacular**

espectáculo *a nova grafia é* **espetáculo**

espectador *n.m.* **1** (competição) spectator **2** (televisão) viewer; (teatro, filme, espetáculo) **os espectadores:** the audience

espelho *n.m.* mirror

espera *n.f.* waiting; **sala de espera:** waiting-room

esperança *n.f.* hope; **perder a esperança:** to give up hope

esperar *v.* **1** (aguardar) to wait; **espera por mim:** wait for me **2** (desejar) to hope for; **é melhor do que eu esperava:** it's better than I hoped for **3** to expect; **era de esperar:** it was to be expected

esperto *adj.* clever; smart

espesso *adj.* thick; dense

espessura *n.f.* thickness; **ter 20 centímetros de espessura:** to be 20 centimetres thick

espetacular *adj.2gén.* spectacular

espetáculo *n.m.* show; performance

espetador *a grafia preferível é* **espectador**

espião *n.m.* [f. espiã] spy

espiar *v.* to spy on

espiga *n.f.* 👁 spike

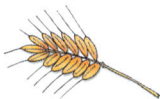

espinafre *n.m.* spinach

espinha *n.f.* **1** spine; backbone; **espinha dorsal:** spine **2** (peixe) fishbone **3** (na pele) pimple

espinho *n.m.* thorn

espírito *n.m.* spirit; **espírito de equipa:** team spirit; **estado de espírito:** mood

esplêndido *adj.* splendid

esponja *n.f.* sponge

espreitar *v.* to peep

espuma *n.f.* foam; **espuma de barbear:** shaving foam

esquadra *n.f.* police station

esquecer *v.* to forget ◆ **esquecer-se** forget; to leave behind

esqueleto *n.m.* **1** (corpo) skeleton **2** (estrutura) framework

esquema *n.m.* scheme

esquerda *n.f.* left; **à esquerda:** on the left; **vira à esquerda:** turn left

esquerdo *adj.* left; **mão esquerda:** left hand

esqui *n.m.* ski; **fato de esqui:** ski suit; **fazer esqui:** to go skiing

esquiar *v.* to ski

esquilo *n.m.* squirrel

esquina *n.f.* corner

esquisito *adj.* (informal) weird; strange; **que esquisito!:** how strange!

esse *adj.* that; **esses livros:** those books ◆ *pron.dem.m.* (coisa) that one; **não quero esses:** I don't want those

essencial *adj.2gén.* essential; **é essencial que estudes:** it's essential that you study

estabelecer *v.* to establish

estabelecimento *n.m.* establishment

estação *n.f.* **1** station; **estação de metro:** underground station; **estação de serviço:** service station; **estação espacial:** space station **2** season; **as estações do ano:** the seasons of the year **3** office; **estação dos correios:** post office

estacionamento *n.m.* parking; **estacionamento proibido:** no parking
estacionar *v.* to park
estádio *n.m.* stadium; **estádio de futebol:** football stadium
estado *n.m.* state; condition; **em bom/mau estado:** in good/bad condition
Estados Unidos da América *n.m.pl.* United States of America
estalagem *n.f.* inn; hostel
estalar *v.* 1 to crack 2 (dedos) to snap
estalo *n.m.* 1 crack 2 (dedos) snap
estante *n.f.* bookshelf; bookcase
estar *v.* 1 (encontrar-se) to be; **estar em casa:** to be at home 2 (aspeto) to look; **estás muito bonita:** you look very nice 3 (data, tempo, temperatura) to be; **está calor:** it's hot; **estamos a 3 de maio:** it's the third of May; **estão 30 graus:** it's 30° C 4 (modo) to be; **estar com medo:** to be afraid
estátua *n.f.* statue
estatura *n.f.* height; **de estatura mediana:** of medium height
este (éste) *n.m.* (ponto cardeal) east
este (éste) *pron.dem.* [*f.* esta] 1 (coisa) this one; **prefiro este:** I prefer this one 2 (pessoa) this; **quem é este?:** who's this?
estendal *n.m.* clothes horse
estender *v.* 1 to spread out 2 (prolongar) to extend 3 (braço, perna) to stretch out 4 (roupa) to hang out 5 (mão) to hold out; to reach out ◆ **estender-se** to lie down
estetoscópio *n.m.* stethoscope
esticar *v.* to stretch ◆ **esticar-se** to stretch out
estilista *n.2gén.* (moda) fashion designer; stylist
estilo *n.m.* style
estimativa *n.f.* estimate

estojo *n.m.* 1 case; **estojo (para lápis):** pencil case 2 kit; **estojo de primeiros socorros:** first-aid kit
estômago *n.m.* stomach; **dor de estômago:** stomach ache
estore *n.m.* blind
estourar *v.* 1 to explode 2 (pneu) to burst
estrada *n.f.* road
estragar *v.* to spoil; to damage
estrago *n.m.* damage; **causar estragos a/em:** to cause damage to
estrangeiro *n.m.* [*f.* estrangeira] foreigner; **ir para o estrangeiro:** to go abroad ◆ *adj.* foreign
estranho *n.m.* [*f.* estranha] stranger ◆ *adj.* strange; odd
estratégia *n.f.* strategy
estreito *adj.* narrow
estrela *n.f.* 1 star; **estrela cadente:** shooting star 2 star; celebrity; **estrela de cinema:** film star
estrela-do-mar *n.f.* 👁 starfish

estrelar *v.* 1 (ovo) to fry 2 (céu) to star
estrondo *n.m.* (som) roar; crash
estrutura *n.f.* structure
estruturar *v.* to structure
estudante *n.2gén.* 1 (escola) pupil 2 (universidade) student
estudar *v.* to study
estúdio *n.m.* studio
estudioso *adj.* studious; hard-working
estudo *n.m.* 1 study; **estudo da História:** study of History 2 education; **não ter estudos:** to lack education

estufa *n.f.* 👁 greenhouse; **efeito de estufa:** greenhouse effect

estufar *v.* to stew

estupendo *adj.* amazing; wonderful

estúpido *adj.* stupid; dull

etapa *n.f.* stage; **por etapas:** in stages

eternidade *n.f.* eternity

etiqueta *n.f.* **1** (mala de viagem) tag **2** (roupa) label

eu *pron.pess.* **1** (sujeito) I; **eu e a minha irmã:** my sister and I **2** (comparações, com preposições) me; **como eu:** like me

eucalipto *n.m.* eucalyptus

euro *n.m.* euro

Europa *n.f.* Europe

europeu *adj. e n.m.* European; **União Europeia:** European Union

evento *n.m.* event

evidente *adj.2gén.* evident; plain

evitar *v.* to avoid

evolução *n.f.* evolution; development

exactamente *a nova grafia é* **exatamente**

exacto *a nova grafia é* **exato**

exagerar *v.* **1** to exaggerate; **não exageres!:** don't exaggerate! **2** (reação) to overreact

exame *n.m.* exam; examination; **fazer um exame:** to do an exam

examinar *v.* to examine

exatamente *adv.* exactly; precisely

exato *adj.* exact; precise; accurate

exceção *n.f.* exception; **com exceção de:** except; **sem exceção:** without exception

excecional *adj.2gén.* exceptional; extraordinary; **não ser nada de excecional:** to be nothing special

exceder *v.* to exceed; to surpass

excelente *adj.2gén.* **1** excellent; superb **2** (pessoa) wonderful; marvellous **3** (nota) very good; excellent; A

excêntrico *adj.* eccentric

excepção *a nova grafia é* **exceção**

excepcional *a nova grafia é* **excecional**

excepto *a nova grafia é* **exceto**

excessivo *adj.* excessive

exceto *prep.>adv.*ᴰᵀ except (for); but; **todos exceto um:** all but one; **todos os dias exceto domingo:** every day except Sunday

excitação *n.f.* excitement

excitante *adj.2gén.* exciting

excitar *v.* to excite

exclamação *n.f.* exclamation; **ponto de exclamação:** exclamation mark

exclamar *v.* to exclaim

excluir *v.* to exclude

exclusivo *adj.* exclusive

excursão *n.f.* excursion; trip; **fazer uma excursão:** to go on a trip

exemplificar *v.* to exemplify; to illustrate

exemplo *n.m.* example; instance; **por exemplo:** for instance/example

Repara que **exemplo** *em português se escreve com* **e** *(depois do x), mas* **example** *em inglês escreve-se com* **a**.

exercício *n.m.* exercise; **fazer exercício (físico):** to take exercise; **livro de exercícios:** exercise book

exército *n.m.* army

exibição *n.f.* exhibition; display; **exibição de pintura:** painting exhibition

exibir *v.* to exhibit; to display

exigência *n.f.* demand; requirement

exigente *adj.2gén.* demanding

exigir *v.* to require; to demand

existência *n.f.* existence; life

existir *v.* to exist; to be; **isso não existe:** that doesn't exist

êxito *n.m.* success

expansão *n.f.* expansion; growth

expectativa *n.f.* expectation; hope

experiência *n.f.* 1 experience; **uma experiência desagradável:** an unpleasant experience 2 try; experiment; **fazer uma experiência:** to make an experiment

experimentar *v.* 1 to try; (comida, bebida) **experimenta este bolo:** try this cake; **experimenta outra chave:** try another key 2 (roupa) to try out; **experimenta esta saia:** try on this skirt

expetativa *a grafia preferível é* **expectativa**

explicação *n.f.* explanation; **tem de haver uma explicação:** there must be an explanation; **sem explicação:** with no reason

explicar *v.* to explain

explodir *v.* to explode

exploração *n.f.* 1 exploration 2 (de pessoas) exploitation

explorador *n.m.* [*f.* exploradora] explorer; researcher

explorar *v.* to explore

explosão *n.f.* explosion; **explosão demográfica:** population explosion

expor *v.* 1 (objeto) to show; to exhibit 2 (corpo, pele) to expose

exportação *n.f.* export; exportation

exportar *v.* to export

exposição *n.f.* 👁 exhibition; **estar em exposição:** to be on exhibition

expressão *n.f.* 1 expression; communication; **expressão verbal:** verbal communication 2 phrase; sentence; **expressão idiomática:** idiomatic expression 3 air; look; **expressão de alegria:** happy look

expressar *v.* to express; to show

expresso *n.m.* 1 (comboio) express; express train 2 (café) espresso

exprimir *v.* to express; **exprimir gratidão:** to express one's gratitude

exterior *adj.* 1 exterior; external 2 (porta, janela) outside; (parede) outer ♦ *n.m.* exterior; outside

externo *adj.* external; outward

extinção *n.f.* extinction; **estar em vias de extinção:** to be on the verge of extinction

extinto *adj.* 1 (fogo) extinguished 2 (animal, planta) extinct

extintor *n.m.* extinguisher; **extintor de incêndios:** fire extinguisher

extra *n.m.* extra ♦ *adj.2gén.2núm.* extra; additional; **trabalhar horas extra:** to work overtime

extraordinário *adj.* extraordinary

extraterrestre *adj. e n.2gén.* extraterrestrial

extravagante *adj.2gén.* extravagant

extremidade *n.f.* (ponta) extremity; (de dedo, faca) end; tip

extremo *adj.* extreme

fF

f *n.m.* (letra) f

fá *n.m.* (nota musical) fa; F

fã *n.2gén.* fan; **clube de fãs:** fan club

fábrica *n.f.* factory; **fábrica de auto-móveis:** car plant

*Para dizermos **fábrica** em inglês usamos a palavra **factory**. Também existe a palavra **fabric** em inglês, mas quer dizer tecido.*

fabricar *v.* to manufacture; to make; (produto) **fabricado em Portugal:** made in Portugal

fabrico *n.m.* manufacture; production; making; **de fabrico artesanal:** hand-made

fabuloso *adj.* fabulous

faca *n.f.* knife; **afiar uma faca:** to sharpen a knife

face *n.f.* **1** face; (superfície) **à face de:** on the surface of; **face a face:** face to face **2** (de moeda) head

fachada *n.f.* front; façade

facial *adj.2gén.* facial

fácil *adj.2gén.* easy; **essa pergunta é fácil:** that's an easy question; **fácil de obter:** easy to get

facilidade *n.f.* facility; ease; **com toda a facilidade:** quite easily

facilitar *v.* to facilitate

facto *n.m.* fact; **a verdade dos factos:** the truth of the facts; **de facto:** in fact; as a matter of fact

faculdade *n.f.* **1** faculty; **perder as faculdades:** to lose one's faculties **2** (universidade) college; **andar na facul-dade:** to go to college

fada *n.f.* fairy; **conto de fadas:** fairy tale; **fada madrinha:** fairy godmother

faisão *n.m.* pheasant; **um casal de faisões:** a brace of pheasants

faixa *n.f.* **1** (de tecido) band; strip **2** (na estrada) lane; 👁 **faixa de rodagem:** carriageway; lane **3** (de disco, CD) track **4** (de terreno) strip; **faixa etária:** age group

fala *n.f.* speech; **ficar sem fala:** to be speechless

falador *adj.* talkative

falar *v.* **1** to speak; **fala comigo:** speak to me; **falar em público:** to speak in public; **por falar nisso:** by the way **2** (assunto) to refer; to mention; **ele fa-lou-me nisso:** he mentioned that **3** (língua) to speak; **ela fala Inglês:** she speaks English ◆ *n.m.* speech

falcão *n.m.* hawk; falcon

falecer *v.* to die; to pass away

falecimento *n.m.* death

falésia *n.f.* cliff

falha *n.f.* **1** fault; **falha sísmica:** seismic fault **2** error; **falha humana:** human error

falhanço *n.m.* failure; flop

falhar *v.* to fail

falsificar *v.* **1** (assinatura) to forge **2** (dinheiro) to counterfeit

falso *adj.* false; **falso alarme:** false alarm

falta *n.f.* **1** shortage; **falta de água:** shortage of water; **ter falta de:** to be short of **2** lack; **falta de cuidado:** carelessness; **falta de educação:** impoliteness **3** absence; **dar por falta de:** to notice the absence of; **sentir a falta de:** to miss **4** (futebol) foul; (ténis) fault

faltar *v.* **1** (objeto) to be missing; (pessoa) to be absent; **falta-me um livro:** one of my books is missing; **faltar às aulas:** to miss classes; **quem falta?:** who's absent? **2** to fail; **faltar à palavra:** to break one's word; **faltar ao respeito a alguém:** to be rude to someone **3** to remain; **faltam cinco minutos para as nove:** it's five to nine

fama *n.f.* fame; **ganhar fama:** to become famous

família *n.f.* family; **o mais velho da família:** the eldest of the family

familiar *adj.2gén.* **1** family **2** familiar ♦ *n.2gén.* (parente) relative

famoso *adj.* famous; well-known

fanático *adj. e n.m.* fanatic

fantasia *n.f.* **1** fantasy **2** (máscara) costume

fantasiar *v.* to fancy ♦ **fantasiar-se** to put on a fancy dress

fantasma *n.m.* ghost

fantástico *adj.* fantastic; terrific; wonderful; **isso é fantástico!:** that is terrific!

fantoche *n.m.* puppet; marionette; **teatro de fantoches:** puppet show

farda *n.f.* 👁 uniform

fardo *n.m.* **1** burden **2** (de palha) bale

farejar *v.* to scent; to smell out; **farejar o rasto de um coelho:** to smell out a rabbit

farinha *n.f.* flour; **farinha de milho:** maize flour; **farinha de trigo:** wheat flour

farmacêutico *n.m.* [f. farmacêutica] chemist; pharmacist

farmácia *n.f.* **1** (ciência) pharmacy **2** (estabelecimento) chemist's; pharmacy

fármaco *n.m.* medicine

faro *n.m.* scent; smell

farol *n.m.* **1** (para barcos) lighthouse **2** (de automóvel) headlight; light; **faróis de nevoeiro:** fog lamps

farpa *n.f.* **1** (de arame) barb **2** (de madeira) splinter

farto *adj.* **1** abundant **2** (informal) fed up; **estar farto de alguma coisa:** to be fed up with something

fartura *n.f.* abundance; plenty; **com fartura:** in plenty

fascinante *adj.2gén.* fascinating

fascinar *v.* to fascinate

fascínio *n.f.* fascination

fase *n.f.* **1** phase; stage; **fase inicial:** initial phase; **nesta fase:** at this stage **2** (da lua) phase

fatal *adj.2gén.* fatal; deadly; **acidente fatal:** fatal accident

fatia *n.f.* **1** 👁 (bolo, tarte) slice; **em fatias:** sliced; **cortar às fatias:** to slice up **2** (pão, carne) piece

fatigante *adj.2gén.* tiresome; wearisome; **um dia fatigante:** a tiresome day

fato *n.m.* suit; **fato de banho:** swimsuit; bathing suit; **fato de treino:** tracksuit

fator *n.m.* factor

fatura *n.f.* invoice; bill

favor *n.m.* favour; **és a favor ou contra?:** are you for or against?; **faz-me um favor:** do me a favour

favorável *adj.2gén.* favourable; **resposta favorável:** favourable response

favorecer *v.* to favour

favorito *adj.* favourite

fazenda *n.f.* **1** (tecido) cloth; **fazenda de lã:** woollen cloth; **loja de fazendas:** draper's **2** (propriedade) plantation; **fazenda de café:** coffee plantation

fazer *v.* **1** to make; **fazer a cama:** to make the bed; **isso fez-me mudar de ideias:** that made me change my mind **2** to do; **faz como quiseres:** do as you please; **que estás a fazer?:** what are you doing? **3** (saúde) to do; **fazer mal ao estômago:** that is bad for your stomach; **isto vai fazer-te bem:** this will do you good

fé *n.f.* faith; **de boa/má fé:** in good/bad faith; **ter fé em Deus:** to have faith in God

febre *n.f.* fever; **estar com febre:** to have a fever; **febre alta:** high fever

fechadura *n.f.* lock; **buraco da fechadura:** keyhole

fechar *v.* **1** to close; **fechar a porta:** to close/shut the door; **fecha os olhos!:** close your eyes!; **fechar um negócio:** to close a bargain **2** to lock; **fechar a porta à chave:** to lock the door **3** (torneira) to turn off **4** (cortina) to draw **5** to be shut down; **a loja fechou há uns anos:** the store was shut down a few years ago

fecho *n.m.* **1** (de roupa) zip; **fechar o fecho:** to zip up **2** (de porta) lock

feijão *n.m.* 👁 bean

feio *adj.* ugly

feira *n.f.* **1** market; fair; **feira do livro:** bookseller's fair; **feira popular:** funfair **2** show; exhibition; **feira de automóveis:** car show

feiticeiro *n.m.* [f. feiticeira] sorcerer

feitiço *n.m.* **1** sorcery; witchcraft **2** (figurado) charm; spell; **lançar um feitiço a alguém:** to cast a spell on someone

feitio *n.m.* **1** form; shape; **de todas as formas e feitios:** in any shape and size **2** shape; **não gosto do feitio do casaco:** I don't like the coat's shape **3** temper; **ter bom feitio:** to be good-tempered; **ter mau feitio:** to be bad-tempered

feito *adj.* **1** made; **feito à mão:** hand-made **2** (resultado) done; **um trabalho bem feito:** a well done job ♦ *n.m.* deed; achievement; **um grande feito:** a great achievement

felicidade *n.f.* **1** happiness; **busca da felicidade:** search for happiness **2** luck; **muitas felicidades!:** good luck to you!; **ter a felicidade de:** to be lucky enough to

a b c d e f g h i j k l m n o p q r s t u v w x y z

felicitar *v.* to congratulate; **felicitar alguém por alguma coisa:** to congratulate someone on something

feliz *adj.* 1 happy; **um casamento feliz:** a happy marriage 2 merry; joyful; **feliz Natal!:** merry Christmas!

fêmea *n.f.* (animal) female; **um tigre fêmea:** a she-tiger

feminino *adj.* feminine

fenda *n.f.* 1 (louça, parede) crack; split 2 (rocha, terra) fissure; crevice

feno *n.m.* hay

feriado *n.m.* holiday; **feriado nacional:** national holiday

férias *n.f.pl.* holidays; vacation; **estar de férias:** to be on holiday; **férias de Natal:** Christmas holidays; **férias grandes:** summer holidays; **ir de férias:** to go on holiday

ferida *n.f.* wound; **cicatrizar uma ferida:** to heal a wound

ferimento *n.m.* wound; injury; **ferimento grave:** severe injury

ferir *v.* 1 (ferida) to wound; to injure 2 (figurado) to hurt; **ferir os sentimentos de alguém:** to hurt someone's feelings
♦ **ferir-se** to get injured; to get hurt

feroz *adj.2gén.* fierce; ferocious

ferradura *n.f.* horseshoe

ferramenta *n.f.* tool; **caixa de ferramentas:** tool box

ferrão *n.m.* (de inseto) sting

ferrar *v.* to bite

ferrinhos *n.m.pl.* 👁 triangle; **tocar ferrinhos:** to play the triangle

ferro *n.m.* 1 (metal) iron; **ferro forjado:** wrought iron 2 (de engomar) iron; **passar a ferro:** to iron

fértil *adj.2gén.* fertile; **solo fértil:** fertile soil; **ter uma imaginação fértil:** to have a fertile imagination

ferver *v.* to boil; **água a ferver:** boiling water; **ferver o leite:** to boil the milk

fervor *n.m.* fervour

festa *n.f.* 1 party; **dar uma festa:** to give a party; **festa de aniversário:** birthday party; **festa de boas vindas:** welcome party; **festa de despedida:** farewell party; **organizar uma festa:** to hold a party 2 get-together; gathering; **vou organizar uma pequena festa:** I'm going to hold a small get-together 3 (festa religiosa) feast; festival 4 stroke; caress; **fazer festas a um cão:** to stroke a dog

festejar *v.* to celebrate; to commemorate; **festejar o quinto aniversário de casamento:** to celebrate the fifth wedding anniversary; **festejar um golo:** to celebrate a goal

festival *n.m.* 1 festival; **festival de cinema:** film festival 2 contest; **festival da canção:** song contest

fibra *n.f.* fibre

ficar *v.* 1 to stay; **ficar em casa:** to stay at home 2 to remain; to stay; **ficar na mesma:** to stay the same 3 to keep; **ficar calado:** to keep quiet 4 to be; to feel; **ficar com medo:** to be scared; **fico contente/triste:** I'm glad/sad 5 to be; **a casa fica junto ao mar:** the house is by the sea 6 (classificação) to be placed; **ficar em terceiro:** to be placed third 7 (roupa) to suit; to fit; **o vestido fica-te mesmo bem:** the dress really becomes you

ficção *n.f.* fiction; **ficção científica:** science fiction

ficha *n.f.* 1 (biblioteca, ficheiro) card 2 (elétrica) plug; **meter a ficha na tomada:** to put the plug in the socket 3 (escola) sheet; **ficha de avaliação:** evaluation test; **ficha de trabalho:** exercise sheet

ficheiro *n.m.* (de computador, pen, etc.) file; **abrir um ficheiro:** to open a file; **gravar um ficheiro:** to save a file

fictício *adj.* fictitious; made-up

fidelidade *n.f.* fidelity; faithfulness

fiel *adj.2gén.* 1 faithful; loyal; **ser fiel a:** to be faithful to 2 (descrição, relato) exact; accurate; **um relato fiel dos acontecimentos:** an accurate report of the events

figo *n.m.* 👁 fig; **figos secos:** dried figs

figueira *n.f.* fig

figura *n.f.* 1 figure; **figura de estilo:** figure of speech; **figura geométrica:** geometrical figure 2 picture; **um livro cheio de figuras:** a book filled with pictures

fila *n.f.* 1 file; line; **em fila indiana:** in single file 2 (espera) queue; line; **fazer fila:** to queue 3 row; rank; **filas de trás:** back rows; **estar na primeira fila:** to be in the front row

filha *n.f.* daughter; **a filha mais nova/velha:** the youngest/eldest daughter

filho *n.m.* son; **eu sou filho único:** I'm an only child; **o filho mais novo/velho:** the youngest/eldest son

filmar *v.* to film; to shoot

filme *n.m.* 1 (fotografia, reportagem) film 2 (cinema) movie; film; **filme de ação:** action film

filosofia *n.f.* philosophy

filósofo *n.m.* philosopher

fim *n.m.* 1 end; **ao fim do dia:** at the end of the day; **chegar ao fim:** to come to an end; **por fim:** at last; **pôr um fim a:** to put an end to; **sem fim:** endless 2 conclusion; end; **o fim da peça:** the conclusion of the play 3 aim; purpose; **com que fim?:** to what purpose?

fim-de-semana *a nova grafia é* **fim de semana**

fim de semana *n.m.* weekend; **bom fim de semana!:** have a nice weekend!

final *adj.2gén.* final; last ♦ *n.m.* 1 end; **final feliz:** happy ending; **no final:** in the end 2 ending; closing; **o final do filme:** the closing of the film ♦ *n.f.* (competição) final; **a final do campeonato:** the final of championship

fingido *adj.* false; dissimulated

fingir *v.* to pretend; **fingir não ouvir:** to pretend not to hear; **para de fingir:** stop pretending ♦ **fingir-se** to pretend; **ela fingiu-se doente:** she pretended to be sick

fino *adj.* 1 (estreito) thin 2 (elegante) refined

fio *n.m.* 1 thread; string; **fio de algodão:** cotton thread 2 wire; **fio condutor:** conducting wire 3 trickle; thread; **fio de água:** water thread

firma *n.f.* firm

firme *adj.2gén.* 1 firm; **terra firme:** dry land 2 steady; **firme como uma rocha:** as steady as a rock

firmeza *n.f.* steadiness; firmness

fiscal *adj.2gén.* tax; **sistema fiscal:** tax system ♦ *n.2gén.* inspector

a b c d e f g h i j k l m n o p q r s t u v w x y z

física *n.f.* physics
físico *adj.* **1** physical; **esforço físico:** physical effort **2** (substância) material ◆ *n.m.* (cientista) physicist
fita *n.f.* **1** (de tecido) ribbon **2** tape; **fita adesiva:** adhesive tape; **fita métrica:** tape measure **3** *(informal)* scene; **não faças fitas!:** don't make a scene!
fixar *v.* to fix
fixe *adj.2gén. (informal)* cool; great
fixo *adj.* **1** fixed; **ideia fixa:** fixed idea **2** stable; **um emprego fixo:** a stable job
flauta *n.f.* flute
flecha *n.f.* arrow; **arco e flecha:** bow and arrow; **lançar uma flecha:** to shoot an arrow
flexível *adj.2gén.* flexible
floco *n.m.* flake; **flocos de aveia:** oatmeal flakes; **flocos de milho:** cornflakes; **flocos de neve:** snowflakes
flor *n.f.* **1** flower; 👁 **flores campestres:** wild flowers **2** (árvore de fruto) blossom; **flor de laranjeira:** orange blossom

florescer *v.* **1** (planta) to bloom **2** (atividade, negócio) to prosper
floresta *n.f.* forest; **floresta tropical:** rainforest; **floresta virgem:** virgin forest
florir *v.* to bloom; to blossom
florista *n.2gén.* (pessoa) florist ◆ *n.f.* (loja) florist's; flower shop
flutuar *v.* to float
fluxo *n.m.* flux

foca *n.f.* 👁 seal

focar *v.* **1** (fotografia) to focus **2** (assunto, questão) to approach
focinho *n.m.* (de animal) snout; muzzle
foco *n.m.* **1** (fotografia) focus **2** (de luz) spotlight
fofo *adj.* **1** (material) soft **2** (informal) cute
fogão *n.m.* *(GB)* cooker; *(EUA)* stove; **fogão a gás:** gas cooker; (lareira) **fogão de sala:** fireplace; **fogão elétrico:** electric cooker
fogo *n.m.* **1** fire; **apagar um fogo:** to put out the fire; **deitar/pegar fogo a:** to set fire to **2** (armas) fire; **abrir fogo:** to open fire
fogueira *n.f.* fire; bonfire; **fazer uma fogueira:** to build a fire
foguetão *n.m.* 👁 rocket; **lançar um foguetão:** to launch a rocket

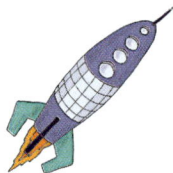

folclore *n.m.* **1** folklore **2** (dança) folk-dance
fôlego *n.m.* breath; **estar sem fôlego:** to be out of breath; **perder o fôlego:** to lose your breath; **recuperar o fôlego:** to catch your breath

folga *n.f.* **1** rest; break **2** time off; day off; **dar folga:** to give time off; **estar de folga:** to be off duty; **segunda(-feira) é o meu dia de folga:** Monday is my day off

folha *n.f.* **1** (planta) leaf; **uma folha de alface:** a leaf of lettuce **2** (papel) sheet; **uma folha de papel em branco:** a clean sheet of paper

folheto *n.m.* leaflet; pamphlet

fome *n.f.* hunger; famine; **estar com/ter fome:** to be hungry

fontanário *n.m.* (GB) drinking fountain; (EUA) water fountain

fonte *n.f.* **1** (de água) spring **2** 👁 (em lugar público) fountain **3** source; **fonte de inspiração:** source of inspiration

fora *adv.* **1** outside; **ir lá para fora:** to go outside **2** out; **passámos o dia inteiro fora:** we were out all day **3** abroad; **ele foi para fora:** he travelled abroad ◆ *prep.* **1** except for; **saíram todos fora um:** they left all except one **2** out of; **fora de perigo:** out of danger ◆ *interj.* go away!

fora-de-jogo *a nova grafia é* **fora de jogo**

fora de jogo *n.m.* (futebol) offside

forasteiro *n.m.* [f. forasteira] stranger; outsider

força *n.f.* **1** force; **força de vontade:** willpower **2** force; violence; **à/pela força:** by force

forçado *adj.* forced

forçar *v.* **1** to force; **forçar alguém a fazer algo:** to force someone to do something **2** to strain; **forçar a vista:** to strain the eyes

forma (fórma) *n.f.* **1** shape; form; **sob a forma de:** in the shape of; **tomar forma:** to take shape **2** manner; way; **de certa forma:** in a way; **de qualquer forma:** anyway; **desta forma:** in this way **3** (condição física) shape; fitness; **estar em forma:** to be in shape; **estar em baixo de forma:** to be in poor shape; **manter-se em forma:** to keep fit

forma (fôrma) *n.f.* **1** (de pudim) mould **2** (de bolo) cake tin **3** (de sapato) last

formação *n.f.* **1** formation; **formação de palavras:** word formation **2** (ensino) education; **ação de formação:** training session

formal *adj.2gén.* formal

formar *v.* **1** (opinião, ideia) to form **2** (frase) to build **3** (empresa, negócio) to found ◆ **formar-se 1** to appear **2** (curso universitário) to graduate

formato *n.m.* format

formidável *adj.2gén.* wonderful

formiga *n.f.* ant

formigueiro *n.m.* **1** anthill **2** (na pele) pins and needles

formular *v.* **1** to formulate **2** to express

fornecer *v.* to supply; to provide

fornecimento *n.m.* supply; delivery

forno *n.m.* oven

forrar *v.* **1** (roupa) to line **2** (mobília) to upholster **3** (parede) to wallpaper

forro *n.m.* **1** (de roupa) lining **2** (de mobília) cover; covering **3** (de parede) wallpaper **4** (pessoa) native of São Tomé and Príncipe

a
b
c
d
e
f
g
h
i
j
k
l
m
n
o
p
q
r
s
t
u
v
w
x
y
z

fortaleza *n.f.* 👁 fortress

forte *adj.* **1** strong **2** (cor) bright; strong **3** (chuva) heavy **4** (crítica, dor) severe

fortuna *n.f.* **1** fortune; wealth; **fazer fortuna:** to make a fortune **2** fortune; good luck; **roda da fortuna:** wheel of fortune

fósforo *n.m.* match; **acender um fósforo:** to strike a match; **caixa de fósforos:** matchbox

fóssil *n.m.* [*pl.* fósseis] fossil

fotocopiar *v.* to photocopy

fotografar *v.* to photograph; to take a photograph of

fotografia *n.f.* **1** (arte) photography **2** (imagem) photograph; **fotografia a cores:** colour photography; **tirar uma fotografia a alguém:** to take a photo of someone

fotógrafo *n.m.* photographer

foz *n.f.* mouth

fracassar *v.* to fail

fraco *adj.* weak; **sentir-se fraco:** to feel weak ♦ *n.m.* weakness; **ter um fraco por:** to have a weakness for

fractura *a nova grafia é* **fratura**

fracturar *a nova grafia é* **fraturar**

frágil *adj.2gén.* fragile; frail

fragmento *n.m.* fragment; piece

fralda *n.f.* **1** (GB) nappy; (EUA) diaper; **mudar a fralda ao bebé:** to change the baby's nappy **2** (de camisa) shirt-tail

framboesa *n.f.* raspberry

francês *adj.* French ♦ *n.m.* **1** (homem) Frenchman; (mulher) Frenchwoman; **os franceses:** the French **2** (língua) French

franco *adj.* frank; open-hearted ♦ *n.m.* (moeda da Guiné-Bissau) franc

frango *n.m.* chicken

franja *n.f.* (GB) (de cabelo) fringe; (EUA) bangs

fraqueza *n.f.* **1** weakness **2** (fome) hunger

frasco *n.m.* **1** (de comprimidos) bottle **2** (de perfume) flask **3** (de compota) jar

frase *n.f.* sentence; **construir uma frase:** to build a sentence; **frase feita:** set phrase

fratura *n.f.* fracture

fraturar *v.* to fracture

fraude *n.f.* fraud

freguês *n.m.* [*f.* freguesa] customer; client

freguesia *n.f.* **1** (concelho) parish **2** (clientela) customers

freio *n.m.* **1** (de cavalo) bit **2** (de veículo) brake

freira *n.f.* nun

frente *n.f.* **1** front; **de frente para:** facing; **frente a frente:** face-to-face; **seguir em frente:** to move forward **2** (militar) front (line); **frente de batalha:** battle front

frequência *n.f.* **1** frequency; **com frequência:** frequently **2** attendance; **a frequência das aulas:** attendance at school

frequentar *v.* (curso, escola) to attend

frequente *adj.2gén.* **1** frequent; habitual; regular; **um cliente frequente:** a regular customer **2** common; **um erro frequente:** a common mistake

fresco *adj.* fresh; **legumes frescos:** fresh vegetables; **o tempo hoje está fresco!:** it's a bit fresh today!; **pão fresco:** fresh bread

frescura *n.f.* 1 freshness 2 coolness

frigideira *n.f.* 👁 frying pan

frigorífico *n.m.* refrigerator; fridge

frio *adj.* cold; **carnes frias:** cold cuts ◆ *n.m.* cold; **apanhar frio:** to catch cold; **estou com muito frio:** I'm very cold

fritar *v.* to fry

frito *adj.* fried; **batatas fritas:** chips; fried potatoes

fronha *n.f.* pillowcase

frontal *adj.2gén.* 1 (pessoa) frank 2 (ataque) frontal 3 (choque) head-on

fronteira *n.f.* frontier; border; **a Espanha faz fronteira com Portugal:** Spain borders on Portugal; **atravessar a fronteira:** to cross the border

fronteiriço *adj.* 1 frontier; border; **região fronteiriça:** border area 2 neighbouring; **países fronteiriços:** neighbouring countries

frustrar *v.* 1 (pessoa) to frustrate 2 (planos) to thwart; **frustrar os planos de alguém:** to thwart somebody's plans

fruta *n.f.* fruit; **salada de fruta:** fruit salad; **uma peça de fruta:** a piece of fruit

frutaria *n.f.* (loja) greengrocer's; greengrocery

fruto *n.m.* 1 fruit; **árvore de fruto:** fruit tree 2 (figurado) result; fruit; **dar frutos:** to bear fruit

fuga *n.f.* 1 (de pessoa) flight; escape 2 (de gás, água, informação) leak; **fuga de água:** water leak; **fuga de gás:** gas leakage 3 (música) fugue

fugir *v.* 1 to escape; to run away; **fugiram da prisão:** they escaped from prison 2 to avoid; to evade; **fugir à responsabilidade:** to evade responsibility

fumador *n.m.* smoker; **não fumador:** non-smoker

fumar *v.* to smoke; **deixar de fumar:** to give up smoking; **proibido fumar:** no smoking

fumo *n.m.* 1 (fogo) smoke 2 (gás, vapor) fume

função *n.f.* 1 function; **em função de:** according to 2 duty; office; **desempenhar as funções de:** to act as

funcionar *v.* 1 to function 2 (aparelho) to work; **a máquina não funciona:** the machine is out of order 3 (combustível) to run; **este carro funciona a gasóleo:** this car runs on diesel

funcionário *n.m.* [f. funcionária] 1 employee; **funcionário público:** civil servant 2 (representante) official; **funcionário da ONU:** a UN official

fundação *n.f.* 1 (instituição) foundation 2 (criação) establishment

fundador *n.m.* [f. fundadora] founder

fundamental *adj.2gén.* fundamental

fundamentar *v.* to found

fundamento *n.m.* foundation; **sem fundamento:** unfounded

fundar *v.* to found

fundir *v.* 1 to fuse 2 (metal) to melt down 3 (lâmpada, fusível) to burn out ◆ **fundir-se** to melt

a b c d e **f** g h i j k l m n o p q r s t u v w x y z

fundo *adj.* deep; **um poço muito fundo:** a very deep well ◆ *n.m.* **1** bottom; **do fundo do coração:** from the bottom of one's heart; (barco) **ir ao fundo:** to sink **2** (sala) back; **quarto dos fundos:** back room

fúnebre *adj.2gén.* funeral; **cortejo fúnebre:** funeral procession

funeral *n.m.* funeral; **ir a um funeral:** to attend a funeral

furacão *n.m.* hurricane

furador *n.m.* **1** borer; piercer **2** 👁 (de papel) paper punch

furar *v.* **1** (pneu) to puncture; **furar um pneu:** to puncture a tyre **2** (com berbequim) to drill **3** (parte do corpo) to pierce

furgoneta *n.f.* van

fúria *n.f.* fury; rage; **explosão de fúria:** a fit of temper

furioso *adj.* furious

furo *n.m.* **1** hole **2** (no pneu) puncture **3** (informal) (às aulas) free period

fusão *n.f.* **1** fusion **2** (gelo, metal) melting **3** (empresas) merger

futebol *n.m.* (GB) football; (EUA) soccer; **futebol de salão:** indoor football; **jogo de futebol:** football match

> Nos EUA usa-se o termo **soccer**, para não confundir com o futebol americano (*American football*), um desporto mais parecido com o rugby.

futebolista *n.2gén.* 👁 football player; footballer

futuro *n.m.* future; **de futuro:** for the future; in future ◆ *adj.* future; coming; **a minha futura casa:** my future house; **de futuro:** in future

g

g *n.m.* (letra) g

gabardina *n.f.* raincoat

gabinete *n.m.* **1** (de escritório) office **2** small study; den

gado *n.m.* livestock; 👁 **gado bovino:** cattle; **gado ovino:** sheep; **gado suíno:** pigs

gafanhoto *n.m.* grasshopper

gaguejar *v.* to stammer

gaiola *n.f.* cage

gaita *n.f.* pipe; **tocar gaita:** to play the pipe

gaita-de-foles *a nova grafia é* **gaita de foles**

gaita de foles *n.f.* bagpipes

gaivota *n.f.* seagull

gala *n.f.* gala; **traje de gala:** formal dress

galão *n.m.* **1** (de uniforme) stripe **2** (bebida) glass of white coffee

galardão *n.m.* prize; award

galáxia *n.f.* galaxy

galeria *n.f.* **1** (de arte) gallery **2** (mina) drift way; tunnel

galês *adj.* Welsh ♦ *n.m.* **1** (homem) Welshman; (mulher) Welshwoman; **os Galeses:** the Welsh **2** (língua) Welsh

galho *n.m.* **1** (de árvore) branch **2** (de animal) horn

galinha *n.f.* **1** (ave) hen; **galinha choca:** broody hen **2** (refeição) chicken; **galinha assada:** roasted chicken

galinheiro *n.m.* coop; hen-house

galo *n.m.* **1** (ave) cock; rooster **2** (informal) bump; **tenho um galo na cabeça:** I have a bump on my head

galochas *n.f.pl.* rubbers; wellingtons

gamba *n.f.* prawn

gancho *n.m.* **1** hook **2** (de cabelo) hairpin **3** (das calças) crotch

ganga *n.f.* (tecido) denim; **calças de ganga:** blue jeans

ganhar *v.* **1** to win; **ganhar a lotaria:** to win the lottery **2** (experiência, força, tempo) to gain **3** (dinheiro, respeito) to earn

ganho *n.m.* gain; profit

ganso *n.m.* goose; gander

garagem *n.f.* garage

garantia *n.f.* **1** (segurança) guarantee **2** (produto) warranty; **estar dentro da garantia:** to be under guarantee

garantir *v.* **1** to guarantee; **eu não posso garantir o resultado:** I can't guarantee the result **2** to assure; **garanto-te que virão:** they'll come, I assure you

garfo *n.m.* fork

gargalhada *n.f.* burst of laughter; guffaw; **desatar às gargalhadas:** to break into laughter

gargalo *n.m.* (de garrafa) neck

garganta *n.f.* throat; **garganta seca:** dry throat

garota *n.f.* roguish girl

garoto *n.m.* lad

garra *n.f.* **1** (de animal) claw **2** (de ave de rapina) talon **3** *(figurado)* guts

garrafa *n.f.* 👁 bottle

gás *n.m.* gas; **fuga de gás:** gas leak

gasolina *n.f.* petrol; gasoline; **bomba de gasolina:** filling station

gasoso *adj.* **1** gaseous **2** (água) sparkling **3** (bebida) fizzy

gastar *v.* **1** (dinheiro) to spend; **gasto muito em livros:** I spend a lot on books **2** (desperdiçar) to waste; **gastar tempo e dinheiro:** to waste time and money **3** (vestuário, calçado) to wear out

gasto *adj.* **1** (roupa) worn out **2** (tempo, dinheiro) spent **3** (recurso) wasted

gata *n.f.* (fêmea) female cat; she-cat; **de gatas:** on all fours

Gata Borralheira *n.f.* Cinderella

gato *n.m.* [f. gata] **1** cat **2** (macho) tom--cat

Gato das Botas *n.m.* Puss in Boots

gatuno *n.m.* thief

gaveta *n.f.* drawer

gelado *adj.* **1** chilled **2** frozen ◆ *n.m.* ice cream; **bola de gelado:** ice cream scoop

gelar *v.* to freeze

gelataria *n.f.* ice cream parlour

gelatina *n.f.* **1** (ingrediente) gelatine **2** (doce) jelly

geleia *n.f.* (de fruta) jelly; jam

gelo *n.m.* ice; 👁 **cubo de gelo:** ice cube

gema *n.f.* (ovo) yolk

gémeo *n.m.* [f. gémea] twin; **elas são gémeas:** they are twins ◆ *adj.* twin; **irmãos gémeos:** twin brothers

Gémeos *n.m.pl.* (signo) Gemini; the Twins

general *n.m.* general

genérico *adj.* generic ◆ *n.m.* (medicamento) generic drug

género *n.m.* **1** gender; **género feminino/masculino:** feminine/masculine gender **2** kind; sort; **coisas desse género:** that sort of thing

generoso *adj.* generous

gengiva *n.f.* gum

genial *adj.2gén.* splendid; great; **ideia genial:** great idea

génio *n.m.* **1** (talento) genius; **és um génio:** you are a genius **2** (temperamento) nature; temper; **ter mau génio:** to have a bad temper

gente *n.f.* **1** people; **toda a gente:** everybody **2** crowd; **o teatro estava cheio de gente:** the theatre was crowded **3** (alguém) someone; somebody; anyone; anybody; **há gente em casa?:** is there anyone at home?

gentil *adj.2gén.* kind; **é muito gentil da tua parte:** that is very kind of you

gentileza *n.f.* kindness

genuíno *adj.* genuine; authentic

geografia *n.f.* geography

geologia *n.f.* geology

geometria *n.f.* geometry

geração *n.f.* **1** generation; **as gera-ções futuras:** future generations **2** time; **o melhor artista da sua gera-ção:** the best artist of his time

geral *adj.2gén.* **1** general; **de um modo geral:** on the whole; **em geral:** in general **2** common; **é do conheci-mento geral que...:** it is common knowledge that... ♦ *n.f.* (sala de espetácu-los) gallery

geralmente *adv.* in general; usually

gerar *v.* **1** to create **2** (eletricidade) to gen-erate **3** (sentimento) to give rise to ♦ **ge-rar-se** to come about; to happen

gerência *n.f.* management; board of directors

gerente *n.2gén.* manager

gerir *v.* to administer; to manage

germinar *v.* (planta, flor, ideia) to germinate

gesso *n.m.* **1** (arte) plaster; gesso **2** (me-dicina) plaster cast

gestão *n.f.* management; administra-tion

gesto *n.m.* **1** (com a mão) gesture **2** (ato) token; **um gesto de amizade:** a to-ken of friendship

gigante *adj.2gén.* gigantic ♦ *n.m.* giant

ginásio *n.m.* gymnasium; (informal) gym

ginástica *n.f.* 👁 gymnastics; **aula de ginástica:** gym lesson

girafa *n.f.* giraffe

girar *v.* **1** to turn round; **girar o vo-lante:** to turn the wheel round **2** (volta completa) to revolve; **a Terra gira em volta do sol:** the Earth revolves around the sun

girassol *n.m.* sunflower

giro *adj.* (informal) (pessoa, objeto) cute; **é tão giro!:** it's so cute! ♦ *n.m.* **1** rota-tion **2** (informal) stroll; **dar um giro:** to go for a stroll

giz *n.m.* chalk; **pau de giz:** piece of chalk

gladiador *n.m.* gladiator

glândula *n.f.* gland

global *adj.2gén.* global

globo *n.m.* **1** globe; **globo terrestre:** terrestrial globe **2** ball; **globo ocular:** eyeball

glória *n.f.* glory; **jogo da glória:** game of goose

glossário *n.m.* glossary

glutão *n.m.* [f. glutona] glutton ♦ *adj.* gluttonous

gnomo *n.m.* gnome

goela *n.f.* (informal) pipes; throat

gola *n.f.* collar; **gola alta:** polo neck

gole *n.m.* **1** gulp; **de um só gole:** in one gulp **2** (pequena quantidade) sip

golfe *n.m.* golf; **campo de golfe:** golf course; **taco de golfe:** golf club

golfinho *n.m.* dolphin

golfo *n.m.* gulf

golo *n.m.* goal; **marcar um golo:** to score a goal

golpe *n.m.* **1** (corte) cut **2** stroke; **um golpe de génio:** a stroke of genius **3** (em desporto) throw **4** trick; **um golpe baixo:** a dirty trick

goma *n.f.* **1** (guloseima) gum; gumdrop **2** (cola) glue

gordo *adj.* **1** (pessoa) fat; **ficar gordo:** to get fat **2** (alimento) oily; greasy; **leite gordo:** whole milk

gordura *n.f.* **1** (em pessoa) fatness **2** (em alimentos) fat; **gordura vegetal:** vegetable fat **3** grease; **nódoa de gordura:** grease spot

gorduroso *adj.* greasy; oily

gorila *n.m.* gorilla

gorjeta *n.f.* tip; **dar uma gorjeta:** to give a tip; to tip

gorro *n.m.* 👁 cap

gostar *v.* **1** to like; **gosto de chocolate:** I like chocolate; **gostavas de vir?:** would you like to come?; **não gostar de alguma coisa:** to have a dislike for something **2** to be fond of; to be keen; **gostar de desporto:** to be fond of sports

gosto *n.m.* **1** taste; **bom gosto:** good taste; **muito gosto em conhecê-lo:** I'm happy to meet you **2** (sabor) flavour; taste; **com gosto a chocolate:** with chocolate flavour

gota *n.f.* drop; **gota a gota:** drop by drop; **gota de chuva:** raindrop

governante *adj.2gén.* governing ◆ *n.2gén.* leader; ruler

governar *v.* to govern

governo *n.m.* government

gozar *v.* **1** to enjoy; **gozar de boa saúde:** to enjoy good health; **gozar férias:** to be on holiday **2** to make fun of; **gozar alguém:** to make fun of someone; **gozar com a cara de alguém:** to laugh at someone's face

gozo *n.m.* **1** pleasure; joy **2** (informal) fun; **ele está no gozo:** he is just kidding

Grã-Bretanha ◆ *n.f.* Great Britain

> A **Grã-Bretanha** é a maior das ilhas britânicas e está situada ao largo da costa ocidental da Europa. Toda a ilha faz parte do Reino Unido e inclui três das quatro nações que formam este país: a Escócia, a norte, a Inglaterra, a sul e o País de Gales, a oeste.

graça *n.f.* **1** grace; **graças a:** thanks to **2** (piada) crack; joke; **não teve graça nenhuma:** that was not funny

gracioso *adj.* gracious; graceful

grade *n.f.* **1** (em janela, porta) grating **2** (em vedação) railing **3** (para garrafas) crate

graduação *n.f.* **1** graduation **2** (militar) grade; rank

gradual *adj.2gén.* gradual

gráfico *adj.* graphic ◆ *n.m.* graph; chart

gramática *n.f.* grammar

grande *adj.* **1** big; **grande cidade:** big town **2** large; spacious; **uma sala grande:** a spacious room **3** (em altura) tall; **ser grande para a idade:** to be tall for one's age **4** (quantia) large; great; **uma grande quantidade de:** a great deal of; a large amount of **5** important; great; **um grande poeta:** a great poet

grandeza *n.f.* **1** grandeur; **grandeza de um evento:** the grandeur of an event **2** greatness; **escritores desta grandeza:** writers of such greatness

grão *n.m.* **1** (de arroz, cereal, areia) grain **2** (de café) bean

gratidão *n.f.* gratitude; thankfulness; **demonstrar gratidão por:** to show one's gratitude for

grátis *adv.* free

grato *adj.* grateful; thankful; **estou-te muito grato!:** I am so grateful to you!

gratuito *adj.* **1** (sem pagar) free; grátis **2** (sem motivo) gratuitous

grau *n.m.* **1** degree; **10 graus centígrados:** ten degrees centigrade; **grau comparativo:** comparative degree; **grau superlativo:** superlative degree **2** (classificação) grade; rank

gravação *n.f.* **1** (som, imagem) recording **2** (em madeira, metal, pedra) engraving

gravador *n.m.* **1** (pessoa) engraver **2** (de som, imagem) recorder

gravar *v.* **1** (som, imagem) to record **2** (documento, ficheiro) to save **3** (na pedra) to engrave **4** (em madeira) to carve **5** (na memória) to stamp

gravata *n.f.* tie

grave *adj.2gén.* **1** serious; **acidente grave:** serious accident; **doença grave:** serious illness **2** (expressão) serious; solemn **3** (voz) deep **4** (acento) grave

gravidade *n.f.* **1** gravity; **centro de gravidade:** centre of gravity **2** (situação) seriousness; importance; **assunto de extrema gravidade:** a matter of the utmost importance

gravidez *n.f.* pregnancy

graxa *n.f.* **1** (de sapatos) shoe polish **2** (figurado) butter; flattery; **dar graxa a alguém:** to butter someone up

grelha *n.f.* **1** (tabela) chart **2** (de lareira) grate **3** (para cozinhar) grill

grelhador *n.m.* grill

grelhar *v.* to grill

greve *n.f.* strike; **estar em greve:** to be on strike; **fazer greve:** to go on strike; **greve de fome:** hunger strike; **greve geral:** general strike

grevista *n.2gén.* striker

grilo *n.m.* 👁 cricket

gripe *n.f.* flu; **apanhar gripe:** to catch flu; **estar com gripe:** to have flu

gritar *v.* **1** to scream **2** to call out; **gritar o nome de alguém:** to call out someone's name

gritaria *n.f.* shouting; screaming

grito *n.m.* **1** scream; **aos gritos:** screaming **2** (de emoção) cry; **grito de surpresa:** cry of surprise **3** call; **grito de socorro:** a call for help **4** (moda) hit; trend; **o último grito:** the latest hit

grosseiro *adj.* **1** (pessoa) coarse; rude **2** (material) harsh **3** (erro, falha) gross

grosso *adj.* **1** (espessura) thick **2** (volume) thick **3** (chuva) heavy

grupo *n.m.* **1** group; **grupo sanguíneo:** blood group **2** (musical) band; **grupo (de) rock:** rock band

gruta *n.f.* cave; cavern

guarda *n.f.* **1** guard; **estar sob guarda:** to be under guard **2** watch; guard; **estar de guarda:** to keep watch; to be on guard ◆ *n.2gén.* **1** policeman; police officer **2** (de prisão) guard; warder

guarda-chuva *n.m.* 👁 umbrella; **fechar o guarda-chuva:** to put your umbrella down

guarda-fatos *n.m.* wardrobe

guardanapo *n.m.* napkin

guardar *v.* **1** to guard **2** to keep; **guardar um segredo:** to keep a secret **3** (dinheiro) to put away; to save up

guarda-redes *n.2gén.2núm.* goalkeeper

guarda-sol *n.m.* 👁 parasol; sunshade

guarda-vestidos *n.m.* wardrobe

guerra *n.f.* war; warfare; **declarar guerra a:** to declare war on; **estar em guerra com:** to be at war with; **guerra civil:** civil war

guerreiro *n.m.* [f. guerreira] warrior

guia *n.2gén.* **1** guide; leader **2** (turismo) tour leader ◆ *n.m.* (livro) guidebook

guiador *n.m.* **1** (de carro, barco) steering wheel **2** (de bicicleta, mota) handlebar

guiar *v.* **1** (veículo) to drive; **guiar um automóvel:** to drive a car **2** (barco) to steer

guitarra *n.f.* guitar; **tocar guitarra:** to play the guitar

guloseima *n.f.* **1** (rebuçado) candy **2** (doce) goody; sweet

guloso *adj.* gluttonous; **ser guloso:** to have a sweet tooth

gume *n.m.* edge

H

h *n.m.* (letra) h
hábil *adj.2gén.* skilful; handy
habilidade *n.f.* skill
habitação *n.f.* residence; house
habitante *n.2gén.* **1** (país, povoação) inhabitant **2** (local, casa) dweller; resident
habitar *v.* **1** to inhabit **2** to live (in)
hábito *n.m.* habit; custom; **ter o hábito de:** to be in the habit of
habituado *adj.* used
habitual *adj.2gén.* usual; customary; **como é habitual:** as usual
habitualmente *adv.* **1** (hábito) usually **2** (frequência) frequently; often
habituar *v.* to accustom ◆ **habituar-se** to get used
hálito *n.m.* breath
hambúrguer *n.m.* hamburger; **hambúrguer de queijo:** cheeseburger
harmonia *n.f.* harmony
harpa *n.f.* 👁 harp

haste *n.f.* **1** (bandeira) pole **2** (de óculos) arm **3** (veado) antler
hastear *v.* (bandeira) to hoist
haver *v.* **1** there is/are; **há leite no frigorífico:** there is some milk in the fridge; **há muitos animais aqui!:** there are many animals here! **2** to happen; **que é que houve?:** what happened?
hélice *n.f.* **1** (avião, barco) propeller **2** (helicóptero) rotor blade
helicóptero *n.m.* helicopter
hemisfério *n.m.* hemisphere
hera *n.f.* (planta) ivy
herança *n.f.* inheritance; heritage
herdade *n.f.* **1** (quinta) farm **2** (propriedade) estate; property
herdar *v.* to inherit; **herdar uma fortuna:** to inherit a fortune
herdeiro *n.m.* [f. herdeira] heir; **herdeiro do trono:** heir to the throne
herói *n.m.* [f. heroína] hero
heroico *adj.* heroic
heróico *a nova grafia é* **heroico**
hesitação *n.f.* hesitation
hesitar *v.* to hesitate
hibernar *v.* to hibernate
hiena *n.f.* 👁 hyena

hífen *n.m.* hyphen; dash
higiene *n.f.* hygiene
higiénico *adj.* hygienic; **papel higiénico:** toilet paper

hino *n.m.* anthem; hymn; **hino nacional:** national anthem
hipermercado *n.m.* hypermarket
hipismo *n.m.* horse riding
hipopótamo *n.m.* hippopotamus
hipótese *n.f.* **1** hypothesis; **por hipótese:** hypothetically **2** (oportunidade) chance; **dar uma hipótese a alguém:** to give somebody a chance
história *n.f.* **1** history **2** story; tale; **contar uma história:** to tell a story; **história para crianças:** nursery tale
histórico *adj.* historical
hoje *adv.* today; **hoje em dia:** nowadays
holofote *n.m.* ☀ spotlight

homem *n.m.* **1** (indivíduo) man **2** (ser humano) human being
homenagem *n.f.* homage; **prestar homenagem a:** to pay homage to
honestidade *n.f.* honesty
honesto *adj.* honest
honra *n.f.* honour; **em honra de:** in honour of
honrar *v.* to honour
hóquei *n.m.* hockey; **hóquei sobre o gelo:** ice hockey
hora *n.f.* **1** hour; **meia hora:** half an hour; **são duas horas:** it's two o'clock **2** time; **a qualquer hora:** at any time; **chegar a horas:** to be on time; **dizer as horas:** to tell the time; **que horas são?:** what time is it?
horário *n.m.* (escola, transportes) timetable; schedule
horizontal *adj.2gén.* horizontal
horizonte *n.m.* horizon

horrível *adj.2gén.* horrible; awful; **um tempo horrível:** an awful weather
horror *n.m.* horror; **que horror!:** how awful!
horta *n.f.* vegetable garden; kitchen garden
hortaliça *n.f.* greens; green vegetables
hortelã *n.f.* mint
hospedaria *n.f.* inn; hostel
hospedar(-se) *v.* to lodge
hóspede *n.2gén.* guest
hospedeira *n.f.* (avião) hostess; **hospedeira de bordo:** air hostess
hospital *n.m.* ☀ hospital; **estar no hospital:** to be in hospital

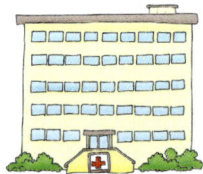

hospitalidade *n.f.* hospitality
hotel *n.m.* hotel
humanidade *n.f.* humankind
humano *adj.* **1** human; **direitos humanos:** human rights; **ser humano:** human being **2** (bondoso) humane
humidade *n.f.* **1** (vapor) moisture **2** (atmosfera) humidity **3** (parede) dampness
húmido *adj.* **1** (ar) moist **2** (clima) humid **3** (relva) wet **4** (roupa) damp
humilde *adj.2gén.* humble
humilhar *v.* to humiliate ♦ **humilhar-se** to humble oneself
humor *n.m.* **1** humour; **sentido de humor:** sense of humour **2** mood; **estar de bom/mau humor:** to be in a good/bad mood
humorista *n.2gén.* **1** (ator) comedian **2** (escritor) humorist

i

i *n.m.* (letra) i
iate *n.m.* yacht
içar *v.* **1** (bandeira) to hoist; to lift **2** (vela) to haul up
ida *n.f.* **1** (a pé) going **2** (partida) departure; **bilhete de ida e volta:** return ticket
idade *n.f.* **1** age; **pessoa de idade:** an elderly person **2** (anos de vida) years; **um ano de idade:** one year old; **que idade tens?:** how old are you? **3** (época) age; **Idade Média:** the Middle Ages
ideal *adj.2gén.* ideal; **o sítio ideal:** the ideal place ◆ *n.m.* (princípio, valor) ideal
ideia *n.f.* idea; **mudar de ideias:** to change one's mind; **que ideia!:** the very idea!; **ter uma ideia:** to come up with an idea; **transmitir uma ideia:** to convey an idea
idêntico *adj.* identical; **é idêntico ao meu:** it's identical to mine
identidade *n.f.* identity; **bilhete de identidade:** identity card
identificação *n.f.* identification
identificar *v.* to identify; **não identificado:** unidentified ◆ **identificar-se** to identify oneself
idioma *n.m.* idiom
idiota *adj. e n.m.* idiot
ídolo *n.m.* idol
idosa *n.m.* elderly woman
idoso *adj.* elderly; old ◆ *n.m.* senior citizen; elderly man; **os idosos:** the elderly

iglu *n.m.* 👁 igloo

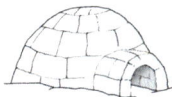

ignorado *adj.* ignored
ignorância *n.f.* ignorance; **por ignorância:** out of ignorance
ignorante *adj. e n.2gén.* ignorant
ignorar *v.* to ignore
igreja *n.f.* 👁 church; **ir à igreja:** to go to church

igual *adj.2gén.* **1** equal; **duas partes iguais:** two equal parts **2** just like; **aquela saia é igual à tua:** that skirt is just like yours ◆ *n.2gén.* equal; **sem igual:** without equal
igualar *v.* **1** to equal; **igualar o recorde do mundo:** to equal the world record. **2** (nivelar) to level **3** (jogo, competição) to equalize ◆ **igualar-se** to be equal to; to match; **igualar-se a al-**

guém em inteligência: to equal somebody in intelligence

igualdade *n.f.* equality; **estar em pé de igualdade com:** to be on an equal footing with; **igualdade de direitos:** equal rights; **igualdade de oportunidades:** equal opportunities

igualmente *adv.* 1 equally; **eles são igualmente culpados:** they are equally guilty 2 (também) likewise; also 3 (saudação) the same to you!

igualzinho *adj.* perfectly equal; identical

ilegal *adj.2gén.* illegal

ilha *n.f.* 1 island 2 (com nome próprio) isle; **as Ilhas Britânicas:** the British Isles

ilimitado *adj.* unlimited; **confiança ilimitada:** unlimited confidence

iludir *v.* to delude; to deceive; **iludir alguém:** to deceive someone ♦ **iludir-se** to deceive oneself

iluminação *n.f.* lighting; illumination; **iluminação elétrica:** electric light; **iluminação natural:** natural lighting

iluminar *v.* to illuminate ♦ **iluminar-se** to light up; **a cara dele iluminou-se:** his face lit up

ilusão *n.f.* illusion

ilustração *n.f.* 1 (em livro) picture 2 (exemplo) illustration

ilustrado *adj.* illustrated

ilustrar *v.* to illustrate

ilustre *adj.2gén.* illustrious; famous; **um ilustre desconhecido:** a complete stranger

imagem *n.f.* 1 image 2 (num espelho) reflection

imaginação *n.f.* 1 (fantasia) fancy; fantasy; **dar largas à imaginação:** to give free rein to one's imagination 2 (criatividade) imagination; **sem imaginação:** unimaginative

imaginar *v.* 1 to imagine; **estás a imaginar coisas!:** you're imagining things! 2 to suppose; **eu imagino que sim:** I suppose so

imaginário *adj.* imaginary

imaginativo *adj.* imaginative; fanciful

íman *n.m.* 👁 magnet

imbecil *n.2gén.* imbecile; idiot; (informal) jerk; **cala-te, imbecil!:** be quiet, you idiot! ♦ *adj.2gén.* imbecile; stupid; **não sejas imbecil!:** don't be stupid!

imediatamente *adv.* immediately; at once; right away

imediato *adj.* 1 immediate; **uma resposta imediata:** an immediate answer 2 prompt; **entrega imediata:** prompt delivery

imensidão *n.f.* immensity

imenso *adj.* immense ♦ *adv.* a lot; **choveu imenso:** it rained a lot; **lamento imenso:** I'm awfully sorry

imigração *n.f.* immigration

imigrante *adj. e n.2gén.* immigrant

imigrar *v.* to immigrate

iminente *adj.2gén.* imminent; impending; **perigo iminente:** imminent danger

imitação *n.f.* 1 imitation; **cuidado com as imitações!:** beware of imitations! 2 (cópia) copy

imitar *v.* 1 (caligrafia, exemplo) to imitate 2 (pessoa) to mimic

imortal *adj. e n.2gén.* immortal

imóvel *adj.2gén.* 1 immobile 2 still; **ficar imóvel:** to stand still ♦ *n.m.* (edifício) building

impaciência *n.f.* impatience

impaciente *adj.2gén.* impatient

impacto *n.m.* impact; **impacto ambiental:** environmental impact

ímpar *adj.2gén.* **1** odd; **número ímpar:** odd number **2** (único) single; unique

impecável *adj.2gén.* **1** impeccable **2** (pessoa) great; **é um tipo impecável:** he's a great guy

impedir *v.* to prevent; **impedir alguém de fazer algo:** to prevent somebody from doing something

imperador *n.m.* emperor

imperatriz *n.f.* empress

imperfeito *adj. e n.m.* imperfect

imperial *adj.2gén.* imperial

império *n.m.* empire

imperioso *adj.* **1** (tom, olhar) imperious **2** (necessidade) pressing

impermeável *adj.2gén.* **1** impermeable **2** (tecido, roupa) waterproof ◆ *n.m.* (casaco) raincoat

impessoal *adj.2gén.* impersonal

impetuoso *adj.* **1** (pessoa) impetuous **2** (ato) rash

impingir *v.* to impose

implorar *v.* to implore; to beg

imponente *adj.2gén.* imposing

impor *v.* to impose; **impor os seus hábitos a alguém:** to impose one's habits on somebody ◆ **impor-se 1** to assert oneself; **impor-se como líder:** to assert oneself as leader **2** to prevail; **impor-se sobre os adversários:** to impose over one's enemies

importação *n.f.* (atividade) importation; imports; **importação e exportação:** import and export

importância *n.f.* **1** importance; **dar importância a alguma coisa:** to attach importance to something; **não tem importância:** never mind **2** (di-nheiro) sum; amount; **qual é a importância?:** what is the amount?

importante *adj.2gén.* important; **é muito importante:** it is very important

importar *v.* **1** to import; **Portugal importa petróleo:** Portugal imports oil **2** (quantidade) to amount to **3** to matter; **não importa:** it doesn't matter ◆ **importar-se 1** to mind; **importas-te de fechar a porta?:** do you mind shutting the door?; **se não se importa:** if you don't mind **2** to care; (informal) **pouco me importa!:** I couldn't care less!

impossível *adj.2gén.* impossible; **é impossível!:** it's impossible!; that's not possible!

imposto *n.m.* tax; **isento de imposto:** tax-free

impostor *n.m.* [f. impostora] impostor; deceiver

imprensa *n.f.* **1** (jornalistas) press **2** (jornais) papers

impressão *n.f.* **1** impression; 👁 **impressão digital:** fingerprint **2** (processo) printing; **impressão a cores:** colour printing **3** (opinião) opinion

impressionante *adj.2gén.* **1** moving; touching; **uma cena impressionante:** a touching scene **2** striking; **uma beleza impressionante:** a striking beauty

impressionar *v.* **1** to impress **2** to move ◆ **impressionar-se** to be moved

impresso *adj.* printed; **impresso no verso:** printed on the back ◆ *n.m.* form; **preencher um impresso:** to fill in a form

impressora *n.f.* printer; **impressora laser:** laser printer

imprevisto *adj.* unforeseen; unexpected; **despesas imprevistas:** unforeseen charges ♦ *n.m.* unexpected event; **surgiu um imprevisto:** something came up

imprimir *v.* 1 to print; **imprimir um jornal:** to print off a newspaper 2 (documento) to print out

impróprio *adj.* 1 unsuitable; **água imprópria para consumo:** water unsuitable for human consumption 2 improper; **piada imprópria:** blue joke

improvisar *v.* to improvise

imprudente *adj.2gén.* 1 rash 2 (condutor) careless

impulsionar *v.* 1 to impel 2 (figurado) to promote

impulso *n.m.* impulse; **num impulso:** on an impulse

inacreditável *adj.2gén.* incredible; unbelievable

inauguração *n.f.* inauguration

inaugurar *v.* to inaugurate

incapacidade *n.f.* 1 incapacity 2 incapability; **incapacidade física:** physical disablement

incêndio *n.m.* fire; **incêndio florestal:** forest fire

incenso *n.m.* 👁 incense

incentivar *v.* to encourage; to stimulate

incentivo *n.m.* 1 incentive 2 encouragement

incerteza *n.f.* uncertainty; incertitude

incerto *adj.* uncertain

inchaço *n.m.* swelling

inchar *v.* to swell

incineração *n.f.* incineration

incineradora *n.f.* incinerator

incisão *n.f.* (corte) incision

incisivo *adj.* (crítica, palavra) incisive; mordant ♦ *n.m.* (dente) incisor

incitar *v.* 1 to incite; to urge; **incitar alguém a fazer algo:** to incite somebody to do something 2 to instigate; **incitar à violência:** to instigate violence

inclinação *n.f.* 1 inclination; **uma inclinação de 180°:** an inclination of 180 degrees 2 (gosto) bent; **ela tem uma inclinação para matemática:** she has a bent for maths

inclinar *v.* 1 (posição) to incline 2 (cabeça) to bow ♦ **inclinar-se** to bend (down); to lean; **inclinar-se para a frente/trás:** to lean forward/back

incluído *adj.* included; **está tudo incluído no preço:** everything is included in the price

incluir *v.* to include

incolor *adj.2gén.* colourless

incomodado *adj.* disturbed; annoyed; bothered

incomodar *v.* to disturb; to bother; **não incomodar:** do not disturb; **peço desculpa por incomodá-lo:** I hate to disturb you ♦ **incomodar-se** to worry; **não te incomodes com isso:** don't worry about that

incómodo *adj.* uncomfortable; **esta cadeira é muito incómoda:** this chair is very uncomfortable ♦ *n.m.* trouble; **dar-se ao incómodo de fazer algo:** to take the trouble to do something

incompleto *adj.* incomplete

inconsciente *adj.2gén.* unconscious; unaware

inconstante *adj.2gén.* inconstant

inconveniente *adj.2gén.* inconvenient ◆ *n.m.* inconvenience

incorrecto *a nova grafia é* **incorreto**

incorreto *adj.* incorrect

incrível *adj.2gén.* incredible; **por incrível que pareça:** incredible as it may seem

incubadora *n.f.* 👁 incubator

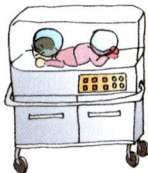

indecente *adj.2gén.* indecent

indeciso *adj.* undecided; irresolute

indefinido *adj.* indefinite; **artigo indefinido:** indefinite article; **ele estará ausente por tempo indefinido:** he will be absent for an indefinite period

indelicado *adj.* indelicate

indemnização *n.f.* indemnity; compensation; **pagar uma indemnização a:** to pay an indemnity to

independência *n.f.* independence

independente *adj.2gén.* **1** independent; **um candidato independente:** an independent candidate **2** autonomous; self-sufficient; **uma pessoa independente:** a self-sufficient person

indescritível *adj.2gén.* indescribable

indeterminado *adj.* indeterminate; indefinite; **por tempo indeterminado:** for an indefinite period

indicação *n.f.* **1** instruction; **seguir as indicações:** to follow the instructions **2** recommendation; **por indicação de:** at the recommendation of

indicador *adj.* indicative ◆ *n.m.* **1** indicator **2** (dedo) index finger; forefinger

indicar *v.* **1** to point at **2** to indicate **3** to recommend

indicativo *adj.* indicative; **modo indicativo:** indicative mood ◆ *n.m.* **1** (verbo) indicative **2** (telefone) dialling code

índice *n.m.* **1** (num livro) index; **índice alfabético 2** (taxa) rate; index; **o índice de desemprego:** the unemployment index/rate

indício *n.m.* sign

indiferença *n.f.* indifference

indiferente *adj.2gén.* indifferent; I couldn't care less; **ser indiferente a:** to be indifferent to

indígena *adj.2gén.* indigenous; **povos indígenas:** indigenous peoples ◆ *n.2gén.* native

indignação *n.f.* indignation

indigno *adj.* unworthy; **indigno de respeito:** unworthy of respect

índio *adj. e n.m.* Indian

indirecto *a nova grafia é* **indireto**

indireto *adj.* indirect; **complemento indireto:** indirect object; **discurso indireto:** reported speech

individual *adj.2gén.* **1** individual; **doses individuais:** individual portions **2** single; **quarto individual:** single room

individualidade *n.f.* individuality

indivíduo *n.m.* individual; person

indústria *n.f.* industry

industrial *adj.2gén.* industrial; **revolução industrial:** industrial revolution ◆ *n.2gén.* industrialist

a b c d e f g h i j k l m n o p q r s t u v w x y z

inesquecível *adj.2gén.* unforgettable

inexistente *adj.2gén.* non-existent

inexperiência *n.f.* inexperience

inexperiente *adj.2gén.* inexperienced

infância *n.f.* 👁 childhood

infantaria *n.f.* infantry; foot-soldiers; **infantaria a cavalo:** mounted infantry

infantário *n.m.* nursery school; playschool

infante *n.m.* (filho de rei) infante

infantil *adj.2gén.* 1 (criança) infantile 2 (adulto) immature; childish; **não sejas infantil!:** grow up!

infeção *n.f.* infection; **risco de infeção:** risk of infection

infecção *a nova grafia é* **infeção**

infeccioso *a grafia preferível é* **infecioso**

infecioso *adj.* infectious; contagious

infelicidade *n.f.* 1 unhappiness 2 (acontecimento) misfortune

infeliz *adj.2gén.* 1 unhappy 2 unfortunate

inferior *adj.* 1 inferior; **ser inferior a alguém:** to be inferior to someone 2 lower; **membro inferior:** lower limb

inferioridade *n.f.* inferiority; **complexo de inferioridade:** inferiority complex

inferno *n.m.* hell

infiel *adj.2gén.* unfaithful

infinitivo *n.m.* infinitive

inflação *n.f.* inflation; **reduzir a inflação:** to bring down inflation

influência *n.f.* influence; **sob a influência de:** under the influence of; **ter influência em:** to have influence on

influenciar *v.* to influence

influente *adj.2gén.* influential; **um empresário influente:** an influential businessman

informação *n.f.* information; **recolher informação:** to gather information; **uma informação útil:** a useful piece of information

informador *n.m.* 1 informant 2 (da polícia) informer

informal *adj.2gén.* 1 informal; **uma reunião informal:** an informal meeting 2 (roupa) casual

informar *v.* to inform ♦ **informar-se** to ask for information; to inquire (about)

informática *n.f.* computer science

informático *adj.* computing ♦ *n.m.* computer scientist

infringir *v.* to infringe; to violate; **infringir a lei:** to break the law

infusão *n.f.* infusion

ingénuo *adj.* naïve; ingenuous

Inglaterra *n.f.* England

A **Inglaterra** é um dos quatro países que formam o Reino Unido (juntamente com a Escócia, o País de Gales e a Irlanda do Norte). Ocupa a parte sul da ilha da Grã-Bretanha (excluindo, a oeste, o território do País de Gales) e faz fronteira a norte com a Escócia.
A capital da Inglaterra é Londres.

inglês *adj.* English ♦ *n.m.* 1 (homem) Englishman; (mulher) Englishwoman; **os ingleses:** the English 2 (língua) English

ingrediente *n.m.* ingredient; **os ingredientes de um bolo:** the ingredients of a cake

íngreme *adj.2gén.* steep

inicial *adj.2gén.* (primeiro) initial ◆ *n.f.* (letra) initial

iniciar *v.* to initiate; to start ◆ **iniciar-se** (facto, processo) to begin; to start

iniciativa *n.f.* initiative; **tomar a iniciativa:** to take the initiative

início *n.m.* beginning; start; **desde o início:** from the outset; **no início:** in the beginning

inimigo *adj. e n.m.* enemy

injeção *n.f.* injection; shot; **levar uma injeção:** to be given a shot

injecção *a nova grafia é* **injeção**

injúria *n.f.* insult; offence

injustiça *n.f.* injustice; unfairness

injusto *adj.* unjust; unfair

inocente *adj.2gén.* innocent; **declarar inocente:** to declare not guilty ◆ *n.2gén.* innocent

inofensivo *adj.* harmless

inoportuno *adj.* inopportune; unseasonable

inovação *n.f.* innovation

inquérito *n.m.* **1** (de opinião pública) survey **2** (de polícia) inquiry

inquietação *n.f.* **1** (agitação) restlessness; unrest **2** (preocupação) anxiety; concern

inquieto *adj.* **1** (agitado) restless **2** (preocupado) worried; concerned

inquilino *n.m.* [f. inquilina] tenant

inscrever *v.* **1** (escola, universidade) to enrol **2** (gravação) to inscribe ◆ **inscrever-se 1** to register; **já te inscreveste?:** have you registered yet? **2** to enlist; **inscrever-se na Força Aérea:** to enlist in the Air Force **3** (escola, universidade) to enrol; **inscrever-se num curso de tradução:** to enrol in a translation course

inscrição *n.f.* **1** (em pedra ou metal) inscription **2** (em competição) entry **3** (matrícula) enrolment

insecto *a nova grafia é* **inseto**

insegurança *n.f.* insecurity

inseguro *adj.* insecure; **sentir-se inseguro:** to feel insecure

insensível *adj.2gén.* insensitive; **insensível à dor:** insensitive to pain

inserir *v.* to insert

inseto *n.m.* insect

insígnia *n.f.* emblem; insignia

insignificante *adj.2gén.* insignificant; unimportant

insinuar *v.* to insinuate; **que estás a insinuar?:** what are you insinuating?

insolência *n.f.* insolence

insolente *adj.2gén.* insolent

inspeção *n.f.* inspection; examination

inspecção *a nova grafia é* **inspeção**

inspector *a nova grafia é* **inspetor**

inspetor *n.m.* inspector

inspiração *n.f.* **1** (respiração) breathing; inhaling **2** (criação) inspiration

inspirar *v.* **1** (respiração) to breathe in; to inhale **2** to inspire; **inspirar confiança a alguém:** to inspire trust in someone

instalação *n.f.* installation

instalar *v.* to install; to set up ◆ **instalar-se 1** to settle **2** (negócio) to set up business

instantâneo *adj.* **1** instantaneous; **a reação foi instantânea:** reaction was instantaneous **2** (alimento) instant; **café instantâneo:** instant coffee

instante *n.m.* instant; moment; **nesse preciso instante:** at that very moment; **num instante:** in a moment

instável *adj.2gén.* **1** (equilíbrio) unsteady **2** (pessoa, situação) unstable

instinto *n.m.* instinct; **instinto de sobrevivência:** survival instinct

instituição *n.f.* institution; organization; **instituição de caridade:** charitable institution

instituir *v.* **1** (regra, sistema) to establish **2** (fundação) to set up

instituto *n.m.* institute; **instituto de beleza:** beauty salon; **instituto de línguas:** language institute

instrução *n.f.* instruction; education

instrumento *n.m.* instrument; **instrumento de corda:** stringed instrument; 👁 **instrumento de sopro:** wind instrument

instrutor *n.m.* instructor; **instrutor de condução:** driving instructor

insucesso *n.m.* failure; flop; **insucesso escolar:** academic failure

insultar *v.* to insult

insulto *n.m.* insult; offence; **isso é um insulto à minha inteligência:** that is an insult to my intelligence

insuportável *adj.2gén.* unbearable

intacto *adj.* intact

íntegra *n.f.* totality; full text; **na íntegra:** in full

integral *adj.2gén.* **1** integral; complete **2** whole; **pão integral:** wholemeal bread

inteiro *adj.* **1** entire; whole; **no país inteiro:** all over the country; **por inteiro:** fully **2** (número) integer

inteligência *n.f.* intelligence

inteligente *adj.2gén.* intelligent

intenção *n.f.* intention; purpose; **segundas intenções:** ulterior motive; **ter a intenção de:** to mean to

intensidade *n.f.* intensity

intensivo *adj.* intensive; **curso intensivo:** crash course

intenso *adj.* intense

intercâmbio *n.m.* interchange; exchange

interessante *adj.2gén.* interesting

interessar *v.* to interest; **interessar alguém por algo:** to interest somebody in something; **não interessa:** it doesn't matter ♦ **interessar-se** to be interested; **interessar-se por:** to take an interest in; **isso interessa-me:** that interests me

interesse *n.m.* interest; **perder o interesse em:** to lose interest in

interesseiro *adj.* self-interested

interferência *n.f.* interference

interferir *v.* to interfere

interior *adj.2gén.* interior ♦ *n.m.* **1** interior; **decoração de interiores:** interior decoration **2** (território) inland; **habitantes do interior:** inlanders

intermédio *adj.* **1** intermediate; **por intermédio de:** through **2** (tamanho) medium; average

internacional *adj.2gén.* international

Internet *n.f.* Internet; Net; **fazer uma pesquisa na Internet:** to make a search on the Internet; **navegar na Internet:** to surf the Net

interno *adj.* **1** internal; interior **2** (aluno) boarding

interpretação *n.f.* **1** interpretation; **interpretação de textos:** interpretation of a text **2** (músico, ator) performance

interpretar v. 1 to interpret; to take; **como interpretas a reação dele?:** how do you take his reaction? 2 (música, filme) to perform

intérprete n.2gén. 1 interpreter; translator 2 (música) performer

interrogação n.f. 1 interrogation; inquiry; **ponto de interrogação:** question mark 2 (pergunta) question

interrogar v. 1 to interrogate; to question 2 (numa investigação) to cross--examine; **interrogar testemunhas:** to cross-examine witnesses

interromper v. to interrupt

interrupção n.f. interruption

interruptor n.m. switch; **desligar o interruptor:** to switch off; **interruptor da luz:** electric light switch

interrutor a grafia preferível é **interruptor**

intervalo n.m. 1 interval; **com intervalos curtos:** at short intervals 2 break; **vamos fazer um intervalo:** let's take a break

intervenção n.f. intervention; **intervenção armada:** armed intervention; **intervenção cirúrgica:** surgical operation

intestino n.m. intestine; **intestino delgado/grosso:** small/large intestine

intimidar v. to intimidate

íntimo adj. 1 (amizade) intimate; close; **amigos íntimos:** close friends 2 (espaço) cosy; **restaurante íntimo:** cosy restaurant 3 private; **conversa íntima:** private conversation ♦ n.m. core; heart; **no seu íntimo:** deep down inside

intoxicação n.f. intoxication; poisoning; **intoxicação alimentar:** food poisoning

intriga n.f. 1 intrigue 2 (de livro, filme) plot

intrigar v. to intrigue; to puzzle; **o telefonema intrigou-me:** the call puzzled me

introdução n.f. introduction

introduzir v. 1 to introduce 2 (regras, normas) to establish

intrometido adj. meddlesome

intruso n.m. [f. intrusa] intruder

inundação n.f. flood

inundar v. (rio, mar) to flood

inútil adj.2gén. 1 (sem utilidade) useless 2 (sem sentido) vain; pointless

invadir v. to invade

inveja n.f. envy; **ter inveja de:** to be envious of

invenção n.f. invention

inventar v. 1 to invent 2 (história, mentira) to make up 3 (plano, esquema) to devise; to conceive

inventor n.m. [f. inventora] inventor

inverno n.m. ☁ winter; **desportos de inverno:** winter sports

investigação n.f. 1 investigation 2 research; **trabalho de investigação:** research work

investigar v. 1 (crime) to investigate 2 (assunto, disciplina) to research

invisível adj.2gén. invisible

invulgar adj. uncommon; unusual

ioga n.m. yoga; **praticar ioga:** to practise yoga

iogurte n.m. yoghurt

iogurteira n.f. yoghurt-maker

a b c d e f g h i j k l m n o p q r s t u v w x y z

ioió *n.m.* 👁 yo-yo

ir *v.* to go; (situação) **como vão as coisas?:** how are things going?; **ir a pé:** to go on foot; **ir de carro/comboio:** to go by car/train; **ir ter com:** to meet ♦ **ir-se** to go away

Irlanda *n.f.* Ireland; **Irlanda do Norte:** Northern Ireland; **República da Irlanda:** Republic of Ireland

A **Irlanda do Norte** é um dos quatro países que formam o Reino Unido (juntamente com a Inglaterra, a Escócia e o País de Gales). Está situada no nordeste da ilha da Irlanda e faz fronteira a sul e oeste com a República da Irlanda. A capital da Irlanda do Norte é Belfast.

A **República da Irlanda** é um país independente (reconhecido como tal em 1922) e a sua capital é Dublin.

irlandês *adj.* Irish ♦ *n.m.* **1** (homem) Irishman; (mulher) Irishwoman; **os irlandeses:** the Irish **2** (língua) Irish

irmã *n.f.* sister

irmão *n.m.* brother

ironia *n.f.* irony

irónico *adj.* ironic

irreal *adj.2gén.* unreal

irregular *adj.* irregular; **verbo irregular:** irregular verb

irrelevante *adj.2gén.* irrelevant

irresistível *adj.2gén.* irresistible

irresponsável *adj.2gén.* irresponsible

irritação *n.f.* **1** (nervosismo) irritation **2** (na pele, olhos) rash

irritar *v.* **1** to irritate **2** (pele, olhos) to inflame ♦ **irritar-se** to get angry; to get annoyed; **irritar-se por tudo e por nada:** to get annoyed very easily

isca *n.f.* (de pesca) bait; decoy

isqueiro *n.m.* lighter

isto *pron.dem.* this; **isto é:** that is

item *n.m.* item

j J

j *n.m.* (letra) j

já *adv.* **1** already; **já acabaste?:** have you already finished? **2** at once; right now; **vem já aqui!:** come here at once!; **vou já!:** I'm coming! **3** (em perguntas) ever; yet; **já estiveste em Inglaterra?:** have you ever been to England?

jacaré *n.m.* alligator

jacto *a nova grafia é* jato

jaguar *n.m.* (animal) jaguar

janeiro *n.m.* January

janela *n.f.* 👁 window; **olhar pela janela:** to look out the window; **um lugar à janela:** a window seat

jangada *n.f.* raft

jantar *n.m.* dinner; **ao jantar:** at dinner time ◆ *v.* to have dinner; to dine; **jantar fora de casa:** to dine out

Japão *n.m.* Japan

japonês *adj. e n.m.* Japanese

jardim *n.m.* garden; **jardim zoológico:** zoo

jardim-infantil *n.m.* kindergarten; nursery school

jardineiras *n.f.pl.* dungarees

jardineiro *n.m.* gardener

jarra *n.f.* (de flores) vase

jarro *n.m.* **1** jug; **jarro de água:** water jug **2** (planta) arum lily

jato *n.m.* **1** (água) jet; stream **2** jet; **avião a jato:** jet plane

jaula *n.f.* cage

jeito *n.m.* **1** way; **de jeito nenhum!:** no way!; **não gosto do jeito como ele fala:** I don't like the way he talks **2** skill; flair; **não ter jeito para nada:** to be clumsy; **ter jeito para o Inglês:** to have a flair for English

jejum *n.m.* fast; fasting; **estar de/em jejum:** to be fasting

Jesus *n.m.* Jesus; **Menino Jesus:** Christ child

jiboia *n.f.* boa constrictor

jibóia *a nova grafia é* jiboia

jipe *n.m.* 👁 jeep

joalharia *n.f.* **1** jewellery **2** (loja) jeweller's

joalheiro *n.m.* jeweller

joaninha *n.f.* (GB) ladybird; (EUA) ladybug

João Pestana *n.m.* (contos infantis) sandman

joelho *n.m.* knee; **até aos joelhos:** knee-deep; **pôr-se de joelhos:** to go down on one's knees

jogada *n.f.* **1** (jogo) move **2** (vez) play **3** (lançamento) throw

jogador *n.m.* [f. jogadora] **1** (competição) player; **jogador de futebol:** football player **2** (a dinheiro) gambler

jogar *v.* **1** (futebol, cartas) to play; **jogar às escondidas:** to play hide and seek **2** (a dinheiro) to gamble; **jogar a dinheiro 3** (dados) to throw; **joga os dados:** throw the dice

jogo *n.m.* **1** (diversão, competição) game; **jogo de tabuleiro:** board game **2** (a dinheiro) gambling

joia *n.f.* **1** jewel; **ele comprou-lhe uma joia:** he bought her a jewel **2** (informal) (pessoa) darling; treasure; **ela é uma joia:** she's a treasure

jóia *a nova grafia é* **joia**

jóquer *n.m.* (cartas) joker

jornal *n.m.* newspaper; paper; **jornal diário:** daily paper

jornalismo *n.m.* journalism

jornalista *n.2gén.* journalist

jovem *adj.2gén.* young ◆ *n.2gén.* young person; youth

juba *n.f.* (de leão) mane

judo *n.m.* judo

judoca *n.2gén.* judoist

juiz *n.m.* [f. juíza] judge

juízo *n.m.* **1** (sensatez) common sense **2** (sentença) judgement

julgamento *n.m.* **1** (opinião) judgement **2** (em tribunal) trial

julgar *v.* **1** to judge **2** to think; **julgo que não:** I don't think so; **julgo que sim:** I think so

julho *n.m.* July

jumento *n.m.* (animal) donkey; ass

junho *n.m.* June

júnior *adj. e n.2gén.* junior

juntar *v.* **1** to join; to put together; **juntar as mesas:** to put the tables together **2** to add; **junte um pouco de água:** add a little water **3** (dinheiro) to save up; **ando a juntar dinheiro para um skate:** I'm saving up for a skateboard

junto *adj.* together ◆ *adv.* **1** (juntamente) together **2** (perto) near; next to

jurar *v.* to swear

júri *n.m.* jury; **membro do júri:** member of the jury

justiça *n.f.* justice

justificação *n.f.* justification

justificar *v.* to justify

justo *adj.* **1** fair; just; **ser justo com:** to be fair to **2** right; **o preço justo:** the right price **3** tight; **esta saia está-me muito justa:** this skirt is too tight for me

juventude *n.f.* youth

k K

k *n.m.* (letra) k

kanimambo *interj.* *(Moçambique)* thank you; thanks

karaoke *n.m.* karaoke

karaté *n.m.* karate

karateca *n.2gén.* karateka

kart *n.m.* go-kart

karting *n.m.* go-karting

kartódromo *n.m.* circuit for karting races

kilowatt *n.m.* kilowatt

kiwi *n.m.* 👁 (fruto) kiwi

kwanza *n.m.* (moeda de Angola) kwanza

l L

l *n.m.* (letra) l

lá *adv.* **1** (lugar) there; **anda lá!:** come on!; **lá dentro:** in there; **lá em baixo:** down there; downstairs; (estrangeiro) **lá fora:** abroad **2** (fora) outside; **para lá de:** beyond **3** (tempo) then; **até lá:** until then

lã *n.f.* **1** wool; **de lã:** woollen **2** (de ovelha) fleece

labareda *n.f.* blaze; flame

lábio *n.m.* lip; **lábio inferior/superior:** lower/upper lip

labirinto *n.m.* **1** labyrinth **2** (num jardim) maze

laboratório *n.m.* laboratory; *(informal)* lab

laca *n.f.* hair spray

laçada *n.f.* slipknot

laço *n.m.* **1** bow **2** (em fita) ribbon **3** (em gravata) knot **4** *(figurado)* bond; tie; **laços de família:** family ties

lácteo *adj.* milky; **produtos lácteos:** dairy products

lado *n.m.* **1** side; **ao lado de:** beside; **do lado de alguém:** on someone's side; **lado a lado:** side by side; **por outro lado:** on the other hand; **por**

um lado: on the one hand **2** (rumo) direction; way; **foram por outro lado:** they went a different way; **de todos os lados:** on all sides; on every side **3** place; **andar de um lado para o outro:** to run about from one place to another

ladrão *n.m.* [*f.* ladra] **1** thief **2** (de bancos) robber **3** (de casas) burglar **4** (de automóveis) carjacker

ladrar *v.* to bark

lagar *n.m.* press

lagarta *n.f.* caterpillar

lagartixa *n.f.* gecko

lagarto *n.m.* lizard

lago *n.m.* **1** (natural) lake **2** 👁 (em jardim, parque) pond

lagoa *n.f.* lagoon

lagosta *n.f.* lobster

lagostim *n.m.* crayfish

lágrima *n.f.* tear; (informal) **lágrimas de crocodilo:** crocodile tears

lama *n.f.* mud; **enterrar-se na lama:** to stick in the mud ◆ *n.m.* (animal) llama

lamacento *adj.* muddy

lamber *v.* to lick; (informal) **lamber as botas a alguém:** to lick someone's boots

lambreta *n.f.* scooter

lamentar *v.* to regret; to lament; **lamentamos informar que:** we regret to inform you that; **lamento imenso:** I'm terribly sorry ◆ **lamentar-se** to complain

lamento *n.m.* lament

lâmina *n.f.* **1** (de faca, espada) blade **2** (de barba) razor blade

lâmpada *n.f.* 👁 light bulb; **lâmpada elétrica:** electric bulb; **lâmpada fluorescente:** fluorescent light

lampião *n.m.* **1** (casa) lantern **2** (rua) streetlamp **3** (jardim) garden light

lampreia *n.f.* lamprey

lança *n.f.* lance; spear

lançamento *n.m.* **1** throwing; **lançamento do dardo:** javelin throwing **2** (de produto, míssil) launch **3** (de disco, filme) release

lançar *v.* **1** to throw **2** (produto, míssil) to launch **3** (disco, filme) to release ◆ **lançar-se** to throw oneself

lance *n.m.* **1** (lançamento) throwing; throw **2** (desporto) shot; **lance livre:** free throw

lancha *n.f.* launch

lanchar *v.* to have tea

lanche *n.m.* **1** (refeição rápida) snack **2** (tarde) afternoon tea

Para dizermos **lanche** em inglês usamos a palavra **snack** ou a expressão **afternoon tea**. Também existe a palavra **lunch** em inglês, mas quer dizer *almoço*.

lancheira *n.f.* lunch case; lunch box

lanterna *n.f.* lantern

lápis *n.m.* 👁 pencil; **lápis de cor:** coloured pencil; crayon

lapiseira *n.f.* propelling pencil

lapso *n.m.* **1** mistake; **por lapso:** by mistake **2** (de memória) slip

lar *n.m.* home; **lar doce lar:** home sweet home

laranja *n.f.* (fruto) orange ◆ *adj. e n.m.* (cor) orange

laranjada *n.f.* orange juice

laranjeira *n.f.* (árvore) orange tree

lareira *n.f.* fireplace; **estar à lareira:** to be by the fireplace

largar *v.* **1** to release **2** to let go; to drop; **larga isso!:** drop it!; **larga-me!:** let me go!

largo *adj.* **1** (medida, extensão) broad; wide; **estrada muito larga:** wide open road **2** (roupa) loose; baggy; **calças largas:** baggy trousers **3** (tempo) many; **durante largos anos:** for many years ◆ *n.m.* (praça) square; plaza

largura *n.f.* width; **qual é a largura desta sala?:** how wide is this room?; **ter um metro de largura:** to be one meter wide

laringe *n.f.* larynx

lasanha *n.f.* lasagne; lasagna

lasca *n.f.* **1** chip **2** (de madeira, metal) splinter

lata *n.f.* **1** can; tin; **conservas em lata:** tinned goods; canned goods **2** (informal) cheek; nerve; **tens muita lata!:** you've got a lot of nerve!

lateral *adj.2gén.* lateral

latido *n.m.* bark

latim *n.m.* Latin

latir *v.* to bark

latitude *n.f.* latitude

lavagem *n.f.* wash; washing; **lavagem a seco:** dry cleaning

lavandaria *n.f.* **1** (loja) dry cleaner's; **levar à lavandaria:** to take (something) to the cleaner's **2** (divisão da casa) utility room **3** (divisão em edifício) laundry

lavar *v.* to wash; **lavar a cabeça:** to wash one's hair; **lavar a louça:** to do the dishes; **lavar a roupa:** to do the laundry; **lavar os dentes:** to brush one's teeth

lavatório *n.m.* washbasin; lavatory

lavoura *n.f.* farming; husbandry

lavrador *n.m.* [f. lavradeira] **1** (trabalhador) farmhand **2** (proprietário) farmer

lavrar *v.* **1** to plough **2** to till

lazer *n.m.* **1** leisure **2** spare time; free time

leal *adj.2gén.* loyal; fair

lealdade *n.f.* loyalty; fair play

leão *n.m.* lion

Leão *n.m.* (signo) Leo; the Lion

leão-marinho *n.m.* sea lion

lebre *n.f.* hare

legal *adj.2gén.* legal; lawful

legenda *n.f.* (cinema, televisão) subtitle

legítimo *adj.* (ato) legitimate; **em legítima defesa:** in self-defence

lei *n.f.* law; **infringir a lei:** to break the law

leilão *n.f.* auction

leite *n.m.* milk; **leite condensado:** condensed milk; **leite gordo:** whole milk; **leite magro:** skimmed milk; skim milk; **leite meio-gordo:** low-fat milk

leiteira *n.f.* (recipiente) milk pot; milk jug

leito *n.m.* bed; **leito do rio:** river bed; river bottom

leitor *n.m.* [f. leitora] **1** 👁 reader **2** drive

leitura *n.f.* reading; **uma boa leitura:** a good reading

lembrança *n.f.* **1** (memória) recollection **2** (prenda) souvenir; **dê lembranças minhas aos seus pais:** give my regards to your parents

lembrar(-se) *v.* to remember; to recall; **não me lembro do número:** I can't remember the number; **se bem me lembro:** if I remember rightly

lenço *n.m.* **1** (de mão) handkerchief; **lenço de papel:** tissue **2** (do pescoço) scarf

lençol *n.m.* sheet; *(informal)* **estar em maus lençóis:** to be in a pickle; **lençol de baixo:** bottom sheet; **lençol de cima:** top sheet

lenda *n.f.* legend

lengalenga *n.f.* rigmarole

lenha *n.f.* wood

lentamente *adv.* slowly

lente *n.f.* lens; **lentes de contacto:** contact lenses

lento *adj.* (velocidade) slow; **trânsito lento:** slow-moving traffic

leoa *n.f.* lioness

leopardo *n.m.* leopard

leque *n.m.* fan

ler *v.* to read; **aprender a ler e a escrever:** to learn how to read and write; **ele não sabe ler:** he can't read; **ler em voz alta:** to read aloud; **ler um livro:** to read a book

lesão *n.f.* injury

leste *n.m.* east; **países de Leste:** Eastern countries

letra *n.f.* **1** letter **2** (caligrafia) handwriting **3** (de música) lyrics

letreiro *n.m.* sign; notice

levantamento *n.m.* **1** raising **2** rebellion; **levantamento militar:** army rebellion **3** withdrawal; **levantamento de dinheiro:** withdrawal of money

levantar *v.* **1** to raise; **levantar dúvidas:** to raise doubts **2** to pick up; **levantar o auscultador do telefone:** to pick up the phone **3** to withdraw; **levantar dinheiro do banco:** to withdraw money from the bank **4** (avião) to take off ◆ **levantar-se 1** to stand up; **levantar-se da mesa:** to leave the table **2** (da cama) to get up; **levantar-se cedo:** to get up early

levar *v.* **1** to take; **leva o casaco:** take the coat; **levar pela mão:** to take by the hand **2** to carry; **quem leva o saco?:** who carries the bag? **3** to take away; **leva isso daqui:** take that away from here; **levar à força:** to take away by force **4** *(informal)* (pancada) to be smacked; to be hit; **levar a cabo:** to carry it out; **levar a mal:** to take something amiss; **levar a peito:** to take it personally; **levar a sério:** to take it seriously; **levar uma injeção:** to have an injection

leve *adj.* **1** light; **leve como uma pena:** as light as a feather **2** slight; **ao de leve:** slightly

libelinha *n.f.* dragonfly

liberal *adj.2gén.* **1** liberal **2** (mentalidade) broad-minded; open-minded

liberdade *n.f.* freedom; liberty; **liberdade religiosa:** religious freedom; **liberdade de expressão:** freedom of speech; **tomar a liberdade de:** to take the liberty of

libertação *n.f.* **1** release; **libertação de refugiados:** refugee release **2** emission; **libertação de calor para a atmosfera:** emission of heat into the atmosphere

libertar *v.* **1** to set free **2** (calor, energia) to release ◆ **libertar-se 1** to get rid **2** to set oneself free

liberto *adj.* free; **liberto de:** free from

libra *n.f.* pound; **libra irlandesa:** punt

lição *n.f.* lesson; **dar uma lição a alguém:** to teach somebody a lesson

licença *n.f.* **1** leave; **estar de licença:** to be on leave; **licença de parto:** maternity leave **2** permission; **dás-me licença?:** excuse me!, may I? **3** (documento) licence; permit; **licença de construção:** building permit

licenciatura *n.f.* graduation

licor *n.m.* liqueur

líder *n.2gén.* leader

liderar *v.* to lead

liga *n.f.* league; **Liga dos Campeões:** Champions League

ligação *n.f.* **1** connection; association; **em ligação com:** in connection with **2** (telefone) call; **a ligação está feita:** the call is through

ligadura *n.f.* bandage

ligar *v.* **1** to unite; to join **2** (canos, fios) to connect; to link **3** (luz, aparelho) to switch on; to turn on; **liga a televisão:** turn the TV on **4** to care; to pay attention; **ele não me liga nenhuma:** he pays no attention to me; **não ligues!:** never mind! **5** (telefone) to phone; to ring up

ligeiro *adj.* light

lima *n.f.* **1** 👁 (utensílio) file **2** (fruto) sweet lime

limão *n.m.* lemon; **sumo de limão:** lemon juice

limar *v.* (metal, madeira, unhas) to file; to smooth

limitação *n.f.* limitation

limitar *v.* to limit ◆ **limitar-se** to limit oneself; **limitei-me a dizer que não:** I just said no

limite *n.m.* limit; **dentro de certos limites:** within limits; **limite de velocidade:** speed limit

limoeiro *n.m.* (árvore) lemon tree

limpa-chaminés *n.m.* chimney sweeper

limpar *v.* **1** to clean; to tidy up; **limpar a seco:** to dry-clean; **limpar o pó:** to dust **2** (pó, louça, lágrimas) to wipe; to rub **3** (ferida) to cleanse

limpeza *n.f.* cleaning; **limpeza a seco:** dry cleaning

límpido *adj.* limpid; crystal-clear

limpo *adj.* **1** clean; **mãos limpas:** clean hands **2** (céu) clear

lince *n.m.* lynx

lindo *adj.* **1** beautiful; **uma paisagem linda:** a beautiful landscape **2** pretty; handsome; **uma rapariga linda:** a pretty girl; **um rapaz lindo:** a handsome boy

língua *n.f.* **1** tongue; **deitar a língua de fora:** to stick out one's tongue **2** (idioma) language; **falar várias línguas:** to speak several languages; **língua estrangeira:** foreign language

linguagem *n.f.* language; **linguagem gestual:** sign language

linha *n.f.* **1** line; **linha reta:** straight line **2** thread; **agulha e linha:** needle and thread **3** (comboios, etc.) railway; **linha principal:** main line **4** line; **linha aérea:** airline

linho *n.m.* **1** (planta) flax **2** (tecido) linen

líquido *n.m.* liquid; fluid ◆ *adj.* liquid; **iogurte líquido:** liquid yoghurt

a
b
c
d
e
f
g
h
i
j
k
l
m
n
o
p
q
r
s
t
u
v
w
x
y
z

lírio *n.m.* (flor) lily

liso *adj.* **1** (superfície) smooth; even **2** (cabelo) straight **3** (folha, papel) blank

lista *n.f.* list; **lista das compras:** shopping list

literário *adj.* literary; **obra literária:** literary work

literatura *n.f.* literature

litoral *n.m.* coastline

litro *n.m.* litre

livrar *v.* to release; to free; **Deus me livre!:** God forbid! ◆ **livrar-se 1** to free oneself; **livrar-se de responsabilidades:** to free oneself from responsibility **2** to get rid; **livrar-se de alguém:** to get rid of someone

livraria *n.f.* (GB) bookshop; (EUA) bookstore

Para dizermos **livraria** em inglês usamos a palavra **bookshop**. Também existe a palavra **library** em inglês, mas quer dizer *biblioteca*.

livre *adj.* **1** free; **um país livre:** a free country **2** (espaço) open; **ao ar livre:** in the open air **3** free; available; **estás livre agora?:** are you free now?; **este lugar está livre?:** is this seat taken? **4** clear; **o caminho está livre:** the coast is clear **5** out; free; **estar livre de perigo:** to be out of danger

livro *n.m.* 👁 book; **livro de bolso:** pocketbook; **livro de cabeceira:** bedside book; **livro de reclamações:** complaints book

lixeira *n.f.* dump

lixo *n.m.* rubbish; trash; (EUA) garbage

lobisomem *n.m.* werewolf

lobo (lôbo) *n.m.* wolf

local *adj.2gén.* local; **autoridades locais:** local authority ◆ *n.m.* place; **local de nascimento:** birthplace; **local de trabalho:** workplace

localidade *n.f.* place; site

localização *n.f.* **1** (ação) location **2** (local) locale; site

localizar *v.* to locate ◆ **localizar-se** to be located

lógica *n.f.* logic

lógico *adj.* logical

logo *adv.* **1** (mais tarde) later; **até logo!:** see you later! **2** (já) right away; at once **3** (brevemente) soon; **logo que:** as soon as

loja *n.f.* shop; **loja de brinquedos:** toyshop

lombo *n.m.* loin; **lombo de vaca:** sirloin

Londres *n.* London

londrino *adj.* of London; from London ◆ *n.m.* [f. londrina] Londoner

longe *adv.* far; far away; a long way; **ao longe:** at a distance; far off; **de longe:** from far away; by a long way; **longe disso:** far from it

longínquo *adj.* distant; remote

longo *adj.* **1** (extensão) long **2** (demorado) lengthy

lontra *n.f.* (animal) otter

lorde *n.m.* lord

losango *n.m.* rhombus

lotação *n.f.* **1** (veículo) capacity **2** (navio) tonnage **3** (sala de espetáculos) house; **lotação esgotada:** the house is sold out; full house

lotaria *n.f.* lottery; **bilhete de lotaria:** lottery ticket

louça *n.f.* tableware; dishes; **lavar a louça:** to do the dishes

louco *adj.* 1 mad; crazy 2 insane

loucura *n.f.* madness; insanity

louro *adj.* blond; fair; **cabelo louro:** blond hair ♦ *n.m.* [*f.* loura] 1 (pessoa) blond 2 (planta) laurel; **coroa de louros:** laurel wreath

lua *n.f.* moon; **Lua cheia:** full moon; 👁 **Lua nova:** new moon

luar *n.m.* moonlight

lucrativo *adj.* lucrative; profitable

lucro *n.m.* gain; profit

lugar *n.m.* 1 place; **dar lugar a:** to give place to 2 (cinema, teatro, veículo) seat; **lugar à janela:** window seat; **perder o lugar:** to lose one's seat 3 space; room; **deixar lugar para:** to leave room for

lume *n.m.* fire

luminoso *adj.* 1 (luz) luminous; bright 2 (letreiro) illuminated

lupa *n.f.* 👁 magnifying glass

luta *n.f.* fight; struggle

lutar *v.* 1 to struggle; to fight 2 (desporto) to wrestle

luto *n.m.* mourning; **estar de luto:** to be in mourning

luva *n.f.* glove; **assentar como uma luva:** to fit like a glove

luxo *n.m.* luxury; **dar-se ao luxo de:** to allow oneself to; **de luxo:** luxurious

luxuoso *adj.* luxurious

luz *n.f.* light; **à luz do dia:** in broad daylight; **acender a luz:** to turn on the light; (filho) **dar à luz:** to give birth to (a child); **desligar a luz:** to turn off the light; to switch off the light; **luz verde:** go-ahead

a b c d e f g h i j k l m n o p q r s t u v w x y z

M

m *n.m.* (letra) m

maca *n.f.* stretcher

maçã *n.f.* 👁 apple; **maçãs do rosto:** cheekbones; **tarte de maçã:** apple pie

macaca *n.f.* (jogo) hopscotch

macacão *n.m.* **1** (calças de peito) dungarees **2** (roupa de trabalho) overall

macaco *n.m.* (animal) monkey; ape; *(coloquial)* **macaco de imitação:** copycat; *(informal)* **macacos me mordam!:** I'll be damned!

maçada *n.f.* bore; nuisance; **que maçada!:** what a bore!

maçador *adj.* **1** boring **2** tiresome ♦ *n.m.* [*f.* maçadora] bore

macambuz *n.m.* (Moçambique) (pastor) shepherd

maçar *v.* **1** to bother; **maçar uma pessoa:** to bother a person **2** to bore; **estar horrivelmente maçado:** to be bored to death ♦ **maçar-se 1** to trouble oneself **2** to get bored

macarrão *n.m.* macaroni

machado *n.m.* axe

machamba *n.f.* (Moçambique) farm

machimbombo *n.m.* (Angola, Moçambique) bus

macho *n.m.* **1** (sexo) male **2** (animal) mule ♦ *adj.* male

macieira *n.f.* apple tree

macio *adj.* **1** (tenro) soft **2** (liso) smooth

maço *n.m.* **1** packet; **maço de cartas:** packet of cards **2** bundle; wad; **maço de notas:** wad **3** (de folhas) pad

madeira *n.f.* wood; **de madeira:** wooden

madrasta *n.f.* stepmother

madre *n.f.* **1** (religião) mother; **madre superiora:** Mother Superior **2** (freira) nun

madrepérola *n.f.* mother-of-pearl

madrinha *n.f.* (de batismo) godmother; **ser madrinha de uma criança:** to stand godmother to a child

madrugada *n.f.* dawn; daybreak; **de madrugada:** at daybreak; at dawn

maduro *adj.* **1** (fruto) ripe **2** (pessoa) mature

mãe *n.f.* **1** mother; **dia da mãe:** mother's day; **futura mãe:** expectant mother **2** (figurado) source

magia *n.f.* **1** magic; **fazer magia:** to do magic **2** (bruxaria) sorcery; witchcraft

mágico *adj.* magical; magic; **por artes mágicas:** as if by magic ♦ *n.m.* (ilusionista) magician

magnético *adj.* magnetic

magnífico *adj.* magnificent

mago *n.m.* magician; **os três reis magos:** the three wise men

mágoa *n.f.* sorrow; grief

magoar *v.* **1** (fisicamente) to hurt; to injure **2** (emocionalmente) to hurt ◆ **magoar-se** to get injured; to hurt oneself

magricela *adj.2gén.* (informal) skinny ◆ *n.2gén.* (informal) skinny person

magro *adj.* **1** (pessoa) slim; thin **2** (carne) lean **3** (alimento) low-fat **4** (leite) skimmed

maio *n.m.* May

maior *adj.* **1** (comparativo de tamanho) larger; bigger; **Londres é maior do que Lisboa:** London is bigger than Lisbon **2** (comparativo de importância) greater; bigger; **há problemas maiores do que esse:** there are bigger problems than that **3** (superlativo de tamanho) biggest; **o maior dos três:** the biggest of the three **4** (superlativo de importância) greatest; **um dos maiores escritores da atualidade:** one of the greatest writers of today

maioria *n.f.* majority; **a maioria das pessoas:** most people; **a maioria de:** most of

mais *adv.* **1** (comparativo) more; **ela é mais inteligente do que eu:** she is more intelligent than me **2** (superlativo) most; **a loja que mais livros vendeu:** the shop that has sold most books **3** (com pronomes interrogativos, indefinidos) else; **mais alguém?:** anybody else?; **que mais?:** what else? **4** (frases negativas) only; **não sabemos mais do que isto:** we only know that this ◆ *det.indef.>quant.exist.*^{DT} e *pron.indef.* more ◆ *n.m.* (sinal) plus ◆ *conj.* **1** and **2** (matemática) plus; **dois mais dois são quatro:** two plus two are four

mais-que-perfeito *adj. e n.m.* (pretérito) pluperfect

maiúscula *n.f.* capital letter; **escreva em maiúsculas:** write in block letters/in capitals

majestade *n.f.* (título) majesty; **Sua Majestade:** His (Her) Majesty; **Vossa Majestade:** your Majesty

major *n.m.* (militar) major

mal *n.m.* **1** evil; **de mal a pior:** from bad to worse; **o bem e o mal:** good and evil; **o mal menor:** the lesser of two evils **2** harm; **ele não fez por mal:** he meant no harm; **fazer mal:** to be harmful ◆ *adv.* **1** badly; **levar a mal:** to take something amiss; **não faz mal!:** never mind! **2** ill; **falar mal de:** to speak ill of **3** (qualidade, aspeto) bad; **isso fica-te mal:** it doesn't suit you; **parecer mal:** to look bad **4** (quase nunca) hardly ever; **agora mal os vemos:** we hardly ever see them now **5** (pouco mais de) scarcely; **mal faz um ano:** scarcely a year ago ◆ *conj.* (assim que) as soon as; no sooner... than; **mal chegaram, adormeceram:** as soon as they arrived, they fell asleep

mala *n.f.* **1** 👁 (de viagem) suitcase; **fazer as malas:** to pack **2** (de automóvel) boot **3** (carteira) handbag

malandro *adj.* mischievous; naughty

malcriado *adj.* **1** rude **2** impolite

maldade *n.f.* **1** (malícia) malice **2** (mau comportamento) naughtiness; **fazer maldades:** to be naughty

maldição *n.f.* curse; malediction

maldisposto *adj.* (saúde) indisposed

maldito *adj.* cursed; damned

a
b
c
d
e
f
g
h
i
j
k
l
m
n
o
p
q
r
s
t
u
v
w
x
y
z

maldoso adj. 1 (mau) wicked; bad 2 (malicioso) mischievous

malha n.f. 1 (em rede) mesh 2 (em meia) ladder 3 (de animal) spot 4 (jogo) quoit; **jogar à malha:** to play at quoits 5 (de ballet, ginástica) leotard 6 (roupa) knitwear; **fazer malha:** to knit

malhar v. (cereais) to thresh

malicioso adj. malicious

malmequer n.m. (flor) daisy

malta n.f. (coloquial) gang

maltratar v. 1 (fisicamente) to ill-treat; to ill-use 2 (verbalmente) to abuse

maluco adj. mad; crazy; **isso põe-me maluco:** it drives me crazy ◆ n.m. madman

malvado adj. wicked

mamã n.f. mum; mummy

mamar v. 1 to suck; **dar de mamar:** to suckle; to breastfeed 2 (bebé) to feed

mamífero n.m. mammal ◆ adj. mammalian

manada n.f. herd; drove

mancha n.f. 1 (sujidade) stain; **uma mancha de gordura:** a grease stain 2 (na pele) spot; mark

manchar v. to stain

mandão adj. bossy ◆ n.m. [f. mandona] (informal) bossy boots

mandar v. 1 to command; to order 2 to send; **mandar buscar:** to send for; **mandar embora:** to send away 3 to have something done; **vou mandar limpá-lo:** I'm going to have it cleaned

maneira n.f. manner; way; **à maneira de:** in the way of, in the manner of; **de maneira nenhuma:** by no means, not at all; **de qualquer maneira:** anyway; anyhow; **de que maneira?:** in what way?

manejar v. 1 (instrumento) to handle 2 (máquina) to operate

manequim n.m. 1 (pessoa) model 2 (de montra) dummy

manga n.f. 1 sleeve; **em mangas de camisa:** in shirt sleeves 2 (fruto) mango; **mousse de manga:** mango mousse

mangueira n.f. 1 hose; **mangueira de incêndio:** firehose 2 (árvore) mango tree

manha n.f. 1 cunning; **ter manha:** to be cunning 2 (truque) trick

manhã n.f. morning; **amanhã de manhã:** tomorrow morning; **de manhã:** in the morning; **de manhã cedo:** early in the morning; **todas as manhãs:** every morning

manhoso adj. cunning

mania n.f. 1 mania; **mania da perseguição:** persecution mania 2 (obsessão) craze; **mania dos computadores:** computer craze

manifestação n.f. 1 (de protesto) demonstration; **uma manifestação contra a guerra:** a demonstration against war 2 (gesto, sinal) expression; **uma manifestação de apoio:** an expression of support

manivela n.f. handle; crank; **dar à manivela:** to crank

manjedoura n.f. manger

manjericão n.m. sweet basil

mansão n.f. mansion

manta n.f. 1 (cobertor) blanket 2 (viagem) rug 3 (xaile) shawl

manteiga n.f. butter; **manteiga de cacau:** cocoa butter; **pôr manteiga em:** to butter

manter v. to maintain; to keep ◆ **manter-se** to remain; **manter-se calmo:** to keep calm

manto *n.m.* mantle; cloak; **um manto de neve:** a blanket of snow

manual *adj.2gén.* manual; handmade ◆ *n.m.* **1** manual; handbook; **manual de instruções:** instruction manual **2** (escola) textbook; schoolbook

manutenção *n.f.* maintenance service

mão *n.f.* **1** 👁 hand **2** (de animal) forefoot **3** (de tinta) coat **4** (figurado) help; **dar uma mão a:** to lend a hand to **5** hand; talent; **ele tem mão para a cozinha:** he has a hand for cooking; **à mão:** (close) at hand; **de mãos dadas:** holding hands

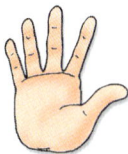

mapa *n.m.* map; plan; **mapa de estradas:** road map; **um mapa do centro da cidade:** a map of the city centre

máquina *n.f.* machine; **máquina de barbear:** shaver; **máquina de calcular:** calculator; **máquina de lavar louça:** dishwasher; **máquina de lavar roupa:** washing machine; **máquina fotográfica:** camera

mar *n.m.* **1** sea; ocean; **acima/abaixo do nível do mar:** above/below sea level; **no alto mar:** on the open sea; **por mar:** by sea **2** (figurado) sea; **um mar de gente:** a sea of people

maracujá *n.m.* passion fruit

maratona *n.* marathon

maravilha *n.f.* wonder; marvel; **as sete maravilhas do mundo:** the seven wonders of the world; **às mil maravilhas:** wonderfully well

maravilhoso *adj.* marvellous; wonderful

marca *n.f.* **1** (característica) mark; sign **2** brand; make; **marca registada:** trademark; **qual é a marca do teu carro?:** which make of car do you drive?; **roupa de marca:** designer clothes **3** (limite, nível) level; mark; *(informal)* **passar das marcas:** to overstep the mark

marcador *n.m.* **1** (caneta) marker; marker pen; **marcador fluorescente:** highlighter **2** (de livro) bookmark **3** (jogador) marker

marcar *v.* **1** to mark; **marcar uma falta a alguém:** to mark someone absent **2** (número de telefone) to dial **3** (consulta, data) to arrange; to set **4** (influenciar) to leave its mark on **5** (futebol) to score; **marcar um golo:** to score a goal

marcha *n.f.* **1** march; **em marcha:** on the march; in progress; **marcha de protesto:** protest march **2** (atletismo) walk

marchar *v.* to march

marco *n.m.* **1** milestone; landmark **2** 👁 *(GB)* (de correio) letter box; *(EUA)* mailbox

março *n.m.* March

maré *n.f.* **1** tide; **a maré está a subir:** the tide is coming in; **maré alta/cheia:** high tide; **maré baixa:** low tide **2** *(figurado)* streak; **estar em maré de sorte/azar:** to be on a lucky/unlucky streak

marfim *n.m.* ivory

margarida *n.f.* *(flor)* daisy

margem *n.f.* **1** *(de texto)* margin; **escrever na margem:** to scribble in the margin **2** *(de rio, lago)* bank; shore; **a margem esquerda do rio:** the left bank of the river; **uma casa na margem do lago:** a house on the shore of the lake

marido *n.m.* husband

marinha *n.f.* navy; **ele alistou-se na Marinha:** he joined the Navy; **oficial da Marinha:** Navy officer; marine

marinheiro *n.m.* sailor; seaman

marinho *adj.* **1** marine; **biologia marinha:** marine biology **2** sea; **ave marinha:** sea bird

marioneta *n.f.* puppet; **teatro de marionetas:** puppet show

marítimo *adj.* **1** maritime; **uma grande potência marítima:** a great maritime power **2** sea; **brisa marítima:** sea breeze

marmelo *n.m.* *(fruto)* quince

mármore *n.m.* marble; **bolo mármore:** marble cake

Marte *n.m.* Mars

martelar *v.* to hammer

martelo *n.m.* **1** hammer **2** *(no tribunal, em leilão)* gavel

mas *conj.* but; yet; **não só... mas também:** not only... but also

máscara *n.f.* **1** mask; **máscara de mergulho:** snorkelling mask; **máscara de oxigénio:** oxygen mask **2** *(de carnaval)* disguise

mascarar *v.* **1** to dress up as **2** to mask ◆ **mascarar-se 1** to put on a mask **2** to dress up; **mascarar-se de bruxa:** to dress up as a witch

mascote *n.m.* mascot

masculino *adj.* masculine; **nome masculino:** masculine noun

massa *n.f.* **1** mass; **produção em massa:** mass production **2** *(culinária)* pasta; **adoro massa italiana:** I love Italian pasta **3** *(culinária)* dough; pastry; **massa de pão:** bread dough; **massa folhada:** puff pastry

mastigar *v.* to chew

mastro *n.m.* mast

mata *n.f.* wood

matabicho *n.m.* *(Angola, Guiné-Bissau, Moçambique, São Tomé e Príncipe)* breakfast

matança *n.f.* slaughter; massacre

matar *v.* **1** to kill; **matar dois coelhos de uma cajadada:** to kill two birds with one stone **2** *(animais)* to slaughter **3** *(figurado)* to quench; to satisfy; **matar a fome:** to satisfy one's hunger; **matar a sede:** to quench one's thirst ◆ **matar-se** to kill yourself

matemática *n.f.* mathematics; maths

matéria *n.f.* **1** matter; **matéria orgânica:** organic matter **2** subject; **ser perito na matéria:** to be an expert on the subject

material *n.m.* **1** *(tecido)* material; fabric **2** material; **material escolar:** school materials **3** equipment; **material desportivo:** sports equipment

matilha *n.f.* *(de cães, lobos)* pack

matinal *adj.2gén.* morning; **café matinal:** morning coffee

matrícula *n.f.* **1** (em escola, curso) enrolment; registration **2** *(GB)* (de automóvel) number plate; *(EUA)* license plate
matricular(-se) *v.* (em escola, curso) to enrol; to register
mau *adj.* **1** bad; **más notícias:** bad news; **mau humor:** bad mood; **mau tempo:** bad weather **2** evil; wicked **3** poor; **em mau estado:** in a poor condition
maxilar *n.m.* jaw; maxilla; **maxilar inferior/superior:** lower/upper jaw
máximo *adj.* **1** maximum; **segurança máxima:** maximum security **2** highest; **a nota máxima:** the highest mark ♦ *n.m.* maximum; **ao máximo:** to the maximum; **é o máximo que posso fazer por ti:** that is all I can do for you; **no máximo:** at the most; **ser o máximo:** to be great; **um máximo de 15 pessoas:** a maximum of 15 people
mealheiro *n.m.* 👁 moneybox; piggy bank

mecânico *n.m.* mechanic; **mecânico de automóveis:** car mechanic ♦ *adj.* mechanical; **avaria mecânica:** mechanical failure
mecanismo *n.m.* mechanism
medalha *n.f.* medal; **atribuir uma medalha:** to award a medal
média *n.f.* **1** average; **abaixo da média:** below average; **acima da média:** above average; **em média:** on average **2** *(matemática)* mean
medicamento *n.m.* medication; drug; medicine; **andar a tomar me-**dicamentos: to be on medication; **tomar um medicamento:** to take a medicine
medição *n.f.* measurement; measuring
medicina *n.f.* medicine; **faculdade de medicina:** medical school; **medicina dentária:** dentistry; **medicinas alternativas:** alternative medicine
médico *n.m.* [f. médica] *(GB)* doctor; *(EUA)* physician; **médico de clínica geral:** general practitioner; **médico de família:** family doctor ♦ *adj.* medical; **investigação médica:** medical research
medida *n.f.* **1** measurement; **à medida de:** according to; **na medida do possível:** as far as possible **2** measure; **medidas de prevenção:** preventive measures
médio *adj.* **1** middle; **a Idade Média:** the Middle Ages **2** medium; **um homem de altura média:** a man of medium height **3** average; **temperatura média:** average temperature ♦ *n.m.* (jogador) halfback; half
medíocre *adj.* mediocre
medir *v.* **1** to measure; **esta sala mede dez metros quadrados:** this room measures ten square meters **2** (pessoa) to be... tall; **ele mede um metro e oitenta:** he is 1,80 metres tall **3** to estimate; **medir as consequências:** to estimate the consequences; **medir forças com:** to match one's strength with **4** to ponder; to weigh; **medir as palavras:** to weigh your words
meditação *n.f.* meditation
meditar *v.* to meditate
mediterrâneo *adj.* Mediterranean

a b c d e f g h i j k l m n o p q r s t u v w x y z

medo *n.m.* fear; dread; **a medo:** tentatively; **estar a morrer de medo:** to be terrified

medricas *n.2gén.2núm.* (informal) yellow-belly; sissy ♦ *adj.2gén.2núm.* yellow-bellied; chicken

meia *n.f.* **1** (curta) sock; **um par de meias:** a pair of socks **2** (até meio da perna) stocking

meia-noite *n.f.* midnight; **tenho de ir embora à meia-noite:** I have to leave at midnight

meias-calças *n.f.pl.* tights

meigo *adj.* **1** (pessoa) tender; loving **2** (voz, olhar) soft; gentle

meio *n.m.* **1** middle; **a meio da noite:** in the middle of the night; **na gaveta do meio:** in the middle drawer **2** means; **meio de transporte:** means of transport **3** medium; **meios de comunicação:** mass media **4** way; **por meio de:** by means of **5** environment; **meio ambiente:** the environment **6** world; **o meio artístico:** the artistic world ♦ *adj.* half; **a meio caminho:** halfway; **corta o pão ao meio:** cut the bread in half; **meia hora:** half an hour; **meio litro:** half a litre; (hotelaria) **meia pensão:** half board ♦ *adv.* half; **ele está meio a dormir:** he is half asleep

meio-dia *n.m.* midday; noon; **ao meio-dia:** at midday; at noon

mel *n.m.* honey

melancia *n.f.* watermelon

melão *n.m.* melon

melhor *adj.* **1** better; **é melhor do que nada:** it's better than nothing; **não há nada melhor do que:** there's nothing better than; **tanto melhor:** so much the better **2** best; **a minha melhor amiga:** my best friend ♦ *adv.* better; **ela pinta muito melhor do que eu:** she paints much better than I do ♦ *n.m.* best; **ele é o melhor!:** he is the greatest!; **fazer o melhor possível:** to do one's best

melhorar *v.* **1** to improve; to get better; **tenho de melhorar o meu inglês:** I must improve my English **2** (depois de doença) to recover **3** (tempo) to clear up

melodia *n.f.* melody; tune

melro *n.m.* blackbird

membro *n.m.* **1** member; **um membro da família:** a member of the family **2** (do corpo) limb; **membros inferiores/superiores:** lower/upper limbs

memória *n.f.* memory

menina *n.f.* **1** (little) girl; **uma menina de seis anos:** a six-year-old girl **2** (forma de tratamento) Miss; **menina Isabel:** Miss Isabel

menino *n.m.* (little) boy; **menino da mamã:** mummy's boy

menor *adj.2gén.* **1** (em tamanho) smaller; **a minha casa é menor do que a tua:** my house is smaller than yours **2** (de idade) underage **3** (de pouca importância) minor; **um escritor menor:** a minor writer **4** (nota musical) minor **5** smallest; **ele é o menor dos cinco primos:** he is the smallest of the five cousins; **não faço a menor ideia!:** I haven't got a clue!

menoridade *n.f.* minority

menos *adv.* **1** fewest; less; **devias fumar menos:** you should smoke less **2** (comparativo) less **3** (superlativo) the least ♦ *det.indef.>quant.exist.* DT e *pron.indef.* **1** less; fewer; **tenho menos trabalho:** I have less work **2** less; fewer; **tenho menos trabalho:** I have less work ♦ *prep.* **1** (matemática) minus; **dez menos três são sete:** ten minus three is seven

2 (horas) to; **dez menos um quarto:** a quarter to ten 3 (exceto) except; **tudo menos isso:** anything but that

mensageiro *n.m.* [*f.* mensageira] messenger; go-between

mensagem *n.f.* message

mensal *adj.2gén.* monthly

menstruação *n.f.* menstruation; period; **estar com a menstruação:** to have one's period

mental *adj.2gén.* mental

mentalidade *n.f.* mentality; mind

mentir *v.* to lie

mentira *n.f.* lie; **dizer mentiras:** to tell lies

mentiroso *n.m.* liar

mercado *n.m.* market; **estudo de mercado:** market research

mercearia *n.f.* 1 (loja) grocer's 2 (produtos) groceries

mercúrio *n.m. (quimica)* mercury

Mercúrio *n.m. (astronomia, mitologia)* Mercury

merecer *v.* to deserve; **a nossa equipa mereceu ganhar:** your team deserved to win

mergulhar *v.* 1 to dive; **ele mergulhou no rio:** he dived into the river 2 to dip; **mergulhei o biscoito no chá:** I dipped the biscuit in the tea

mergulho *n.m.* 1 dive; **fato de mergulho:** diving suit; (em piscina) **prancha de mergulho:** diving board 2 (banho rápido) plunge; **dar um mergulho:** to go for a dip

mérito *n.m.* merit; **por mérito próprio:** on its merits

mês *n.m.* month; **daqui a um mês:** in a month's time; **no mês passado:** last month; **no fim do mês:** at the end of the month; **o mês em curso:** the current month; **uma vez**

por mês: once a month; **um bebé de seis meses:** a six-month-old baby

mesa *n.f.* table; **levantar a mesa:** to clear the table; **levantar-se da mesa:** to rise from the table; **pôr a mesa:** to lay/set the table; **sentar-se à mesa:** to sit at the table

mesa-de-cabeceira *a nova grafia é* **mesa de cabeceira**

mesa de cabeceira *n.f.* bedside table

mesmo *adj.* same; **ao mesmo tempo:** at the same time; **do mesmo modo:** in the same way ◆ *adv.* 1 just; **ele saiu agora mesmo:** he's just left; **por isso mesmo:** for that very reason 2 even; **mesmo que chova vou ao teatro:** even if it rains, I'm going to the theatre 3 really; **vens mesmo à festa?:** are you really coming to the party? ◆ *pron. e n.m.* the same; **eu voltaria a fazer o mesmo:** I would do the same thing again

mestre *n.m.* [*f.* mestra] master; expert

meta *n.f.* 1 end 2 (desporto) finishing line; **cruzar/passar a meta:** to cross the finishing line 3 (objetivo) goal; aim

metade *n.f.* half; **pagar metade:** to pay half

metal *n.m.* metal

meter *v.* 1 to put; **meter gasolina:** to refuel 2 to thrust; **meter o papel no bolso:** to thrust the paper into the pocket 3 (início) to set; **meter mãos à obra:** to set to work ◆ **meter-se** 1 to meddle; to pick a quarrel; **não te metas comigo!:** don't meddle with me! 2 to interfere; **meter-se na vida alheia:** to meddle in other people's business; (informal) **mete-te na tua vida!:** mind your own business!

método *n.m.* method; **com método:** methodically

metro *n.m.* **1** (unidade de medida) metre; **ter cinco metros de altura:** to be five metres high; **ter dois metros de largura:** to be two metres wide **2** *(GB)* (meio de transporte) underground; tube; *(EUA)* subway; **estação de metro:** underground station; **ir de metro:** to go by underground

metropolitano *n.m.* 👁 *(GB)* underground; tube; *(EUA)* subway

mexer *v.* **1** to stir; **mexer o café:** to stir one's coffee **2** (tocar) to touch; **não mexas em nada:** don't touch anything **3** (sentimentos) to stir up; **isso mexe comigo:** that really stirs me up ♦ **mexer-se** (movimento) to stir; to move; **mexe-te!:** get a move on!

mexerico *n.m.* gossip; rumour

mexeriqueiro *n.m.* gossip; busybody

mi *n.m.* (nota musical) mi

miar *v.* to mew; to meow; to miaow

microfone *n.m.* microphone; **falar ao microfone:** to talk into the microphone

microondas *a nova grafia é* **micro-ondas**

micro-ondas *n.m.2núm.* microwave; microwave oven

microscópio *n.m.* microscope

mil *num.card.>quant.num.*ᴰᵀ *e n.m.* thousand

milagre *n.m.* miracle; **fazer milagres:** to work miracles; **por milagre:** by a miracle

milénio *n.m.* millennium

milhão *num.card.>quant.num.*ᴰᵀ *e n.m.* million; **um milhão de vezes:** a million times

milhar *num.card.>quant.num.*ᴰᵀ *e n.m.* a thousand; **aos milhares:** by the thousands

milho *n.m.* *(GB)* maize; *(EUA)* corn

milímetro *n.m.* millimetre

milionário *n.m.* [*f.* milionária] millionaire

militar *adj.2gén.* military; **agente da polícia militar:** military policeman; **polícia militar:** military police ♦ *n.m.* soldier; member of the army; **ser militar:** to be in the army

mim *pron.pess.* me; **faz isso por mim:** do it for me; **para mim:** for myself

mimar *v.* **1** (tratar bem) to pamper **2** (indulgência) to spoil

mímica *n.f.* mime

mimo *n.m.* **1** pampering; **estragar alguém com mimos:** to spoil someone **2** (carícia) caress

mina *n.f.* **1** mine; **mina de carvão:** coal mine; **mina de ouro:** gold mine **2** (de lapiseira) lead

mineiro *n.m.* miner; (de carvão) collier

mineral *adj.2gén. e n.m.* mineral; **água mineral:** mineral water; **reino mineral:** mineral kingdom

minhoca *n.f.* earthworm

miniatura *n.f.* miniature; **em miniatura:** in miniature

mínimo *adj.* **1** (quantidade) smallest; least; **é o mínimo que se pode fazer:** that is the least you can do; **no mínimo:** at the least; **o mínimo possível:** as little as possible **2** (valor) lowest; **temperatura mínima:** lowest temperature **3** slightest; faintest; **não faço a mínima ideia:** I haven't got a clue ♦ *n.m.* **1** minimum **2** (dedo) little finger

ministro *n.m.* [f. ministra] minister

minoria *n.f.* minority; **estar em minoria:** to be in a/the minority; **minorias étnicas:** ethnic minorities

minucioso *adj.* **1** meticulous **2** (estudo, trabalho) accurate; precise

minúscula *n.f.* lower case; small letter

minúsculo *adj.* miniscule; tiny

minuto *n.m.* **1** minute; **falta um minuto:** one minute left **2** minute; moment; **espera um minuto:** wait a minute

miolo *n.m.* **1** (de pão) crumb **2** (de noz) kernel **3** *(figurado)* kernel; core **4** *(coloquial)* (cérebro) brain; **dar a volta ao miolo:** to rack one's brains

miosótis *n.f.* ◉ (flor) forget-me-not

mira *n.f.* **1** (arma) sight; **ponto de mira:** line of sight **2** *(figurado)* goal; aim; **ter alguma coisa em mira:** to aim at something

miséria *n.f.* **1** (pobreza) poverty **2** (condição) wretchedness **3** (pouca quantidade) trifle

misericórdia *n.f.* mercy

missa *n.f.* Mass; **ajudar à missa:** to serve at Mass; **missa do galo:** midnight Mass

missal *n.m.* missal; Mass book

mistério *n.m.* mystery

misterioso *adj.* mysterious

misto *adj.* mixed

mistura *n.f.* **1** mixture **2** (de substâncias) combination **3** (de bebidas) blend

misturar *v.* **1** to mix **2** *(música)* to sample **3** *(culinária)* to add

mítico *adj.* mythical

mitologia *n.f.* mythology

mitológico *adj.* mythological

miúdo *n.m.* [f. miúda] kid ♦ *adj.* **1** (tamanho) tiny; minute **2** (magro) slender; slim

mobília *n.f.* furniture; **mobília completa:** a suite of furniture

mobiliário *n.m.* furniture; fittings

Moçambique *n.* Mozambique

mochila *n.f.* ◉ *(GB)* rucksack; *(EUA)* backpack

mocho *n.m.* owl

moço *adj.* young; **ele é ainda muito moço:** he is still very young ♦ *n.m.* [f. moça] **1** young person **2** servant; boy; **moço de recados:** errand boy

moda *n.f.* **1** fashion; **a última moda:** the latest fashion; **estar na moda:** to be all the fashion; **fora de moda:** out of fashion, old-fashioned **2** (costumes) way

modal _adj.2gén._ modal; **verbos modais:** modal verbs

modelo _n.m._ model ◆ _n.2gén._ model; **passagem de modelos:** fashion show

moderação _n.f._ moderation

moderar _v._ **1** to moderate **2** (velocidade) to slow down

moderno _adj._ modern

modificar _v._ to modify; to change ◆ **modificar-se** to change

modo _n.m._ **1** way; manner; **de certo modo:** in a way; **de modo nenhum:** by no means; **de modo que:** in order that, so that; **de qualquer modo:** anyway; **modo de vida:** way of living **2** (verbo) mood

moeda _n.f._ **1** coin; **atirar a moeda ao ar:** to toss up a coin; **pagar na mesma moeda:** to give tit for tat **2** (unidade monetária) currency; **moeda única:** single currency

moer _v._ **1** (grãos) to grind **2** (informal) to grind down; to nag; **moer o juízo a alguém:** to nag someone

moinho _n.m._ **1** (edifício) mill; **moinho de vento:** windmill **2** (utensílio) grinder; **moinho de café:** coffee grinder

mola _n.f._ **1** 👁 spring; **colchão de molas:** spring mattress **2** (de roupa) peg

moldar _v._ to mould; to shape ◆ **moldar-se** to adjust oneself

molde _n.m._ **1** cast **2** pattern

moldura _n.f._ (picture) frame

mole _adj._ soft

molhar _v._ to wet; **molhar os lábios:** to wet one's lips ◆ **molhar-se** to get wet; to get soaked; **ele molhou-se todo:** he got wet through

molho (mólho) _n.m._ **1** (de palha) sheaf **2** (de papéis) bundle; **molho de chaves:** bunch of keys

molho (môlho) _n.m._ **1** sauce; **molho de tomate:** tomato sauce; **molho picante:** hot sauce **2** (em água) soak; **pôr de molho:** to put to soak

momento _n.m._ **1** moment; time; **a todo o momento:** at any time, at any moment; **até ao momento:** up to now; **de momento:** for the moment; **de um momento para o outro:** from one minute to the next **2** (espera) moment; second; **só um momento se faz favor:** just a second please **3** opportunity; chance; **chegou o teu momento:** now is your chance

monarca _n.m._ monarch

monarquia _n.f._ monarchy

monge _n.m._ monk

monitor _n.m._ **1** (professor) instructor **2** (computador, televisão) monitor; screen

monótono _adj._ monotonous

monstro _n.m._ monster

montagem _n.f._ **1** (de objetos) setting **2** (televisão, cinema) editing **3** (fábrica) assembly; **linha de montagem:** assembly line

montanha _n.f._ mountain; **cadeia de montanhas:** mountain range

montanha-russa _n.f._ roller-coaster

montanhoso _adj._ mountainous

montão _n.m._ heap; **aos montões:** by heaps

montar _v._ **1** (equitação) to ride; to go riding **2** (exposição) to put on **3** (objetos) to fit up **4** (em fábrica) to assemble **5** to set up; **montar um negócio:** to set up business **6** (no campismo) to pitch; **montar uma tenda:** to pitch a tent

monte *n.m.* **1** hill; hillock; **cimo do monte:** hilltop; **pelo monte acima:** uphill **2** *(coloquial)* heap; pile; **demorou montes de tempo:** it took a lot of time; **montes de pessoas:** loads of people

monumento *n.m.* monument; **monumento nacional:** national monument

morada *n.f.* **1** *(endereço)* address **2** *(residência)* residence; home

morango *n.m.* strawberry

morar *v.* to live; **ir morar para:** to move to; **onde mora?:** where do you live?

morcego *n.m.* bat

mordedura *n.f.* bite

morder *v.* to bite; **morder os lábios:** to bite one's lips; **morder-se de inveja:** to grow green with envy

moreno *adj.* **1** *(pele)* dark-skinned **2** *(cabelo)* dark-haired **3** suntanned; **ficar moreno:** to get a suntan

morno *adj.* lukewarm

morrer *v.* to die; **morrer de fome:** to starve to death; **morrer de frio:** to freeze to death; **morrer de riso:** to kill oneself laughing

morte *n.f.* death

morto *adj.* dead; **cair morto:** to drop dead; **estar morto por:** to be itching to; **morto de cansaço:** dead tired ◆ *n.m.* [f. morta] dead person

mosca *n.f.* fly; **não fazer mal a uma mosca:** not to hurt a fly

mosquito *n.m.* mosquito

mostarda *n.f.* mustard

mosteiro *n.m.* monastery

mostrador *n.m.* *(de relógio)* dial; face

mostrar *v.* **1** to show **2** *(mercadorias)* to display; to exhibit **3** *(caminho, direção)* to point out ◆ **mostrar-se** to appear

mota *n.f.* 👁 *(informal)* motorbike; motorcycle

motivo *n.m.* reason; cause; **por motivos de saúde:** for health reasons; **sem motivo:** for no reason

motor *n.m.* **1** motor; **barco a motor:** motorboat **2** *(de carro, avião)* engine; **motor de arranque:** starter

motorista *n.2gén.* driver

mouro *adj.* Moorish ◆ *n.m.* [f. moura] Moor

mousse *n.f.* mousse; **mousse de chocolate:** chocolate mousse

móvel *adj.2gén.* movable; mobile ◆ *n.m.* *(peça de mobília)* piece of furniture

mover *v.* **1** to move **2** to affect ◆ **mover-se** to move

movimento *n.m.* **1** movement; motion; **pôr em movimento:** to set in motion **2** *(veículos)* traffic; **há pouco movimento na estrada:** there is little traffic on the road

muçulmano *adj. e n.m.* [f. muçulmana] Muslim

muda *n.f.* **1** change; **muda de roupa:** change of clothes **2** *(de penas)* moulting

mudança *n.f.* **1** change; **uma mudança de planos:** a change of plans **2** *(em automóvel)* gear; **mudança de velocidade:** change of gear **3** *(de casa)* move; **camioneta das mudanças:** removal van

mudar *v.* **1** to change; **mudar de ideias:** to change your mind **2** to move; **mudar de casa:** to move **3** *(trocar)* to change; **mudar a fralda:** to

a b c d e f g h i j k l **m** n o p q r s t u v w x y z

change a nappy; **mudar de roupa:** to change **4** (teatro) to shift; **mudar de cena:** to shift the scene ♦ **mudar-se** (de casa) to move

mudo *adj.* **1** (pessoa) speech-impaired **2** silent; **cinema mudo:** silent films ♦ *n.m.* [*f.* muda] (pessoa) speech-impaired

mugido *n.m.* **1** (touro) bellow **2** (vaca) moo

muito *det.indef.>quant.exist.*^{DT} **1** (frases afirmativas) a lot of; **muitas vezes:** often; **tenho muito trabalho:** I've got a lot of work **2** (frases negativas e interrogativas) much; **muito melhor:** much better; **não muito:** not much ♦ *pron. indef.* **1** (frases afirmativas) a lot; **muitos dos meus amigos:** a lot of my friends **2** (frases negativas e interrogativas) much; many ♦ *adv.* **1** (com adjetivo ou advérbio) very; very much; **estão muito bem:** they are very well; **muito devagar:** very slowly **2** (com formas comparativas) much; **és muito mais velho do que ela:** you're much older than her; **muito mais interessante:** much more interesting **3** (muito tempo) a long time; **há muito:** a long time ago

mulher *n.f.* **1** woman **2** (esposa) wife

mulher-polícia *n.f.* policewoman

multa *n.f.* fine; **apanhar uma multa:** to get fined; **pagar uma multa:** to pay a fine

multidão *n.f.* crowd

multiplicação *n.f.* multiplication

multiplicar *v.* to multiply; 👁 **multiplicar dois por quatro:** to multiply two by four ♦ **multiplicar-se 1** to multiply **2** to grow

$$2 \times 4 = 8$$

múltiplo *adj.* multiple; **escolha múltipla:** multiple choice ♦ *n.m.* (matemática) multiple

múmia *n.f.* mummy

mundial *adj.2gén.* **1** worldwide **2** (guerra, recorde) world; **Primeira Guerra Mundial:** First World War ♦ *n.m.* (campeonato) world championship; **Mundial de Futebol:** World Cup

mundo *n.m.* **1** world; **meio mundo:** all the world and his wife; **vir ao mundo:** to come into the world **2** 👁 (Terra) the earth

municipal *adj.2gén.* municipal

muralha *n.f.* **1** (muro) wall **2** (fortaleza) rampart

murmurar *v.* to murmur; to whisper

murmúrio *n.m.* murmur; whisper

muro *n.m.* wall

murro *n.m.* punch; **levar um murro de alguém:** to be punched by somebody

músculo *n.m.* **1** muscle **2** (figurado) strength

musculoso *adj.* muscular

museu *n.m.* museum

musgo *n.m.* moss

música *n.f.* **1** music **2** (informal) song

musical *adj.2gén.* musical; **instrumento musical:** musical instrument ♦ *n.m.* (peça, filme) musical

músico *n.m.* musician

mútuo *adj.* mutual

nN

n *n.m.* (letra) n
na *contr. da prep.* em + *art. def. f.* a
nabo *n.m.* **1** 👁 (planta) turnip **2** *(coloquial)* (pessoa) blockhead; dork

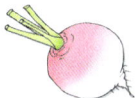

nação *n.f.* nation; **Nações Unidas:** United Nations
nacional *adj.2gén.* national; **bandeira nacional:** national flag
nacionalidade *n.f.* nationality; **ter dupla nacionalidade:** to have dual nationality
naco *n.m.* piece; slice
nada *pron.* **1** nothing; anything; **antes de mais nada:** first of all; **hoje ainda não fez nada:** he has done nothing all day; **nada mais:** nothing else; **não é nada contigo:** it is none of your business **2** do not; **coragem, nada de pânico!:** courage, do not panic! ◆ *adv.* at all; **absolutamente nada:** not at all; not in the least; **a casa não é nada cara:** the house is not expensive at all; **de nada!:** not at all!
nadador *n.m.* [f. nadadora] swimmer
nadador-salvador *n.m.* lifeguard
nadar *v.* to swim
nádega *n.f.* buttock
naipe *n.m.* (de cartas) suit

namorada *n.f.* girlfriend
namorado *n.m.* boyfriend
namorar *v.* to date
namoro *n.m.* **1** (relação) relationship **2** (ação de namorar) courtship
não *adv.* **1** (resposta) no; **não, obrigado:** no, thank you **2** (verbos, advérbios, frases) not; **não é um bom exemplo:** it's not a good example; **para não dizer:** not to say; **pois não!:** certainly!; **que eu saiba não:** not that I know of ◆ *n.m.* no
não-fumador *a nova grafia é* não fumador
não fumador *n.m.* non-smoker
narina *n.f.* nostril
nariz *n.m.* nose; **nariz arrebitado:** turned-up nose; snub nose; **torcer o nariz a:** to turn up one's nose at
narração *n.f.* **1** narration; narrative **2** (relato) account
narrador *n.m.* **1** narrator **2** storyteller
narrar *v.* to narrate; to tell
narrativa *n.f.* narrative
nascente *n.f.* spring; **nascente de água:** water spring ◆ *n.m.* East; Orient ◆ *adj.2gén.* **1** new **2** (Sol) rising
nascer *v.* **1** (pessoa, animal) to be born; **eu não nasci ontem:** I wasn't born yesterday **2** (Sol) to rise **3** (ave) to hatch **4** (planta) to sprout **5** (cabelo) to grow **6** (dente) to come through **7** (dia) to dawn ◆ *n.m.* **1** birth **2** (Sol) rising
nascimento *n.m.* **1** birth; **data de nascimento:** date of birth **2** origin

nata *n.f.* **1** cream **2** (leite fervido) skin

natação *n.f.* swimming

natal *adj.* native; **terra natal:** native land

Natal *n.m.* Christmas; **árvore de Natal:** Christmas tree; **dia de Natal:** Christmas Day; **Feliz Natal!:** Merry Christmas!; **véspera de Natal:** Christmas Eve

natalidade *n.f.* birth; **taxa de natalidade:** birth rate

nativo *adj. e n.m.* [f. nativa] native

natural *adj.2gén.* **1** natural; **luz natural:** natural light **2** (pessoa) native; **ser natural de:** to be a native of; to come from **3** (provável) likely; **é natural que chova:** it is likely to rain **4** (alimento) fresh **5** (iogurte) plain

naturalidade *n.f.* **1** simplicity **2** (nascimento) birthplace

naturalmente *adv.* naturally ◆ *interj.* naturally!; of course!

natureza *n.f.* **1** nature **2** (espécie) kind; sort **3** (carácter) character; nature; **natureza humana:** human nature; **ser tímido por natureza:** to be timid by nature

nau *n.f.* 👁 ship; vessel

naufrágio *n.m.* shipwreck

náutico *adj.* nautical

naval *adj.2gén.* naval

navalha *n.f.* **1** knife **2** (para a barba) razor

nave *n.f.* **1** (espacial) spacecraft; spaceship **2** (igreja) nave; aisle; **nave central:** central aisle

navegação *n.f.* **1** navigation; **navegação aérea:** air traffic **2** shipping; **companhia de navegação:** shipping company

navegador *n.m.* [f. navegadora] **1** navigator **2** (automóvel) navigator

navegar *v.* **1** (em barco) to sail **2** (em avião) to fly **3** (na Internet) to surf

navio *n.m.* ship; vessel; **navio de guerra:** warship

neblina *n.f.* mist; **neblina matinal:** morning mist

necessário *adj.* necessary; needful; **fazer o que for necessário:** to do what's necessary; **não é necessário que venhas:** it's not necessary for you to come; **se for necessário:** if need be

necessidade *n.f.* **1** necessity; **o aquecimento é uma necessidade:** heating is a necessity **2** need; **não há necessidade:** there's no need **3** (carência) want; **passar necessidades:** to be in need

necessitar *v.* to need; **necessitar de alguma coisa:** to need something

néctar *n.m.* nectar

nega *n.f.* **1** (informal) (recusa) refusal **2** (informal) (resultado negativo, nota) fail

negação *n.f.* **1** negation **2** denial

negar *v.* to deny

negativa *n.f.* **1** denial; refusal **2** (escola) F; negative mark; **tenho duas negativas:** I got F in two subjects

negativo *adj.* negative

negligência *n.f.* negligence; carelessness

negociação *n.f.* negotiation

negociante *n.2gén.* (comerciante) merchandiser; merchant

negociar *v.* to trade; to deal; **negociar em alguma coisa:** to trade in something

negócio *n.m.* **1** business; **homem/mulher de negócios:** businessman/businesswoman **2** deal; **negócio fechado:** it's a deal

negro *adj. e n.m.* (cor) black

nem *conj.* (dupla negação) nor; neither; **nem eu:** neither do I; **nem um nem outro:** neither one nor the other; **nem mais nem menos:** that's just it; **nem mesmo:** not even; **nem que:** not even if

nenhum *det.indef.>quant.univ.*ᴰᵀ no; not any; **não é nenhum tolo:** he's no fool ◆ *pron.indef.* (nem um) none; not one; **nenhum deles:** none of them

nenúfar *n.m.* (planta) water lily

neozelandês *adj. e n.m.* [f. neozelandesa] New Zealander

Neptuno *n.m.* (astronomia, mitologia) Neptune

nervo *n.m.* **1** nerve; **estar uma pilha de nervos:** to be all on edge; **pôr os nervos em franja a alguém:** to get on somebody's nerves **2** (planta) vein; nervure

nervosismo *n.m.* nervousness

nervoso *adj.* nervous; **esgotamento nervoso:** nervous breakdown; **sistema nervoso:** nervous system

neta *n.f.* granddaughter

neto *n.m.* grandson

neutro *adj.* **1** neutral **2** (género) neuter

nevão *n.m.* heavy snowfall; snowstorm

nevar *v.* to snow

neve *n.f.* snow; **bola de neve:** snowball; **boneco de neve:** snowman;

floco de neve: snowflake; **tempestade de neve:** snowstorm

névoa *n.f.* fog; mist

nevoeiro *n.m.* fog; mist; **está muito nevoeiro:** it's very foggy

ninguém *pron.indef.* **1** (nenhuma pessoa) nobody; no one; **ninguém sabe:** nobody knows **2** (qualquer pessoa) anybody; anyone; **melhor do que ninguém:** better than anybody

ninhada *n.f.* 👁 brood; litter

ninharia *n.f.* trifle; triviality

ninho *n.m.* **1** (de pássaro) nest **2** (de animal selvagem) lair **3** (informal) home

nitidez *n.f.* **1** clarity; clearness **2** (de imagem) sharpness

nítido *adj.* **1** clear; transparent **2** (imagem) sharp

nível *n.m.* level; **estar ao mesmo nível:** to be on a level; **níveis de poluição:** pollution levels; **nível de vida:** standard of living; living standard

no *contr. da prep.* em + *art. def.* m. o

nó *n.m.* knot; **dar um nó:** to tie/make a knot; **o nó da gravata:** the knot of the tie

nobre *adj.* noble; **uma família nobre:** a noble family ◆ *n.2gén.* noble person

noção *n.f.* notion; **ter uma vaga noção de:** to have a vague notion of

nódoa *n.f.* stain; **nódoa negra:** bruise

nogueira *n.f.* (árvore) walnut tree

a
b
c
d
e
f
g
h
i
j
k
l
m
n
o
p
q
r
s
t
u
v
w
x
y
z

noite *n.f.* **1** 👁 night; **amanhã à noite:** tomorrow night; **à noite:** by night; **ao cair da noite:** at nightfall; **boa noite!:** good night!; **esta noite:** tonight; **ontem à noite:** last night; **toda a noite:** all night long **2** (fim do dia) evening; **boa noite!:** good evening!

noiva *n.f.* **1** (durante o noivado) fiancée **2** (no casamento) bride

noivado *n.m.* engagement

noivo *n.m.* groom; bridegroom

noivos *n.m.pl.* the bride and the groom

nojento *adj.* disgusting

nojo *n.m.* **1** disgust; **meter nojo:** to be disgusting; **ter nojo de:** to be disgusted by **2** filthiness; **o teu quarto está um nojo!:** your room is filthy!

nómada *n.2gén.* nomad ◆ *adj.2gén.* nomadic; **tribos nómadas:** nomadic tribes

nome *n.m.* **1** name; **nome completo:** full name; **nome de batismo:** Christian name; forename; **nome de família:** family name; surname **2** (figurado) name; reputation; **ganhar nome:** to make a name for oneself **3** (gramática) noun; **nome comum:** common noun; **nome próprio:** proper noun

nonagésimo *num.ord.>adj.num.*ᴰᵀ ninetieth

nono *num.ord.>adj.num.*ᴰᵀ ninth

nordeste *n.m.* northeast ◆ *adj.* north-eastern; north-easterly

norma *n.f.* rule; regulation; **por norma:** normally; as a rule

normal *adj.2gén.* normal; usual; **fora do normal:** unusual

noroeste *n.m.* northwest ◆ *adj.* north-western; north-westerly

norte *n.m.* north; **a norte de:** to the north of; **no norte:** in the north; **para o norte:** northwards ◆ *adj.* north; northern

norte-americano *adj. e n.m.* North American

Noruega *n.f.* Norway

norueguês *adj. e n.m.* [f. norueguesa] Norwegian

nós *pron.pess.* **1** we; **nós adoramo-nos:** we love each other **2** us; **esse presente é para nós?:** is that gift for us?; **quanto a nós:** as for us ◆ *pron.pess.refl.* ourselves; **cá entre nós:** between you and me; between ourselves

nosso *det.poss.* our; **a nossa casa é bonita:** our house is beautiful; **um amigo nosso:** a friend of ours ◆ *pron. poss.* ours; **gosto mais do nosso:** I like ours better

nota *n.f.* **1** (apontamento) note; annotation; **nota de rodapé:** footnote; **tomar nota de:** to note down; to make a note of **2** (GB) (escola) mark; (EUA) grade; **ter boas notas:** to get good grades/ marks **3** (GB) (dinheiro) note; (EUA) bill; **nota falsa:** counterfeit note; **uma nota de cinco euros:** a 5 euros note **4** (música) note

notar *v.* **1** (reparar em) to notice; to take notice of **2** (comentar) to observe; to comment

notável *adj.2gén.* remarkable

notícia *n.f.* **1** a piece of news; report; **notícias de última hora:** latest news **2** news; **boas/más notícias:**

good/bad news; **ter notícias de al-guém:** to hear from somebody

noticiário *n.m.* news; **ver o noti-ciário das oito:** to watch the eight o'clock news

novamente *adv.* again; once more

Nova Zelândia *n.f.* New Zealand

nove *num.card.>quant.num.*[DT] *e n.m.* nine

novecentos *num.card.>quant.num.*[DT] *e n.m.* nine hundred

novela *n.f.* **1** *(literatura)* short story; narrative **2** *(televisão)* soap opera

novelo *n.m.* ball; **novelo de lã:** ball of wool

novembro *n.m.* November

noventa *num.card.>quant.num.*[DT] *e n.m.* ninety; **os anos noventa:** the nineties

novidade *n.f.* **1** novelty; **os tele-móveis já não são novidade:** cell phones are no longer a novelty **2** news; piece of news; **contar as no-vidades:** to tell the news

novo *adj.* new; **começar de novo:** to start over; **nada de novo:** noth-ing new; **novo em folha:** brand new

noz *n.f.* 👁 walnut

nu *adj.* naked; nude

nublado *adj.* (céu) cloudy

numeração *n.f.* numeration; **nume-ração árabe:** Arabic numerals; **nu-meração romana:** Roman numerals

numeral *n.m.* number; numeral

numerar *v.* to number

número *n.m.* **1** number; **números ímpares:** odd numbers; **números pares:** even numbers **2** (publicação) number; issue; edition **3** (roupa, sapatos) size

numeroso *adj.* numerous; **uma fa-mília numerosa:** a numerous family

nuvem *n.f.* cloud; *(informal)* **andar nas nuvens:** to have your head in the clouds; **coberto de nuvens:** cloudy; clouded; **nuvens de fumo/poeira:** smoke/dust clouds; **sem nuvens:** cloudless

o (ó) *n.m.* (letra) o

o (u) *det.art.def.m.* the; **o carro avariou:** the car has broken down ◆ *pron. pess.m.* **1** him; **ela viu-o ontem:** she saw him yesterday **2** it; **comprei o livro e dei-lho:** I bought the book and gave it to her ◆ *pron.dem.* **1** it; **já o disse antes:** I have said it before **2** the one; **o de cabelo curto é meu irmão:** the one with the short hair is my brother

obedecer *v.* to obey

obediente *adj.2gén.* obedient

objectivo *a nova grafia é* **objetivo**

objecto *a nova grafia é* **objeto**

objetivo *adj.* objective ◆ *n.m.* aim; goal; objective; **alcançar um objetivo:** to achieve an aim/goal; **ter o objetivo de:** to aim to

objeto *n.m.* **1** object; **objetos de valor:** valuables **2** (estudo) subject

obra *n.f.* **1** work; **obra de arte:** work of art; (escola) **obra de leitura obrigatória:** set book; **obra de referência:** reference book **2** (ação) deed; **mãos à obra!:** let's get cracking!

obra-prima *n.f.* masterpiece; masterwork

obras *n.f.pl.* (em estrada) roadworks; (em edifício) repair; **a casa está a precisar de obras:** the house is in need of repair; **a estrada estava em obras:** the road was being repaired

obrigação *n.f.* obligation; **cumprir as suas obrigações:** to fulfil one's obligations

obrigado *adj.* **1** (forçado) compelled; forced; **ver-se obrigado a fazer algo:** to be forced to do something **2** (grato) thankful; grateful ◆ *interj.* thank you!; thanks!; **muito obrigado!:** many thanks!; much obliged!; thank you very much!

obrigar *v.* to compel; **obrigar alguém a fazer alguma coisa:** to force somebody to do something

obrigatório *adj.* obligatory; compulsory

observação *n.f.* **1** observation; **estar em observação:** to be under observation **2** (comentário) remark; comment; observation; **fazer uma observação:** to make an observation **3** (de lei, ordem) observance; compliance

observador *n.m.* [f. observadora] observer ◆ *adj.* observant

observar *v.* **1** to observe; to watch **2** (cumprir) to comply with; to obey **3** (comentar) to remark; to comment

obsessão *n.f.* obsession; fixation; **obsessão por carros:** fixation with cars

obsessivo *adj.* obsessive

obstáculo *n.m.* obstacle; **corrida de obstáculos:** obstacle race; **ultrapassar um obstáculo:** to overcome an obstacle

obter *v.* to obtain; to get

óbvio *adj.* obvious; **por razões óbvias:** for obvious reasons

ocasião *n.f.* **1** occasion; **em várias ocasiões:** on several occasions; **por ocasião de:** on the occasion of **2** (oportunidade) opportunity; chance; **ainda não tive ocasião para falar com ela:** I haven't had the chance to talk to her yet; **aproveitar a ocasião:** to take the opportunity

oceanário *n.m.* oceanarium

oceano *n.m.* ocean; **oceano Atlântico:** Atlantic Ocean; **oceano Índico:** Indian Ocean; **oceano Pacífico:** Pacific Ocean

ocidental *adj.2gén.* western; west; **Europa Ocidental:** Western Europe; **cultura ocidental:** western culture

ocidente *n.m.* the West

oco *adj.* hollow

ocorrer *v.* to occur; to happen

oculista *n.m.* (estabelecimento) optician's ◆ *n.2gén.* (pessoa) optometrist; optician

óculos *n.m.pl.* 👓 glasses; spectacles; **óculos de mergulho/natação:** goggles; **óculos de sol:** sunglasses; **usar óculos:** to wear glasses

ocupado *adj.* **1** (pessoa) busy **2** (território) occupied **3** (lugar) taken **4** (telefone) engaged

ocupar *v.* **1** (espaço) to occupy **2** (cargo, função) to hold ◆ **ocupar-se** to take care of

odiar *v.* to hate; to loathe; **eles odeiam-se:** they loathe each other

ódio *n.m.* hatred; hate; loathing

odor *n.m.* **1** odour; smell **2** (agradável) fragrance; scent **3** (desagradável) stench; stink

oeste *n.m.* west; **a oeste de:** to the west of ◆ *adj.* westerly; western

ofegante *adj.2gén.* out of breath; breathless

ofender *v.* to hurt (someone's feelings); to offend; **eu não queria ofender:** I meant no offence ◆ **ofender-se** to take offence at

ofensa *n.f.* **1** offence; **sem ofensa:** no offence **2** (verbal) affront; insult

oferta *n.f.* **1** offer; **aceitar/recusar uma oferta:** to accept/refuse an offer; **fazer uma oferta:** to make an offer **2** (prenda) gift **3** (economia) demand; **oferta e procura:** supply and demand **4** (num leilão) bid; **a oferta mais alta:** the highest bid

oficial *adj.2gén.* official; **residência oficial:** official residence ◆ *n.2gén.* (militar) officer; **oficial da marinha:** navy officer; **oficial do exército:** army officer

oficina *n.f.* **1** workshop; **oficina de carpinteiro:** carpenter's workshop **2** (mecânica) garage; **o carro está na oficina a arranjar:** the car is being repaired

oi *interj.* (Bras.) (saudação) hi!; **oi, tudo bem?:** hi, how's things?

oitavo *num.ord.>adj.num.*^{DT} eighth; **em oitavo lugar:** in eighth place ◆ *n.m.* eighth; **um oitavo de:** one eighth of

oitenta *num.card.>quant.num.*^{DT} e *n.m.* eighty; **os anos oitenta:** the eighties

a b c d e f g h i j k l m n o p q r s t u v w x y z

oito *num.card.>quant.num.*^{DT} *e n.m.*
eight; **de hoje a oito (dias):** a week
from today; **nem oito nem oitenta:**
not so much nor so little; **oito ou oitenta:** all or nothing

oitocentos *num.card.>quant.num.*^{DT}
e n.m. eight hundred

olá *interj.* hello!; hi!

óleo *n.m.* **1** 👁 oil; **óleo de amêndoas doces:** almond oil **2** (pintura) oil
paint; **quadro a óleo:** oil painting

oleoso *adj.* **1** oily **2** (cabelo, pele) greasy

olfacto *a nova grafia é* **olfato**

olfato *n.m.* smell; **o sentido do olfato:** the sense of smell

olhar *v.* to look; **olha para mim:** look
at me; **olha quem fala!:** look who's
talking!; **olhar à volta:** to look round;
para onde estás a olhar?: what are
you staring at? ◆ *n.m.* glance; look;
olhar de lado: to look sideways;
olhar por alguém: to look after
someone; **um olhar triste:** a sad
look ◆ **olhar-se** to look at oneself;
olhar-se ao espelho: to look at oneself in the mirror

olheiras *n.f.pl.* bags (under the eyes);
estar com/ter olheiras: to have bags
under one's eyes

olho *n.m.* eye; **abrir/fechar os olhos:**
to open/close one's eyes; *(informal)*
não pregar olho: not to sleep a wink;
não tirar os olhos de: not to take
one's eyes off; **num abrir e fechar**
de olhos: in the twinkling of an eye;
ter olhos castanhos: to have brown
eyes

olímpico *adj.* Olympic; **atleta olímpico:** Olympic athlete; **os Jogos**
Olímpicos: the Olympic Games;
Olympics

oliveira *n.f.* (árvore) olive tree

ombro *n.m.* shoulder; **encolher os**
ombros: to shrug one's shoulders

omeleta *n.f.* omelette; **omeleta de**
fiambre: ham omelette; **omeleta de**
queijo: cheese omelette

omoplata *n.f.* shoulder blade

onda *n.f.* wave; **ir na onda:** to swim
with the tide; **onda de calor:** heat
wave; *(figurado)* **uma onda de assaltos:** a wave of burglaries

onde *adv.* where; **de onde?:** wherever; where from?; **onde quer que**
seja: wherever; **onde vais?:** where
are you going?; **onde vives?:** where
do you live?; **para onde?:** where to?

ondulação *n.f.* **1** (de água) waves
2 (de cabelo) waviness

ondular *v.* to wave; **ondular o cabelo:** to wave one's hair

ontem *adv.* yesterday; **desde ontem:** since yesterday; **ontem à**
tarde/noite: yesterday afternoon/
evening; **ontem de manhã:** yesterday morning

onze *num.card.>quant.num.*^{DT} *e n.m.*
1 eleven; **um edifício com onze andares:** an eleven-storey building
2 eleventh; **dia onze de setembro:**
the eleventh of September

opção *n.f.* option; choice; **não ter**
opção: to have no choice; **por opção:** by choice

ópera *n.f.* **1** (espetáculo) opera; **cantor(a) de ópera:** opera singer **2** (edifício) opera house

operação *n.f.* operation; (medicina) **fazer uma operação:** (cirúrgico) to perform an operation; (paciente) to undergo an operation; (medicina) **operação plástica:** plastic surgery

operar *v.* (medicina) to operate on; to perform surgery on; **operar um paciente:** to operate on a patient

opinião *n.f.* opinion; **dar uma opinião:** to give an opinion; **mudar de opinião:** to change one's opinion; **na minha opinião:** in my opinion; as I see it; **ter uma boa/má opinião de:** to have a high/low opinion of

opor *v.* to oppose ◆ **opor-se** to be against; **opor-se à ideia:** to be against the idea

oportunidade *n.f.* **1** opportunity; **aproveitar a oportunidade:** to seize the opportunity; **igualdade de oportunidades:** equal opportunities; **perder uma oportunidade:** to let an opportunity slip **2** (possibilidade) chance; **ainda não tive oportunidade:** I haven't had the chance yet

oportuno *adj.* opportune; convenient

oposição *n.f.* opposition

opositor *n.m.* opponent

oposto *adj.* opposite ◆ *n.m.* contrary; opposite

optar *v.* to opt; to decide; **optar por outra solução:** to opt for another solution; **optar por não dizer nada:** to decide not to say anything

optimismo *a nova grafia é* **otimismo**

optimista *a nova grafia é* **otimista**

óptimo *a nova grafia é* **ótimo**

ora *conj.* **1** (mas) but **2** (por isso) therefore **3** (ou) either; **ora bolas!:** damn it!; **ora diz que sim, ora diz que não:** he either says yes or no; **ora essa!:** why!; **por ora:** for the present; for the time being; for now

oração *n.f.* **1** (religião) prayer; **livro de orações:** prayer book **2** (gramática) clause; **oração principal:** main clause

oral *adj.2gén.* spoken; oral ◆ *n.f.* (exame) oral test

orangotango *n.m.* orangutan

orçamento *n.m.* budget

ordem *n.f.* **1** order; instruction; command; **às suas ordens:** at your disposal; **receber uma ordem para:** to be ordered to **2** (aviso) notice; warrant; **até nova ordem:** until further notice **3** (sequência) order; **ordem alfabética:** alphabetical order; **ordem numérica:** numerical order **4** (arrumação) order; tidiness; **com ordem:** orderly; **pôr em ordem:** to tidy up

ordenado *n.m.* salary; wage ◆ *adj.* ordered; in order

ordenar *v.* to order; to command; **ordeno-te que saias!:** I command you to go!

ordinal *adj.2gén.* ordinal ◆ *n.m.* ordinal number

ordinário *adj.* vulgar; rude

Para dizermos **ordinário** *em inglês usamos a palavra* **vulgar***. Também existe a palavra* **ordinary** *em inglês, mas quer dizer* normal, vulgar*.*

orelha *n.f.* ear

organismo *n.m.* organism

organização *n.f.* organization

organizar *v.* to organize

órgão *n.m.* (anatomia, música) organ

orgulho *n.m.* pride; **ter orgulho em:** to be proud of

orgulhoso *adj.* proud

orientação *n.f.* orientation

oriental *adj.2gén.* eastern; oriental; **cultura oriental:** eastern culture ◆ *n.2gén.* (pessoa) easterner

a
b
c
d
e
f
g
h
i
j
k
l
m
n
o
p
q
r
s
t
u
v
w
x
y
z

orientar v. 1 (guiar) to direct; to guide 2 (liderar) to lead 3 (aconselhar) to advise

Oriente n.m. East; **Médio Oriente:** Middle East

origem n.f. 1 (princípio) origin; source; **dar origem a:** to give rise to 2 (pessoa) extraction; **de origem portuguesa:** of Portuguese extraction; **país de origem:** fatherland

original adj.2gén. original ◆ n.m. (documento, obra de arte) original

originalidade n.f. originality

originar v. to originate

ornamento n.m. ornament

orquestra n.f. orchestra

orquídea n.f. orchid

ortografia n.f. orthography; spelling

ortográfico adj. orthographic; spelling

orvalho n.m. dew; **gota de orvalho:** dewdrop

osso n.m. bone; **em carne e osso:** in flesh and blood

ostra n.f. 👁 oyster; **viveiro de ostras:** oyster bed

otimismo n.m. optimism

otimista adj.2gén. optimistic; confident ◆ n.2gén. (pessoa) optimist

ótimo adj. optimum

ou conj. or; **ou... ou:** either... or; **ou ficas ou vais:** either you stay or you go; **ou seja:** that is

ouriço n.m. 1 (animal) hedgehog 2 (fruto) burr

ouriço-cacheiro n.m. hedgehog

ourives n.m. goldsmith; jeweller

ourivesaria n.f. 1 (loja) jeweller's 2 (arte) jewellery

ouro n.m. (metal) gold; **anel de ouro:** golden ring; **ouro maciço:** solid gold

ousadia n.f. boldness; **ter a ousadia de fazer alguma coisa:** to be so bold as to do something

ousado adj. 1 (corajoso) bold 2 (atrevido) forward

outono n.m. (GB) autumn; (EUA) fall

outro det.indef. (pessoa, objeto) other; another; **de outra maneira:** otherwise ◆ pron.indef. 1 (pessoa) someone else; somebody else; other; **nem um nem outro:** neither one nor the other 2 (objeto) something else; other one; more; **outro qualquer:** any other

outubro n.m. October

ouvido n.m. 1 (anatomia) ear; **dizer ao ouvido:** to whisper in someone's ear; **ser todo ouvidos:** to be all ears 2 (audição) hearing

ouvinte n.2gén. listener

ouvir v. 1 to hear; **não ouço nada:** I can't hear a thing 2 to listen; **ouve-me!:** listen to me!; **ouvir música:** to listen to music 3 (sem querer) to overhear

oval adj.2gén. oval

ovelha n.f. sheep; (fêmea) ewe; **ovelha negra:** black sheep

ovo n.m. egg; **ovo cozido:** boiled egg; **ovo estrelado:** fried egg; **ovos mexidos:** scrambled eggs; **pôr ovos:** to lay eggs

oxalá interj. I hope so!; let's hope so!; **oxalá corra tudo bem!:** I hope everything turns out well!; **oxalá ela chegue depressa:** I hope she comes soon

oxigénio n.m. oxygen

ozono n.m. ozone; **camada de ozono:** ozone layer

p *n.m.* (letra) p

pá *n.f.* **1** (quadrada) spade; (redonda) shovel **2** (de remo) blade ♦ *interj.* (informal) man

pachorra *n.f.* (informal) patience; **não tenho pachorra para isto:** I've run out of patience for this

paciência *n.f.* patience

paciente *n.2gén.* patient

pacífico *adj.* pacific; peaceful

Pacífico *n.m.* (oceano) Pacific

paço *n.m.* (palácio) palace

pacote *n.m.* **1** (embalagem) parcel **2** (embalagem pequena) package **3** carton; **pacote de leite:** milk carton **4** (conjunto) package; **um pacote de medidas:** a package of measures

pacto *n.m.* pact

padaria *n.f.* **1** (fabrico) bakery **2** (loja) baker's shop; baker's

padeiro *n.m.* [f. padeira] baker

padrão *n.m.* **1** pattern; archetype; **padrão de comportamento:** behaviour pattern **2** (modelo) standard; **medida padrão:** standard measure **3** (de tecido) pattern **4** (monumento) stone pillar

padrasto *n.m.* stepfather

padre *n.m.* priest; **o Santo Padre:** the Holy Father

padrinho *n.m.* **1** (de batismo) godfather **2** (de casamento) best man

pagamento *n.m.* **1** (salário) pay; wage; salary; **dia de pagamento:** pay day **2** (ato) payment; **pagamento em dinheiro:** cash payment

pagar *v.* to pay; **pagar a meias:** to go halves on; to go fifty-fifty; **queria pagar, se faz favor!:** check, please!; **pagar na mesma moeda:** to give tit for tat

página *n.f.* page; **em que página vais?:** what page are you at?; **na página 10:** on page 10; **primeira página:** front page

pai *n.m.* father; (informal) dad; **ele sai ao pai:** he takes after his father; **ser pai:** to be a father; **tal pai, tal filho:** like father, like son

Pai Natal *n.m.* Santa Claus; (informal) Santa

painel *n.m.* panel; **painel de controlo:** control panel

pais *n.m.pl.* (pai e mãe) parents; **os meus pais:** my parents

país *n.m.* country; **país das maravilhas:** wonderland; **país natal:** fatherland

paisagem *n.f.* landscape; view

País de Gales *n.m.* Wales

---

*O **País de Gales** é um dos quatro países que formam o Reino Unido (juntamente com a Inglaterra, a Escócia e a Irlanda do Norte). Está situado na parte oeste da Grã-Bretanha e faz fronteira a leste com a Inglaterra.*

A capital do País de Gales é Cardiff.

paixão *n.f.* passion; **falar com paixão:** to speak passionately

paixoneta *n.f.* (informal) infatuation; crush

pajem *n.m.* page

pala *n.f.* (de boné) peak; eyeshade; (informal) **viver à pala de alguém:** to live at someone's expenses

palacete *n.m.* mansion

palácio *n.m.* palace; **palácio real:** royal palace

paladar *n.m.* **1** (sentido) taste **2** (sabor) flavour

palavra *n.f.* word; **cumprir a palavra:** to keep one's word; **em poucas palavras:** in short; **palavra de honra!:** upon my word; **voltar com a palavra atrás:** to go back on one's word

palco *n.m.* stage

palerma *n.2gén.* silly person; ninny; nit-wit ◆ *adj.2gén.* silly

palermice *n.f.* silliness; foolishness

paleta *n.f.* 👁 palette

palha *n.f.* **1** straw; **chapéu de palha:** straw hat **2** (na escrita) pap; **escrever palha:** to write pap

palhaçada *n.f.* clowning; buffoonery

palhaço *n.m.* 👁 clown

palhinha *n.f.* **1** wicker; **cadeira de palhinha:** wicker chair **2** (para beber) straw; **beber por uma palhinha:** to drink through a straw

pálido *adj.* pale; **estar pálido:** to look pale

palma *n.f.* palm; **palma da mão:** back of one's hand

palmada *n.f.* slap

palmas *n.f.pl.* clap; clapping; **uma salva de palmas:** a round of applause

palmeira *n.f.* palm (tree)

palmo *n.m.* (medida) span; handspan; **não ver um palmo à frente do nariz:** not to see a thing; **palmo a palmo:** inch by inch

pálpebra *n.f.* eyelid; palpebra

palpite *n.m.* **1** hunch; feeling; **tenho o palpite de que as coisas vão ser diferentes:** I have this hunch that things will turn out differently **2** hint; tip; suggestion; **vou dar-te um palpite:** I'll give you a hint

panar *v.* to bread; **panar os filetes:** to bread the fillets

pancada *n.f.* **1** blow; stroke **2** (encontrão) knock; bang **3** beating; brawl; **andar à pancada:** to have a brawl

panda *n.m.* (animal) panda

pandeireta *n.f.* tambourine

panela *n.f.* pot; **panela de pressão:** pressure cooker; **panelas e tachos:** pots and pans

panfleto *n.m.* pamphlet

pânico *n.m.* panic; alarm; **entrar em pânico:** to panic; to flap; **tomado de pânico:** panic-stricken

pano *n.m.* **1** cloth; **pano de pó:** wiper; duster; **pano para a louça:** dishcloth **2** (teatro) curtain; **subir o pano:** to raise the curtain

panorama *n.m.* panorama; landscape; scenery

panorâmico *adj.* panoramic; **vista panorâmica:** panoramic view

panqueca *n.f.* pancake

pântano *n.m.* swamp; marsh

pantera *n.f.* panther

pantufa *n.f.* slipper

pão *n.m.* **1** (individual) bread; **pão com manteiga:** bread and butter; **pão integral:** wholemeal bread **2** (para cortar) loaf; bread; **pão de forma:** tin loaf

papa *n.f.* **1** (bebés, doentes) pap; mush **2** (de cereais) porridge; *(informal)* **não ter papas na língua:** to be outspoken

Papa *n.m.* Pope

papá *n.m.* *(informal)* dad; daddy; papa

papa-formigas *n.m.* anteater

papagaio *n.m.* **1** (ave) parrot **2** (de papel) kite; **lançar um papagaio:** to fly a kite

papaia *n.f.* papaya

papar *v.* *(linguagem infantil)* to eat

papel *n.m.* **1** paper; **papel de embrulho:** wrapping paper; **papel higiénico:** toilet paper **2** (filme, peça de teatro) part; role; **desempenhar o papel principal:** to play the leading role

papelaria *n.f.* stationer's; stationer

papo *n.m.* **1** (inchaço) swell; swelling **2** (de ave) crop; *(informal)* **estar de papo para o ar:** to be lying on one's back; *(informal)* **isso já está no papo:** that's under control

papoila *n.f.* poppy

par *adj.* *(matemática)* even; **número par:** even number; **o número é par ou ímpar?:** is it an even or odd number? ◆ *n.m.* **1** pair; couple; **aos pares:** in pairs; **estar a par de uma situação:** to be aware of a matter **2** (conjunto) pair; **trabalhar aos/em pares:** to work in pairs **3** (roupa) pair; **um par de calças:** a pair of trousers; **um par de sapatos:** a pair of shoes

para *prep.* **1** (direção) to; **para mim:** to me; **para onde?:** where to? **2** (objetivo) for; **não servir para nada:** to be good for nothing **3** (finalidade) in order to; **para ser feliz:** in order to be happy **4** (temporal) for; around; **para o ano:** next year

parabéns *n.m.pl.* congratulations; **dar os parabéns a alguém por...:** to congratulate someone on...; *(aniversário)* **muitos parabéns!:** happy birthday!; many happy returns (of the day)!

parabólica *n.f.* satellite dish

para-brisas *n.m.* (de automóvel) windscreen

pára-brisas *a nova grafia é* **para-brisas**

parada *n.f.* **1** (desfile) parade; **participar numa parada:** to parade **2** (jogada) stake; **subir a parada:** to raise the stake

parado *adj.* still; motionless

paradoxo *n.m.* paradox

parafuso *n.m.* screw; bolt; **chave de parafusos:** screwdriver; *(informal)* **ter um parafuso a menos:** to have a screw loose

paragem *n.f.* **1** stop; **paragem cardíaca:** heart failure **2** (pausa) break; pause **3** (transporte) stop; **paragem de autocarro:** bus stop

parágrafo *n.m.* paragraph

paraíso *n.m.* paradise

para-lamas *n.m.* (automóvel) mudguard

pára-lamas *a nova grafia é* **para-lamas**

paralelismo *n.m.* parallelism

paralelo *adj.* similar; parallel ◆ *n.m.*
1 parallel; equivalent; **sem paralelo:**
unparalleled **2** *(geografia)* parallel

paramédico *n.m.* paramedic

parâmetro *n.m.* parameter

parapeito *n.m.* parapet; **parapeito
de janela:** window sill

parapente *n.m.* **1** *(planador)* paraglider
2 *(atividade)* paragliding; **voar em para-
pente:** to paraglide

paraquedas *n.m.* parachute; **sal-
tar de paraquedas:** to parachute

pára-quedas *a nova grafia é* **pa-
raquedas**

paraquedismo *n.m.* skydiving; para-
chute jumping

pára-quedismo *a nova grafia é*
paraquedismo

paraquedista *n.2gén.* parachutist;
skydiver

pára-quedista *a nova grafia é* **pa-
raquedista**

parar *v.* to stop; **mandar parar:** to
halt; **parar de chover:** to stop rain-
ing

para-raios *n.m.* lightning conductor

pára-raios *a nova grafia é* **para-
-raios**

parasita *adj.2gén.* parasitic ◆ *n.m.*
parasite

parceiro *n.m.* [*f.* parceira] partner;
mate

parcial *adj.2gén.* partial

pardal *n.m.* 👁 sparrow

parecença *n.f.* resemblance; like-
ness; **ter parecenças com alguém/
algo:** to bear a resemblance to some-
body/something

parecer *v.* **1** to seem; to look like;
ao que parece: apparently; **parece
que:** it seems like; it looks as though
2 *(opinião)* to think; to seem; **parece-
-me que...:** it seems to me that... ◆
parecer-se *(semelhança)* to look like;
to resemble; **ele parece-se com o pai:**
he looks just like his father ◆ *n.m.*
judgment; comment; statement

parecido *adj.* resembling; alike; **são
muito parecidos um com o outro:**
they look alike

paredão *n.m.* **1** *(em praia)* breakwater
2 *(em porto)* pier

parede *n.f.* wall; **parede-mestra:**
main wall

parente *n.2gén.* relative; **parentes
afastados/próximos:** distant/close
relatives

Para dizermos **parentes** em inglês
usamos a palavra **relatives**. Tam-
bém existe a palavra **parents** em in-
glês, mas quer dizer *pais (pai e mãe)*.

parentesco *n.m.* kinship; relation-
ship

parlamento *n.m.* parliament

pároco *n.m.* parish priest; parson

paróquia *n.f.* parish

parque *n.m.* park; **parque de cam-
pismo:** campsite, camping park; **par-
que de diversões:** amusement park;
parque de estacionamento: car
park; **parque infantil:** playground

parte *n.f.* **1** share; portion; lot; **em
parte:** partly; **pela minha parte:** as
far as I am concerned; **tomar parte
em:** to take part in **2** side; **chamar à**

parte: to call aside; **pôr de parte:** to put aside **3** (metade) half; **primeira parte do jogo:** first half of the match **4** (local) place; **em toda a parte:** everywhere

parteira n.f. midwife

partição n.f. partition; division

participação n.f. **1** (envolvimento) participation; involvement **2** (comunicação) communication; report

participante n.2gén. participant

participar v. **1** to participate; to take part; **participar numa atividade:** to participate in an activity **2** to give notice of; **participar um crime à polícia:** to give notice of a crime to the police

particípio n.m. participle; **particípio passado:** past participle

partícula n.f. particle

particular adj.2gén. private; **casa particular:** private house; (conversa) **em particular:** privately; particularly

partida n.f. **1** departure; leaving; **estar de partida:** to be about to leave **2** start; **à partida:** from the beginning; **ponto de partida:** starting point **3** (desporto) match; game; **uma partida de futebol:** a football match **4** (brincadeira) trick; prank; **pregar uma partida a alguém:** to play a trick on someone

partido adj. broken; cracked ♦ n.m. **1** party; **filiar-se num partido político:** to join a party **2** side; **tomar o partido de alguém:** to side with someone

partilhar v. to share; **partilhar alguma coisa com alguém:** to share something with someone

partir v. **1** to break; **partir ao meio:** to cut in halves; **partir aos bocados:** to break in pieces; **partir em dois:** to break in two; to halve; **partir um braço:** to break an arm **2** to depart; to leave; **a partir de agora:** from now on; **a partir de 1 de maio:** from the 1st May on; **a que horas parte o comboio?:** what time does the train leave?; **estar para partir:** to be about to leave

parto n.m. delivery; labour; **entrar em trabalho de parto:** to go into labour

parvo adj. foolish; silly ♦ n.m. [f. parva] fool; silly; idiot; **fazer figura de parvo:** to make a fool of oneself

parvoíce n.f. nonsense

Páscoa n.f. Easter; **domingo de Páscoa:** Easter Sunday

pasmado adj. astonished; amazed

passa n.f. (uva) raisin

passadeira n.f. **1** (escadas) stair carpet; (corredor) carpet; **passadeira vermelha:** red carpet **2** (rua) zebra crossing

passado n.m. past; **falar do passado:** to speak about the past ♦ adj. **1** (história) past; gone; **os tempos passados:** those far gone days **2** (tempo) past; last; **o mês passado:** last month **3** (informal) crazy; berserk; **deves estar passado!:** you must be crazy! **4** (alimento) done; **bife bem passado:** well-done steak

passageiro adj. passing; moving; **nuvens passageiras:** passing clouds ♦ n.m. passenger; traveller

passagem n.f. **1** passage; **a passagem do tempo:** the passage of time; **diga-se de passagem:** by the way; **passagem de modelos:** fashion show **2** (acesso) passage; passageway; **passagem para peões:** pedestrian crossing; **passagem de**

nível: level crossing **3** (caminho) way; **abrir passagem:** to make way; **tapar a passagem:** to block the way **4** (bilhete) fare; **quanto custou a passagem?:** how much was the fare? **5** (excerto) passage; section

passaporte n.m. passport

passar v. **1** to pass; to go; **deixa-me passar!:** let me through! **2** to go through; **passar por dificuldades:** to go through hardships **3** (tempo) to go by; **à medida que o tempo passa:** as time goes by **4** (cumprimento) to do; **como passou?:** how do you do?; **passar bem:** to do well; to be in good health **5** (exame) to pass **6** to spend; **passar tempo:** to spend time **7** (objeto) to hand; **passa-me a travessa, por favor:** hand me the plate, please **8** (roupa) to iron; to press **9** (jogo) to pass; **passar a bola ao adversário:** to pass the ball to one's opponent ◆ **passar-se** to happen; to go on; **o que se passa?:** what's going on?

pássaro n.m. 👁 bird

passatempo n.m. hobby

passear v. **1** to walk; **passear o cão:** to walk the dog **2** to take a walk; to go for a walk; (informal) **mandar alguém passear:** to send somebody packing; (informal) **vai passear!:** get out of here! **3** to stroll; **passear pela praia:** to stroll along the beach

passeio n.m. **1** walk; stroll; **ir dar um passeio a pé:** to go for a walk; **ir dar um passeio de carro:** to go for a drive **2** (GB) (das ruas) pavement; (EUA) sidewalk

passiva n.f. (construção, frase) passive

passivo adj. passive; unresponsive; **resistência passiva:** passive resistance

passo n.m. **1** step; **a cada passo:** every now and then; **ao passo que:** while; **dar um passo:** to take a step; **passo a passo:** step by step; **um passo em frente:** one step forward **2** (ritmo) pace; **a este passo:** at this pace; **a passo:** slowly **3** (figurado) move; **passo em falso:** wrong move; **qual é o próximo passo?:** what is the next move?

pasta n.f. **1** (de escola) schoolbag **2** (para documentos) briefcase **3** (para trabalhos) portfolio **4** paste; **pasta de dentes:** toothpaste **5** (informática) folder

pastagem n.f. pasture; pasturage; pastureland

pastar v. (gado) to pasture

pastel n.m. **1** (doce) pastry; tart **2** (doce ou salgado) pie; pasty; **pastel de carne:** meat pasty **3** (cor) pastel ◆ adj.2gén. (cor) pastel

pastelaria n.f. confectionery; confectioner's; baker's

pasteleiro n.m. pastry-cook; baker

pastilha n.f. **1** (comprimido) pill **2** (para chupar) pastille; lozenge; **pastilha para a garganta:** throat pastille **3** gum; **pastilha elástica:** chewing gum

pasto n.m. pastureland; pasture

pastor n.m. [f. pastora] **1** shepherd; herdsman; **cão pastor:** shepherd's dog **2** (padre) parson; parish priest

323

pata *n.f.* **1** paw; **pata dianteira:** fore foot; **pata traseira:** hind foot **2** (animal) female duck

patada *n.f.* *(informal)* kick

patamar *n.m.* **1** (de escadas) landing **2** *(figurado)* (nível) stage; level

paternal *adj.2gén.* paternal; fatherly

pateta *n.2gén.* **1** simpleton; jerk **2** fool; silly ♦ *adj.2gén.* foolish; silly

patetice *n.f.* **1** (disparate) nonsense **2** (tolice) silliness; foolishness

patim *n.m.* roller skate; **patins em linha:** rollerblades

patinador *n.m.* skater

patinagem *n.f.* skating; **patinagem artística:** figure skating; **patinagem no gelo:** ice skating

patinar *v.* **1** (pessoa) to skate; **ir patinar:** to go skating **2** (veículo) to skid; to slide

patinho *n.m.* duckling; **patinho de borracha:** rubber duck; **patinho feio:** ugly duckling

pátio *n.m.* yard; courtyard; **pátio da escola:** school yard

pato *n.m.* [f. pata] (espécie) duck; (macho) drake

patrão *n.m.* [f. patroa] boss; employer

pátria *n.f.* fatherland; motherland; homeland

pau *n.m.* stick; rod; **pau de vassoura:** broomstick; *(informal)* **pôr-se a pau:** to be on one's guard

paus *n.m.pl.* (cartas) clubs; **ás de paus:** ace of clubs

pausa *n.f.* **1** pause; break; time off; intermission; **fazer uma pausa:** to take a break **2** (paragem) stop

pauta *n.f.* **1** *(música)* stave **2** register; list; roll

pauzinhos *n.m.pl.* (comida chinesa) chopsticks

pavão *n.m.* 👁 peacock

pavilhão *n.m.* **1** (de exposições) pavilion **2** (de feira) stand **3** (de desportos) hall **4** (de ouvido) outer ear

pavimento *n.m.* **1** floor **2** pavement

pavor *n.m.* dread; terror; **ter pavor de:** to have a horror of

paz *n.f.* peace; **deixa-me em paz!:** let me be!; **deixar em paz:** to leave alone

pé *n.m.* **1** foot; **ao pé de:** next to; **em pé:** up; standing; **ir a pé:** to go on foot; **meter o pé na poça:** to put one's foot in it; **meter os pés pelas mãos:** to mess up; **sem pés nem cabeça:** without rhyme or reason **2** (de mobília) leg; **pé de uma cadeira:** leg of a chair **3** (de copo, flor) stem

peão *n.m.* **1** pedestrian; **rua para peões:** pedestrian street **2** (xadrez) pawn

peça *n.f.* **1** piece; item; **uma peça de roupa:** a piece of clothing **2** part; **peças sobresselentes:** spare parts **3** *(teatro)* play **4** (de jogos) playing piece

pecado *n.m.* sin; **cometer um pecado:** to commit a sin

pecar *v.* to sin

pé-coxinho *n.m.* hop; **a pé-coxinho:** hopping

pedaço *n.m.* **1** (pequena quantidade) bit; piece **2** piece; shatter; **ficar em pe-**

daços: to break down to pieces **3** morsel; scrap; chunk; **um pedaço de carne:** a chunk of meat; **um pedaço de pão:** a morsel of bread

pedal *n.m.* pedal

pedido *n.m.* **1** appeal; call; **pedido de ajuda:** call for help; **um pedido de desculpas:** an apology **2** request; demand; **a pedido de:** by desire of; at the request of; **aceder a um pedido:** to yield to a request **3** (encomenda) order; request; **fazer um pedido:** to place an order **4** (de casamento) proposal

pedinte *n.2gén.* beggar

pedir *v.* **1** to ask for; **pedir alguém em casamento:** to propose to someone; **pedir desculpas:** to apologize; **pedir esclarecimentos:** to ask for explanations; **pedir um conselho:** to ask for a piece of advice; **pedir um favor:** to ask a favour **2** to call; **pedir ajuda:** to call for help **3** to request; to demand; **pedir indemnização:** to claim damages from **4** (esmola) to beg **5** (encomendar) to order **6** (em oração) to pray

pedra *n.f.* **1** stone; **atirar pedras:** to throw stones; **pedra preciosa:** precious stone; gemstone; **pedra filosofal:** philosopher's stone **2** grain; **pedra de sal:** grain of salt **3** (jogo de damas) round piece; piece; man

pedreira *n.f.* stone quarry; stone pit

pedreiro *n.m.* mason; stonemason

pega (é) ♦ *n.f.* **1** (mala, tacho) handle **2** (de tecido) pot holder; (para o forno) oven mitt **3** (disputa) quarrel; row; **ter uma pega com:** to have a row with **4** (tourada) grappling

pegada *n.f.* **1** (de pés) footprint; footmark **2** (vestígio) trace; track; **seguir**

as pegadas de alguém: to follow someone else's track

pegajoso *adj.* sticky; slimy

pegar *v.* **1** (planta) to take root **2** (com cola) to stick; to glue **3** to take; to seize; to hold; **pegar em alguém ao colo:** to take someone up in one's arms **4** (motor) to start; **o carro não pega:** the car won't start **5** to tease; **estão sempre a pegar comigo:** they keep teasing me **6** (doença) to infect; **ele pegou-me a gripe:** he infected me with the flu **7** to set; **a casa pegou fogo:** the house set on fire; **pegar fogo a:** to set fire to ♦ **pegar-se** (figurado) to quarrel; to have a row; **eles pegaram-se:** they had a row

peito *n.m.* **1** chest; **tomar a peito:** to take it personally **2** (seio) breast; bosom; **criança de peito:** breast-fed child

peixaria *n.f.* fishmonger's; fish market

peixe *n.m.* fish; **estar como peixe fora de água:** to be out of one's element; **peixe fresco:** wet fish

peixe-espada *n.m.* swordfish

Peixes *n.m.pl.* (signo) Pisces; the Fishes

pele *n.f.* **1** skin; **arriscar a pele:** to risk one's neck; **pele de galinha:** goose flesh, goose pimples; **pele oleosa:** oily skin; **pele seca:** dry skin; **pele sensível:** sensitive skin; **ser só pele e osso:** to be all skin and bones **2** (tom de pele) complexion; **pele clara:** light complexion **3** (de animais) fur; **casaco de peles:** fur coat **4** (de couro) leather; **casaco em pele:** leather coat **5** (fruta, legumes) peel; **pele de tomate:** tomato peel

pele-vermelha *n.2gén.* redskin; American Indian

pelicano *n.m.* pelican

película *n.f.* film

pelo *n.m.* **1** (de pessoas) hair; **em pelo:** naked **2** ◈ (de animais) fur **3** (em tecido) nap

pêlo *a nova grafia é* **pelo**

peluche *n.m.* (brinquedo) soft toy; cuddly toy; **urso de peluche:** teddy bear

peludo *adj.* hairy

pena *n.f.* **1** (de ave) feather **2** (sentimento) pity; **ter pena de:** to be sorry for; **valer a pena:** to be worthwhile **3** penalty; **pena de morte:** death penalty

penálti *n.m.* penalty; **assinalar um penálti:** to give a penalty

pêndulo *n.m.* pendulum

pendurar *v.* to hang; **pendurar um quadro:** to hang a painting

peneirento *adj.* (informal) priggish; show-off ◆ *n.m.* (informal) prig; snob

penhasco *n.m.* cliff; ravine

península *n.f.* peninsula; **Península Ibérica:** Iberian Peninsula

pensamento *n.m.* thought

pensão *n.f.* **1** boarding house; guest house; (hotel) **meia pensão:** half board; (hotel) **pensão completa:** full board **2** (subsídio, reforma) pension; **pensão por invalidez:** disability allowance

pensar *v.* **1** to think; **em que pensas?:** what are you thinking of?; **não penses mais nisso!:** forget it!; **pensa bem!:** think it over!; **pensando melhor:** on second thoughts; **penso que ele não está a dizer a verdade:** I don't think he's telling the truth; **ter mais em que pensar:** to have other things on one's mind **2** (para si mesmo) to wonder; **estava apenas a pensar:** I was just wondering

pensativo *adj.* thoughtful; **estar pensativo:** to be lost in thought

penso *n.m.* dressing; **penso higiénico:** sanitary towel; sanitary napkin; **penso rápido:** Band-Aid; plaster

pente *n.m.* comb; **passar a pente fino:** to search all over

pentear *v.* **1** (cabelo) to comb **2** (cavalo) to curry ◆ **pentear-se** to comb one's hair; to do one's hair

penugem *n.f.* (de aves) down

penúltimo *adj.* the last but one; penultimate

pepino *n.m.* cucumber

pequenino *adj.* tiny ◆ *n.m.* child

pequeno *adj.* **1** (tamanho) small **2** (quantidade) little **3** (baixo) short ◆ *n.m.* [f. pequena] **1** (criança) child; little one; **os pequenos brincam na rua:** the little ones are playing in the street **2** (rapaz) boy; youngster; lad

pequeno-almoço *n.m.* breakfast; **pequeno-almoço à inglesa:** English breakfast; **pequeno-almoço continental:** continental breakfast; **tomar o pequeno-almoço:** to have breakfast

pera *n.f.* (fruto) pear

pêra *a nova grafia é* **pera**

perante *prep.* **1** before **2** in the face of

perceber *v.* **1** to understand; to comprehend; **não percebi nada do que ele disse:** I didn't understand a word

a
b
c
d
e
f
g
h
i
j
k
l
m
n
o
p
q
r
s
t
u
v
w
x
y
z

of what he said **2** (ouvir) to hear; to perceive **3** (pressentir) to sense; to feel

perceção *n.f.* perception

percentagem *n.f.* percentage; rate

percepção *a nova grafia é* **perceção**

percorrer *v.* **1** (a pé) to cover; **percorrer dez quilómetros num dia:** to cover ten kilometres in a day **2** (país) to travel over; **percorrer o país em campanha:** to travel all over the country in campaign

percurso *n.m.* **1** course; route **2** distance

percussão *n.f.* percussion; **instrumentos de percussão:** percussion instruments

perda *n.f.* **1** loss; **perda de sangue:** loss of blood; **sentimento de perda:** sense of loss **2** waste; **uma perda de tempo:** a waste of time

perdão *n.m.* **1** pardon; **(peço) perdão!:** (I beg your) pardon!; I am sorry! **2** forgiveness; **pedir perdão a alguém por alguma coisa:** to ask somebody for forgiveness for something

perdedor *n.m.* loser; **ser mau perdedor:** to be a bad loser

perder *v.* **1** to lose; **não tens nada a perder:** you have nothing to lose; **perder a calma:** to lose one's temper; **perder o emprego:** to lose one's job; **perder o interesse por:** to lose interest in; **perder o juízo:** to lose your mind **2** (oportunidade, transporte) to miss; **não perco esse filme por nada deste mundo:** I won't miss this film for the world **3** to waste; **perder tempo:** to waste time **4** (ser derrotado) to lose; **perder as eleições:** to lose the elections; **perder um jogo:** to lose a game **5** (sofrer derrota) to

lose; to be defeated ◆ **perder-se** to get lost; to go astray

perdigoto *n.m.* dribble

perdiz *n.f.* partridge

perdoar *v.* **1** to forgive; **nunca te perdoarei:** I will never forgive you; **perdoar alguém por fazer alguma coisa:** to forgive somebody for doing something **2** to excuse; to pardon; **perdoe a interrupção:** excuse my interrupting you **3** to pardon; **perdoar uma dívida:** to pardon a debt

peregrinação *n.f.* pilgrimage; **ir em peregrinação:** to go on a pilgrimage

peregrino *n.m.* pilgrim

pereira *n.f.* pear tree

perfeição *n.f.* perfection; **fazer algo com/na perfeição:** to do something perfectly

perfeitamente *adv.* perfectly; **isso é perfeitamente normal:** that's perfectly normal

perfeito *adj.* **1** perfect; **está um dia perfeito para um piquenique:** it's a perfect day for a picnic; **ninguém é perfeito:** nobody's perfect **2** absolute; complete; **isso é um perfeito disparate!:** that's absolute nonsense! ◆ *n.* (tempo verbal) perfect

perfumado *adj.* scented; **velas perfumadas:** scented candles

perfumar *v.* to perfume; to scent

perfumaria *n.f.* (indústria, loja) perfumery

perfume *n.m.* perfume; fragrance

pergunta *n.f.* question; **fazer uma pergunta a alguém:** to ask somebody a question; **responder a uma pergunta:** to answer a question

perguntar *v.* to ask; **perguntar o preço:** to ask the price; **perguntar por alguém:** to inquire after somebody ◆ **perguntar-se** to wonder

perigo *n.m.* danger; peril; **correr perigo:** to be in danger; **correr perigo de vida:** to be in mortal danger; **em perigo (de):** in danger (of); **estar fora de perigo:** to be out of danger; **perigo de morte:** danger

perigoso *adj.* **1** dangerous **2** (arriscado) risky

perímetro *n.m.* perimeter

período *n.m.* **1** period; time; span; **período do pós-guerra:** post-war period **2** (escola) term; trimester **3** (menstruação) period; **estar com o período:** to have your period **4** (gramática) sentence **5** (geologia) period; **o período Jurássico:** the Jurassic period

periquito *n.m.* budgerigar; budgie; parakeet

perito *n.m.* [f. perita] expert; specialist ◆ *adj.* expert; skilled; **o professor é perito em robótica:** the professor is an expert in robotics

permanecer *v.* **1** to remain **2** to stay

permanente *adj.2gén.* permanent

permissão *n.f.* permission; consent; **com a sua permissão:** with your permission; **dar permissão:** to give permission/consent; **pedir permissão para fazer alguma coisa:** to ask permission to do something

permitir *v.* to allow; to consent; **não é permitido fumar:** smoking is not allowed; **não são permitidas fotografias durante o espetáculo:** photographs are not allowed during the show

perna *n.f.* leg; **de pernas cruzadas:** cross-legged; **de pernas para o ar:** upside down; **esticar as pernas:** to stretch one's legs; **partir a perna:** to break your leg; (informal) **passar a perna a alguém:** to cheat someone

pero *n.m.* sweet apple; **são como um pero:** as fit as a fiddle

pêro *a nova grafia é* **pero**

pérola *n.f.* pearl; **colar de pérolas:** pearl necklace; (informal) **dar pérolas a porcos:** to cast pearls before swine

perpendicular *adj.* perpendicular ◆ *n.f.* (geometria) perpendicular line

perplexo *adj.* perplexed

perseguição *n.f.* **1** chase; pursuit; **em perseguição do ladrão:** in pursuit of the thief **2** persecution; **mania da perseguição:** persecution complex

perseguir *v.* **1** to chase; **o cão perseguiu o gato:** the dog chased the cat **2** to persecute; **os judeus foram perseguidos pela Inquisição:** Jews were persecuted by the Inquisition

persiana *n.f.* blind; **baixar as persianas:** to pull down the blinds; **subir as persianas:** to pull up the blinds

persistência *n.f.* persistence

persistente *adj.2gén.* **1** (pessoa) persistent; persisting **2** unremitting; incessant; **chuva persistente:** incessant rain; **tosse persistente:** unremitting cough

personagem *n.m. ou f.* **1** (de filme, romance) character; **personagem principal:** main character; **personagem secundária:** minor character **2** (pessoa conhecida ou importante) personality; celebrity

personalidade *n.f.* personality; character; **ter uma personalidade forte:** to have a strong character

personalizar *v.* to personalize

personificação *n.f.* personification

personificar *v.* to personify

perspectiva *a nova grafia é* **perspetiva**

perspetiva *n.f.* **1** perspective; **em perspetiva:** in perspective **2** point of view; opinion; **na minha perspetiva:** from my point of view

perspicácia *n.f.* acumen; insight; **perspicácia política:** political acumen

perspicaz *adj.2gén.* shrewd; perceptive

persuadir *v.* to persuade; to convince

pertencer *v.* **1** to belong; **este relógio pertence ao meu pai:** this watch belongs to my father **2** (*ser membro de*) to be part of; **Portugal pertence à União Europeia:** Portugal is part of the European Union

perto *adv.* **1** (*distância*) near; close; nearby **2** (*tempo*) nearly; close; **perto de:** (*espaço*) close to (*cerca de*) nearly; **de perto:** closely; **por perto:** nearby; close by

perturbar *v.* to upset; to disturb

peru *n.m.* [*f.* perua] turkey

peruca *n.f.* wig; **usar peruca:** to wear a wig

pesadelo *n.m.* nightmare; bad dream; **ter pesadelos:** to have nightmares; (*figurado*) **viver um pesadelo:** to go through a nightmare

pesado *adj.* **1** heavy; (*militar*) **artilharia pesada:** heavy artillery; **a minha mochila está muito pesada:** my backpack is very heavy; **sono pesado:** heavy sleep **2** hard; arduous; **trabalho pesado:** hard work

pêsames *n.m.pl.* condolences; **dar os pêsames a:** to offer one's condolences to; **os meus sentidos pêsames:** my heartfelt condolences

pesar *v.* to weigh; **ela pesa 50 quilos:** she weighs 50 kilos; (*figurado*) **pesar os prós e os contras:** to weigh up the pros and the cons; **quanto pesas?:** how much do you weigh? ◆ *n.m.* **1** sorrow; grief **2** regret; remorse

pesca *n.f.* **1** (*atividade*) fishing; 👁 **barco de pesca:** fishing boat; **cana de pesca:** fishing rod; **ir à pesca:** to go fishing **2** (*indústria*) fishery

pescada *n.f.* (*peixe*) whiting

pescador *n.m.* fisherman; fisher

pescar *v.* **1** to fish; **pescar truta:** to fish for trout **2** to go fishing; **amanhã vamos pescar:** we're going fishing tomorrow

pescoço *n.m.* neck

peso *n.m.* **1** weight; **50 quilos de peso:** 50 kilos in weight; **perder peso:** to lose weight; **peso bruto/líquido:** gross/net weight; (*boxe*) **peso pesado:** heavyweight; (*boxe*) **peso pluma:** feather weight **2** (*figurado*) burden; **ser um peso para alguém:** to be a burden for someone

pesquisa *n.f.* research; **fazer uma pesquisa:** to do research; **pesquisa de mercado:** market research

pesquisar *v.* to research

pêssego *n.m.* 👁 peach; **pele de pêssego:** peachy skin

pessegueiro *n.m.* peach tree
pessimismo *n.m.* pessimism
pessimista *adj.2gén.* pessimistic ♦ *n.2gén.* pessimist
péssimo 1 terrible; **foi uma péssima experiência:** it was a terrible experience **2** lousy; awful; **o tempo está péssimo:** the weather is lousy
pessoa *n.f.* person; **a maior parte das pessoas:** most people; **as pessoas:** people; **em pessoa:** in person; **pessoa alta/baixa:** tall/short person; **pessoa de confiança:** reliable person; **pessoa magra/gorda:** thin/fat person; *(gramática)* **primeira pessoa:** first person; **qualquer pessoa:** anyone; **quantas pessoas?:** how many people?; **ser boa pessoa:** to be a nice person; **uma pessoa de idade:** an old person
pessoal *adj.2gén.* **1** personal; **recorde pessoal:** personal best; **vida pessoal:** personal life **2** *(gramática)* personal; **pronome pessoal:** personal pronoun **3** private; **assuntos pessoais:** private matters ♦ *n.m.* **1** personnel; staff; **o pessoal da segurança:** the security personnel **2** *(informal)* guys; people; **olá, pessoal!:** hi guys!
pessoalmente *adv.* personally; in person
pestana *n.f.* eyelash
pestanejar *v.* to blink; to wink; **sem pestanejar:** without a wince

peste *n.f.* plague; **um surto de peste:** an outburst of plague
peta (pêta) *n.f. (informal)* fib; white lie; **contar uma peta:** to tell a fib
pétala *n.f.* petal
petiscar *v.* to nibble
petisco *n.m.* delicacy; dainty
petroleiro *n.m. (navio)* oil tanker
petróleo *n.m.* oil; **refinaria de petróleo:** oil refinery
peúga *n.f.* sock; **um par de peúgas:** a pair of socks
peugada *n.f.* **1** footstep **2** track; trail; **ir na peugada de alguém:** to follow someone's tracks
pevide *n.f.* pip; seed
pia *n.f.* **1** *(cozinha)* sink **2** *(para animais)* trough
piada *n.f.* **1** joke; crack; **boa piada!:** that's a good one!; **dizer uma piada:** to crack a joke **2** fun; **não tem piada nenhuma!:** it's not funny!
pianista *n.2gén.* pianist; piano player
piano *n.m.* piano; **piano de cauda:** grand piano; **piano vertical:** upright piano; **tocar piano:** to play the piano
pião *n.m.* 👁 *(brinquedo)* top; **fazer girar o pião:** to spin the top

piar *v. (ave)* to peep
pica *n.f. (informal) (injeção)* injection
picada *n.f.* **1** *(de inseto)* sting **2** *(de outro animal)* bite **3** *(de agulha, alfinete)* prick
picado *adj.* **1** pricked; stung **2** *(carne)* minced **3** *(cebola)* chopped **4** *(mar)* rough ♦ *n.m. (carne)* hash

picadora *n.f.* mincer

picante *adj.2gén.* **1** (comida) spicy; hot **2** (anedota) saucy; bawdy

pica-pau *n.m.* (ave) woodpecker

picar *v.* **1** (agulha, espinho) to prick; **picar o dedo numa agulha:** to prick onc's finger on a needle **2** (inseto) to sting; **fui mordida no braço por uma abelha:** I was stung in my arm by a bee **3** (mosquito, serpente) to bite **4** (pássaro) to peck **5** (alimentos) to mince; **picar carne:** to mince some meat **6** (roupa, tecido) to itch; to prickle; **esta camisola pica muito:** this sweater really itches ◆ **picar-se** to prick yourself; **ela picou-se nas roseiras:** she pricked herself in the rosebushes

pico *n.m.* **1** (de montanha) summit; peak **2** (de planta) thorn; prickle **3** (auge) climax; peak; **no pico do verão:** at the peak of summer **4** (informal) a little more; odd; **ela tem setenta e picos:** she is seventy odd; **era meia-noite e pico:** it was just after midnight

picotado *adj.* perforated ◆ *n.m.* perforation; **destacar pelo picotado:** tear out along the perforation

picotar *v.* (papel) to perforate

picuinhas *adj.2gén.2núm.* fussy; choosy

piedade *n.f.* mercy; pity; **ter piedade de alguém:** to have mercy on somebody

piegas *adj.2gén.2núm.* (lamechas) mawkish; sentimental

pijama *n.m.* pyjamas; **calças de pijama:** pyjama trousers; (informal) **festa do pijama:** pyjama party; **um pijama:** a pair of pyjamas

pilar *n.m.* (decorativo) pillar; (não decorativo) pier; column

pilha *n.f.* **1** pile; heap; **pilhas de livros:** piles of books **2** battery; **este rádio leva quatro pilhas:** this radio needs four batteries **3** (informal) torch; flashlight

pilotar *v.* **1** (avião) to fly; to pilot **2** (navio) to steer; to pilot **3** (carro de corrida) to drive

piloto *n.2gén.* pilot; **piloto automático:** automatic pilot; **piloto de corridas:** race driver ◆ *adj.* pilot; trial; **programa piloto:** pilot programme

pílula *n.f.* **1** (comprimido) pill; tablet **2** (contracetivo) the pill; **a pílula do dia seguinte:** the morning-after pill; **tomar a pílula:** to be on the pill

pimenta *n.f.* pepper; **grão de pimenta:** peppercorn; **moinho de pimenta:** pepper mill; **pimenta branca/preta:** white/black pepper

pimentão *n.m.* pepper

pimenteiro *n.m.* **1** (planta) pepper plant **2** (recipiente) pepper pot; pepper shaker

pimento *n.m.* chili pepper

pinça *n.f.* **1** (utensílio) tweezers; (pair of) pincers **2** (da lagosta) pincers

pincel *n.m.* paintbrush; **pincel de barbear:** shaving brush

pinga *n.f.* drop; **uma pinga de leite:** a drop of milk

pingar *v.* **1** to drip; to trickle; **a torneira está a pingar:** the tap is dripping **2** (chuva) to rain; **já está a pingar:** it's beginning to rain

pingo *n.m.* **1** drop; **pingo no nariz:** snivel; runny nose **2** (bebida) short caffé latte **3** (informal) a tiny bit; **ele não tem um pingo de vergonha:** he doesn't have the tiniest bit of shame

pingue-pongue *n.m.* ping-pong; table tennis

pinguim *n.m.* penguin; **pinguim imperador:** emperor penguin

pinha *n.f.* pine cone

pinhal *n.m.* pine forest
pinhão *n.m.* pine nut; pine kernel
pinheiro *n.m.* 👁 pine; **pinheiro bravo:** cluster pine; **pinheiro manso:** stone pine

pino *n.m.* **1** (ginástica) handstand; **fazer o pino:** to stand on one's hands **2** (ponto alto) peak; height; **no pino do verão:** in the peak of summer
Pinóquio *n.m.* (contos infantis) Pinocchio
pinta *n.f.* **1** (mancha) spot; mark **2** (bolinha) dot
pintainho *n.m.* 👁 chick

pintar *v.* **1** to paint; **mandar pintar a casa:** to have the house painted; **ela gosta de pintar paisagens a óleo:** she likes to paint landscapes in oil **2** (cabelo) to dye **3** (quadro, retrato) to paint; to portray
pintarroxo *n.m.* (pássaro) robin

pintassilgo *n.m.* (pássaro) goldfinch
pinto *n.m.* chick; baby chicken
pintor *n.m.* [f. pintora] **1** painter **2** (construção civil) decorator
pintura *n.f.* **1** (atividade artística) painting; **a pintura é um dos seus passatempos:** painting is one of her hobbies; **pintura a óleo:** oil painting; **pintura rupestre:** cave painting **2** (quadro) painting; picture **3** (de objeto, casa, carro) painting; coat of paint; **a casa está a precisar de uma pintura:** the house needs some painting
pio *n.m.* **1** (ave) chirp; tweet; peep **2** (coruja) cry; *(informal)* **não dar um pio:** to not say a word; **nem mais um pio!:** shut up!; **perder o pio:** to be left speechless
piolho *n.m.* louse
pionés *n.m.* drawing pin
pior *adj.2gén.* **1** worse; **cada vez pior:** worse and worse; **ir de mal a pior:** to go from bad to worse; **isto é pior do que aquilo:** this is worse than that **2** worst; **é o pior filme que já vi:** it is the worst film I have ever seen; **na pior das hipóteses:** if the worst comes to the worst ◆ *adv.* **1** worse; **ele faz o trabalho pior do que eu:** he does his work worse than I do **2** worst; **pior de tudo, perdi a carteira:** worst of all, I lost my wallet ◆ *n.m.* the worst; **o pior ainda está para vir:** the worst is yet to come
piorar *v.* **1** to worsen; to make worse; **não piores as coisas:** don't make things worse **2** to get worse; to worsen; **o doente piorou durante a noite:** the patient got worse during the night; **o tempo piorou:** the weather got worse

a
b
c
d
e
f
g
h
i
j
k
l
m
n
o
p
q
r
s
t
u
v
w
x
y
z

pipa *n.f.* cask; barrel; keg; **pipa de vinho:** wine-cask

pipocas *n.f.pl.* popcorn

piquenique *n.m.* picnic; **fazer um piquenique:** to go for a picnic

pirâmide *n.f.* pyramid

pirata *n.m.* pirate; **pirata do ar:** hijacker; **pirata informático:** hacker ♦ *adj.2gén.* pirate; **gravação pirata:** pirate recording; **rádio pirata:** pirate radio station

pires *n.m.2núm.* saucer

pirilampo *n.m.* (inseto) glow-worm; firefly

piroso *adj.* (informal) chintzy; corny

pirueta *n.f.* spin; whirl; (ballet) pirouette

pisadura *n.f.* bruise

pisar *v.* 1 to tread; to trample; **pisar as uvas para fazer o vinho:** to tread grapes to make wine; **pisaste-me!:** you trod on my foot! 2 (pôr o pé) to tread; **pisar os palcos:** to tread the stage; (figurado) **pisar o risco:** to step out of line

pisca-pisca *n.m.* (automóvel) winker; blinker

piscar *v.* 1 to wink; to blink; **num piscar de olhos:** in the blink of an eye 2 (luzes) to twinkle 3 (olhos) to blink

piscina *n.f.* swimming pool; **piscina coberta/interior:** indoor pool; **piscina exterior:** outdoor pool; **piscina olímpica:** Olympic pool

piso *n.m.* 1 paving; **piso de cimento:** concrete paving 2 (andar) storey; floor; **um edifício de dois pisos:** a two-storey building

pista *n.f.* 1 (corrida) running track 2 (de aeroporto) runway; **pista de aterragem:** landing strip 3 (de dança) dance floor 4 (rasto) trail; trace 5 (indício, sinal) clue; hint; lead; **dar uma pista:** to

drop/give a hint; **seguir pistas:** to follow leads

pistácio *n.m.* pistachio

pistola *n.f.* pistol; gun

pitada *n.f.* pinch; **uma pitada de sal:** a pinch of salt

piza *n.f.* 👁 pizza

pizaria *n.f.* pizzeria

placa *n.f.* 1 plate; sheet; **placa da matrícula:** number plate; license plate 2 (tabuleta) sign 3 (de fogão) hotplate

planador *n.m.* (avião) glider

planalto *n.m.* plateau; tableland

planar *v.* 1 to plane 2 to glide

planeamento *n.m.* planning; **planeamento familiar:** family planning

planear *v.* to plan; **estou a planear ir de férias para a semana:** I'm planning on going on holiday next week

planeta *n.m.* planet; **planeta Terra:** planet Earth

planetário *adj.* planetary; **sistema planetário:** planetary system ♦ *n.m.* planetarium

planície *n.f.* plain; prairie

plano *adj.* flat; level; even ♦ *n.m.* 1 (matemática) plane 2 plane; level; **neste plano:** at this level 3 plan; project; **mudar os planos de alguém:** to change someone's plans

planta *n.f.* 1 plant; **plantas medicinais:** medicinal herbs 2 (construção) plan; diagram

plantação *n.f.* **1** (cultivo) planting **2** (terreno cultivado) plantation; **plantação de açúcar:** sugar plantation

plantar *v.* to plant; **plantar árvores:** to plant trees

plástico *n.m.* plastic ◆ *adj.* plastic; **artes plásticas:** plastic arts

plataforma *n.f.* platform

plateia *n.f.* **1** (sala de espetáculos) main level; stalls **2** (público) audience; public; viewers

plenamente *adv.* completely; absolutely

pleno *adj.* **1** full; filled; **dar plenos poderes:** to invest with full powers **2** complete; entire; **em pleno dia:** in broad daylight; **em pleno inverno:** in the middle of winter

pluma *n.f.* plume

plural *adj.2gén. e n.m.* plural; **no plural:** in the plural; **qual é o plural de...?:** what's the plural of...?

Plutão *n.* (astronomia, mitologia) Pluto

pneu *n.m.* 👁 tyre; **pneu furado:** flat tyre; **pneu sobresselente:** spare tyre

pó *n.m.* **1** powder; **leite em pó:** powdered milk; **pano do pó:** wiper; **pó de talco:** talcum powder **2** (sujidade) dust; **cheio de pó:** dusty; **limpar o pó:** to dust

pobre *adj.2gén.* **1** poor; needy **2** (qualidade) poor; bad ◆ *n.2gén.* poor person

pobreza *n.f.* poverty

poça *n.f.* puddle; pool; *(informal)* **meter o pé na poça:** to blow it

poção *n.f.* potion; **poção mágica:** magical potion

pocilga *n.f.* pigsty

poço *n.m.* **1** well; **poço de petróleo:** oil well **2** (de ar) bump

podar *v.* to prune; to lop

poder *v.* **1** (autorização) may; **posso entrar?:** may I come in? **2** (capacidade) can; to be able to **3** (possibilidade) can; **não pode ser verdade!:** that can't be true!; **vou fazer o que puder:** I will do all that I can **4** (suposição) may; might; **ele pode ter perdido o comboio:** he might have missed the train ◆ *n.m.* power; authority; **assumir o poder:** to assume power

poderoso *adj.* powerful; strong

poeira *n.f.* dust

poema *n.m.* poem; **recitar um poema:** to recite a poem

poente *adj.2gén.* setting; **sol poente:** setting sun ◆ *n.m.* west

poesia *n.f.* poetry

poeta *n.2gén.* poet

poético *adj.* poetical; poetic

poetisa *n.f.* poetess

pois *conj.* because; since; as ◆ *adv.* quite; right; precisely; **pois claro:** certainly; of course

polar *adj.2gén.* polar; **Estrela Polar:** Pole Star; **urso polar:** polar bear

polegada *n.f.* (medida) inch

polegar *n.m.* thumb

Polegarzinho *n.m.* (contos infantis) Little Tom Thumb

pólen *n.m.* pollen

polícia *n.f.* police; **esquadra da polícia:** police station ◆ *n.2gén.* (agente)

a b c d e f g h i j k l m n o p q r s t u v w x y z

policeman; police officer; *(informal)* cop

polir *v.* to polish

polissilábico *adj.* polysyllabic

polissílabo *n.m.* polysyllable

política *n.f.* **1** (ciência) politics **2** (atividade) policy; **política ambiental:** environmental policy

político *adj.* political; **prisioneiro político:** political prisoner ♦ *n.m.* politician; statesman

polo *n.m.* **1** pole; **polo norte:** North Pole; **polo sul:** South Pole **2** (desporto) polo; **jogo de polo:** polo match; **polo aquático:** water polo **3** (camisola) jumper; sweater

pólo *a nova grafia é* **polo**

polpa *n.f.* (fruta, legume) pulp; flesh

poltrona *n.f.* armchair

poluente *adj.2gén.* polluting ♦ *n.m.* pollutant

poluição *n.f.* pollution; contamination; **poluição atmosférica:** air pollution; **poluição sonora:** noise pollution

poluir *v.* to pollute

polvo *n.m.* octopus

pólvora *n.f.* gunpowder

pomada *n.f.* cream

pomar *n.m.* **1** (terreno) orchard **2** (loja) greengrocer's

pomba *n.f.* dove

pombal *n.m.* dovecote

pombo *n.m.* pigeon

pombo-correio *n.m.* carrier pigeon; homing pigeon

pompom *n.m.* pompom

pónei *n.m.* pony; **andar de pónei:** to ride a pony

ponta *n.f.* **1** extremity; end; **de ponta a ponta:** from beginning to end **2** tip; **ponta do nariz:** tip of the nose; **pôr-se na ponta dos pés:** to stand on tiptoe **3** extremity; border; edge; *(informal)* **até à ponta dos cabelos:** up to one's ears; **na ponta da mesa:** at the edge of the table **4** summit; peak; **hora de ponta:** rush hour

pontapé *n.m.* kick; **dar um pontapé:** to kick; (futebol) **pontapé de saída:** kickoff

pontaria *n.f.* aim; **errar a pontaria:** to miss one's aim; **fazer pontaria:** to take aim

ponte *n.f.* 👁 bridge

ponteiro *n.m.* **1** (de relógio) hand **2** (de instrumentos) pointer; needle

pontiagudo *adj.* sharp; pointed

ponto *n.m.* **1** point; **ponto cardeal:** cardinal point; **ponto de partida:** point of departure; **ponto de vista:** point of view **2** (lugar) spot; **ponto de encontro:** meeting place **3** (sinal gráfico) dot; **dois pontos:** colon; **ponto de interrogação:** question mark; **ponto e vírgula:** semicolon; **ponto final:** full stop **4** (costura) stitch; **ponto de cruz:** cross stitch **5** (escola) test **6** *(culinária)* degree; **ponto de rebuçado:** sugar-degree **7** (jogos) score; **quantos pontos temos?:** what's our score?

pontuação *n.f.* **1** punctuation; **sinal de pontuação:** punctuation mark **2** *(desporto)* score; **quadro da pontuação:** score board

pontual *adj.2gén.* punctual; on time

pontualidade *n.f.* punctuality

popó *n.m. (linguagem infantil)* car

população *n.f.* population; **aumento de população:** increase in population

popular *adj.2gén.* **1** popular; widespread; **crenças populares:** widespread belief **2** popular; **ser uma pessoa popular:** to be a popular person **3** folk; **canção popular:** folk song

popularidade *n.f.* popularity

por *prep.* **1** by; **por mar:** by sea **2** *(lugar)* through; **andar pela praia:** to walk through the beach **3** *(causa)* out of; **agir por medo:** to act out of fear **4** for; **trabalhar por dinheiro:** to work for money **5** *(distribuição)* per; **dez por pessoa:** ten per person

pôr *v.* **1** to put; **põe-te no meu lugar:** put yourself in my position; **pôr de parte:** to put aside; **pôr fim a:** to put an end to; **sem tirar nem pôr:** precisely **2** to lay; to place; to set; **pôr a mesa:** to lay the table; **pôr as cartas na mesa:** to lay one's cards on the table **3** to start; to set; to carry out; **pôr em andamento:** to start rolling **4** *(ovos)* to lay **5** *(aparelho)* to turn; **põe o rádio mais alto:** turn the radio up; **põe o rádio mais baixo:** turn the radio down ◆ **pôr-se 1** *(sol)* to set **2** *(posição)* to stand up; to rise; **põe-te a pé!:** stand up!; **pôr-se de joelhos:** to kneel down

porca *n.f.* **1** *(animal)* sow **2** *(peça)* screw nut

porção *n.f.* portion; share

porcaria *n.f.* dirt; filth

porcelana *n.f.* china; chinaware; porcelain; **serviço de porcelana:** china set

porco *n.m.* **1** pig **2** *(culinária)* pork; **carne de porco:** pork meat ◆ *adj.* dirty; filthy

porco-espinho *n.m.* porcupine

pôr-do-sol *a nova grafia é* **pôr do sol**

pôr do sol *n.m.* sunset; **ao pôr do sol:** at sunset

porém *conj.>adv.*[DT] yet; but; however

pormenor *n.m.* detail; **em pormenor:** in detail; **entrar em pormenores:** to go into details

porque *conj.* because; as; **eu não vou sair porque não me apetece:** I'm not going out because I don't feel like ◆ *adv.* why; **porque dizes isso?:** why do you say that?; **porque não?:** why not?

porquê *adv.* why; **porquê isso agora?:** why that? ◆ *n.m.* cause; reason; **os porquês das coisas:** the reasons why

porquinho-da-índia *n.m.* *(animal)* guinea pig

porta *n.f.* door; **bater com a porta:** to slam the door

porta-aviões *n.m.* *(navio)* aircraft carrier; carrier

porta-bebés *n.m.2núm.* *(às costas, ao peito)* sling

porta-chaves *n.m.* **1** *(carteira)* key holder **2** *(anel)* key-ring

portagem *n.f.* **1** *(quantia)* toll; **estrada com portagem:** toll road **2** *(local)* toll; tollgate; tollbooth

portanto *conj.* therefore; consequently; as a consequence

a
b
c
d
e
f
g
h
i
j
k
l
m
n
o
p
q
r
s
t
u
v
w
x
y
z

portão *n.m.* 👁 gate; gateway

portar-se *v.* to behave; **portar-se bem:** to behave; **portar-se mal:** to misbehave
portátil *adj.2gén.* portable; **computador portátil:** laptop ♦ *n.m.* (computador) laptop
porta-voz *n.2gén.* spokesperson
porteiro *n.m.* **1** doorkeeper; doorman; **porteiro automático:** entryphone **2** (GB) (de hotel) porter; (EUA) doorman **3** (de escola) caretaker; janitor
porto *n.m.* **1** port; **entrar no porto:** to enter port; **porto de escala:** call port **2** harbour
Portugal *n.m.* Portugal
português *adj. e n.m.* [f. portuguesa] Portuguese
posição *n.f.* position; **posição horizontal:** horizontal position; **posição vertical:** vertical position
positivo *adj.* **1** positive; **ter uma atitude positiva:** to have a positive attitude **2** affirmative; **uma resposta positiva:** an affirmative answer
posse *n.f.* possession; ownership; **posse de terras:** possession of land; **ter na sua posse:** to have in one's possession; **tomar posse:** to take possession
possessivo *adj.* possessive; **pronome possessivo:** possessive pronoun; **uma pessoa possessiva:** a possessive person

possibilidade *n.f.* possibility; **não há qualquer possibilidade:** there is no possibility
possível *adj.2gén.* possible; **é bem possível:** it may well be; **fazer todos os possíveis (para):** to do one's best (to); **não é possível!:** it can't be!; **o mais depressa possível:** as soon as possible
possivelmente *adv.* possibly; probably
possuir *v.* to possess; to own
posta *n.f.* **1** slice; piece **2** (de peixe) steak; **posta de salmão:** salmon steak
postal *adj.2gén.* postal; **vale postal:** postal order ♦ *n.m.* postcard; card; **postal ilustrado:** postcard
poste *n.m.* post; pole; **postes da baliza:** goalposts; **poste de iluminação:** lamp-post
posterior *adj.2gén.* **1** posterior; subsequent; **ser posterior a:** to be subsequent to **2** (seguinte) following; later
postiço *adj.* false; artificial; **cabeleira postiça:** wig; **dentes postiços:** false teeth
posto *n.m.* **1** (emprego) post **2** (local) station; post; **posto de observação:** observation post **3** (militar) rank ♦ *adj.* **1** (objeto) placed; put; set **2** (sol) set
potável *adj.2gén.* drinkable; **água potável:** drinking water
pote *n.m.* **1** 👁 pot **2** (bacio) chamber pot

potência *n.f.* **1** power; **de grande potência:** high-powered **2** *(matemática)* power; **elevar à terceira potência:** to raise into the third power

potencial *adj.2gén.* potential; possible ◆ *n.m.* potential; **ter muito potencial:** to have a lot of potential

potente *adj.2gén.* potent; powerful

pouco *det.indef.>quant.exist.*DT little; few; **há pouco tempo:** a little while ago; **poucas vezes:** a few times ◆ *pron.indef.* few; little; **poucos vieram à festa:** few came to the party ◆ *adv.* **1** little; not much; **eu percebo pouco disso:** I don't know much about it; **fazer pouco de alguém:** to make fun of someone; **pouco a pouco:** little by little **2** *(tempo)* little; **dentro em pouco:** in no time; **pouco depois:** soon after ◆ *n.m.* little; bit; **espera um pouco!:** wait a moment!; **um pouco de:** a bit of

poupado *adj.* economical; thrifty

poupança *n.f.* thrift; savings

poupar *v.* *(dinheiro, esforços)* to save ◆ **poupar-se** to spare; **não se poupar a esforços:** to spare no pains; **poupa-me os detalhes:** spare me from details

pousada *n.f.* guest house; **pousada de juventude:** youth hostel

pousar *v.* **1** *(objeto)* to put down; to set down; **pousa a mala:** put your suitcase down **2** *(telefone)* to hang up **3** *(avião)* to land **4** *(pássaro)* to perch

povo *n.m.* **1** people; **os povos de língua inglesa:** English-speaking people **2** folk; **cultura do povo:** folk culture

povoação *n.f.* **1** *(vila)* village **2** *(conjunto de casas)* settlement

povoar *v.* to populate

praça *n.f.* **1** square; plaza; **praça de táxis:** taxi rank; taxi stand; **praça de touros:** bullring **2** *(feira)* market place

prado *n.m.* meadow

praga *n.f.* curse; **lançar uma praga a alguém:** to curse someone

praia *n.f.* beach; **ir à praia:** to go to the beach

prancha *n.f.* board; **prancha de surf:** surfboard; *(natação)* **prancha para mergulho:** diving board

prata *n.f.* silver; **medalha de prata:** silver medal

prateleira *n.f.* **1** *(de móvel)* shelf **2** *(de estante)* rack

prática *n.f.* **1** practice; **pôr em prática:** to put into practice; **prática corrente:** common practice **2** experience; **falta de prática:** inexperience; lack of experience; **ter prática em:** to be experienced in

praticar *v.* *(atividade, desporto)* to practise; to exercise

prático *adj.* **1** *(pessoas)* practical; matter-of-fact **2** *(roupa)* practical; functional; casual

prato *n.m.* **1** *(objeto)* dish; plate; **prato de sobremesa:** dessert plate; **prato raso:** dinner plate **2** *(refeição)* course; **prato do dia:** today's special; **prato principal:** main course **3** *(de balança)* pan; scale

prazer *n.m.* pleasure; enjoyment; delight; **com todo o prazer:** with pleasure; **prazer em conhecê-lo!:** nice to meet you!; **ter prazer em:** to take delight in; to find pleasure in

prazo *n.m.* term; **fora do prazo:** outdated; **prazo de validade:** expiry date; **prazo limite:** deadline

precioso *adj.* precious; **pedra preciosa:** precious stone

precipício *n.m.* precipice; cliff; **cair num precipício:** to fall into a cliff

precipitado *adj.* hasty; **ser precipitado:** to be hasty; **tirar conclusões precipitadas:** to jump to conclusions

precisamente *adv.* precisely

precisar *v.* 1 (ter necessidade) to need; to want; **precisas de mais alguma coisa?:** do you need anything else?; **tu não precisas disso:** you don't need that 2 (ter obrigação) must; have to; need to; **já não precisar de:** to have no further use for; **não precisas de ir:** you needn't go; **preciso de vê-lo:** I have to see him

preciso *adj.* 1 necessary; needful; **se for preciso:** in case of need 2 precise; exact; **nesse preciso momento:** in that precise moment

preço *n.m.* price; cost; **a qualquer preço:** at any price; **os preços estão a subir:** prices are going up; **não ter preço:** to be priceless; **preço fixo:** set price; **qual é o preço disto?:** how much is this?

preconceito *n.m.* prejudice

prédio *n.m.* 👁 building; **prédio de apartamentos:** apartment building

preencher *v.* 1 (impresso) to fill in 2 (requisitos) to fulfil; to meet; to satisfy 3 (cargo, vaga) to fill

prefácio *n.m.* preface; foreword

preferência *n.f.* preference; **dar preferência a:** to give (a) preference to; **de preferência:** preferably

preferir *v.* to prefer; **ela prefere andar a pé a andar de bicicleta:** she prefers walking to cycling; **eu preferia ir sozinha:** I would rather go alone; **prefiro café a chá:** I prefer coffee to tea

prefixo *n.m.* prefix

prega *n.f.* fold; pleat

pregar (prégár) *v.* to preach; **pregar a palavra de Deus:** to preach the word of God

pregar (pregar) *v.* 1 to hammer; **pregar um prego numa parede:** to hammer a nail into a wall 2 (alfinete, pionés) to pin 3 (botão) to sew on

prego *n.m.* 1 nail; tack; **pregar um prego:** to hammer a nail 2 (bife) steak; **prego em pão:** steak sandwich

preguiça *n.f.* laziness; sloth; **ter preguiça:** to be lazy

preguiçoso *adj.* lazy; idle; indolent

pré-história *n.f.* prehistory

pré-histórico *adj.* prehistoric

prejudicar *v.* 1 to be harmful to; to harm 2 to damage

prejudicial *adj.2gén.* prejudicial; detrimental; harmful

prejuízo *n.m.* 1 loss; **um prejuízo de milhares de euros:** a loss of thousands of euros 2 damage; harm; **causar prejuízo:** cause damage

prematuro *adj.* premature

prémio *n.m.* prize; **ganhar o prémio Nobel da Paz:** to win the Nobel

Peace prize; **prémio de consola-ção:** consolation prize

prenda *n.f.* gift; present; **dar uma prenda a alguém:** to give somebody a present

prender *v.* **1** to arrest; **prender alguém por alguma coisa:** to arrest someone for something **2** to lock up; **prender o cão na garagem:** to lock up the dog in the garage **3** to fix; **prender a prateleira à parede:** to fix the counter to the wall **4** (cabelo) to tie back ◆ **prender-se** to get stuck; to get caught

preocupação *n.f.* anxiety; worry; apprehension

preocupado *adj.* worried; concerned

preocupar *v.* to worry; to bother; **preocupa-me que ela trabalhe tanto:** it worries me that she works so much ◆ **preocupar-se** to worry; to get worried; **não te preocupes comigo!:** don't worry about me!

pré-pagamento *n.m.* prepayment

preparação *n.f.* preparation; training; **preparação para o exame:** preparation for the exam

preparado *adj.* prepared; ready; **bem preparado:** well prepared; **estar preparado para:** not to be ready for; **mal preparado:** ill-prepared

preparar *v.* **1** to prepare **2** to arrange; **preparar uma festa:** to arrange a party ◆ **preparar-se** to get ready; **preparar-se para sair:** to get ready to go out

preparativos *n.m.pl.* preparations

preposição *n.f.* preposition

pré-primária *n.f.* infant school

presa *n.f.* prey

presença *n.f.* **1** presence; **na presença de:** his presence annoys me

2 presence; existence; **presença de álcool no sangue:** presence of alcohol in the blood

presente *n.m.* **1** (tempo) (the) present **2** (prenda) present; gift ◆ *adj.2gén.* **1** present; **estar presente (em):** to be present (at) **2** present; current; **no tempo presente:** at the present time

presépio *n.m.* crib

preservar *v.* to preserve; to maintain

preservativo *n.m.* condom

presidente *n.2gén.* **1** president; **Presidente da República:** President of the Republic **2** (de empresa) chairman; chairwoman **3** (de câmara) mayor

preso *adj.* **1** arrested; **estar preso durante vários anos:** to be in jail for several years **2** stuck; **ficar preso no trânsito:** to be stuck in traffic ◆ *n.m.* prisoner; convict

pressa *n.f.* haste; hurry; rush; **à pressa:** in haste; in a hurry; **a toda a pressa:** at full speed; **estar com pressa:** to be in a hurry; **não tenhas pressa!:** take your time!

pressão *n.f.* pressure; **estar sob pressão:** to be under pressure; **pressão arterial:** blood pressure

pressentimento *n.m.* **1** (negativo) foreboding; presentiment **2** feeling; **um bom pressentimento:** a good feeling

pressentir *v.* to forebode; to foretell; to predict

pressupor *v.* to presuppose; to presume

prestar *v.* **1** to pay; **prestar atenção a:** to pay attention to **2** to take; **prestar juramento:** to take an oath **3** to be of use; **não prestar para**

nada: to be good for nothing; to be of no use

prestes *adj.* ready; **estar prestes a:** to be on the point of

prestígio *n.m.* prestige

presunto *n.m.* 👁 smoked ham

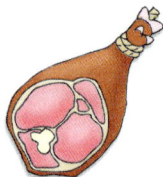

pretendente *n.2gén.* claimant; pretender

pretender *v.* to wish; to want

pretérito *n.m.* (tempo verbal) past tense

pretexto *n.m.* pretext; excuse; **arranjar um pretexto para:** to find a pretext for; **com o pretexto de:** under the pretence of

preto *adj. e n.m.* (cor) black; **fotografia a preto e branco:** black and white photo; **pôr alguma coisa preto no branco:** to put something down in black and white

prevenir *v.* to prevent; **mais vale prevenir que remediar:** prevention is better than cure

prever *v.* to predict

prévio *adj.* previous; prior; **aviso prévio:** prior notice

previsão *n.f.* forecast; prediction; **previsão meteorológica:** weather forecast

previsto *adj.* 1 foreseen; predicted; **tal como previsto:** as foreseen 2 expected; **o comboio tem chegada prevista para as 10 horas:** the train is expected at 10 o'clock

primário *adj.* primary; **escola primária:** primary school

primata *n.m.* primate

primavera *n.f.* (estação do ano) spring; **na primavera:** in spring

primeiro *num.ord.>adj.num.*^DT 1 first; **primeira pessoa:** first person; **primeiro lugar:** first place; **primeiros socorros:** first aid; **viajar em primeira classe:** to travel first class 2 fundamental; basic; **bens de primeira necessidade:** basic needs ◆ *n.m.* 1 the first 2 the best; **ser o primeiro da turma:** to be the best in one's class 3 (andar) first floor ◆ *adv.* 1 first; **chegar primeiro:** to come first; **primeiro que tudo:** first of all 2 firstly

primeiro-ministro *n.m.* [f. primeira-ministra] prime minister; premier

primitivo *adj.* primitive

primo *n.m.* [f. prima] cousin; **primo afastado:** distant cousin; **primo direito:** first cousin; **primo em segundo grau:** second cousin ◆ *adj.* 1 (número) prime 2 raw; **matérias primas:** raw materials

princesa *n.f.* princess

principal *adj.2gén.* main; principal; chief; **estrada principal:** main road; **prato principal:** main course; **rua principal:** main street; high street

príncipe *n.m.* prince; **príncipe herdeiro:** Crown Prince

principiante *n.2gén.* beginner

princípio *n.m.* 1 beginning; start; outset; **desde o princípio:** from the beginning; **do princípio ao fim:** from beginning to end 2 principle; **em princípio:** in principle; **ser fiel aos seus princípios:** to stick to one's principles

prioridade *n.f.* priority; **dar prioridade a:** to give priority to

prioritário *adj.* urgent; **assunto prioritário:** urgent business

prisão *n.f.* **1** prison; jail; **ir para a prisão:** to go to prison; **prisão de alta segurança:** high-security prison **2** arrest; detention; **ordem de prisão:** warrant of arrest; **prisão domiciliária:** house arrest

prisioneiro *n.m.* prisoner; convict

prisma *n.m.* 👁 prism

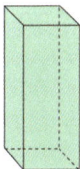

privacidade *n.f.* privacy; **falta de privacidade:** lack of privacy

privado *adj.* private; personal; **em privado:** in private

privativo *adj.* private; **parque de estacionamento privativo:** private car park

privilégio *n.m.* privilege

proa *n.f.* prow; bow

probabilidade *n.f.* probability

problema *n.m.* problem; **resolver um problema:** to solve/fix a problem

processo *n.m.* **1** process; **processo de aprendizagem:** learning process **2** *(direito)* lawsuit; **instaurar um processo contra:** to file a suit against; to take legal action against

procura *n.f.* search; pursuit; quest; **à procura de:** in search of; in pursuit of

procurar *v.* **1** to search for; to look for; **procurar emprego:** to look for a job **2** to try; **procurei falar com ela:** I tried to talk to her

produção *n.f.* production; **produção em massa:** mass production

produtivo *adj.* productive

produto *n.m.* product

produtor *n.m.* producer

produzir *v.* **1** to produce; to manufacture **2** *(produtos naturais)* to produce; to grow

professor *n.m.* [*f.* professora] **1** teacher; **professora de Inglês:** English teacher **2** *(em universidade)* professor

profissão *n.f.* profession; job; **qual é a sua profissão?:** what's your job?

profissional *adj.2gén.* professional; **formação profissional:** professional training ◆ *n.2gén.* professional; **profissionais de saúde:** health professionals

profundidade *n.f.* depth; **a uma profundidade de 100 metros:** at a depth of 100 metres; **em profundidade:** deeply

profundo *adj.* **1** deep; **águas profundas:** deep waters **2** deep; strong; **sentimentos profundos:** strong feelings **3** *(respiração, sono)* deep; heavy

programa *n.m.* **1** *(televisão, rádio)* programme **2** *(folheto)* programme **3** *(escola, universidade)* curriculum **4** *(informática)* program

programação *n.f.* **1** planning **2** *(televisão)* TV programming

programador *n.m.* *(informática)* programmer

programar *v.* to plan; to arrange

progredir *v.* **1** *(conhecimento, pessoa)* to progress; to develop **2** *(tempo, situação)* to improve

progresso *n.m.* progress; **fazer grandes progressos:** to make great progress

proibição *n.f.* prohibition; forbiddance

proibido *adj.* forbidden; **proibida a entrada:** no entry; no admittance; **proibido fumar:** no smoking

proibir *v.* to forbid; to prohibit; **estás proibida de falar sobre o assunto:** you are forbidden to mention the subject

projecto *a nova grafia é* **projeto**

projector *a nova grafia é* **projetor**

projeto *n.m.* project; plan

projetor *n.m.* 👁 projector

prolongamento *n.m.* **1** prolongation **2** (prazo) extension **3** (jogo) extra time

promessa *n.f.* promise; **cumprir uma promessa:** to keep a promise; **fazer uma promessa:** to make a promise; **quebrar uma promessa:** to break a promise

prometer *v.* to promise

promoção *n.f.* promotion; (produto) **estar em promoção:** to be at a discount

pronome *n.m.* pronoun; **pronome demonstrativo:** demonstrative pronoun; **pronome pessoal:** personal pronoun; **pronome possessivo:** possessive pronoun; **pronome relativo:** relative pronoun

pronto *adj.* **1** ready; **estou quase pronta!:** I'm nearly ready! **2** ready; willing; **ela está sempre pronta para a borga:** she is always ready to party; **ele está sempre pronto a ajudar os amigos:** he is always willing to help his friends **3** ready; **o jantar está pronto:** dinner is ready **4** prompt; immediate; **resposta pronta:** prompt reply

prontuário *n.m.* handbook; manual

pronúncia *n.f.* pronunciation; accent

pronunciar *v.* (som, palavra) to pronounce

propor *v.* to propose; to suggest

proporção *n.f.* proportion

proposição *n.f.* **1** (proposta) proposition **2** (declaração) statement **3** (frase) sentence

propósito *n.m.* purpose; aim; **a propósito:** by the way; **de propósito:** intentionally; on purpose

proposta *n.f.* proposal; proposition; **aceitar uma proposta:** to accept an offer; **proposta de casamento:** marriage proposal; **recusar uma proposta:** to turn down an offer

propriedade *n.f.* **1** property; quality; **propriedades medicinais:** medicinal properties **2** property; real estate; **propriedade privada:** private property

proprietário *n.m.* [f. proprietária] **1** proprietor; owner **2** (de terras) landlord; landlady

próprio *adj.* **1** own; **o meu próprio carro:** my (very) own car; **o meu próprio filho:** my own son **2** self; **ele próprio me contou:** he told me himself; **eu próprio vou falar com ela:** I'll speak to her myself **3** proper; right; **no momento próprio:** at the right moment; **nome próprio:** proper name **4** precise; very; **no próprio dia:** on the very day

prosa n.f. prose

prosperidade n.f. prosperity

próspero adj. prosperous

protagonista n.2gén. **1** (livro) main character; protagonist **2** (filme) leading actor/actress **3** (de acontecimento) main protagonist

proteção n.f. protection

protecção a nova grafia é **proteção**

protector a nova grafia é **protetor**

proteger v. to protect; **proteger o ambiente:** to protect the environment

protegido adj. protected

proteína n.f. protein

protestar v. **1** to protest **2** to demonstrate; **protestar por melhores salários:** to demand better salaries

protesto n.m. protest

protetor n.m. protector; **protetor solar:** sunscreen

prova n.f. **1** proof; **à prova de água:** waterproof; **como prova de:** in proof of **2** (na escola) test; **prova oral/escrita:** oral/written test **3** (desporto) competition **4** tasting; **prova de vinho:** wine tasting

provar v. **1** to prove; to show **2** (alimento, bebida) to taste; **deixa-me provar isso:** let me have a taste of it **3** (roupa) to try on

provável adj.2gén. probable; likely; **é provável:** probably

proveniência n.f. provenance; source; origin

provérbio n.m. proverb

província n.f. province

provocação n.f. provocation

provocar v. to give rise to; to cause; to provoke

próximo adj. **1** near; close; **onde é a farmácia mais próxima?:** where is the closest pharmacy?; **próximo da praia:** near the beach **2** next; **no próximo mês:** next month ◆ adv. near; close

prudente adj.2gén. prudent; cautious

pseudónimo n.m. **1** pseudonym **2** (escritor) pen name

publicação n.f. **1** (processo) publishing; printing **2** (obra) publication

publicar v. to publish; to issue

publicidade n.f. advertising; **campanha publicitária:** publicity campaign; **fazer publicidade a:** to advertise

público adj. public; open; common; **em público:** in public; publicly; **jardim público:** public garden ◆ n.m. **1** public; **aberto ao público:** open to the public **2** (teatro, concerto) audience

pudim n.m. 👁 pudding

pular v. to jump; **pular de alegria:** to jump for joy; **pular sobre a sebe:** to jump over the hedge

pulga n.f. flea

pulmão n.m. lung

pulo n.m. jump; leap; **aos pulos:** by leaps and bounds

pulôver n.m. sweater; jumper; pullover

pulsação n.f. pulsation; pulse; **medir a pulsação:** to take someone's pulse

pulseira *n.f.* bracelet; **pulseira de relógio:** watch bracelet

pulso *n.m.* **1** *(anatomia)* wrist **2** *(medicina)* pulse; beat; **tomar o pulso a:** to feel the pulse of **3** *(figurado)* strength; authority

puma *n.m.* puma

punho *n.m.* **1** fist; **pelo próprio punho:** in one's own handwriting **2** (manga) cuff; **botão de punho:** cuff-link **3** (utensílio, instrumento) handle; grasp

pupila *n.f.* (olho) pupil

puré *n.m.* **1** purée; mash; **puré de batata:** mashed potatoes **2** (sopa) cream

puro *adj.* pure

puxador *n.m.* **1** (de porta) door handle **2** (de gaveta) handle

puxar *v.* to pull; **puxar as orelhas a alguém:** to pull somebody's ear; **puxar com força:** to pull hard; **puxar o cabelo a alguém:** to pull someone's hair

> Para dizermos **puxar** em inglês usamos a palavra **pull**. Também existe a palavra **push** em inglês, mas quer dizer *empurrar*.

puzzle *n.m.* jigsaw; puzzle

q *n.m.* (letra) q

quadra *n.f.* **1** (época) season; **quadra festiva:** festive season **2** (de versos) quatrain; four-line stanza

quadrado *n.m.* square

quadragésimo *num.ord.>adj.num.*^{DT} fortieth

quadrante *n.m.* quadrant

quadriculado *adj.* squared; **papel quadriculado:** squared paper

quadrilha *n.f.* (de ladrões) gang

quadro *n.m.* **1** painting; **quadro a óleo:** oil painting **2** (escola) board; 👁 **quadro preto:** blackboard **3** (de funcionários) staff **4** (tabela) table; chart

quádruplo *num.mult.>quant.num.*^{DT} e *n.m.* quadruple

qual *pron.interr.* **1** which; **qual dos dois?:** which of the two? **2** what; **qual livro?:** what book? **3** who; **qual é o teu cantor favorito?:** who's your favourite singer? ◆ *pron.rel.* **1** (coisa indeterminada) what; **seja qual for a resposta:** no matter what the answer is **2** (pessoas) who **3** (pessoas, coisas) that **4** (coisas) which ◆ *interj.* nonsense!; what!; **qual quê!:** you wish!

qualidade *n.f.* **1** quality; **de elevada qualidade:** high-quality; **de má qualidade:** poor-quality; **qualidade de vida:** quality of life **2** (representação) capacity; **na qualidade de:** in the capacity of

qualquer *det.indef.>quant.univ.*^{DT} any; **qualquer pessoa:** anybody; **qualquer coisa:** anything; **em qualquer lugar:** anywhere ◆ *pron.indef.* **1** any; **dá-me um qualquer:** give me any of them **2** (em dois) either; **qualquer dos dois serve:** either one will do

quando *adv.* when; **até quando?:** until when?; **desde quando?:** since when?; **de vez em quando:** sometimes, now and then; **diz quando:** say when ◆ *conj.* when; **quando eu for, tu vais comigo:** when I leave you will go with me

quantia *n.f.* sum; amount

quantidade *n.f.* **1** quantity **2** (grande número) a lot

quanto *det.interr.>quant.interr.*^{DT} e *pron.interr.* **1** (quantia) how much; **quanto custa:** how much is it? **2** (quantidade) how many; **quantas vezes já lá foste?:** how many times have you been there?; **quantos livros compraste?:** how many books did you buy? **3** (tempo) how long; how much; **quanto tempo leva?:** how long does it take? ◆ *adv.* **1** (comparativo) as; **é tão alto quanto o pai:** he is as tall as his father **2** (intensidade) how; how much; **eu sei quanto ela gosta da escola:** I know how much she likes school ♦ *pron.rel.>quant.rel.*^{DT} as; **leva tantos livros quantos quiseres:** take as many books as you wish; **quanto mais cedo melhor:** the sooner the better

quarenta *num.card.>quant.num.*^{DT} e *n.m.* forty

Quaresma *n.f.* (religião) Lent

quarta-feira *n.f.* Wednesday

quarteirão *n.m.* (rua) block; **a dois quarteirões de distância:** two blocks away; **fica a quatro quarteirões daqui:** it's four blocks from here

quartel *n.m.* **1** (militar) barracks **2** station; **quartel dos bombeiros:** fire station

quarto *num.ord.>adj.num.*^{DT} fourth ♦ *n.m.* **1** room; **quarto de banho:** bathroom; **quarto de casal:** double bedroom; **quarto de hóspedes:** guest room; **quarto para alugar:** room to let **2** (horas) quarter; **às duas e um quarto:** at a quarter past two; **um quarto de hora:** a quarter of an hour **3** (lua) quarter; **quarto crescente/minguante:** first/last quarter

quase *adv.* **1** almost; nearly; **estou quase pronta:** I'm almost ready **2** (frase negativa) hardly; scarcely; **quase não te reconhecia:** I could hardly recognize you

quatro *num.card.>quant.num.*^{DT} e *n.m.* four

quatrocentos *num.card.>quant. num.*^{DT} e *n.m.* four hundred

que *conj.* that; **eu sei que tens razão:** I know (that) you're right ♦ *pron. rel.* **1** (pessoas) who; that; **a rapariga que está à janela:** the girl who is at the window **2** (coisas) which; that; **a**

carta que estou a escrever: the letter (that) I am writing ♦ *pron.interr.* what?; **que há de novo?:** what's new? ♦ *adv.* (seguido de adjetivo) how; (seguido de nome) what; **que lindo!:** how pretty!; **que pena!:** what a pity!

quê *pron.interr.* what?; **com quê?:** with what?; **não tem de quê:** you're welcome; **o quê?!:** what?!; **para quê?:** what for?

quebra *n.f.* break; breach

quebrar(-se) *v.* (objeto, osso) to break; to smash

queda *n.f.* **1** fall; **queda de água:** waterfall; **queda de cabelo:** hair loss; **sofrer uma queda:** to fall down **2** (descida) drop; **queda de preços:** drop in prices; **queda de temperatura:** temperature drop **3** (de avião) crash **4** (talento) talent; **ter queda para a música:** to be gifted for music

queijo *n.m.* cheese

queimadura *n.f.* burn; **queimadura solar:** sunburn

queimar *v.* **1** (fogo) to burn; **queimar lenha:** to burn wood **2** (com líquido) to scald ♦ **queimar-se** to scald oneself

queixa *n.f.* complaint; charge; **apresentar queixa contra:** to press charges against; **não ter razão de queixa:** to have no cause for complaint

queixinhas *adj.2gén.2núm.* (informal) tattletale

queixo *n.m.* chin

quem *pron.interr.* who; **quem está aí?:** who's there?; **de quem é isto?:** whose is this? ♦ *pron.rel.* who; **gostava de saber quem fez isso:** I'd like to know who did that; **quem quer que seja/seja quem for:** whoever it may be; **saia, quem quer que seja!:** come out, whoever you are!

quente *adj.2gén.* hot; **tempo quente:** hot weather; **um banho quente:** a hot bath

queque *n.m.* 👁 muffin

quer *conj.* **1** (alternativa) either... or...; **quer ele quer ela:** either him or her **2** (na negativa) whether... or...; **quer ele queira quer não:** whether he likes it or not

querer *v.* **1** to want; **queres que eu saia?:** do you want me to leave?; **queria um café, se faz favor:** an espresso, please; **sem querer:** unintentionally **2** to wish; **como queiras:** as you wish

querido *adj. e n.m.* dear; darling

questão *n.f.* **1** question; **colocar uma questão a alguém:** to ask someone a question **2** point; **a questão é que:** the point is **3** matter; **é uma questão de tempo:** it's a matter of time

questionar *v.* to question; to interrogate

questionário *n.m.* questionnaire

quieto *adj.* **1** motionless; still **2** quiet; calm; **está quieto!:** quiet down!

quilo *n.m.* kilo; **dois quilos de tangerinas:** two kilos of tangerines; **um quilo de farinha:** a kilo of flour

quilograma *n.m.* kilogram; kilogramme

quilómetro *n.m.* kilometre; **quilómetro quadrado:** square kilometre;

quilómetros por hora: kilometres per hour

química *n.f.* chemistry

químico *adj.* chemical

quimono *n.m.* 👁 kimono

quinhentos *num.card.>quant.num.*ᴰᵀ e *n.m.* five hundred

quinquagésimo *num.ord.>adj. num.*ᴰᵀ fiftieth

quinta *n.f.* farm; **trabalhar numa quinta:** to work on a farm

quinta-feira *n.f.* Thursday

quintal *n.m. (GB)* kitchen garden; *(EUA)* backyard

quinto *num.ord.>adj.num.*ᴰᵀ fifth

quinze *num.card.>quant.num.*ᴰᵀ e *n.m.* fifteen; **daqui a quinze dias:** in a fortnight; **no dia quinze:** on the fifteenth

quinzena *n.f.* fortnight

quiosque *n.m.* kiosk; newsagent

quites *adj. (informal)* (em igualdade) even; quits; *(informal)* **estamos quites:** we're even

quivi *n.m.* (fruto) kiwi

quociente *n.m.* (matemática) quotient

quota *n.f.* share; portion

quotidiano *n.m.* everyday life

a
b
c
d
e
f
g
h
i
j
k
l
m
n
o
p
q
r
s
t
u
v
w
x
y
z

r *n.m.* (letra) r

rã *n.f.* frog

rabisco *n.m.* scrawl; scribble

rabo *n.m.* **1** (animal) tail **2** (pessoas) bottom; bum

rabo-de-cavalo *a nova grafia é* **rabo de cavalo**

rabo de cavalo *n.m.* (penteado) ponytail

rabugento *adj.* grouchy; grumpy

raça *n.f.* race

ração *n.f.* ration

racional *adj.2gén.* rational

radar *n.m.* radar

radiação *n.f.* radiation

radiante *adj.2gén.* **1** (brilho) bright **2** (alegria) radiant

radical *adj.2gén.* **1** radical; **mudança radical:** radical change **2** (desporto) extreme; **desportos radicais:** extreme sports ◆ *n.m.* radical

rádio *n.m.* (aparelho) radio set; radio; wireless; **ouvir rádio:** to listen to the radio ◆ *n.f.* (emissora) radio; **estação de rádio:** radio station

radiografia *n.f.* X-ray

rainha *n.f.* queen; (cartas) **rainha de paus:** queen of clubs; **rainha mãe:** queen mother

raio *n.m.* **1** ray; beam; **raio de sol:** sunbeam **2** range; **num raio de 2 quilómetros:** within a range of two kilometres

raiva *n.f.* **1** (fúria) anger **2** (doença) rabies

raiz *n.f.* root

ralador *n.m.* grater; scraper

ralhar *v.* to tell off; **ralhar com alguém:** to tell somebody off

rali *n.m.* (corrida) rally

ramo *n.m.* **1** (de árvore) branch **2** (de flores) bunch **3** (de atividade) line

rancho *n.m.* **1** (fazenda) ranch **2** (folclore) group of folk dancers

ranho *n.m.* **1** (nariz) mucus; run **2** (animais) snivel

rapar *v.* **1** (tacho, panela) to scrape **2** (barba, cabelo) to shave; **rapar o cabelo:** to shave one's head

rapariga *n.f.* girl

rapaz *n.m.* **1** boy **2** (informal) young man; lad

rapidamente *adv.* rapidly; quickly

rapidez *n.f.* **1** quickness **2** (velocidade) speed

rápido *adj.* **1** (velocidade) fast; speedy **2** (duração) quick; short ◆ *n.m.* (comboio) express

rapina *n.f.* prey; 👁 **ave de rapina:** bird of prey

raposa *n.f.* fox; (fêmea) vixen

raptar *v.* to kidnap; to abduct

rapto *n.m.* kidnap; abduction

raqueta *n.f.* **1** 👁 (ténis, badminton) racket **2** (ténis de mesa) bat

raquete *n.f.* → **raqueta**

raro *adj.* rare; uncommon

rascunho *n.m.* (texto, desenho) rough copy; rough draft; **papel de rascunho:** rough paper

rasgar *v.* **1** (papel) to tear up; to tear to pieces **2** (roupa, tecido) to tear ♦ **rasgar-se** to tear

raso *adj.* **1** (terreno, chão) flat; plain **2** (salto, sapato) flat

rasteira *n.f.* tripping up; **passar uma rasteira a alguém:** to trip somebody up

rastejar *v.* **1** (animal) to crawl **2** (planta) to creep

rasto *n.m.* **1** (pista) trace; vestige; **desaparecer sem deixar rasto:** to disappear without a trace **2** (animal, veículo) track; trail; **perder o rasto:** to lose the trail

ratazana *n.f.* rat

rato *n.m.* mouse; (computador) **tapete do rato:** mouse mat/pad

ratoeira *n.f.* **1** mousetrap **2** snare; trap; **cair na ratoeira:** to fall into a trap

razão *n.f.* **1** reason; **não ter razão:** to be wrong; **ter razão:** to be right **2** reason; motive; **sem qualquer razão:** for no reason

razoável *adj.2gén.* reasonable; **um pedido razoável:** a reasonable request

reação *n.f.* reaction

reacção *a nova grafia é* **reação**

reagir *v.* to react

real *n.m.* **1** reality **2** (moeda do Brasil) real ♦ *adj.2gén.* **1** real; **a vida real:** real life **2** (realeza) royal; **família real:** royal family

realçar *v.* to emphasize; to stress

realejo *n.m.* barrel-organ; **tocador de realejo:** organ-grinder

realeza *n.f.* royalty

realidade *n.f.* reality

realismo *n.m.* **1** realism **2** reality

realização *n.f.* **1** (objetivo) achievement **2** (projeto, trabalho) execution **3** (objetivo) fulfilment

realizador *n.m.* [f. realizadora] (filme) director

realizar *v.* **1** (objetivo) to achieve; to accomplish **2** (sonho) to fulfil **3** (projeto) to carry out **4** (filme) to direct

realmente *adv.* really

rebanho *n.m.* **1** (ovelhas, carneiros) flock **2** (gado, cabras) herd

rebelde *adj.2gén.* rebellious ♦ *n.2gén.* rebel

rebentar *v.* (balão, pneu, emoções) to burst

rebento *n.m.* (planta) bud

rebolar *v.* to roll; to tumble

reboque *n.m.* 👁 trailer

rebuçado *n.m.* sweet; candy

recado *n.m.* **1** (mensagem) message; **deixar recado:** to leave a message **2** (tarefa) errand; **fazer recados a alguém:** to run errands for somebody

recear *v.* to fear; **recear o pior:** to fear the worst

receber *v.* **1** to receive; **receber um convite:** to receive an invitation **2** (dinheiro) to earn **3** (convidados, visitas) to entertain

receção *n.f.* reception; reception desk; front desk

receio *n.m.* **1** (medo) fear **2** (preocupação) concern; worry

receita *n.f.* **1** (culinária) recipe **2** (medicina) prescription

receitar *v.* to prescribe; **receitar um medicamento:** to prescribe a medicine

recente *adj.* recent

recepção *a nova grafia é* **receção**

receptor *a nova grafia é* **recetor**

recetor *n.m.* [f. recetora] receiver; **emissor e recetor:** transmitter and receiver ◆ *adj.* receiving

rechear *v.* to stuff

recheio *n.m.* stuffing; filling

recibo *n.m.* receipt

reciclagem *n.f.* recycling

reciclar *v.* to recycle

reciclável *adj.2gén.* recyclable

recife *n.m.* reef; **recife de coral:** coral reef

recinto *n.m.* (desportos) rink; court

recipiente *n.m.* vessel

reclamação *n.f.* complaint; claim

reclamar *v.* **1** to claim; **reclamar um direito:** to claim a right **2** (restaurante, hotel) to complain; **ele reclamou da comida:** he complained about the food

recolha *n.f.* gathering

recolher *v.* to gather ◆ **recolher-se 1** (retirar-se) to retire **2** (deitar-se) to go to bed

recomeçar *v.* to start again

recomendação *n.f.* recommendation

recomendar *v.* to recommend

recompensa *n.f.* reward

recompensar *v.* to reward

reconciliação *n.f.* reconciliation

reconciliar(-se) *v.* to reconcile

reconfortar *v.* to comfort

reconhecer *v.* **1** to recognize **2** to admit; to acknowledge; **reconhecer o erro:** to admit one's mistake

reconhecido *adj.* **1** thankful; grateful; **estar reconhecido a:** to be grateful to **2** (mérito, utilidade) acknowledged; recognized

reconhecimento *n.m.* **1** gratefulness; gratitude **2** recognition; acknowledgement

recordação *n.f.* **1** memory; remembrance **2** (turismo) souvenir

recordar(-se) *v.* to remember

recorde *n.m.* record; **bater um recorde:** to break a record; **recorde do mundo:** world record

recreio *n.m.* **1** (local) playground **2** (escola) break; playtime

recta *a nova grafia é* **reta**

rectângulo *a nova grafia é* **retângulo**

recto *a nova grafia é* **reto**

recuar *v.* **1** to go back **2** (carro) to back

recuperação *n.f.* **1** recovery; **recuperação de documentos:** recovery of documents **2** re-use; recycling;

recuperação de materiais: recycling of materials

recuperar v. to recover

recurso n.m. **1** resource **2** resort; **em último recurso:** as a last resort

recusa n.f. refusal

recusar v. to refuse; **recusar um convite:** to decline an invitation; **recusar uma oferta:** to refuse an offer

redação n.f. **1** (ato de redigir) writing; editing **2** (escola) essay; composition

rede n.f. **1** net; **rede de pesca:** fishing net **2** (comunicações) network; **rede ferroviária:** rail network

redigir v. to write

redondo adj. round; circular

redução n.f. reduction; decrease; **redução de impostos:** tax reduction

reduzir v. to reduce; to diminish; **reduzir a velocidade:** to slow down

refeição n.f. meal; **na hora da refeição:** at meal time

refeitório n.m. (escola, fábrica) canteen; cafeteria; refectory

referência n.f. reference; allusion; **com referência a:** with reference to

referir v. to refer to; to mention ♦ **referir-se** to refer

refletir v. **1** (imagem) to mirror **2** (pensamento) to reflect

reflexão n.f. **1** (de luz, calor, imagem) reflection **2** (pensamento) reflection

reflexo n.m. (luz, imagem) reflection

reforma n.f. **1** retirement **2** (melhoramento) reform; improvement

reformado adj. retired; **um professor reformado:** a retired teacher ♦ n.m. [f. reformada] pensioner

refrescar v. **1** to freshen; to cool **2** to cool down ♦ **refrescar-se** to freshen up

refresco n.m. refreshment

refrigerante n.m. soft drink; cool drink

refúgio n.m. refuge; shelter; **procurar refúgio:** to seek refuge

regador n.m. watering can

regar v. 👁 to water; **regar as plantas:** to water the plants

região n.f. region; (de país, cidade) area; **nesta região:** in this area; (corpo) **região abdominal:** abdominal region; **região autónoma:** autonomous region

registar v. **1** to register **2** (dados) to record; to write down

registo n.m. **1** (oficial) registration; **registo de nascimentos:** birth registration **2** record; register; **registo de despesas:** record of expenses

regra n.f. rule; **cumprir as regras:** to follow the rules; **em regra:** as a rule

regressar v. to return; to come back

regresso n.m. return; **regresso a casa:** homecoming

régua n.f. ruler

regular adj.2gén. regular; steady

rei n.m. king; **os Reis Magos:** the Three Wise Men

reino *n.m.* kingdom; **reino animal:** animal kingdom; (designação comum) **Reino Unido:** United Kingdom; (designação completa) **Reino Unido da Grã-Bretanha e Irlanda do Norte:** United Kingdom of Great Britain and Northern Ireland; **reino vegetal:** vegetable kingdom

O Reino Unido da Grã-Bretanha e Irlanda do Norte, mais conhecido como **Reino Unido**, *é um país que inclui a ilha da Grã-Bretanha, a parte nordeste da ilha da Irlanda e muitas pequenas ilhas. É formado por quatro nações: a Inglaterra, a Escócia, o País de Gales (situadas na ilha da Grã-Bretanha) e a Irlanda do Norte (na ilha da Irlanda). A capital do Reino Unido é Londres.*

reivindicação *n.f.* claim
reivindicar *v.* to claim
rejeitar *v.* to reject
relação *n.f.* **1** (pessoas, países) relation; relationship; **ter boas relações com:** to be on good terms with **2** (entre factos) connection; relation **3** (amorosa) relationship
relâmpago *n.m.* lightning; thunderbolt
relance *n.m.* glance; **de relance:** at a single glance; **olhar de relance para:** to have a quick glance at
relatar *v.* to report
relativamente *adv.* **1** in relation to; concerning **2** relatively; fairly
relativo *adj.* relative
relato *n.m.* account; narration; report
relatório *n.m.* report; **relatório médico:** medical report
relaxar *v.* to relax

relógio *n.m.* **1** (de parede, de mesa) clock; **adiantar o relógio:** to set the clock forward; **relógio de cuco:** cuckoo clock **2** 👁 (de pulso) watch; **o meu relógio está adiantado/atrasado:** my watch is fast/slow **3** (de sol) sundial

reluzir *v.* to glitter; to gleam
relva *n.f.* grass
relvado *n.m.* lawn
remar *v.* 👁 to row

rematar *v.* **1** to finish off **2** to shoot; to strike; **rematar à baliza:** to shoot at the goal; **rematar de cabeça:** to head the ball
remate *n.m.* **1** completion; conclusion **2** (desporto) shot; strike
remédio *n.m.* medicine; remedy
remendar *v.* to patch; to mend
remo *n.m.* **1** (objeto) oar; paddle; **barco a remos:** paddle boat **2** (desporto) rowing; **praticar remo:** to do rowing
remorso *n.m.* remorse; regret

remoto *adj.* remote; **no passado remoto:** in the remote past; **uma ilha remota:** a remote island

remover *v.* to remove

renda *n.f.* 1 (tecido) lace 2 (aluguer) rent

rendimento *n.m.* income

reparação *n.f.* repair; fixing up

reparar *v.* 1 (objeto, máquina) to repair; to fix 2 to notice; to take notice; **reparar em alguma coisa:** to take notice of something

repartir *v.* to divide; to distribute; **a professora repartiu os rebuçados pelas crianças:** the teacher divided the candies between the children

repente *n.m.* sudden act; **de repente:** suddenly

repentino *adj.* sudden; unexpected

repetição *n.f.* repetition

repetir *v.* to repeat

reportagem *n.f.* 1 news report 2 reporting

repórter *n.2gén.* reporter; journalist; **repórter fotográfico:** photojournalist; press photographer

repousar *v.* to rest; to take a rest

repouso *n.m.* rest; repose; **em repouso:** in repose; at rest

representação *n.f.* 1 representation 2 (espetáculo) performance; show 3 (atores) acting

representar *v.* 1 to represent 2 (ator) to act

reprodução *n.f.* reproduction

reproduzir(-se) *v.* to reproduce

reprovação *n.f.* (escola) fail

reprovar *v.* (na escola) to fail

réptil *n.m.* reptile

república *n.f.* republic; **República Portuguesa:** Portuguese Republic

repugnante *adj.2gén.* repugnant; repulsive

reputação *n.f.* reputation; **arruinar a reputação de alguém:** to ruin somebody's reputation; **ganhar reputação:** to become renowned

reserva *n.f.* 1 reserve; store; stock; **reservas de comida e combustível:** food and fuel reserves 2 (em hotel ou restaurante) reservation; **fazer uma reserva em nome de:** to make a reservation in the name of 3 (área protegida) reserve; preserve; **reserva natural:** nature reserve

reservar *v.* to book; to reserve; **reservar um quarto:** to book a room

residência *n.f.* 1 residence; **residência oficial:** official residence 2 (universitária) hall of residence

residente *adj. e n.2gén.* resident

resina *n.f.* 👁 resin

resistir *v.* to resist

resolução *n.f.* resolution

resolver *v.* to resolve; to solve

respectivo *a nova grafia é* **respetivo**

respeitar *v.* 1 to respect; **respeitar a opinião de alguém:** to respect somebody's opinion 2 to observe; to follow; to comply with; **respeitar o regulamento:** to comply with the rules 3 to concern; to regard; **no que respeita a:** as regards

respeitável *adj.2gén.* respectable; honourable

respeito *n.m.* 1 respect; **com o devido respeito:** with all due respect

2 observance; **respeito da lei:** observance of the law **3** regard; respect; **a este respeito:** in this regard

respetivo *adj.* corresponding; respective

respiração *n.f.* breathing; **conter a respiração:** to hold one's breath

respirar *v.* to breathe; **respirar fundo:** to take a deep breath

responder *v.* **1** to answer; to reply; **responder a um questionário:** to answer a questionnaire **2** to answer; **eu respondo por ele:** I will answer for him

responsabilidade *n.f.* responsibility

responsável *adj.2gén.* responsible; **ser responsável por alguma coisa:** to be responsible for something ◆ *n.2gén.* **1** (encarregado) person in charge **2** (culpado) person to blame

Em português, **responsabilidade** e **responsável** escrevem-se com **a**, mas em inglês, **responsibility** e **responsible** escrevem-se com **i**.

resposta *n.f.* **1** answer; reply **2** (reação) response; reaction

restante *adj.2gén.* remaining ◆ *n.m.* remainder; rest

restaurante *n.m.* restaurant

resto *n.m.* rest; **de resto:** besides; **quanto ao resto:** as for the rest

resultar *v.* **1** to work; **resulta!:** it works! **2** (consequências) to result

resumir *v.* **1** (texto, livro) to summarize; to abridge **2** (informações, dados) to sum up

Não confundir com a palavra inglesa **resume,** que significa *recomeçar, retomar.*

resumo *n.m.* summary; **resumo das notícias:** news summary; **em resumo:** in a nutshell

reta *n.f.* **1** (linha) straight line **2** (estrada) stretch of a straight road

retângulo *n.m.* rectangle

retirar *v.* to remove

reto *adj.* **1** (caminho, linha) straight **2** (ângulo) right

retrato *n.m.* portrait

retrete *n.f.* water closet; toilet; lavatory

retribuir *v.* to return; **retribuir cumprimentos:** to return compliments

retrovisor *n.m.* **1** rearview mirror **2** (exterior) wing mirror

réu *n.m.* [f. ré] accused; defendant

reunião *n.f.* **1** (de trabalho) meeting; **marcar uma reunião:** to fix a meeting **2** gathering; reunion; **reunião de antigos estudantes:** a college reunion

reunir *v.* **1** (partes) to reunite **2** (pessoas) to bring together **3** (objetos, dados) to collect ◆ **reunir-se** to meet; to get together

revelação *n.f.* (facto, segredo) revelation; disclosure

revelar *v.* **1** (facto, segredo) to reveal; to disclose **2** (qualidade, sentimento) to show ◆ **revelar-se** to reveal oneself

rever *v.* **1** (tornar a ver) to see again **2** to revise; to look over; **rever um livro:** to revise a book

reviravolta *n.f.* **1** turnabout **2** (de opinião) reversal

revisão *n.f.* revision

revista *n.f.* **1** (publicação) magazine **2** (publicação especializada) journal

revistar *v.* **1** (tropas) to review **2** (polícia) to search; **os passageiros foram revistados:** the passengers were searched

revolta *n.f.* **1** revolt; insurrection; rebellion; **abafar uma revolta:** to suppress a rebellion **2** *(figurado)* indignation; outrage; **aquelas palavras causaram-lhe revolta:** those words caused his/her indignation

revoltar *v.* to outrage ◆ **revoltar-se** to rebel

revolução *n.f.* revolution

revólver *n.m.* revolver; gun

rezar *v.* to pray; **rezar por alguém:** to pray for somebody; **rezar uma oração:** to say a prayer

riacho *n.m.* 👁 rivulet; brook

ribeira *n.f.* stream; brook

ribeiro *n.m.* brook; stream

rico *adj.* **1** rich; wealthy **2** *(campo, região)* fertile ◆ *n.m.* [f. rica] the rich

ridículo *adj.* ridiculous

rígido *adj.* rigid; hard; **disciplina rígida:** rigid discipline; *(informática)* **disco rígido:** hard disk

rigor *n.m.* rigour

rigoroso *adj.* rigorous

rijo *adj.* *(material, superfície)* hard; tough; **carne rija:** tough meat

rim *n.m.* kidney

rima *n.f.* rhyme

rimar *v.* to rhyme

rinoceronte *n.m.* rhinoceros

rio *n.m.* river

riqueza *n.f.* **1** wealth **2** *(campo, região)* fertility

rir(-se) *v.* to laugh

risada *n.f.* laughter; loud laugh; **soltar uma risada:** to give a loud laugh

risca *n.f.* **1** *(linha)* line **2** *(de cabelo)* parting **3** *(de roupa)* stripe; streak

riscar *v.* **1** *(superfície)* to scratch **2** to strike out; to cross out; **riscar uma palavra:** to strike out a word

risco *n.m.* **1** risk; danger; **correr o risco:** to run the risk **2** scribble

riso *n.m.* laughing; laugh; laughter; **um ataque de riso:** a fit of laughter

risonho *adj.* **1** *(pessoa)* cheerful **2** *(cara)* smiling **3** *(futuro)* bright ◆ *n.m.* *(Internet, telemóvel)* smiley

rissol *n.m.* rissole

ritmo *n.m.* rhythm; cadence

ritual *adj.2gén. e n.m.* ritual

rival *adj. e n.2gén.* rival; **sem rival:** without a rival

robô *n.m.* robot

rocha *n.f.* rock

rochedo *n.m.* cliff; rock

rochoso *adj.* rocky; stony

roda *n.f.* **1** *(veículo)* wheel; **roda da frente:** front wheel; **roda dos alimentos:** food wheel **2** *(amigos)* circle; **roda de amigos:** circle of friends **3** *(lotaria)* lottery; **amanhã anda a roda:** tomorrow is the sweep day **4** *(de saia, vestido)* width; **olhar à roda:** to look round; **roda da fortuna:** fortune's wheel; **ter a cabeça a andar à roda:** to feel giddy/dizzy

rodar *v.* **1** to turn; **rodar a chave:** to turn the key **2** *(girar)* to turn round **3** *(rodopiar)* to whirl

rodear *v.* to surround; to encircle

rodela *n.f.* small ring; **rodela de ananás:** pineapple ring

roedor *adj. e n.m.* rodent

a
b
c
d
e
f
g
h
i
j
k
l
m
n
o
p
q
r
s
t
u
v
w
x
y
z

roer v. to gnaw; to bite; to nibble; **roer as unhas:** to bite one's nails

rola n.f. turtledove

rolar v. to roll

rolha n.f. cork; **tirar a rolha:** to uncork

rolo n.m. **1** (papel) roll; **rolo de papel higiénico:** paper roll; toilet tissue tube **2** (pintura, cabelo) roller **3** (culinária) rolling pin; **rolo da massa:** rolling pin **4** (fotografia) film; **rolo fotográfico:** roll of film

romã n.f. 👁 pomegranate

romance n.m. **1** (livro) novel **2** (namoro) romance

romano adj. e n.m. Roman; **numeração romana:** Roman numerals

romântico adj. e n.m. romantic

romantismo n.m. romanticism

romaria n.f. **1** (peregrinação) pilgrimage **2** (festa popular) popular festival

romper v. **1** (corda, fio) to break **2** (tecido) to tear **3** (calçado) to wear out ◆ **romper-se** to get torn; **a blusa rompeu-se:** the blouse got torn

ronda n.f. **1** (grupo de vigilantes) patrol **2** (vigilância) round; beat

ronrom n.m. purr; purring

rosa n.f. 👁 rose; **botão de rosa:** rosebud ◆ n.m. (cor) pink ◆ adj.2gén. 2núm. (cor) pink; rose-coloured

rosa-dos-ventos a nova grafia é **rosa dos ventos**

rosa dos ventos n.f. compass rose

rosbife n.m. roast beef

roseira n.f. rose; rosebush

rosto n m. face

rota n.f. (de avião ou navio) route; course

rotação n.f. rotation

rotina n.f. routine

roto adj. (roupa, calçado) ragged; tattered; torn

rotular v. to label

rótulo n.m. label; **pôr um rótulo em:** to put a label on

rotunda n.f. roundabout

roubar v. **1** (dinheiro, carteira) to steal **2** (loja) to shoplift

roubo n.m. theft; robbery

rouco adj. hoarse

roulotte n.f. 👁 caravan

roupa n.f. **1** 👁 clothes; clothing; **roupa de cama:** bedding; **roupa interior:** underwear; **roupas para homem:** men's wear; **roupas para senhora:** ladies' wear **2** washing; **estender a roupa:** to hang out the washing

roupão n.m. dressing-gown; **roupão de banho:** bathrobe

rouxinol n.m. nightingale

roxo *n.m.* (cor) violet; purple ◆ *adj.* **1** (cor) violet; purple **2** (mãos, lábios) blue

rua *n.f.* **1** street; **atravessar a rua:** to cross the street **2** out; **na rua:** outside; **rua!:** out!

rubrica *n.f.* signed initials; **a minha rubrica é esta:** these are my initials

rude *adj.2gén.* **1** rude; impolite; insolent; coarse; **homem rude:** uncouth man; **maneiras rudes:** rough manners **2** (terreno, pele) rough

ruga *n.f.* (na pele) wrinkle; crease

rugido *n.m.* roar

ruído *n.m.* noise

ruína *n.f.* ruin; **estar em ruínas:** to be in ruins

ruivo *adj.* **1** (cabelo) red; ginger; **cabelo ruivo:** red hair **2** (pessoa) red-haired

rumo *n.m.* course; route; **manter o rumo:** to keep the course; **mudar de rumo:** to change course

rumor *n.m.* rumour

ruptura *a nova grafia é* **rutura**

rural *adj.2gén.* rural

russo *adj. e n.m.* (pessoa, língua) Russian; **roleta russa:** Russian roulette

rutura *n.f.* breach; rupture; split

a
b
c
d
e
f
g
h
i
j
k
l
m
n
o
p
q
r
s
t
u
v
w
x
y
z

S s

s *n.m.* (letra) s

sábado *n.m.* Saturday; **ao/no sábado:** on Saturday

sabão *n.m.* soap; **bola de sabão:** soap bubble

sabedoria *n.f.* wisdom; knowledge

saber *n.m.* learning; knowledge ♦ *v.* **1** to know; **que eu saiba:** as far as I know; **saber de cor:** to know by heart; **sei lá!:** how should I know? **2** (capacidade) can; **sabes nadar?:** can you swim? **3** (descobrir) to find out; **eu soube isso ontem:** I found that out yesterday **4** (sabor) to taste; **saber a morangos:** to taste like strawberries; **saber bem:** to taste well

sábio *adj.* wise ♦ *n.m.* wise man

sabonete *n.m.* toilet soap

sabor *n.m.* taste; flavour; **sabor amargo:** bitter taste

saboroso *adj.* savoury

saca *n.f.* bag; **saca de compras:** shopping bag

saca-rolhas *n.m.* corkscrew

sacho *n.m.* 👁 weeding hoe

saco *n.m.* **1** bag; **saco de plástico:** plastic bag **2** sack; **um saco de batatas:** a sack of potatoes

saco-cama *n.m.* sleeping bag

sacrificar *v.* to sacrifice ♦ **sacrificar-se** to sacrifice oneself; **sacrificar-se pelos outros:** to sacrifice oneself for the others

sacrifício *n.m.* sacrifice

sacudir *v.* **1** to shake **2** (pó) to dust; to shake off **3** (cauda) to wag

safar *v.* (com borracha) to rub out ♦ **safar-se** to get away

safira *n.f.* sapphire

Sagitário *n.m.* (signo) Sagittarius; the Archer

sagrado *adj.* sacred; holy; **Bíblia Sagrada:** Holy Bible

saia *n.f.* skirt

saída *n.f.* **1** (ato) going out; **à saída:** on the way out **2** (porta) exit; **saída de emergência:** emergency exit

sair *v.* **1** to leave; to go out; **acaba de sair:** he has just left **2** (livro, publicação) to be released; to come out ♦ **salr-se** to do; **afinal ele saiu-se bem:** he did well after all

sal *n.m.* salt; **pitada de sal:** pinch of salt; **sal refinado:** table salt

sala *n.f.* room; 🪑 **sala de aula:** classroom; **sala de espera:** waiting room; **sala de estar:** living room; **sala de jantar:** dining room

salada *n.f.* salad; **temperar a salada:** to dress the salad

saladeira *n.f.* salad bowl

salão *n.m.* **1** salon; parlour; **salão de beleza:** beauty salon **2** hall; **salão**

de baile: dance hall **3** salon; show; **salão automóvel:** car show

salário *n.m.* (mensal) salary; (semanal) wage; **salário mínimo:** minimum wage

saldos *n.m.pl.* sales; **estar em saldos** to be on sales

salgado *adj.* salted; salty

salgar *v.* to salt

saliva *n.f.* saliva

salmão *n.m.* salmon; **salmão fumado:** smoked salmon

salsicha *n.f.* sausage

saltar *v.* **1** to jump; to leap; **saltar de paraquedas:** to parachute **2** to spring; to hop; **saltar da cama:** to hop out of bed **3** to skip; **saltar à corda:** to skip **4** (obstáculo) to jump (over); **saltar o muro:** to jump over the wall

saltitar *v.* to skip; to hop

salto *n.m.* **1** leap; jump; **salto à vara:** pole vault; **salto em altura:** high jump; **salto em comprimento:** long jump; **salto mortal:** somersault **2** (de sapato) heel; **saltos altos:** high heels

salvar *v.* to rescue; **salvar alguém de um incêndio:** to rescue people from a fire ◆ **salvar-se** to get away

salvo *adj.* safe; **estar a salvo de:** to be safe from; **são e salvo:** safe and sound; **salvo seja!:** God forbid! ◆ *prep.>adv.*^DT save; except

sandália *n.f.* sandal

sande *n.f.* (informal) sandwich

sanduíche *n.f.* sandwich

sangrar *v.* to bleed

sangue *n.m.* blood; **análise ao sangue:** blood test

sanita *n.f.* toilet; loo

santo *adj.* holy; saintly; **Santo Deus!:** good heavens!; **todo o santo dia:** all

day long ◆ *n.m.* saint; **dia de Todos os Santos:** All Saints' Day

são *adj.* sound; healthy; **são como um pero:** as fit as a fiddle; **são e salvo:** safe and sound

sapatilha *n.f.* sneaker

sapato *n.m.* shoe; **sapatos de salto alto:** high heels

sapo *n.m.* 👁 toad

sarampo *n.m.* measles

sarda *n.f.* freckle

sardinha *n.f.* sardine; **lata de sardinhas:** tin of sardines

sarilho *n.m.* mess; trouble; **meter-se em sarilhos:** to get into trouble; to get into a mess

satélite *n.m.* 👁 satellite; **transmissão via satélite:** transmission by satellite

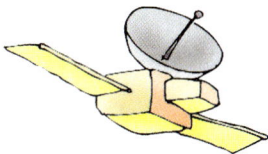

satisfatório *adj.* satisfactory

satisfazer *v.* **1** (pedido, necessidade) to satisfy; to meet **2** (tarefa, obrigação) to fulfil **3** to please; **difícil de satisfazer:** hard to please; **nada o satisfaz:** nothing pleases him

satisfeito *adj.* satisfied; pleased; **dar-se por satisfeito com:** to be satisfied with

saudação *n.f.* greeting

a
b
c
d
e
f
g
h
i
j
k
l
m
n
o
p
q
r
s
t
u
v
w
x
y
z

saudar v. to greet

saudável adj.2gén. healthy; sound

saúde n.f. health; healthiness; **beber à saúde de alguém:** to drink to somebody's health; **casa de saúde:** nursing home; **estar bem de saúde:** to be in good health ♦ interj. cheers!

saxofone n.m. saxophone; (informal) sax; **tocar saxofone:** to play the saxophone

scone n.m. scone

se conj. 1 (possibilidade) if; **como se:** as if 2 (alternativa) whether; **se sim ou não:** whether or not 3 (no caso de) in case; **se assim for:** in that case ♦ pron.pess. 1 (masculino) himself; (feminino) herself; (objeto, animal) itself; (plural) themselves; **eles magoaram-se:** they hurt themselves 2 (um ao outro) each other; one another; **eles amam-se:** they love each other 3 (impessoal) you; one; **nunca se sabe:** you never know

sé n.f. cathedral

seca n.f. 1 drought 2 (informal) bore; fag; **que seca!:** what a fag!

secar v. to dry (up)

secção n.f. section

seco adj. 1 dry; **ramos secos:** dry branches 2 (alimentos) dried; **frutos secos:** dried fruits 3 (atitude) cold; impersonal; distant 4 (com sede) dry; thirsty; **sentir a garganta seca:** to feel one's throat dry

secretaria n.f. 1 (repartição) office 2 (instituição de governo) secretary

secretária n.f. 1 (funcionária) secretary 2 (móvel) desk; writing desk

secretário n.m. (funcionário) secretary

secreto adj. secret; **admirador secreto:** secret admirer; **agente secreto:** secret agent

sector a grafia preferível é **setor**

século n.m. century; (informal) **há séculos:** for ages; **o século XXI:** the twenty-first century; the 21st century

secundário adj. secondary; (filme, peça de teatro) **papel secundário:** supporting role

seda n.f. silk

sede (sêde) n.f. 1 thirst; thirstiness; **matar a sede:** to quench one's thirst; **ter sede:** to be thirsty 2 (figurado) thirst; **sede de conhecimento:** thirst for knowledge

sede (séde) n.f. 1 seat; **sede do Governo:** seat of the Government 2 (de empresa) head office; headquarters

sedoso adj. silky

sedutor adj. seductive ♦ n.m. seducer

seduzir v. to seduce

segmento n.m. segment

segredar v. to whisper; to murmur; **segredar ao ouvido de alguém:** to whisper in someone's ear

segredo n.m. secret; **dizer um segredo:** to tell a secret; **em segredo:** in secret; secretly; **guardar um segredo:** to keep a secret

seguida n.f. sequence; continuation; **de seguida:** then; **em seguida:** soon after; afterwards; **foi tudo de seguida:** it was all in a row

seguido adj. 1 followed 2 (tempo) running; **três dias seguidos:** three days running

seguinte adj.2gén. following; next; **ele disse o seguinte:** he said the following; **o dia seguinte:** the following day; **o seguinte, se faz favor!:** next, please!

seguir v. 1 to follow; **seguir o exemplo de alguém:** to follow someone's

example; **seguir uma pista:** to fol-
low a lead; **sigam-me!:** follow me
2 to turn; to go on; **seguir por uma
estrada velha:** to turn to an old road
♦ **seguir-se** to come next
segunda-feira *n.f.* Monday
segundo *num.ord.>adj.num.*^{DT} sec-
ond; **em segundo lugar:** in second;
secondly; **o segundo dia:** the sec-
ond day ♦ *n.m.* **1** (tempo) second;
contar todos os segundos: to
count each and every second **2** (ins-
tante) second; moment; **é só um se-
gundo:** just a moment, please ♦
prep. according to; **segundo o que
me disseram:** according to what I
was told
seguramente *adv.* surely; certainly
segurança *n.f.* **1** security; safety;
em segurança: safely; **segurança
social:** social security; welfare **2**
confidence; certainty; **falar com segu-
rança:** to speak with confidence ♦
n.2gén. watchperson; (homem) watch-
man
segurar *v.* to hold; **segura nisto:**
hold this ♦ **segurar-se** to hold on;
segura-te bem!: hold on tight!
seguro *adj.* **1** safe; **sentir-se se-
guro:** to feel safe **2** (bem preso) steady;
solid; stable **3** (digno de confiança) trust-
worthy; reliable; **uma fonte segura:**
a trustworthy source ♦ *n.m.* insur-
ance; **seguro contra todos os ris-
cos:** all-risks insurance; **apólice de
seguros:** insurance policy
seio *n.m.* **1** breast **2** *(figurado)* (interior)
heart; core
seis *num.card.>quant.num.*^{DT} e *n.m.*
six; **o dia seis:** the sixth; **seis con-
tra um:** six to one
seiscentos *num.card.>quant.num.*^{DT}
e *n.m.* six hundred

seixo *n.m.* pebble
seja *interj.* so be it!; **seja como for:**
be that as it may
sela *n.f.* 👁 saddle

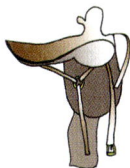

selar *v.* **1** (cavalo) to saddle **2** to stamp;
selar uma carta: to stamp a letter
3 to seal; **selar uma garrafa:** to
seal a bottle **4** (acordo) to finish; to
settle
seleção *n.f.* **1** (escolha) selection;
choice **2** (desporto) team; **seleção
nacional:** national team
selecção *a nova grafia é* **seleção**
seleccionador *a nova grafia é* **se-
lecionador**
seleccionar *a nova grafia é* **sele-
cionar**
selecionador *n.m.* **1** selector;
chooser **2** (treinador) coach
selecionar *v.* to select; to choose;
to pick
selim *n.m.* saddle
selo *n.m.* stamp; **colocar um selo
em:** to stick a stamp on
selva *n.f.* jungle; **selva amazónica:**
Amazon jungle
selvagem *adj.2gén.* wild; **animais
selvagens:** wild animals ♦ *n.2gén.*
savage; barbarian
sem *prep.* without; **sem avisar:** with-
out warning; **sem demora:** without
delay
sem-abrigo *adj.* homeless ♦ *n.2gén.*
2núm. homeless person

a
b
c
d
e
f
g
h
i
j
k
l
m
n
o
p
q
r
s
t
u
v
w
x
y
z

semáforo • senso

362

semáforo *n.m.* 👁 traffic light

semana *n.f.* week; **dentro de uma semana:** within a week; **há uma semana:** a week ago; **na semana passada:** last week; **para a semana:** next week; **todas as semanas:** every week; **uma vez por semana:** once a week

semanada *n.f.* weekly allowance

semanal *adj.2gén.* weekly; **jornal semanal:** weekly newspaper

semanário *n.m.* weekly paper

semear *v.* to sow; **semear um campo:** to sow a field

semelhança *n.f.* similitude; similarity; likeness; **à semelhança de:** just like; **semelhança com:** likeness to

semelhante *adj.2gén.* **1** similar; alike; resembling; **muito semelhante:** much the same; **nunca vi nada semelhante:** I've never seen anything like that **2** (tal) such; **estás a fazer semelhante confusão!:** you are making such a fuss!

semente *n.f.* **1** (planta) seed; **lançar as sementes:** to sow the seeds **2** (figurado) (origem) source

semestre *n.m.* (GB) half year; (EUA) semester

sempre *adv.* **1** always; **como sempre:** as usual; **nem sempre:** not always; **para sempre:** forever; **quase sempre:** nearly always; **sempre que:** whenever **2** (continuidade) straight; **sempre em frente:** straight ahead **3** (afinal) after all; actually; **sempre era**

verdade: it was actually true; **sempre vou:** I'm going after all

senão *prep.>adv.*ᴰᵀ except; but; **ele não bebe senão sumo:** he drinks nothing but juice ◆ *conj.* otherwise; if not; or else; **corre, senão chegas tarde:** run or else you'll be late; **faz o que te dizem, senão...:** do what you are told, otherwise...

senha *n.f.* **1** (palavra) watchword; password **2** (de transportes) luggage ticket **3** (talão) ticket

senhor *n.m.* **1** mister; sir; (correspondência) **caro senhor:** dear sir **2** (grau de nobreza) lord

Senhor *n.m.* (religião) Lord

senhora *n.f.* **1** Mrs **2** (título) lady; madam; **sim, minha senhora:** yes, madam; **minhas senhoras e meus senhores:** ladies and gentlemen

Senhora *n.f.* (religião) Virgin; Lady; **Nossa Senhora:** the Blessed Virgin

senhorio *n.m.* (homem) landlord; (mulher) landlady

sensação *n.f.* sensation; feeling; **ter a sensação que:** to have the feeling that; **uma sensação agradável:** a nice feeling

sensacional *adj.2gén.* sensational

sensato *adj.* sensible; reasonable

sensibilidade *n.f.* sensitivity

sensível *adj.2gén.* sensitive; touchy; **não sejas tão sensível:** stop being so touchy

*Para dizermos **sensível** em inglês usamos a palavra **sensitive**. Também existe a palavra **sensible** em inglês, mas quer dizer sensato.*

senso *n.m.* **1** sense; **bom senso:** good sense **2** reason; wisdom; **uma pessoa de senso:** a wise person

sentar *v.* to seat ♦ **sentar-se** to sit down; **não se quer sentar?:** won't you sit down?; **sente-se!:** sit down!; take a seat!; **sentar-se direito:** to sit up straight

sentença *n.f. (direito)* sentence; penalty; **cumprir uma sentença:** to serve a sentence

sentido *adj.* **1** sincere; heart-felt; **uma declaração sentida:** a heart-felt assertion **2** hurt; offended; **ficar sentido com alguma coisa:** to be offended by something ♦ *n.m.* **1** sense; **os cinco sentidos:** the five senses; **perder os sentidos:** to lose conscience; **sentido de humor:** sense of humour **2** *(significado)* sense; meaning; **fazer sentido:** to make sense; **sem sentido:** meaningless **3** *(percurso)* direction; way; **em sentido contrário:** in the opposite direction; **rua de sentido único:** one-way street

sentimental *adj.2gén.* sentimental; soppy

sentimento *n.m.* feeling; **tocar (uma peça musical) com sentimento:** to play (a piece) with feeling; **um sentimento de culpa:** a feeling of guilt; *(morte de alguém)* **dar os sentimentos:** to offer one's condolences; **os meus sentimentos:** my sympathies

sentinela *n.f. (militar)* sentry; **estar de sentinela:** to be on sentry

sentir *v.* **1** to feel; to be; **sentir frio:** to be cold **2** to regret; to feel sorry; **sinto muito:** I am sorry ♦ **sentir-se** to feel; **como te sentes?:** how do you feel?; **sentir-se melhor:** to feel better

separação *n.f.* **1** *(ato)* separation **2** *(estado)* separateness **3** *(relação)* separation; break-up

separado *adj.* **1** separate; **quero tudo separado:** I want it separate

2 *(relação)* separated; **eles estão separados:** they are separated

separar *v.* to separate; to detach ♦ **separar-se** *(casal)* to break up; to split up

sequência *n.f.* **1** sequence; succession **2** *(continuação)* continuation; follow-up; **na sequência de alguma coisa:** following something

sequer *adv.* even; **não houve um único sequer:** there wasn't even one; **nem sequer me perguntou!:** he didn't even ask me!

ser *n.m.* being; **seres vivos:** living creatures ♦ *v.* **1** to be; **és tu?:** is that you? **2** *(acontecimento)* to happen; **que é?:** what's the matter? **3** *(incerteza)* to wonder; **será que ele vem?:** I wonder if he'll come **4** *(pertença)* to belong; **de quem é isto?:** who is this from?; **ser de alguém:** to belong to someone **5** *(proveniência)* to be; to come; **de onde és?:** where do you come from?

sereia *n.f.* mermaid

sereno *adj.* serene; calm

série *n.f.* **1** series; *(televisão)* **uma série cómica:** a comedy series; **uma série de acontecimentos:** a train of events **2** *(figurado)* bunch; **uma série de mentiras:** a bunch of lies

seriedade *n.f.* seriousness; earnestness

seringa *n.f.* syringe; **seringa hipodérmica:** hypodermic syringe

sério *adj.* **1** serious; grave; earnest; **a sério:** in earnest; **levar a sério:** to take seriously; **um caso sério:** a serious matter; **uma conversa séria:** a serious conversation **2** *(pessoa)* honest

sermão *n.m.* **1** *(religião)* sermon; homily **2** *(informal)* sermon; lecture; **dar um sermão a alguém:** to lecture someone

serpente *n.f.* snake; serpent
serpentina *n.f.* 👁 streamer

serra *n.f.* saw; **serra elétrica:** power saw
serrar *v.* to saw; to saw off; **serrar um toro:** to saw through a log
serrote *n.m.* handsaw
sertã *n.f.* frying pan
serviço *n.m.* 1 service; **serviço militar:** military service; **serviços sociais:** social services 2 (emprego) duty; **estar de serviço:** to be on duty; **não estar de serviço:** to be off duty 3 (louça) set; service; **serviço de jantar:** dinner service/set 4 (funcionamento) service; work; **fora de serviço:** out of work 5 (ténis) service
servir *v.* 1 to serve 2 to be of use to; **para que serve isso?:** what is it for? 3 (em loja) to serve; to attend on; **servir um cliente:** to serve a client 4 (refeição) to serve out; **servir a sobremesa:** to serve out dessert 5 (café, restaurante) to wait upon; **servir à mesa:** to wait at tables 6 (roupa) to fit; to suit; **este vestido já não me serve:** this dress doesn't fit me anymore 7 (ser o necessário) to do; to be enough; **qualquer coisa serve:** any old thing will do; **isso também serve:** it'll do just the same 8 (utilidade) to be of use; to suit a purpose; **não serve de nada:** it is of no use 9 (ténis) to serve ♦ **servir-se** (comida, bebida) to help oneself; **serve-te:** help yourself

sessão *n.f.* 1 session; **abrir a sessão:** to open the session 2 (espetáculo) show; performance
sessenta *num.card.>quant.num.*^{DT} *e n.m.* sixty; **os anos sessenta:** the sixties
sesta *n.f.* nap; **fazer uma sesta:** to take a nap
seta *n.f.* arrow
sete *num.card.>quant.num.*^{DT} *e n.m.* seven
setenta *num.card.>quant.num.*^{DT} *e n.m.* seventy; **os anos setenta:** the seventies
sétimo *num.ord.>adj.num.*^{DT} seventh
setor *n.m.* 1 sector 2 department; office
seu *adj. e pron.poss.* [f. sua] 1 (dele) his; (dela) her; (objeto, animal) its 2 (de você) yours; **isto é seu?:** is this yours? 3 (deles, delas) theirs; **fazer das suas:** to be up to one's tricks
severo *adj.* severe
sexagésimo *num.ord.>adj.num.*^{DT} sixtieth
sexo *n.m.* sex; **o sexo oposto:** the opposite sex; **pessoas de ambos os sexos:** people of both sexes
sexta-feira *n.f.* Friday
sexto *num.ord.>adj.num.*^{DT} sixth
si *pron.pess.* 1 (ele) himself; (ela) herself; (objeto, animal) itself; **para si próprio:** to himself 2 (genérico) oneself; **estar fora de si:** to be beside oneself 3 (você) yourself; you; **cabe-lhe a si decidir:** it's up to you to decide
significado *n.m.* meaning
significar *v.* to mean; **que significa esta palavra?:** what does this word mean?
signo *n.m.* sign

sílaba *n.f.* syllable; **sílaba átona:** unstressed syllable; **sílaba tónica:** stressed syllable

silêncio *n.m.* silence; **em silêncio:** in silence; **em silêncio absoluto:** in complete silence ♦ *interj.* silence!; hush!

silencioso *adj.* silent; quiet

silvestre *adj.2gén.* wild; **flores silvestres:** wild flowers

silvo *n.m.* hiss

sim *adv.* yes; **claro que sim!:** of course!; **dia sim, dia não:** every other day; **dizer que sim com a cabeça:** to nod; **penso que sim:** I think so ♦ *n.m.* yes; consent

símbolo *n.m.* symbol; **símbolos químicos:** chemical symbols

simpatia *n.f.* 1 (pessoa) kindness; friendliness 2 (por ideia, causa) inclination; attraction

simpático *adj.* nice; friendly; **é muito simpático da tua parte:** how very nice of you

simpatizar *v.* 1 to take a liking; to like; **eu simpatizo com ele:** I like him 2 to approve; **eu simpatizo com essa ideia:** I approve of that idea

simples *adj.2gén.2núm.* simple

simplicidade *n.f.* simplicity

simulador *n.m.* simulator; **simulador de voo:** flight simulator

simular *v.* to simulate

simultâneo *adj.* simultaneous

sinal *n.m.* 1 sign; **sinal de trânsito:** traffic sign; **sinal mais (+):** plus sign; **sinal menos (-):** minus sign 2 (na pele) mole; (de nascença) birthmark 3 (dinheiro) advance

sinceridade *n.f.* sincerity

sincero *adj.* 1 sincere; frank 2 honest; true

sindicato *n.m.* trade; trade union

singular *adj.2gén.* 1 singular 2 (único) unique; **um acontecimento singular:** a unique event ♦ *n.m.* singular

sino *n.m.* 👁 bell

sinónimo *n.m.* synonym

sintoma *n.m.* symptom; **sintomas de gripe:** symptoms of flu

sirene *n.f.* siren

sismo *n.m.* earthquake

sistema *n.m.* system; **sistema digestivo:** digestive system; **sistema nervoso:** nervous system; (computador) **sistema operativo:** operating system; **sistema solar:** solar system

sítio *n.m.* 1 place; **fora do sítio:** out of place; **que sítio!:** what a place! 2 (Internet) site

situação *n.f.* 1 situation 2 (emprego) job; position

skate *n.m.* 👁 skate; **andar de skate:** to skate; **prancha de skate:** skateboard

SMS [*abrev. de* Short Message Service] SMS

só *adj.2gén.* **1** alone; on one's own; **a sós:** alone; by oneself **2** lonely; **sentir-se só:** to feel lonely **3** (*único*) only; **um só sobrevivente:** one only survivor; **uma só vez:** only that one time ◆ *adv.* **1** (*restrição*) just; only; merely; **é só isso?:** is that all?; **não só... mas também:** not only... but also; both... and **2** (*tempo*) only; **ele só chega às duas:** he will only arrive at two; **só ontem o vi:** I only saw him yesterday

soar *v.* to sound; **soar bem:** to sound well; **soar o alarme:** to sound the alarm

soberano *n.m.* [*f.* soberana] sovereign

sobra *n.f.* overplus; surplus; **há de sobra:** there's more than enough

sobrancelha *n.f.* eyebrow; **franzir as sobrancelhas:** to knit one's brows; to frown

sobrar *v.* to be left over; **não sobrou nada:** there was nothing left; **quanto te sobrou?:** how much have you got left?

sobre *prep.* **1** (*sem tocar*) over; above; **mesmo sobre as nossas cabeças:** right above our heads **2** (*em cima de*) on; on top of; **sobre a mesa:** on the table **3** (*a respeito de*) on; about; **falar sobre:** to speak about

sobremesa *n.f.* dessert; **o que há de sobremesa?:** what's for dessert?

sobrenatural *adj.2gén. e n.m.* supernatural

sobrenome *n.m.* **1** (*apelido*) surname; family name **2** (*alcunha*) nickname

sobressair *v.* to stand out

sobresselente *adj.2gén.* spare; **peças sobresselentes:** spare parts; **pneu sobresselente:** spare tyre

sobretudo *n.m.* (*casaco comprido*) overcoat ◆ *adv.* especially; chiefly; mainly; **sobretudo porque:** mainly because

sobrevivência *n.f.* survival; **a luta pela sobrevivência:** the struggle for survival

sobreviver *v.* **1** to survive; **ele sobreviveu:** he survived **2** to outlive; **sobreviver aos irmãos:** to outlive one's brothers and sisters **3** to subsist; **sobreviver com quase nada:** to subsist on nearly nothing at all

sobrinha *n.f.* niece

sobrinho *n.m.* nephew

sóbrio *adj.* sober

sobrolho *n.m.* eyebrow; **franzir o sobrolho:** to frown

social *adj.2gén.* social

sociável *adj.2gén.* sociable

sociedade *n.f.* **1** society; **sociedade de consumo:** consumer society **2** (*empresa*) company; **sociedade comercial:** trading company

sócio *n.m.* [*f.* sócia] **1** (*de clube, associação*) member **2** (*de empresa*) partner; associate; **sócio gerente:** active/managing partner **3** (*informal*) (*companheiro*) fellow; partner

soco (sôco) *n.m.* punch

soco (sóco) *n.m.* (*calçado*) clog

socorrer *v.* to help; to rescue; **socorrer os náufragos:** to rescue the shipwrecked

socorrista *n.2gén.* first aider

socorro *interj.* help! ◆ *n.m.* help; assistance; aid; **gritar por socorro:** to call for help; to call out; **posto de socorro:** aid station; **primeiros socorros:** first aid

sofá *n.m.* sofa; couch

sofá-cama *n.m.* sofa bed

sofrer *v.* **1** to suffer; to grieve; to be in pain **2** (calúnia, humilhações) to bear; to endure **3** (derrota, abalo) to go through; to suffer; **sofrer uma derrota:** to suffer defeat **4** (acidente, ataque) to have; **sofrer um acidente:** to have an accident

sofrimento *n.m.* suffering; pain

sogra *n.f.* mother-in-law

sogro *n.m.* father-in-law

soja *n.f.* (planta) soya; **rebento de soja:** soya bean

sol *n.m.* **1** sunshine; sunlight; **nascer do sol:** sunrise **2** (nota musical) G

Sol *n.m.* sun

sola *n.f.* (de sapato) sole; (informal) **dar à sola:** to run off; **sapatos de sola de borracha:** rubber-soled shoes

solar *adj.2gén.* **1** solar; **sistema solar:** solar system **2** sun; **protetor solar:** sunscreen; suntan lotion ◆ *n.m.* (mansão) manor house

soldado *n.m.* soldier

solene *adj.2gén.* solemn

soletrar *v.* to spell; **soletra o meu nome, por favor:** please spell my name

solicitar *v.* to request; to ask

sólido *adj.* solid

solitário *adj.* **1** (pessoa) solitary **2** (lugar) lonely; isolated

solo *n.m.* **1** soil; land **2** (música) solo

soltar *v.* **1** to loosen; to untie; to unfasten; **soltar um nó:** to unfasten a knot **2** to set free; to release; **soltar um suspeito:** to release a suspect **3** to let go; **solta-me!:** let go of me! ◆ **soltar-se** to free oneself; to escape

solteiro *adj.* unmarried; single ◆ *n.m.* bachelor; single man; **despedida de solteiro:** stag party

solto *adj.* **1** loose **2** free **3** undone; untied

solução *n.f.* solution; (química, física) **solução aquosa:** aqueous solution; **solução para o problema:** solution to the problem

solucionar *v.* to solve

soluço *n.m.* **1** hiccup **2** (de choro) sob

som *n.m.* sound; **à prova de som:** sound-proof; **ao som de:** to the sound of

soma *n.f.* sum

somar *v.* to sum; to add up

sombra *n.f.* **1** shade; **estar à sombra:** to be in the shade; (brincadeira) **sombras chinesas:** shadowgraph **2** trace; **nem sombra dele:** no trace of him; **sem sombra de dúvida:** without a shadow of a doubt

sonhador *n.m.* dreamer

sonhar *v.* **1** to dream; **sonhar acordado:** to daydream **2** to idealize; to long; **sonhar com um mundo melhor:** to long for a better world

sonho *n.m.* **1** (a dormir) dream **2** dream; ambition; **realizar todos os sonhos:** to fulfil all one's dreams

sono *n.m.* **1** sleep; **sono profundo:** sound sleep; **sono reparador:** refreshing sleep **2** (sonolência) sleepiness

sonolento *adj.* drowsy; sleepy

sopa *n.f.* soup; **sopa de hortaliça:** vegetable soup

sopé *n.m.* 👁 foot; base

soprar v. 1 (vento) to blow 2 (balão) to blow up

sopro n.m. 1 blow 2 murmur; **sopro cardíaco:** cardiac murmur

sorridente adj.2gén. smiling

sorrir v. to smile; **sorrir a/para alguém:** to smile at someone; **sorrir de alegria:** to smile with joy

sorriso n.m. smile; **sorriso amarelo:** forced smile

sorte n.f. 1 luck; **boa sorte!:** good luck!; **tentar a sorte:** to try one's luck 2 fate; fortune; **por sorte:** fortunately; **tirar à sorte:** to draw lots; to cast lots

sorteio n.m. draw; **por sorteio:** by lot

sorvete n.m. ice cream

sossegado adj. quiet; peaceful; still; calm

sossegar v. 1 to calm 2 to calm down

sossego n.m. calm; quiet

sótão n.m. attic; loft

sotaque n.m. accent

sova n.f. thrashing; beating; hiding; **dar uma sova:** to give a good hiding

sozinho adj. 1 all alone; **ela está sozinha em casa:** she was alone in the house 2 by oneself; **o menino já come sozinho:** the boy can eat by himself now

Sr. [abrev. de Senhor] Mr. [abrev. de Mister]

stress n.m. stress

suar v. 1 to sweat 2 (figurado) to work hard

suave adj.2gén. 1 (cor, luz, voz) soft 2 (superfície) smooth 3 (pessoa, som) gentle 4 (clima, sabor) mild 5 (chuva, vento) light

suavizar v. 1 to smooth; to soothe 2 to mitigate; to relieve

súbdito n.m. subject

subida n.f. 1 climb; slope; **subida ao topo da montanha:** climb to the top of the mountain 2 rise; rising; **uma subida de preços:** a rise in prices

subir v. 1 to go up; to come up; **subir ao segundo andar:** to go up to the second floor 2 to climb; **subir as escadas:** to climb the stairs 3 (temperatura, rio) to rise 4 (maré) to come in 5 (preços) to go up 6 (escadas) to go up; to come up 7 (montanha) to climb 8 (volume) to turn up 9 (preços) to raise

súbito adj. sudden; hasty; **de súbito:** all of a sudden; suddenly

subjectivo a nova grafia é **subjetivo**

subjetivo adj. subjective

sublinhar v. 1 (palavra) to underline; to underscore 2 (figurado) (destacar) to highlight; to stress

submarino n.m. 👁 submarine

subornar v. to bribe

subsídio n.m. subsidy; grant; **subsídio de desemprego:** unemployment benefit

subsistência n.f. subsistence

substância n.f. substance

substancial adj.2gén. substantial

substituição n.f. substitution; replacement

substituir v. 1 to substitute; to replace 2 (pneu, fechadura) to change

substituto n.m. substitute; fill-in ◆ adj. substituting

subterrâneo adj. subterranean; underground; **passagem subterrânea:** subterranean passage

subtil adj.2gén. subtle

subtração n.f. 👁 subtraction

subtracção a nova grafia é **subtração**

subtrair v. to subtract

subúrbio n.m. suburb

suceder v. 1 (cargo, emprego) to succeed 2 (facto, fenómeno) to happen; to occur ◆ **suceder-se** to follow

sucessão n.f. 1 (série) succession; series 2 (ao trono) succession

sucesso n.m. 1 success 2 (filme, música) hit

sudeste n.m. southeast ◆ adj. southeast; southeastern

sudoeste n.m. southwest ◆ adj. southwest; southwestern

Suécia n.f. Sweden

sueco adj. Swedish ◆ n.m. 1 (pessoa) Swede 2 (língua) Swedish

suficiente adj.2gén. 1 fair; satisfactory 2 sufficient; enough ◆ n.m. 1 (classificação) sufficient 2 enough; **mais do que o suficiente:** more than enough

sufocar v. 1 to suffocate 2 to stifle

sugerir v. to suggest; to propose

sugestão n.f. suggestion; hint; **por sugestão de:** at the suggestion of

Suíça n.f. Switzerland

suíço adj. e n.m. (pessoa) Swiss

sujar v. to dirty; **sujar a camisa:** to dirty one's shirt ◆ **sujar-se** to become dirty; to get dirty

sujeito n.m. 1 (gramática) subject 2 person

sujo adj. dirty; unclean; **mãos sujas:** dirty hands

sul adj. e n.m. south

sul-africano adj. e n.m. South African

sumário n.m. summary ◆ adj. brief; concise

sumo n.m. 1 👁 juice; **sumo de laranja:** orange juice 2 (desporto) sumo

suor n.m. 1 sweat 2 (figurado) effort; hard work

superar v. 1 to surpass; to exceed 2 (dificuldade) to overcome; **superar um obstáculo:** to overcome an obstacle

superficial adj.2gén. superficial

superfície n.f. 1 surface; **superfície terrestre:** land surface 2 (geometria) face; plane

super-homem n.m. superman

superior adj. 1 (acima de) higher 2 (quantidade) greater 3 (qualidade) superior 4 (nível, ponto) upper; top 5 (oficial) senior ◆ n.m. superior; master; chief

superioridade n.f. superiority

superlativo adj. e n.m. (gramática) superlative

a
b
c
d
e
f
g
h
i
j
k
l
m
n
o
p
q
r
s
t
u
v
w
x
y
z

supermercado *n.m.* supermarket

super-mulher *n.f.* superwoman

superstição *n.f.* superstition

supersticioso *adj.* superstitious

suplementar *adj.2gén.* **1** supplementary **2** additional; extra

suplente *adj.2gén.* **1** stand-by; substitutive **2** (pneu, peça) spare ♦ *n.2gén.* (desporto) substitute; reserve; **ser suplente:** to be on the bench

súplica *n.f.* request

suplicar *v.* to beg; to implore

supor *v.* to suppose; to imagine; to presume; **suponhamos que...:** let's assume that...; **suponho que não:** I suppose not; I guess not; **suponho que sim:** I suppose so; I guess so

suportar *v.* **1** to support; to hold up **2** (pessoa, situação) to put up with; to bear; to endure; **não posso suportar o barulho:** I can't stand the noise; **suportar as despesas:** to bear the expenses **3** (dor, pressão) to withstand

suporte *n.m.* support

suposição *n.f.* supposition; assumption; **baseado em suposições:** based on supposition; **isto é uma mera suposição:** this is mere presumption

suposto *adj.* supposed; assumed

supremo *adj.* supreme

supressão *n.f.* suppression

suprimir *v.* to suppress

surdez *n.f.* deafness

surdo *adj. e n.m.* hearing-impaired

surdo-mudo *adj. e n.m.* hearing--and-speech-impaired

surf *n.m.* (desporto) surfing

surfar *v.* to surf

surfista *n.2gén.* surfer

surgir *v.* to appear; to show up

surpreendente *adj.2gén.* surprising; amazing; astonishing

surpreender *v.* **1** to surprise; to amaze; to astonish **2** (apanhar em flagrante) to take by surprise; to catch unawares; to surprise; **a polícia surpreendeu os ladrões:** the police took the burglars by surprise ♦ **surpreender-se** to be surprised

surpreendido *adj.* surprised; amazed; astonished

surpresa *n.f.* surprise; **fazer uma surpresa a alguém:** to surprise somebody; **ser apanhado de surpresa:** to be taken by surprise

suscitar *v.* to raise; to excite; to arouse; **suscitar a curiosidade de alguém:** to arouse someone's curiosity; **suscitar interesse em:** to raise interest in

suspeita *n.f.* suspicion; **acima de qualquer suspeita:** above/beyond suspicion; **levantar suspeitas:** to arouse suspicion; **sob suspeita:** under suspicion

suspeitar *v.* **1** to suspect; to think; **eu suspeito que eles estejam a mentir:** I suspect that they are lying **2** to suspect; **sem suspeitar de nada:** suspecting nothing

suspeito *n.m.* suspect ♦ *adj.* suspicious; **em circunstâncias suspeitas:** in suspicious circumstances

suspensórios *n.m.pl.* (GB) braces; (EUA) suspenders

suspiro *n.m.* sigh; **suspiro de alívio:** sigh of relief

sussurrar *v.* to whisper; to murmur

sussurro *n.m.* whisper; murmur

susto *n.m.* fright; scare; **apanhar um grande susto:** to get the fright of your life; **pregar um susto a alguém:** to give someone a fright/scare

t *n.m.* (letra) t

tabacaria *n.f.* tobacconist's (shop)

tabaco *n.m.* **1** (planta) tobacco **2** cigarettes; **um maço de tabaco:** a pack of cigarettes

tabela *n.f.* **1** table **2** list; **tabela de preços:** price list

tablete *n.f.* bar; **tablete de chocolate:** chocolate bar

tábua *n.f.* board; **tábua de cozinha:** chopping board; **tábua de engomar:** ironing board

tabuada *n.f.* multiplication table; **a tabuada dos cinco:** the five times table

tabuleiro *n.m.* **1** tray; **tabuleiro de chá:** tea tray **2** (forno) baking tray **3** 👁 (jogo) board; **tabuleiro de xadrez:** chessboard

tabuleta *n.f.* signboard

taça *n.f.* **1** bowl; **taça de gelado:** ice cream bowl **2** glass; **taça de champanhe:** champagne glass **3** (desporto) cup; **taça UEFA:** UEFA cup

tacão *n.m.* heel; **sapatos de tacão alto:** high-heels

tacho *n.m.* pan; pot

taco *n.m.* **1** (bilhar) cue **2** (golfe) club **3** (hóquei) stick **4** (basebol) bat

tacto *a nova grafia é* tato

tal *adj.2gén.* **1** such; **nunca vi tal coisa:** I have never seen such a thing **2** like; **tal pai, tal filho:** like father, like son ◆ *pron.dem.* the one; **esta é a tal rapariga de que te falei:** this girl is the one I've told you about; **de tal modo/maneira que:** in such a manner... that; **que tal irmos ao cinema?:** how about going to the cinema?; **tal como:** just like; such as; **tal e qual:** exactly the same

talão *n.m.* receipt

talento *n.m.* **1** talent; gift; **ele tem muito talento para a música:** he has a great gift for music **2** (pessoa) talented person; talent; **jovens talentos:** young talents

talentoso *adj.* talented; gifted

talheres *n.m.pl.* cutlery; **pôr os talheres na mesa:** to set the cutlery on the table

talho *n.m.* (loja) butcher's

talismã *n.m.* talisman

talvez *adv.* perhaps; maybe; **talvez pudéssemos ir ao cinema:** maybe we could go to the cinema

tamanho *n.m.* size; **que tamanho vestes?:** what size do you take?

tâmara *n.f.* (fruto) date

também *adv. e conj.* **1** also; too; as well; **também eu:** so do I; me too **2** (em frases negativas) either; neither; **tam-**

bém não perguntei: I didn't ask either; **eu também não:** me neither

tambor *n.m.* 👁 drum; **tocar tambor:** to play the drums

tampa *n.f.* **1** (recipiente) lid **2** (caneta, garrafa) cap; top

tangerina *n.f.* tangerine; mandarin

tanque *n.m.* **1** tank; reservoir; **tanque de água:** water tank **2** (para lavar roupa) wash tank **3** (militar) tank

tanto *det.indef.>quant.exist.*[DT] *e pron. indef.* **1** so much; **tenho tanto trabalho!:** I have so much work to do! **2** (no plural) so many; **tantas pessoas:** so many people; **tantas vezes:** so often; so many times ♦ *adv.* **1** so much; **ele comeu tanto que ficou enjoado:** he ate so much that he felt sick **2** so long; **demoraste tanto:** you took so long; **tanto como/quanto:** as much as; **tanto eu como a minha irmã gostamos de cinema:** both me and my sister enjoy the cinema

tão *adv.* **1** so; **ele é tão lindo!:** he's so handsome! **2** such; **ela é tão boa pessoa:** she's such a good person **3** that; **não é assim tão mau:** it's not that bad; **nunca tinha ido tão longe:** I had never gone that far; **tão... como/quanto:** as... as; **és tão egoísta como eu:** you're as selfish as I am

tapar *v.* **1** to cover **2** (cobrir com tampa) to put the lid on **3** (cobrir com cobertor) to wrap up

tapeçaria *n.f.* tapestry

tapete *n.m.* **1** carpet; mat; **tapete voador:** magic carpet **2** (para o rato) mouse mat/pad

tarde *adv.* late; **está a fazer-se tarde:** it's getting late; **mais tarde:** later on; afterwards ♦ *n.f.* afternoon; **amanhã à tarde:** tomorrow afternoon; **boa tarde!:** good afternoon!

tarefa *n.f.* task; job

tartaruga *n.f.* **1** (terrestre) 👁 tortoise **2** (marinha) turtle

tarte *n.f.* **1** (com cobertura) pie; **tarte de maçã:** apple pie **2** (sem cobertura) tart; **tarte de morango:** strawberry tart

tato *n.m.* touch; **sentido do tato:** sense of touch

tatuagem *n.f.* tattoo; **fazer uma tatuagem no braço:** to have one's arm tattooed

taxa *n.f.* **1** tax; fee; **cobrar uma taxa:** to charge a fee **2** rate; **taxa de natalidade:** birth rate

táxi *n.m.* taxi; cab; **apanhar um táxi:** to take a taxi; **chamar um táxi:** to call a taxi

taxista *n.2gén.* taxi driver

teatro *n.m.* theatre

tecido *n.m.* **1** cloth; material; fabric **2** (corpo humano) tissue; **tecido nervoso:** nervous tissue

tecla *n.f.* key; **carregar numa tecla:** to press a key

teclado *n.m.* keyboard

técnica *n.f.* technique

técnico *adj.* technical; **apoio técnico:** technical support ♦ *n.m.* [f. técnica] technician

tecnologia *n.f.* technology

tecto *a nova grafia é* **teto**

teia *n.f.* **1** (de aranha) cobweb; spider's web **2** web; network; **uma teia de estradas:** a network of roads

teimar *v.* to persist

teimosia *n.f.* obstinacy; stubbornness

teimoso *adj.* stubborn; headstrong

tejadilho *n.m.* (de veículo) roof

tela *n.f.* **1** (de pintura) canvas **2** (de cinema) movie screen

teledisco *n.m.* video clip

telefonar *v.* to telephone; to phone; to call; to give a ring

telefone *n.m.* **1** telephone; phone; **desligar o telefone:** to put the phone down; **telefone sem fios:** cordless phone **2** (informal) phone number

telefonema *n.m.* call; phone call; **fazer um telefonema:** to make a phone call; **receber um telefonema:** receive a phone call

telefonista *n.2gén.* telephonist

telégrafo *n.m.* telegraph; **por telégrafo:** by wire

telegrama *n.m.* telegram; cablegram; **enviar um telegrama:** to send a telegram; **receber um telegrama:** to receive a telegram

telemóvel *n.m.* (GB) mobile phone; (EUA) cellular phone; cellphone

telenovela *n.f.* soap opera

telescópio *n.m.* telescope

telespectador *n.m.* [f. telespectadora] viewer

telespetador *a grafia preferível é* **telespectador**

televisão *n.f.* **1** (aparelho) television; television set; **televisão a cores:** colour television **2** television; TV; **ver televisão:** to watch television

televisor *n.m.* television set

telhado *n.m.* roof

tema *n.m.* subject; topic; theme

thematic *adj.* thematic

temer *v.* to fear; to dread; to be afraid of; **temer o pior:** to fear the worst

temor *n.m.* fear; dread

temperado *adj.* **1** (clima) temperate; mild **2** (comida) seasoned; **bem temperado:** well-seasoned

temperamento *n.m.* **1** (feitio) temperament **2** (humor) temper

temperar *v.* (comida) to season; to spice

temperatura *n.f.* **1** temperature; **descida da temperatura:** a drop in temperature **2** (febre) fever; temperature; **a menina está com temperatura:** the little girl is running a temperature

tempestade *n.f.* storm; tempest; **tempestade de areia:** sand storm

templo *n.m.* temple

tempo *n.m.* **1** time; **acabou o tempo:** time's up; **há muito tempo:** a long time ago; **tempo livre:** spare time, leisure time **2** (meteorologia) weather; **tempo chuvoso:** rainy weather

temporal *n.m.* tempest; storm ♦ *adj.2gén.* time; **limite temporal:** time limit

temporário *adj.* temporary; transient; provisional

tencionar *v.* to intend; to mean; to have in mind; **não tenciono ir à festa:** I don't intend to go to the party

tenda *n.f.* 1 👁 tent; **desmontar a tenda:** to take down the tent; **montar a tenda:** to put up the tent 2 (em feira ou mercado) stall

tendência *n.f.* tendency; trend

tender *v.* to tend

ténis *n.m.* 1 tennis; **jogar ténis:** to play tennis 2 (sapatilha) tennis shoes

ténis de mesa *n.m.* table tennis

tenista *n.2gén.* tennis player

tensão *n.f.* 1 tension; strain 2 (medicina) pressure; **tensão arterial:** blood pressure 3 (eletricidade) tension; **cabos de alta tensão:** high-tension cables

tenso *adj.* tense

tentação *n.f.* temptation; **cair na tentação:** to yield to temptation

tentar *v.* to try; to attempt

tentativa *n.f.* attempt; try; **fazer uma nova tentativa:** to have another try

teoria *n.f.* theory

tépido *adj.* tepid; lukewarm; warmish

ter *v.* 1 to have; **ter um bebé:** to have a baby; **ter uma ideia:** to have an idea; (obrigação) **ter de/que:** to have to 2 to possess; to own; to have (got); **ele tem duas casas:** he owns two houses 3 to contain; **a tua composição tem alguns erros:** your essay contains some mistakes 4 to get; **ter uma boa nota:** to get a good mark 5 (idade, sensação) to be;

quantos anos tens?: how old are you?; **ter calor:** to be hot 6 (dor, doença) to have; **ter dores de cabeça:** to have a headache 7 (medidas) to be; **o muro tem três metros de altura:** the wall is three meters high

terapia *n.f.* therapy

terça *n.f.* (informal) Tuesday

terça-feira *n.f.* Tuesday

terceiro *num.ord.>adj.num.*^{DT} third ♦ *n.m.* [f. terceira] third

terço *num.frac.>quant.num.*^{DT} third ♦ *n.m.* (religião) rosary; **rezar o terço:** to say one's beads

terminação *n.f.* ending

terminal *adj.2gén. e n.m.* terminal

terminar *v.* 1 to end; to finish; to terminate; **terminar a refeição:** to finish the meal 2 to end; to come to an end; to be over; **está tudo terminado:** it's all over

termo *n.m.* 1 end; **pôr termo a alguma coisa:** to bring something to an end 2 (palavra) term; word; **termos técnicos:** technical terms 3 (garrafa) thermos flask

termómetro *n.m.* thermometer

terno *adj.* tender

ternura *n.f.* tenderness

terra *n.f.* 1 (superfície terrestre) land 2 (terreno) soil; ground 3 (país) land; country

Terra *n.f.* Earth; **o planeta Terra:** the planet Earth

terraço *n.m.* terrace

terramoto *n.m.* earthquake

terreno *n.m.* 1 (solo) ground; soil; **terreno arenoso:** sandy soil 2 (geografia) terrain; **terreno montanhoso:** mountainous terrain 3 (lote) plot; site; **terreno para construção:** building plot ♦ *adj.* earthly

terrestre *adj.2gén.* terrestrial

terrina *n.f.* 👁 tureen

território *n.m.* territory

terrível *adj.2gén.* terrible; shocking; dreadful

terror *n.m.* **1** terror; dread **2** *(cinema)* horror; **filme de terror:** horror film

tesoura *n.f.* scissors; a pair of scissors; **onde está a tesoura?:** where are the scissors?

tesouro *n.m.* treasure; **caça ao tesouro:** treasure hunt

testa *n.f.* forehead; brow

testamento *n.m.* **1** *(direito)* will **2** *(religião)* testament; **Antigo/Novo Testamento:** Old/New Testament

testar *v.* to test

teste *n.m.* test

testemunha *n.f.* witness; **testemunha de acusação:** witness for the prosecution; **testemunha de defesa:** witness for the defence

testemunho *n.m.* testimony

testículo *n.m.* testicle

teto *n.m.* **1** *(de construção)* ceiling **2** *(de automóvel)* roof; **teto de abrir:** sun roof

têxtil *adj.2gén.* textile; **indústria têxtil:** textile industry

texto *n.m.* text

texugo *n.m.* badger

ti *pron.pess.* you; **isto é para ti:** this is for you

tia *n.f.* aunt

tíbia *n.f.* *(osso da perna)* tibia

tigela *n.f.* 👁 bowl

tigre *n.m.* tiger

tijolo *n.m.* brick

tímido *adj.* shy; timid

timorense *adj. e n.2gén.* East Timorese

Timor-Leste *n.m.* East Timor

tímpano *n.m.* *(ouvido)* eardrum; tympanum

tingir *v.* to dye; to tint

tinta *n.f.* **1** *(escrita, impressão)* ink **2** *(roupa, cabelo)* dye; **tinta para o cabelo:** hair dye **3** *(paredes, quadros)* paint

tinteiro *n.m.* **1** *(canetas)* ink bottle; inkpot **2** *(de impressora)* cartridge

tio *n.m.* uncle

típico *adj.* **1** typical **2** *(região)* regional; **trajes típicos:** regional costumes

tipo *n.m.* **1** *(género)* type; kind; sort **2** *(informal)* *(indivíduo)* guy; chap

tique *n.m.* **1** *(som)* tick **2** *(espasmo)* twitch; tic

tiquetaque *n.m.* ticktack; tictac

tira *n.f.* **1** *(de papel ou pano)* strip; shred **2** *(fita)* ribbon **3** *(faixa)* band

tirar *v.* **1** to take off; to remove; **tira as mãos daí!:** hands off! **2** to draw away; to take away; **tira isso daqui:** take that away **3** to take; **tiraram-me o lápis:** someone has taken my pencil **4** *(dente)* to extract; to pull out **5** *(roupa)* to take off

tiro *n.m.* **1** shot; gunshot; **levar um tiro:** to be shot **2** *(atividade)* shooting; firing; **tiro ao alvo:** target practice

tiroteio *n.m.* shooting; shoot-out

título *n.m.* **1** *(texto, filme, programa, música)* title **2** *(jornal)* heading; headline **3** *(de pessoa)* title

toa *n.f.* random; **à toa:** at random

toalha *n.f.* **1** *(mesa)* cloth; **pôr a toalha:** to lay the cloth; **toalha de mesa:**

tablecloth **2** (quarto de banho) towel; **toalha das mãos:** hand towel; **toalha de banho:** bath towel

toca *n.f.* **1** (animais pequenos) burrow; hole; dwelling **2** (animais ferozes) den; lair

tocar *v.* **1** (com as mãos) to touch **2** (música) to play; (trompete, corneta) to blow **3** (campainha, sino) to ring; **estão a tocar à porta:** the doorbell is ringing; **o telefone está a tocar:** the phone is ringing

todavia *conj.>adv.*[DT] nevertheless; yet; however

todo *det.indef.>quant.univ.*[DT] all; every; **toda a gente:** everybody ♦ *adj.* all; whole; entire; **todo o ano:** all the year round; **todo o dia:** all day (long) ♦ *adv.* through; entirely; completely; **estou todo molhado:** I am soaked through

todos *det.indef.pl.>quant.univ.pl.*[DT] every; **todos os dias:** every day; **todas as vezes:** every time ♦ *pron. indef.pl.* all; everybody; everyone; **já chegaram todos:** everybody is here; **todos sem exceção:** everyone of them

tolerância *n.f.* **1** (atitude) tolerance; open-mindedness **2** (resistência) resistance; endurance

tolerante *adj.2gén.* tolerant

tolerar *v.* to tolerate

tolice *n.f.* silly thing; nonsense; **que tolice!:** nonsense!

tolo *adj.* foolish; silly ♦ *n.m.* [f. tola] fool

tom *n.m.* tone; **mudar de tom:** to change one's tone; **não me fales nesse tom:** don't speak to me in that tone of voice

tomada *n.f.* (eletricidade) socket

tomar *v.* **1** to take; **tomar a iniciativa:** to take the initiative **2** (alimento, bebida) to have; **tomar o pequeno-almoço:** to have breakfast; **tomar um café:** to have a cup of coffee **3** (medicamento, injeção) to take

tomate *n.m.* tomato

tonelada *n.f.* ton

tónica *n.f.* **1** (palavra) stressed syllable **2** (ênfase) main point

tónico *adj.* **1** (substância) tonic; **água tónica:** tonic water **2** (sílaba) stressed; **acento tónico:** tonic accent

tonto *adj.* **1** (com tonturas) giddy; dizzy **2** (tolo) silly; daft

tontura *n.f.* dizziness; giddiness; **estou com tonturas:** I feel dizzy

top *n.m.* (roupa) top

tópico *n.m.* topic; theme

topo *n.m.* top; summit; peak; **chegar ao topo:** to reach the top

toque *n.m.* **1** (tato) touch **2** (campainha, telefone) ringing **3** (telefonema) ring; **depois dou-te um toque:** I'll give you a ring later **4** (buzina) toot; hoot

toranja *n.f.* grapefruit

torcer *v.* **1** to twist **2** (roupa) to wring

tormento *n.m.* torment; torture

tornado *n.m.* tornado; cyclone

tornar *v.* to do again; **não tornes a fazer isso!:** don't you ever do that again! ♦ **tornar-se** to become; **eles tornaram-se amigos:** they became friends

torneio *n.m.* tournament; **torneio de ténis:** tennis tournament

torneira *n.f.* (GB) tap; (EUA) faucet; **abrir a torneira:** to turn on the tap; **fechar a torneira:** to turn off the tap; **torneira de água fria/quente:** cold/hot tap

tornozelo *n.m.* ankle

torrada *n.f.* toast; **torrada sem manteiga:** dry toast

torradeira *n.f.* 👁 toaster

torrar *v.* to toast; to roast

torre *n.f.* **1** tower; (aeroporto) **torre de controlo:** control tower; **Torre de Londres:** Tower of London **2** (xadrez) castle; rook

torrencial *adj.2gén.* torrential; **chuva torrencial:** pouring rain

torrente *n.f.* torrent

torta *n.f.* (de fruta, compota) tart; (de carne) pie

torto *adj.* crooked; bent; twisted

tortura *n.f.* torture

torturar *v.* to torture

tosse *n.f.* cough; **ter tosse:** to have a cough

tostar *v.* **1** (pão) to toast **2** (assado) to roast **3** (pele) to parch

total *adj.2gén.* total; absolute; **eclipse total:** total eclipse ◆ *n.m.* (quantia) total; **quanto é no total?:** how much is it in total?

totalidade *n.f.* totality; whole; **na totalidade:** on the whole

totalmente *adv.* totally; completely; entirely

touca *n.f.* **1** 👁 cap **2** (para banho) shower cap **3** (para piscina) swim cap

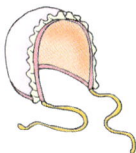

toucinho *n.m.* bacon

toupeira *n.f.* mole

tourada *n.f.* bullfight

touro *n.m.* bull

Touro *n.m.* (signo) Taurus; the Bull

tóxico *adj.* toxic; poisonous

trabalhador *n.m.* [*f.* trabalhadora] worker; employee ◆ *adj.* **1** (pessoa) hard-working; laborious; industrious; **pessoa trabalhadora:** hard-working person **2** (classe) working; **a classe trabalhadora:** the working class

trabalhar *v.* **1** (atividade) to work; **onde trabalhas?:** where do you work? **2** (objeto) to operate; to work; **trabalhar com o computador:** to operate a computer **3** (motor, carro, máquina) to start; to run; **põe o carro a trabalhar:** start the car

trabalho *n.m.* **1** work; **trabalho de casa:** homework; **trabalho de grupo:** group work **2** (emprego) job; employment; **trabalho a tempo inteiro:** full-time job; **trabalho a tempo parcial:** part-time job

traça *n.f.* moth

traçar *v.* **1** (linha) to draw **2** (esboço) to outline; to sketch

traço *n.m.* **1** (linha) line **2** (característica) feature; trait

tractor *a nova grafia é* **trator**

tradição *n.f.* tradition

tradicional *adj.2gén.* traditional

tradução *n.f.* translation

tradutor *n.m.* translator; (oral) interpreter

traduzir *v.* to translate; **traduzir de inglês para português:** to translate from English into Portuguese

tráfego *n.m.* **1** (trânsito) traffic **2** (comércio) trade

a b c d e f g h i j k l m n o p q r s t u v w x y z

tráfico *n.m.* (negócio ilegal) traffic; **tráfico de drogas:** drug traffic

tragédia *n.f.* tragedy

trágico *adj.* tragic

traição *n.f.* **1** treason **2** (amizade) betrayal

traiçoeiro *adj.* treacherous; disloyal

traidor *n.m.* [f. traidora] traitor; betrayer

trair *v.* to betray

traje *n.m.* **1** dress; **traje de cerimónia:** full dress; formal dress; **traje de noite:** evening dress **2** costume; **museu do traje:** costume museum

trajecto a nova grafia é **trajeto**

trajeto *n.m.* (percurso) way; journey; **no trajeto para casa:** on one's way home

tramar *v.* to plot; to conspire

trambolhão *n.m.* tumble; fall; **dar um trambolhão:** to fall flat down

trampolim *n.m.* **1** (ginástica) trampoline; springboard **2** (piscina) diving-board

trança *n.f.* **1** (cabelo) plait; braid **2** (fios) braid

trancar *v.* **1** (porta) to lock **2** (com barra) to bar **3** (com ferrolho) to bolt

tranquilidade *n.f.* tranquillity

tranquilo *adj.* tranquil; calm

transeunte *n.2gén.* passer-by; pedestrian

transferência *n.f.* transference; transfer

transferidor *n.m.* 👁 protractor

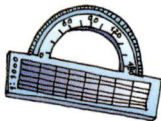

transferir *v.* to transfer

transformação *n.f.* transformation; change

transformar *v.* to transform; to change ◆ **transformar-se** to become; to change

transição *n.f.* to transition; **um período de transição:** a period of transition

trânsito *n.m.* **1** (de veículos) traffic; **fechado ao trânsito:** closed to the traffic; **sinais de trânsito:** traffic signs **2** (pessoas, mercadorias) transit; **passageiros em trânsito:** passengers in transit

transmissão *n.f.* **1** transmission; **transmissão de conhecimentos:** transmission of knowledge **2** (rádio, televisão) broadcast; transmission; **transmissão ao vivo:** live broadcast

transmitir *v.* **1** to transmit **2** (rádio, televisão) to broadcast

transparente *adj.2gén.* (material) transparent

transpiração *n.f.* transpiration; sweat

transpirar *v.* to perspire; sweat

transplante *n.m.* (medicina) transplant; **transplante de coração:** heart transplant

transportar *v.* to transport; to carry; **transportar uma mala:** to carry a suitcase

transporte *n.m.* ✎ transport; **transportes coletivos:** public transport

trapalhada *n.f.* mess; **que trapalhada!:** what a mess!

trapalhão *n.m.* clumsy; awkward; **és tão trapalhão!:** you're so clumsy!

trapézio *n.m.* **1** (aparelho de ginástica) trapeze **2** (figura geométrica) trapezium

trapezista *n.2gén.* trapeze artist

traquina *adj.2gén.* (criança) naughty; wild ◆ *n.2gén.* brat; naughty child

trás *adv.* **1** behind; **por trás:** from behind **2** back; **porta de trás:** back door

traseiras *n.f.pl.* (edifício) back; **fugir pelas traseiras:** to get away through the back; **nas traseiras da casa:** at the back of the house

traseiro *adj.* back; rear; **assento traseiro:** back seat ♦ *n.m. (informal)* behind; buttocks; backside; **cair de traseiro:** to fall on one's backside

tratado *n.m.* treaty; **tratado de paz:** peace treaty

tratamento *n.m.* **1** treatment; (de doentes) nursing; **tratamento de beleza:** beauty treatment; **tratamento de uma doença:** treatment of a disease **2** (lixo, resíduo) disposal; **tratamento de resíduos tóxicos:** toxic waste disposal **3** (entre pessoas) form of address; **forma de tratamento escrita:** written form of address

tratar *v.* **1** to treat; **trataram-me bem:** they treat me well; **tratar alguém com antibióticos:** to treat somebody with antibiotics **2** to nurse; **tratar de um doente:** to nurse a patient **3** to take care; **eu trato disso:** I'll take care of it **4** (assunto) to handle **5** (lixo, resíduos) to dispose of

trator *n.m.* tractor

travão *n.m.* (veículo) brake; (automóvel) **travão de mão:** handbrake

travar *v.* **1** (veículo) to brake; **travar a fundo:** to step on the brakes **2** (porta) to lock

trave *n.f.* beam; crossbeam

travessa *n.f.* **1** (rua) crossroad; narrow street; by-street **2** (para comida) plate; dish

travessão *n.m.* (sinal gráfico) dash; **põe um travessão em vez de uma**

vírgula: put a dash instead of a comma

travesseiro *n.m.* bolster

travessia *n.f.* crossing; passage; **travessia do canal da Mancha:** crossing of the English Channel

trazer *v.* **1** to bring; **traz isso contigo:** bring it with you **2** (objeto) to carry; **trazer uma mala:** to carry a suitcase **3** (peça de vestuário) to wear; to have on; **que trazes vestido?:** what do you have on?

treinador *n.m.* [f. treinadora] **1** (desportivo) coach; trainer **2** (de animais) trainer

treinar *v.* **1** to train; to practise **2** (desporto) (treinador) to coach

treino *n.m.* **1** (exercício físico) training; exercise **2** (prática regular) practice

trela *n.f.* leash; lead; **levar o cão pela trela:** to take the dog on the leash

tremer *v.* to tremble; to shiver

tremor *n.m.* **1** (pessoa) trembling; shiver; quiver **2** (edifício, terra) quake; **tremor de terra:** earthquake

trenó *n.m.* sledge; sleigh; **andar de trenó:** to sledge

trepar *v.* to climb

três *num.card.>quant.num.*[DT] *e n.m.* three; **o dia três:** the third

trevas *n.f.pl.* darkness

trevo *n.m.* 👁 clover

treze *num.card.>quant.num.*[DT] *e n.m.* thirteen

trezentos *num.card.>quant.num.*^{DT} e *n.m.2núm.* three hundred

triangular *adj.2gén.* triangular; **uma forma triangular:** a triangular shape

triângulo *n.m.* triangle; **triângulo equilátero:** equilateral triangle; **triângulo retângulo:** right-angled triangle; (veículos) **triângulo de sinalização:** warning triangle

tribo *n.f.* tribe; **chefe de uma tribo:** head of a tribe; **membro de uma tribo:** tribesman

tribuna *n.f.* **1** tribune **2** (sala de espetáculos) balcony

tribunal *n.m.* court; court of justice; law court

tributo *n.m.* tribute; homage

triciclo *n.m.* tricycle; trike

tricô *n.m.* knitting; **agulha de tricô:** knitting needle; **fazer tricô:** to knit

tricotar *v.* to knit

trigésimo *num.ord.>adj.num.*^{DT} thirtieth

trigo *n.m.* wheat; corn; **pão de trigo:** wheat bread

trilhar *v.* to pinch; **trilhar os dedos na porta:** to pinch one's fingers on the door

trilho *n.m.* **1** (carril) rall **2** (caminho) track; path

trimestre *n.m.* quarter; trimester

trinca *n.f.* (informal) bite; **dar uma trinca em:** to have a bite at

trinchar *v.* (carne) to carve

trinco *n.m.* (porta) latch

trinta *num.card.>quant.num.*^{DT} e *n.m.* thirty; **nos anos trinta:** during the thirties

tripulação *n.f.* crew

tripulante *n.2gén.* crew member; (barco) seaman

triste *adj.2gén.* (pessoa, situação) sad; **estar triste:** to feel sad; **um acontecimento triste:** a sad event

tristeza *n.f.* sadness; sorrow

triturar *v.* to grind

triunfar *v.* to triumph; **triunfar sobre os inimigos:** to triumph over one's enemies

triunfo *n.m.* triumph

triz *n.m.* instant; moment; **foi por um triz!:** that was close!

troca *n.f.* exchange; switch

troça *n.f.* mockery; fun; **fazer troça de:** to make fun of

trocar *v.* **1** to exchange; **trocar dinheiro:** to exchange money **2** to change; **trocar de roupa:** to change clothes **3** (lugares, coisas) to change; to switch; to swap; **pode trocar o lugar comigo?:** can you change places with me? **4** (opiniões, ideias) to interchange

troco *n.m.* (dinheiro) change; odd money; **fique com o troco:** keep the change; **tem troco de vinte euros?:** have you got change for twenty euros?

troféu *n.m.* trophy

tromba *n.f.* (animal) trunk

trombone *n.m.* trombone

trompete *n.m.* 👁 trumpet

tronco *n.m.* **1** (árvore) trunk **2** (corpo) torso; trunk

trono *n.m.* throne; **o herdeiro do trono:** the heir to the throne; **subir ao trono:** to ascend to the throne

tropa *n.f.* **1** (soldados) troop **2** (serviço militar) military service; national service; **fazer a tropa:** to do national service; **ir para a tropa:** to attend national service

tropeção *n.m.* stumble; **dar um tropeção:** to stumble

tropeçar *v.* to stumble; to trip; **tropeçar nas palavras:** to stumble; **tropeçar numa pedra:** to trip over a stone

tropical *adj.2gén.* tropical; **fruto tropical:** tropical fruit

trópico *n.m.* tropic

trotineta *n.f.* scooter

trovão *n.m.* thunder; (muito forte) thunderclap

trovejar *v.* to thunder

trovoada *n.f.* thunderstorm

trunfo *n.m.* (jogo de cartas) trumps; **jogar um trunfo:** to play a trump; **o trunfo é copas:** hearts are trumps

truque *n.m.* trick; **um truque de magia:** a magic trick

truta *n.f.* (peixe) trout

t-shirt *n.f.* T-shirt

tu *pron.pess.* you; **e tu?:** what about you?; **tu não sabes nada:** you don't know anything

tua *pron.poss.f.* yours; **uma amiga tua:** a friend of yours ♦ *adj.poss.* your; **é esta a tua casa?:** is this your house?

tubarão *n.m.* shark

tubo *n.m.* **1** pipe; (automóvel) **tubo de escape:** exhaust pipe **2** (embalagem) tube; **tubo de pasta de dentes:** tube of toothpaste

tudo *pron.indef.* **1** everything; anything; **está tudo bem?:** is everything all right?; **estar disposto a tudo:** to be prepared to do anything; **obrigado por tudo!:** thanks for everything!; **tudo é possível:** anything is possible **2** (totalidade) all; **tudo junto:** all together

tufão *n.m.* 👁 typhoon

túlipa *n.f.* tulip

túmulo *n.m.* tomb; grave

túnel *n.m.* tunnel

túnica *n.f.* tunic

turismo *n.m.* tourism

turista *n.2gén.* tourist

turístico *adj.* tourist; **visita turística:** tourist visit

turma *n.f.* (escola) class; **andamos na mesma turma:** we are in the same class; **chefe/delegado de turma:** head boy; head girl

turno *n.m.* (trabalho) shift; **turno da noite:** night shift

turvo *adj.* (água, ar) muddy; cloudy

tutor *n.m.* tutor

a
b
c
d
e
f
g
h
i
j
k
l
m
n
o
p
q
r
s
t
u
v
w
x
y
z

u

u *n.m.* (letra) u
Ucrânia *n.f.* Ukraine
ucraniano *adj. e n.m.* Ukrainian
UE [*sigla de* União Europeia] EU [*sigla de* European Union]
ufa *interj.* whew!; what a relief!
ui *interj.* **1** (dor) ouch! **2** (surpresa) wow!; oh!
uísque *n.m. (GB)* whisky; *(EUA)* whiskey; **uísque com gelo:** whisky on the rocks
uivar *v.* to howl
uivo *n.m.* howl
ultimamente *adv.* lately; recently
último *adj.* **1** (sequência) last; **ficar em último lugar:** to be last; **pela última vez:** for the last time **2** (conclusão) final; last; **último retoque:** final touch **3** (enumeração) latter; **o último mencionado:** the latter **4** (edifício) top; **último andar:** top floor ◆ *n.m.* [*f.* última] last
ultraleve *n.m.* (avião) ultralight
ultrapassado *adj.* (antiquado) outmoded; outdated; old-fashioned
ultrapassagem *n.f.* overtaking; **fazer uma ultrapassagem a um camião:** to overtake a truck
ultrapassar *v.* **1** (automóvel) to overtake; to pass **2** (a pé) to go by; to pass; to pass by **3** (limites) to exceed; to surpass
um *det.art.indef.* [*f.* uma] **1** a; an; **um gato:** a cat; **um elefante:** an elephant **2** (alguns) some; a few; **uns dias atrás:** some days ago ◆ *num.card.> quant.num.* ^{DT} one; **um a um:** one by one; **um deles:** one of them
umbigo *n.m.* navel
umbila *n.f. (Ang.)* umbila
unha *n.f.* **1** 👁 nail; fingernail; **unhas dos pés:** toe nails **2** (gato, felino) claw; (ave de rapina) talon; **as unhas dos gatos:** cat's claws

união *n.f.* **1** union **2** (países, pessoas) alliance; **a união faz a força:** united we stand; (pessoas) **união de facto:** cohabitation; **União Europeia:** European Union; **união monetária:** monetary union
único *adj.* **1** only; **ser filho único:** to be an only child **2** sole; **com o único propósito de:** with the sole purpose of **3** unique; exceptional; **ter um talento único:** to have a unique talent; **moeda única:** single currency
unicórnio *n.m.* unicorn
unidade *n.f.* **1** (união, medida) unit; **unidade de tempo:** time unit **2** (serviço) unit; **unidade de cuidados intensivos:** intensive care unit
unido *adj.* united; **Estados Unidos da América:** United States of America; **Reino Unido:** United Kingdom
unificar *v.* to unify
uniforme *adj.2gén.* uniform; regular ◆ *n.m.* (farda) uniform

uniformizar *v.* to standardize

unir(-se) *v.* to unite; to join

universal *adj.2gén.* universal

universidade *n.f.* university

universitário *adj.* (curso, aluno) university; **tirar um curso universitário:** to take a university degree ◆ *n.m.* [*f.* universitária] **1** (aluno) university student **2** (professor) university teacher

universo *n.m.* universe

untar *v.* to grease

Urano *n.m.* (astronomia, mitologia) Uranus

urbano *adj.* (cidades) urban; **zonas urbanas:** urban areas

urgência *n.f.* **1** (pressa) urgency **2** (hospitais) emergency services

urgente *adj.2gén.* urgent; pressing; **um assunto urgente:** a pressing matter

urina *n.f.* urine

urinar *v.* to urinate

Ursa Maior *n.f.* (constelação) Great Bear

Ursa Menor *n.f.* (constelação) Little Bear

urso *n.m.* [*f.* ursa] bear; 👁 **urso de peluche:** teddy bear; **urso polar:** polar bear

urtiga *n.f.* nettle

urze *n.f.* heather

usado *adj.* **1** (gasto) worn out; used up **2** (em segunda mão) second-hand; **carros usados:** second-hand cars

usar *v.* **1** to use; **usa um martelo:** use a hammer **2** (roupa, estilo) to wear; to have on; **usar cabelo curto:** to wear one's hair short **3** to use; to employ; **usar a força:** to use force ◆ **usar-se** (moda) to be fashionable; to be in; **isso já não se usa:** that is no longer the fashion

uso *n.m.* **1** use; usage; **em uso:** in use; **fora de uso:** out of use **2** custom; habit; **usos e costumes:** customs and traditions

usual *adj.2gén.* usual; customary; ordinary; **clientes usuais:** usual clients

usualmente *adv.* usually; normally

utensílio *n.m.* utensil; **utensílios de cozinha:** cooking utensils

utente *adj.2gén.* user

útil *adj.2gén.* useful; helpful

utilidade *n.f.* utility; usefulness

utilização *n.f.* use; utilization

utilizador *n.m.* [*f.* utilizadora] user

utilizar *v.* to use; **utilizar um computador:** to use a computer

uva *n.f.* grape; 👁 **um cacho de uvas:** a bunch of grapes; **uvas passas:** raisins

a
b
c
d
e
f
g
h
i
j
k
l
m
n
o
p
q
r
s
t
u
v
w
x
y
z

V

v *n.m.* (letra) v; **em V:** V-shaped

vaca *n.f.* 👁 cow; **carne de vaca:** beef

vacaria *n.f.* cowshed

vacina *n.f.* vaccine; **vacina da gripe:** flu vaccine

vacinar *v.* to vaccinate ◆ **vacinar--se** to get vaccinated

vadiar *v.* to wander

vadio *adj.* stray; **cão vadio:** stray dog

vaga *n.f.* **1** (onda) breaker; wave **2** (lugares) vacancy; **sem vagas:** no vacancies **3** (figurado) wave; **vaga de calor:** heat wave; **vaga de frio:** cold wave

vagão *n.m.* (comboios) carriage; car; coach

vagaroso *adj.* slow; slow-moving

vagem *n.f.* **1** (feijão-verde) string bean **2** (feijão, ervilha) pod

vagina *n.f.* vagina

vago *adj.* **1** (imagem, conceito) vague **2** (cargo, sítio) vacant; **este lugar está vago?:** is this seat taken? **3** (tempo) free; spare; **nas horas vagas:** in one's free time

vaguear *v.* to wander; to stroll; to ramble

vaidade *n.f.* vanity

vaidoso *adj.* vain; conceited

vaivém *n.m.* **1** (aeronave) shuttle **2** (de pessoas) comings and goings

vala *n.f.* (estrada) to ditch

vale *n.m.* **1** (geografia) valley **2** voucher; **vale de compras:** voucher

valente *adj.2gén.* brave; courageous

valer *v.* **1** to be worth; **valer a pena:** to be worth it **2** to be equivalent to; **valer o mesmo que:** to be equivalent to

valete *n.m.* (cartas) knave; jack

válido *adj.* valid

valioso *adj.* valuable

valor *n.m.* **1** value; **valor sentimental:** sentimental value **2** (preço) price; **saber o valor exato:** to know the right price **3** (mérito) value; worth; **um homem de valor:** a man of worth

vampiro *n.m.* vampire

vantagem *n.f.* advantage; **estar em vantagem:** to have the advantage

vantajoso *adj.* **1** (circunstância) favourable **2** (lucro) profitable

vão *adj.* vain; futile; fruitless; **em vão:** in vain; **esperança vã:** vain hope

vapor *n.m.* steam; vapour; **máquina a vapor:** steam-engine

vaqueiro *n.m.* cowboy

vara *n.f.* **1** (pau) twig; stick **2** (de porcos) herd of swine

varanda *n.f.* 👁 balcony

variação *n.f.* **1** change; modification; alteration **2** (de níveis) variation; fluctuation

variar *v.* to vary; to change; **variar as refeições:** to vary one's meals; **variar de cor:** to change colour; **para variar:** for a change

variável *adj.2gén.* variable; changeable

varicela *n.f.* (doença) chickenpox

variedade *n.f.* **1** (coisas) variety; diversity **2** (tipos diversos) variety; sort; kind; **toda a variedade de pessoas:** all sorts of people

varinha *n.f.* **1** (magia) wand; **varinha de condão:** magic wand **2** (eletrodoméstico) mixer; electric mixer

vários *det.indef.>quant.exist.*[DT] *e pron. indef.* several; **há vários dias:** several days ago

varrer *v.* to sweep

vaso *n.m.* (plantas) vase; flowerpot

vassoura *n.f.* sweep; broom

vasto *adj.* vast; immense; huge

Vaticano *n.m.* the Vatican

vazio *adj.* **1** empty; **de estômago vazio:** on an empty stomach; **de mãos vazias:** empty-handed **2** (oco) hollow

veado *n.m.* **1** (animal) deer **2** (carne) venison

vedação *n.f.* **1** (muro) fence; barrier **2** (de sebe) hedge

vedar *v.* **1** (espaço, terreno) to enclose; to fence **2** (recipiente) to shut tight; to close tight **3** (passagem) to close

vedeta *n.f.* star

vegetal *adj.2gén.* vegetable ♦ *n.m.* plant

vegetariano *adj. e n.m.* vegetarian; **restaurante vegetariano:** vegetarian restaurant

veia *n.f.* vein

veículo *n.m.* vehicle

vela *n.f.* **1** (de barco ou moinho) sail **2** (desporto) sailing; **praticar vela:** to sail **3** (de cera) candle; **acender uma vela:** to light a candle

veleiro *n.m.* sailing boat

velejar *v.* to sail

velharias *n.f.pl.* antiques

velhice *n.f.* old age

velho *adj.* old; **ele é mais velho do que eu:** he is older than me; **ficar velho:** to get old; **o irmão mais velho:** the eldest brother

velocidade *n.f.* **1** speed; velocity; **a toda a velocidade:** at full speed **2** (automóvel) gear; **caixa de velocidades:** gearbox

veloz *adj.2gén.* speedy; swift; quick

veludo *n.m.* velvet

vencedor *adj.* winning; victorious ♦ *n.m.* [f. vencedora] **1** (competição) winner **2** (guerra, batalha) conqueror

vencer *v.* **1** (competição) to win; **vencer o campeonato:** to win the championship **2** (adversário) to beat; to defeat

vencido *adj.* (em competição) defeated; beaten; **dar-se por vencido:** to give in

vencimento *n.m.* (salário) pay; wage; salary

venda *n.f.* **1** (transação) sale; **à venda:** now on sale **2** (ato) selling; **preço de**

venda: selling price **3** (dos olhos) blind-fold

vendaval *n.m.* gale

vendedor *n.m.* **1** (de loja) shop assistant **2** (venda direta) salesman

vender *v.* to sell ◆ **vender-se** to be sold; to be on sale

veneno *n.m.* (substância) poison; (cobra) venom

venenoso *adj.* poisonous

veneração *n.f.* veneration; worship

venerar *v.* to venerate; to worship

vénia *n.f.* bow; **fazer uma vénia:** to take a bow

ventania *n.f.* gale; high wind

ventilação *n.f.* ventilation; airing

ventilar *v.* (ar) to ventilate; to air

vento *n.m.* wind; **está vento:** the wind is blowing

ventoinha *n.f.* 👁 fan

ventre *n.m.* **1** (barriga) belly **2** (útero) womb

Vénus *n.f.* (astronomia, mitologia) Venus

ver *v.* **1** to see; **já o viste?:** have you seen him yet?; **não vejo nada:** I can't see a thing **2** to look; **vê-me isto:** take a look at this **3** to watch; **ver televisão:** to watch television ◆ **ver-se** to find oneself; **ver-se numa situação difícil:** to find oneself in a difficult situation

verão *n.m.* **1** (estação do ano) summer **2** (período) summertime

verbal *adj.2gén.* oral; verbal

verbo *n.m.* verb; **verbo auxiliar:** auxiliary verb; **verbo modal:** modal verb

verdade *n.f.* truth; **dizer a verdade:** to tell the truth; **é verdade:** that's true

verdadeiro *adj.* **1** true; **uma história verdadeira:** a true story **2** real; **ouro verdadeiro:** real gold **3** (gémeos) identical; **gémeos verdadeiros:** identical twins

verde *adj.2gén.* **1** (cor) green **2** (fruta) unripe **3** (vinho) green; tart ◆ *n.m.* (cor) green; **verde claro:** light green; **verde escuro:** dark green

verdura *n.f.* vegetables; greens

vergonha *n.f.* shame; **estar com vergonha:** to feel ashamed; **corar de vergonha:** to flush with shame

vergonhoso *adj.* shameful

verificação *n.f.* **1** (investigação) verification; examination **2** (controlo) checking

verificar *v.* **1** (facto) to check **2** (teoria) to verify ◆ **verificar-se** to happen; to take place

vermelho *adj. e n.m.* red

verniz *n.m.* varnish; polish; **verniz das unhas:** nail varnish; nail polish

versão *n.f.* version

verso *n.m.* **1** verse; line; **em verso:** in verse **2** (de folha) verso; **ver no verso:** see overleaf

vértebra *n.f.* vertebra

vertebral *adj.2gén.* vertebral; spinal; (anatomia) **coluna vertebral:** spinal column

verter *v.* **1** (líquido) to pour out; to spill **2** (lágrimas) to shed

vertical *adj.2gén. e n.f.* vertical

vertigem *n.f.* vertigo; **causar vertigens:** to give vertigo

vespa *n.f.* (inseto) wasp

véspera *n.f.* **1** day before; previous day **2** (festividades) eve; **véspera de Ano Novo:** New Year's Eve; **véspera de Natal:** Christmas Eve

vestiário *n.m.* **1** changing room; dressing room **2** (provador) fitting room

vestido *n.m.* dress; **vestido de noiva:** wedding dress ◆ *adj.* dressed; **bem vestido:** well-dressed; **vestido de preto:** dressed in black

vestígio *n.m.* vestige

vestir *v.* **1** (peça de roupa) to put on; **vestir o casaco:** to put on one's coat **2** (outra pessoa) to dress; **já vestiste o bebé?:** have you dressed the baby yet? **3** to wear; **não ter nada para vestir:** to have nothing to wear ◆ **vestir-se 1** to get dressed **2** (estilo de roupa) to dress; **ele veste-se muito bem:** he dresses really well

vestuário *n.m.* 👁 clothes; clothing; dress

veterinário *n.m.* [f. veterinária] (GB) veterinary surgeon; (informal) vet; (EUA) veterinarian ◆ *adj.* veterinary

vez *n.f.* **1** time; **às vezes:** sometimes; **duas vezes:** twice; **era uma vez:** once upon a time; **uma vez:** once **2** turn; **é a tua vez:** it's your turn

via *n.f.* way; (astronomia) **Via Láctea:** Milky Way ◆ *prep.* (trajeto) via; by way of; **ir para Roma via Lisboa:** to go to Rome via Lisbon

viaduto *n.m.* viaduct

viagem *n.f.* trip; (mais longa) travel; journey; (por mar) voyage; **boa viagem!:** have a nice trip!; **ir de viagem:** to go on a journey; to go on a trip

viajante *adj.2gén.* travelling ◆ *n.2gén.* **1** traveller **2** (meio de transporte) passenger

viajar *v.* to travel

viatura *n.f.* vehicle

vibrar *v.* to vibrate

vício *n.m.* (álcool, jogo, etc.) addiction; **vício do jogo:** addiction to gambling

vida *n.f.* **1** life; **para toda a vida:** for life **2** (período de tempo) lifetime; **uma vez na vida:** once in a lifetime **3** (vivacidade) liveliness

videira *n.f.* vine; grapevine

vídeo *n.m.* (aparelho, filme) video

videoconferência *n.f.* videoconference

videojogo *n.m.* videogame

videoporteiro *n.m.* video doorphone

videovigilância *n.f.* video surveillance

vidrão *n.m.* bottle bank

vidro *n.m.* **1** (material) glass; **objetos de vidro:** glassware **2** (de janela) pane **3** (de veículo) window; **vidros elétricos:** power windows

viela *n.f.* alley; alleyway

viga *n.f.* **1** (de madeira) beam **2** (de ferro) girder

vigarista *n.2gén.* swindler; crook

vigésimo *num.ord.>adj.num.*^{DT} twentieth

vigia *n.f.* **1** watch; look-out; **estar de vigia:** to be on the watch **2** (janela) peephole **3** (navio, avião) porthole ◆ *n.2gén.* sentry

vigiar *v.* to watch; **vigiar alguém:** to watch someone

vigilância *n.f.* **1** (atenção) vigilance **2** (controlo) surveillance; **estar sob vi**

a
b
c
d
e
f
g
h
i
j
k
l
m
n
o
p
q
r
s
t
u
v
w
x
y
z

gilância: to be under watch; **vigilância policial:** police surveillance

vigilante adj.2gén. vigilant; watchful ◆ n.2gén. guard

vigor n.m. **1** vigour **2** (lei, norma) force; **entrar em vigor:** to come into force

vigoroso adj. vigorous

vila n.f. **1** (povoação) small town; village **2** (casa) country house; villa

vinagre n.m. vinegar

vinda n.f. coming; arrival; **à vinda:** on one's way back

vindima n.f. grape harvest; vintage

vindimar v. to gather grapes

vingança n.f. vengeance; revenge

vingar v. to revenge ◆ **vingar-se** to take revenge on

vinha n.f. vineyard

vinho n.m. wine; **vinho branco:** white wine; **vinho tinto:** red wine

vinte num.card.>quant.num.^{DT} e n.m. twenty; **o dia vinte:** the twentieth

viola n.f. guitar; **tocar viola:** to play the guitar

violência n.f. violence

violento adj. violent

violeta adj. e n.m. (cor) violet ◆ n.f. (flor) violet

violinista n.2gén. violinist

violino n.m. violin

violoncelista n.2gén. cellist

violoncelo n.m. cello

vir v. **1** to come; **ele vem aí:** there he comes; **vens connosco?:** do you want to come with us? **2** (origem) to come; **de onde vens?:** where do you come from?

vira-casaca n.2gén. (informal) turncoat

virar v. **1** to turn; to turn over; **virar uma camisola do avesso:** to turn a sweater inside out **2** (direção) to turn;

vira à direita: turn right; **vira à esquerda:** turn left ◆ **virar-se** to turn; **virar-se para o lado:** to turn aside

virgem adj.2gén. virgin; **floresta virgem:** virgin forest

Virgem n.f. **1** (signo) Virgo **2** (religião) Virgin; **a Virgem Maria:** the Virgin Mary

vírgula n.f. comma

virose n.f. virus infection

virtude n.f. virtue

visão n.f. **1** (sentido) vision; sight; **problemas de visão:** sight problems **2** (alucinação) vision; hallucination; **ter visões:** to see things

visita n.f. **1** (ato) visit; **fazer uma visita a alguém:** to pay a visit to someone **2** (pessoa) visitor; caller; **tenho visitas em casa:** I have visitors at home **3** (turismo) tour; **visita de estudo:** field trip; **visita guiada:** guided tour

visitante adj.2gén. visiting; **equipa visitante:** visiting team ◆ n.2gén. visitor; caller

visitar v. **1** (pessoas) to visit; to pay a visit to **2** (local) to see

visível adj.2gén. **1** visible **2** apparent; clear; **esforços visíveis:** apparent efforts

vista n.t. **1** (olhos) sight; eyesight; **à primeira vista:** at first sight; **conhecer de vista:** to know by sight; **estar à vista:** to be evident **2** (paisagem) view; **um quarto com vista:** a room with a view; **vista aérea:** air view

visto n.m. **1** (em passaporte) visa **2** (sinal) tick

vistoso adj. showy; flashy

visual adj.2gén. visual ◆ n.m. look

visualizar v. **1** to visualize **2** (informática) to display

vital adj.2gén. **1** vital; **sinais vitais:** vital signs **2** (figurado) crucial; **uma**

questão de importância vital: a crucial matter

vitalidade *n.f.* vitality

vitamina *n.f.* vitamin; **vitamina C:** vitamin C

vitela *n.f.* **1** (animal) 👁 calf **2** (carne) veal

vítima *n.f.* victim; casualty

vitória *n.f.* victory

vitorioso *adj.* victorious

viúva *n.f.* widow

viúvo *n.m.* widower

viva *n.m.* cheer; **dar vivas a alguém:** to cheer someone ◆ *interj.* **1** (olá) hi!; hello! **2** (bravo) hurrah!; hurray! **3** (após espirro) God bless you!

vivacidade *n.f.* vivacity; liveliness

vivenda *n.f.* villa; cottage

viver *v.* **1** to live; to be alive; **enquanto eu viver:** for as long as I live; **viver até à idade de:** to live to the age of **2** (morar) to live; **onde vives?:** where do you live?; **viver com os pais:** to live with one's parents **3** (experiência) to live through; to experience

vivo *adj.* **1** alive; **ele está vivo:** he is alive **2** living; **os seres vivos:** the living beings **3** (cor) bright

vizinhança *n.f.* **1** (pessoas) neighbourhood **2** (local) vicinity; neighbourhood

vizinho *adj.* neighbouring ◆ *n.m.* [f. vizinha] neighbour

voador *adj.* flying ◆ *n.m.* (para crianças) walker; baby walker

voar *v.* (ave, avião) to fly; **voar sobre uma cidade:** to fly over a town; *(figurado)* **o tempo voa:** time flies

vocabulário *n.m.* vocabulary

vocação *n.f.* vocation; talent; **ter vocação para a música:** to have a vocation for music

você *pron.pess.* **1** (tratamento formal) you **2** (no plural) you; **isto foi feito por vocês:** you did it **3** (Brasil) you; **para você:** for you

voga *n.f.* vogue; fashion; **estar em voga:** to be in vogue

vogal *n.f.* (letra) vowel

volante *n.m.* (de automóvel) steering wheel

vólei *n.m.* (informal) volleyball

voleibol *n.* volleyball

volt *n.m.* volt

volta *n.f.* **1** (movimento circular) turn; rotation **2** (passeio) stroll; **ir dar uma volta:** to go for a stroll **3** (regresso) return; **bilhete de ida e volta:** return ticket **4** (modificação) turn; **a minha vida deu uma grande volta:** my life has taken a big turn **5** (desporto) lap; **volta de aquecimento:** warm-up lap

voltar *v.* **1** to come back; to return; **voltar de uma viagem:** to return from a journey **2** (direção) to turn; **voltar à direita:** to turn right; **voltar para trás:** to turn back **3** to do again; **voltar a tentar:** to try again ◆ **voltar-se** to turn round

volume *n.m.* volume

voluntário *n.m.* [f. voluntária] volunteer ◆ *adj.* **1** (atividade) voluntary **2** (vontade) willing

vomitar *v.* to throw up

a b c d e f g h i j k l m n o p q r s t u v w x y z

vómito *n.m.* vomit

vontade *n.f.* **1** will; **de minha livre vontade:** at my own free will **2** (desejo) wish; **fazer a vontade a alguém:** to comply with a person's wishes; **ter vontade de fazer alguma coisa:** to feel like doing something

voo *n.m.* (avc, avião) flight

vós *pron.pess.* you

vosso *det.poss.* your; **na vossa casa:** at your place ♦ *pron.poss.* yours; **isto é vosso?:** is this yours?

votação *n.f.* **1** (ato) voting **2** (eleição política) polls

votar *v.* to vote; **votar a favor de:** to vote for a party; **votar contra:** to vote against

voto *n.m.* **1** vote; **contar os votos:** to count the votes **2** (religião) vow; **voto de castidade:** vow of chastity **3** (desejo) wish; **votos de felicidades:** best wishes; **votos de um feliz Natal:** wishing you a merry Christmas; **fazer votos de que...:** to hope that...

vovó *n.f.* (informal) granny; grandma

vovô *n.m.* (informal) grandpa

voz *n.f.* voice; **em voz baixa:** in a low voice; **ler em voz alta:** to read aloud

vulcânico *adj.* volcanic; **erupção vulcânica:** volcanic eruption

vulcão *n.m.* volcano; **um vulcão ativo:** an active volcano; **um vulcão extinto:** an extinct volcano

vulgar *adj.2gén.* **1** (normal) ordinary; **fora do vulgar:** out of the ordinary **2** (grosseiro) rude

vulgarmente *adv.* usually; commonly

W

w *n.m.* (letra) w
walkie-talkie *n.m.* walkie-talkie
walkman *n.m.* Walkman
web *n.f.* (informal) Internet

western *n.m.* (filme) western
windsurf *n.m.* windsurfing; **praticar windsurf:** to windsurf
windsurfista *n.2gén.* windsurfer

X

x *n.m.* (letra) x; **raios X:** X-rays
x-acto *a nova grafia é* **x-ato**
xadrez *n.m.* **1** (jogo) chess; **tabuleiro de xadrez:** chessboard **2** (padrão) checked cloth; **casaco de xadrez:** checked coat
xaile *n.m.* 👁 shawl

xarope *n.m.* syrup
x-ato *n.m.* cutter
xelim *n.m.* shilling
xeque *n.m.* **1** (xadrez) check **2** (Arábia) sheikh

xeque-mate *n.m.* checkmate
xerez *n.m.* sherry
xerife *n.m.* sheriff
xicandarinha *n.f.* (Moçambique) (chaleira) kettle
xilofone *n.m.* 👁 xylophone

xilofonista *n.2gén.* xylophonist
xiluva *n.f.* (Moçambique) flour
xirico *n.m.* **1** (Moçambique) (rádio) radio (set) **2** (Angola, Moçambique) (passarinho) birdie
xisto *n.m.* schist
xitimela *n.m.* **1** (Moçambique) (navio) ship **2** (Moçambique) (comboio) train

Y

y *n.m.* (letra) y

yoga *n.m.* → ioga

Z

z *n.m.* (letra) z

zambe *n.m. (Angola)* god

zanga *n.f.* quarrel; fight

zangado *adj.* angry; **estar zangado com alguém:** to be angry with someone

zângão *n.m.* drone; male honeybee

zangar-se *v.* to get angry; **zangar-se com alguém:** to get angry with somebody

zaragata *n.f.* **1** (zanga) quarrel; fight **2** (barulho, confusão) disturbance; disorder

zarolho *adj. (informal)* squint-eyed; one-eyed ◆ *n.m. (informal)* squint-eyed person; one-eyed person

zarpar *v.* to set sail; to sail away

zás *interj.* bang!; slash!; crash!

zebra *n.f.* 👁 zebra

zelar *v.* to watch over; to take care of; to look after

zelo *n.m.* zeal; care

zeloso *adj.* zealous

zé-ninguém *n.m. (informal)* a nobody

zero *num.card.>quant.num.*[DT] (algarismo) zero ♦ *n.m.* *(informal)* (nada) zilch; **abaixo de zero:** below zero; **começar do zero:** to start from scratch; *(informal)* **ser um zero à esquerda:** to be a good-for-nothing

ziguezague *n.m.* zigzag; **andar aos ziguezagues:** to zigzag

zinco *n.m.* zinc

zipar *v.* *(informática)* to zip; **zipar um ficheiro:** to zip a file

Zodíaco *n.m.* zodiac; **signos do Zodíaco:** signs of the zodiac

zona *n.f.* area; **zona industrial:** industrial park; **zona reservada:** restricted area

zonzo *adj.* dizzy; giddy; **sentir-se zonzo:** to feel dizzy

zoológico *adj.* zoological; **jardim zoológico:** zoo

zumbido *n.m.* **1** (abelhas, vespas) buzz **2** (insetos, máquinas) hum

zumbir *v.* to buzz

zunzum *n.m.* buzz

zurrar *v.* to bray

zurro *n.m.* bray

a
b
c
d
e
f
g
h
i
j
k
l
m
n
o
p
q
r
s
t
u
v
w
x
y
z

Gramática
e
Verbos

🏛️ Nome

Os **nomes** indicam seres, objetos, lugares, etc. e em inglês não têm **género**. Geralmente, a mesma palavra designa os dois géneros (*teacher – professor/professora*). Em alguns casos existe uma forma para o feminino e outra para o masculino (*actor/actress*; *king/queen*).

Os nomes podem ser **contáveis** ou **não contáveis**. Os contáveis têm forma de singular e de plural, podendo ser usados com artigo definido (*the*) ou indefinido (*a/an*). Os não contáveis não têm forma de plural nem podem ser precedidos de artigo indefinido ou de um quantificador numeral.

Alguns **nomes contáveis** (objetos, pessoas, animais, etc.):

a cat	a suggestion	an apple pie	an umbrella
(um gato)	(uma sugestão)	(uma tarte de maçã)	(um guarda-chuva)

Alguns **nomes não contáveis** (substâncias, sentimentos, etc.):

water	butter	advice
(água)	(manteiga)	(conselho)

O **plural** dos nomes forma-se geralmente acrescentando um *s* à forma do singular:

flower → flower**s**	game → game**s**
(flor → flores)	(jogo → jogos)

Os nomes terminados em *s, sh, ch* e *x* formam o plural acrescentando *es*:

bu**s** → bus**es**	di**sh** → dish**es**
(autocarro → autocarros)	(prato → pratos)
lun**ch** → lunch**es**	fo**x** → fox**es**
(almoço → almoços)	(raposa → raposas)

A maioria dos nomes terminados em *o* forma o plural acrescentando *s*:

studio → studio**s**	piano → piano**s**	zero → zero**s**
(estúdio → estúdios)	(piano → pianos)	(zero → zeros)

Alguns nomes terminados em *o* acrescentam sempre *es*:

hero → hero**es**	potato → potato**es**	tomato → tomato**es**
(herói → heróis)	(batata → batatas)	(tomate → tomates)

Os nomes terminados em *y* (precedido de consoante) formam o plural em *ies*:

dadd**y** → dadd**ies**	activit**y** → activit**ies**
(papá → papás)	(atividade → atividades)

Os nomes terminados em *y* (precedido de vogal) formam o plural acrescentando *s*:

> birthda**y** → birthday**s**
> *(aniversário → aniversários)*

> journe**y** → journey**s**
> *(viagem → viagens)*

Os nomes terminados em *f* ou *fe* precedidos de uma consoante ou uma única vogal formam o plural em *ves*:

> el**f** → el**ves**
> *(duende → duendes)*

> kni**fe** → kni**ves**
> *(faca → facas)*

Os nomes terminados em *f* precedidos de duas vogais normalmente formam o plural acrescentando *s*:

> chi**ef** → chief**s**
> *(chefe → chefes)*

> bel**ief** → belief**s**
> *(crença → crenças)*

Alguns nomes têm formas diferentes para o **singular** e para o **plural**:

> child → children
> *(criança → crianças)*

> man → men
> *(homem → homens)*

> foot → feet
> *(pé → pés)*

🎨 Artigo (definido e indefinido)

Em inglês, tal como em português, existem dois tipos de artigo(s): **definido** e **indefinido**.

O **artigo definido** *the* corresponde, em português, a *o/a/os/as* e usa-se para indicar uma referência precisa (no singular e no plural):

> Open **the** window, please.
> *(Abre a janela, por favor.)*
> I read **the** books you gave me.
> *(Eu li os livros que me deste.)*

Usa-se ainda o **artigo definido** *the* com nomes de rios, mares, oceanos, cordilheiras ou arquipélagos, de países formados com as palavras *Republic*, *Kingdom* ou *States*, de instrumentos musicais e de coisas únicas:

> **the** River Thames
> *(o rio Tamisa)*

> **the** Mediterranean Sea
> *(o Mar Mediterrâneo)*

> **the** Pacific Ocean
> *(o Oceano Pacífico)*

> **the** Azores
> *(os Açores)*

> **the** United States
> *(os Estados Unidos)*

> **the** Sun
> *(o Sol)*

Não se usa o **artigo definido** quando se refere algo em geral:

I like bread.
(Gosto de pão.)

Children are funny.
(As crianças são engraçadas.)

Water is good for your health.
(A água faz bem à saúde.)

Flowers are beautiful.
(As flores são bonitas.)

Também não se usa o **artigo definido** com nomes próprios, de países, cidades ou continentes, refeições, desportos, dias da semana e com determinantes ou pronomes possessivos:

Mary is very nice.
(A Maria é muito simpática.)

France is a beautiful country.
(A França é um país lindo.)

What did you have for lunch?
(O que é que comeste ao almoço?)

This is my bike.
(Esta é a minha bicicleta.)

Os **artigos indefinidos** *a* e *an* correspondem a *um* ou *uma* em português.

Usa-se *a* antes de uma palavra começada por consoante ou som de consoante e *an* antes de uma palavra começada por vogal ou *h* mudo (isto é, que não se pronuncia):

a dictionary
(um dicionário)

a university*
(uma universidade)

an actor
(um ator)

an old lady
(uma senhora idosa)

a hamburger*
(um hambúrguer)

an hour* later
(uma hora depois)

* Apesar de *university* começar pela vogal *u*, esta lê-se 'you', iniciando-se por um som de consoante. Na palavra *hamburger* pronuncia-se o *h*, portanto usa-se a forma **a**. Na palavra *hour* o *h* não se pronuncia, portanto usa-se a forma **an**.

Em inglês usam-se as formas do **artigo indefinido** *a* e *an* antes da referência a uma profissão:

*She's **a** lawyer.*
(Ela é advogada.)

*He's **an** architect.*
(Ele é arquiteto.)

Adjetivo

Em inglês, os **adjetivos** são invariáveis e usam-se para descrever ou dar informação sobre o nome:

*a **new** day*
(um novo dia)

*a **lovely** girl*
(uma rapariga linda)

***expensive** books*
(livros caros)

Os **adjetivos** são, normalmente, usados antes do nome, mas também podem ser usados depois dos verbos *to be*, *to feel*, *to look*, *to sound*, *to smell* e *to seem*.

> They live in a **big** house.
> *(Eles vivem numa casa grande.)*
>
> She was very **tired**.
> *(Ela estava muito cansada.)*

> They are **intelligent**.
> *(Eles são inteligentes.)*
>
> The weather looks **great**.
> *(O tempo parece ótimo.)*

Usam-se os adjetivos para fazer **comparações** entre pessoas, coisas e animais.

Para formar o **comparativo de superioridade**, nos adjetivos de uma sílaba e alguns de duas sílabas, acrescenta-se *er* ao adjetivo (que é acompanhado por *than*):

> She's **older than** her sister.
> *(Ela é mais velha do que a irmã.)*

Os **adjetivos** de uma sílaba terminados em **e** passam a **er** (*close – closer, nice – nicer*):

> My house is **larger than** yours.
> *(A minha casa é maior do que a tua.)*

Quando o adjetivo de uma sílaba termina em consoante + vogal + consoante, repete-se a consoante final (*big – big**g**er, fat – fa**tt**er, etc.*):

> Alan is **fatter than** John.
> *(O Alan é mais gordo do que o John.)*

Os adjetivos de duas sílabas terminados em *y* mudam a terminação para *ier* (*busy – busier, happy – happier, crazy – crazier, etc.*):

> She seems **happier** today.
> *(Ela parece mais feliz hoje.)*

Os adjetivos com 3 sílabas e alguns de 2 sílabas formam o **comparativo de superioridade** colocando *more* antes do adjetivo e *than* depois:

> The book was **more expensive than** I thought.
> *(O livro era mais caro do que eu pensava.)*

Para formar o **comparativo de inferioridade** usa-se *less* + adjetivo + *than*:

> That chair is **less comfortable than** this one.
> *(Essa cadeira é menos confortável do que esta.)*

Para formar o **comparativo de igualdade** usa-se, na afirmativa, *as* + adjetivo + *as* e, na negativa, *not as* + adjetivo + *as*:

> Mary is **as tall as** Caroline.
> *(A Maria é tão alta como a Carolina.)*
>
> Mary is **not as tall as** Anne.
> *(A Maria não é tão alta como a Ana.)*

O **superlativo** segue as mesmas regras de formação do comparativo, mas acrescenta-se *est* em vez de *er*, e utiliza-se *the most* + adjetivo + *of/in* em vez de *more* + adjetivo + *than*.

> Anne is **the tallest in** her class.
> *(A Ana é a mais alta da turma.)*
>
> This is **the most interesting** book **of** all.
> *(Este é o livro mais interessante de todos.)*

Alguns adjetivos são irregulares, portanto não obedecem às regras de formação do comparativo e do superlativo:

> good → better → the best
> *(bom → melhor → o melhor)*
>
> bad → worse → the worst
> *(mau → pior → o pior)*

Advérbio

Como em português, em inglês usam-se **advérbios** para dar mais informações sobre verbos, adjetivos e outros advérbios:

> He behaved **badly**.
> *(Ele portou-se mal.)*
>
> I am **almost** ready.
> *(Estou quase pronta.)*

Alguns **advérbios de tempo**:

today	now	still	yesterday	tomorrow
(hoje)	*(agora)*	*(ainda)*	*(ontem)*	*(amanhã)*

Os advérbios de tempo podem ser colocados no início ou no fim da frase, com a exceção de *still*, que deve ser colocado depois do verbo *to be* e antes dos restantes verbos:

> We are **still** in school.
> *(Nós ainda estamos na escola.)*
>
> They **still** have classes in the afternoon.
> *(Eles ainda têm aulas à tarde.)*
>
> **Today** I have an English lesson.
> *(Hoje tenho aula de Inglês.)*
>
> I am going to the park **now**.
> *(Eu estou a ir para o parque agora.)*

Alguns **advérbios de frequência**:

always	*every day*
(sempre)	(todos os dias)
usually	*once a week*
(normalmente)	(uma vez por semana)
often	*twice a month*
(frequentemente)	(duas vezes por mês)
sometimes	*three times a year*
(às vezes)	(três vezes por ano)
never	
(nunca)	

Os advérbios de frequência devem vir antes do verbo principal, exceto quando este é o verbo *to be*, colocando-se, então, depois do verbo:

> *I **always** get up early.*
> (Levanto-me sempre cedo.)
>
> *He is **sometimes** late for classes.*
> (Ele às vezes chega atrasado às aulas.)

Os **advérbios de modo** formam-se acrescentando *ly* ao adjetivo (*slow* → *slowly*, *quick* → *quickly*) ou combinando adjetivos terminados em *ly* com as palavras *way, manner* ou *fashion*:

> *He behaved **badly**.*
> (Ele comportou-se mal.)
>
> *She answered in a **friendly way**.*
> (Ela respondeu de modo/maneira amigável.)

Quando o adjetivo termina em *ble*, substitui-se o *e* por *y* para formar o advérbio:

terri**ble** → terri**bly**	possi**ble** → possi**bly**
(horrível → horrivelmente)	(possível → possivelmente)

Quando o adjetivo termina em consoante + *y*, substitui-se o *y* por *ily*:

hap**py** → hap**pily**	ang**ry** → ang**rily**	sca**ry** → sca**rily**
(feliz → felizmente)	(zangado → com raiva)	(assustador → assustadoramente)

🐞 Verbo

Em inglês, há **verbos principais** (que podem ser *regulares* ou *irregulares*) e **verbos auxiliares** (os mais comuns são *to be, to do, to have* e os **modais** *can, may* e *should*).

Em inglês, os verbos no **infinitivo** são precedidos de *to*:

to eat	to read	to travel
(comer)	*(ler)*	*(viajar)*

Existem duas formas de **presente**: *present simple* e *present continuous*. O **present simple** usa-se para referir ações habituais no presente, situações permanentes e verdades universais. O **present continuous** usa-se para referir uma ação que está a decorrer (no momento em que se fala ou escreve):

They **meet** every weekend.
(Eles encontram-se todos os fins de semana.)

I **live** in Portugal.
(Vivo em Portugal.)

The Earth **goes** round the sun.
(A Terra gira à volta do sol.)

It's **raining** again.
(Está a chover novamente.)

O present simple tem a mesma forma em todas as pessoas, exceto na **3.ª pessoa do singular**. Para formar a 3.ª pessoa do singular dos verbos regulares e irregulares acrescenta-se *s* à forma do verbo:

I **like** orange juice.
(Eu gosto de sumo de laranja.)

She **likes** chocolate.
(Ela gosta de chocolate.)

They **speak** French.
(Eles falam francês.)

He **speaks** English.
(Ele fala inglês.)

- Nos verbos terminados em *ss*, *sh*, *ch*, *x* e *o* acrescenta-se *es*:

dress → dress**es**
push → push**es**

tax → tax**es**
go → go**es**

- Nos verbos terminados em *y* precedido de uma consoante, o *y* passa a *i* e acrescenta-se *es*:

cry → cr**ies**

Quando é precedido de vogal, o *y* mantém-se, acrescentando-se um *s*:

play → play**s**

- Nos verbos terminados em *e* acrescenta-se apenas *s*:

com**e** → come**s**

giv**e** → give**s**

mak**e** → make**s**

A **negativa** e a **interrogativa** do *present simple* formam-se através do verbo *to do*:

I **do not (= don't) know** that girl.
(Eu não conheço aquela rapariga.)

Do you **live** in that house?
(Vives naquela casa?)

Para formar o **present continuous** usamos o *present simple* do verbo *to be* e acrescentamos *ing* ao verbo principal:

> *They **are playing** basketball.*
> *(Eles estão a jogar basquetebol.)*

A **negativa** forma-se colocando *not* depois do verbo *to be*:

> *They **are not (=aren't) eating** an apple.*
> *(Eles não estão a comer uma maçã.)*

A **interrogativa** forma-se colocando o verbo *to be* antes do sujeito:

> ***Are** you **taking** a bus to school?*
> *(Vais apanhar o autocarro para a escola?)*

- Quando o verbo principal termina em *e*, substitui-se *e* por *ing*:
  > hav**e** → hav**ing**   danc**e** → danc**ing**

- Quando o verbo termina em *ie*, substitui-se *ie* por *ying*:
  > l**ie** → l**ying**   d**ie** → d**ying**

- Quando o verbo tem uma sílaba e termina em *consoante + vogal + consoante*, dobra-se a consoante final antes de acrescentar *ing*:
  > s**wim** → s**wimming**   r**un** → r**unning**

- Quando o verbo tem mais do que uma sílaba terminada em *consoante + vogal + consoante* e a última sílaba é tónica, dobra-se a consoante final antes de acrescentar *ing*:
  > be**gin** → be**ginning**

Para nos referirmos a ações concluídas no **passado** usamos o *past simple*:

> *She **was** ill last week.*
> *(Ela esteve doente a semana passada.)*
> *They **watched** TV last night.*
> *(Eles viram televisão a noite passada.)*

No **past simple** há apenas uma forma para todas as pessoas do singular e do plural. Nos **verbos regulares**, essa forma resulta da junção de *ed* ao infinitivo do verbo:

> finish → finish**ed**   watch → watch**ed**   stay → stay**ed**

- Quando o verbo termina em *e* acrescenta-se *d*:
  > arriv**e** → arriv**ed**   lov**e** → lov**ed**

- Quando termina em *consoante + y*, elimina-se o *y* e acrescenta-se *ied*:
  > worr**y** → worr**ied**   cr**y** → cr**ied**

Mas quando termina em *vogal + y*, acrescenta-se *ed*:

> destr**oy** → destroy**ed**   pl**ay** → play**ed**

- Quando o verbo termina em *consoante + vogal + consoante* e a última sílaba é tónica ou quando a consoante final é *l*, repete-se a última consoante e acrescenta-se *ed*:

> s**top** → stop**ped**   tra**vel** → travel**led**

A forma do *past simple* dos verbos irregulares varia bastante:

> be → **was** / **were**   have → **had**   do → **did**
> take → **took**   think → **thought**   sleep → **slept**

Para nos referirmos a planos ou intenções para o **futuro** (decisões previamente tomadas) usamos a construção **be going to** seguida do infinitivo do verbo principal:

> *I'm going to buy a new dress.*
> (Eu vou comprar um vestido novo.)
>
> *She is going to visit you on Saturday.*
> (Ela vai visitar-te no sábado.)

A expressão *be going to* também é utilizada para exprimir previsões ou pressentimentos baseados em factos observados no presente:

> *It's going to rain.*
> (Vai chover.)
>
> *Be careful, you're going to fall!*
> (Cuidado, vais cair!)

A **negativa** forma-se colocando a partícula *not* depois do verbo *to be*:

> *I am not (= I'm not) going to live abroad.*
> (Eu não vou viver para o estrangeiro.)

A **interrogativa** forma-se invertendo a posição do sujeito e do verbo *to be*:

> *Are you going to meet him at the café?*
> (Vais encontrar-te com ele no café?)

Os **verbos modais** distinguem-se dos outros verbos pelas suas características próprias: são utilizados como auxiliares, combinando-se com um verbo principal, ao qual acrescentam um significado. Estes verbos nunca são precedidos de *to* (diz-se o verbo *can* e nunca *to can*, *may* e nunca *to may*, *should* e nunca *to should*).

A **3.ª pessoa do singular** dos verbos modais não apresenta a terminação *s*.

*She **can** go to your birthday party.*
(Ela pode ir à tua festa de anos.)

Os **verbos modais** são seguidos por um infinitivo sem *to*:

*We **should hurry** up.*
(Temos de nos despachar.)

A **interrogativa** forma-se invertendo a posição do sujeito e do verbo modal:

***Can I** borrow your pen?*
(Posso usar a tua caneta?)

A **negativa** forma-se colocando *not* depois do verbo modal:

*I **cannot*** speak German.*   *You **shouldn't** speak like that.*
(Eu não sei falar alemão.)   (Não deves falar dessa forma.)

* É mais comum a forma *can't*.

Usa-se o verbo modal **can** para exprimir uma capacidade e para pedir permissão:

*I **can** jump very high!*   ***Can** I go to the cinema, mum?*
(Eu consigo saltar muito alto!)   (Mãe, posso ir ao cinema?)

Usa-se o verbo modal **may** para exprimir uma possibilidade no presente ou no futuro e para pedir permissão de um modo formal:

*He **may** have dinner with us tonight.*   ***May** I come in?*
(Pode ser que ele venha jantar connosco hoje.)   (Posso entrar?)

Usa-se o verbo modal **should** para dar um conselho:

*You **should** see a doctor.*   *You **shouldn't** smoke.*
(Devias ir ao médico.)   (Não devias fumar.)

O **imperative** usa-se para dar ordens, instruções, conselhos e sugestões:

***Get** up! It's time for school.*
(Levanta-te! Está na hora de ir para a escola.)

***Cross** the wrong word.*
(Risca a palavra errada.)

***Don't forget** to take your coat.*
(Não te esqueças de levar o casaco.)

***Try** on these jeans.*
(Experimenta estas calças de ganga.)

O *imperative* forma-se com o infinitivo sem *to* na afirmativa e com *don't* + infinitivo sem *to* na negativa:

***Stop** the car!*   ***Don't step** on the grass!*
(Pare o carro!)   (Não pise a relva!)

Conjugação de um verbo regular

infinitive

to listen

present simple

	affirmative	negative	interrogative
I	listen	don't listen	Do I listen?
you	listen	don't listen	Do you listen?
he, she, it	listens	doesn't listen	Does he, she, it listen?
we	listen	don't listen	Do we listen?
you	listen	don't listen	Do you listen?
they	listen	don't listen	Do they listen?

present continuous

	affirmative	negative	interrogative
I	am listening	'm not listening	Am I listening?
you	are listening	aren't listening	Are you listening?
he, she, it	is listening	isn't listening	Is he, she, it listening?
we	are listening	aren't listening	Are we listening?
you	are listening	aren't listening	Are you listening?
they	are listening	aren't listening	Are they listening?

past simple

	affirmative	negative	interrogative
I	listened	didn't listen	Did I listen?
you	listened	didn't listen	Did you listen?
he, she, it	listened	didn't listen	Did he, she, it listen?
we	listened	didn't listen	Did we listen?
you	listened	didn't listen	Did you listen?
they	listened	didn't listen	Did they listen?

imperative	-ing form
listen / don't listen	listening

Conjugação de um verbo irregular

infinitive

to choose

present simple

	affirmative	negative	interrogative
I	choose	don't choose	Do I choose?
you	choose	don't choose	Do you choose?
he, she, it	chooses	doesn't choose	Does he, she, it choose?
we	choose	don't choose	Do we choose?
you	choose	don't choose	Do you choose?
they	choose	don't choose	Do they choose?

present continuous

	affirmative	negative	interrogative
I	am choosing	'm not choosing	Am I choosing?
you	are choosing	aren't choosing	Are you choosing?
he, she, it	is choosing	isn't choosing	Is he, she, it choosing?
we	are choosing	aren't choosing	Are we choosing?
you	are choosing	aren't choosing	Are you choosing?
they	are choosing	aren't choosing	Are they choosing?

past simple

	affirmative	negative	interrogative
I	chose	didn't choose	Did I choose?
you	chose	didn't choose	Did you choose?
he, she, it	chose	didn't choose	Did he, she, it choose?
we	chose	didn't choose	Did we choose?
you	chose	didn't choose	Did you choose?
they	chose	didn't choose	Did they choose?

imperative	-ing form
choose / don't choose	choosing